D1734448

Zwischen Tradition und Erfindung:

Visuelle Filmkonzepte in BARTON FINK (1991)

von Joel und Ethan Coen

Die vorliegende Publikation beruht auf der gleichnamigen Dissertation, die im Wintersemester 2008/2009 von der Ludwig-Maximilians-Universität in München angenommen wurde.

Tatiana Rosenstein

ZWISCHEN TRADITION UND ERFINDUNG

Visuelle Filmkonzepte in BARTON FINK (1991) von Joel und Ethan Coen

ibidem-Verlag
Stuttgart

Bibliografische Information der Deutschen Nationalbibliothek
Die Deutsche Nationalbibliothek verzeichnet diese Publikation in der Deutschen Nationalbibliografie; detaillierte bibliografische Daten sind im Internet über http://dnb.d-nb.de abrufbar.

Bibliographic information published by the Deutsche Nationalbibliothek
Die Deutsche Nationalbibliothek lists this publication in the Deutsche Nationalbibliografie; detailed bibliographic data are available in the Internet at http://dnb.d-nb.de.

Coverbild: blank sheet in a typewriter © James Steidl #2516024 – fotolia.com

∞

Gedruckt auf alterungsbeständigem, säurefreien Papier
Printed on acid-free paper

ISBN-13: 978-3-8382-0332-4

© *ibidem*-Verlag
Stuttgart 2012

Printed in Germany

INHALT

I

Einleitung

«Die Faszination für das *klassische* Hollywoodkino liegt in seiner Erzählung.»[1] Diese These wird in den letzten dreißig Jahren mit einer Gegenposition konfrontiert: Hollywood erzähle keine Geschichten mehr, sondern werde von einem *postklassischen, postmodernen* beziehungsweise einem *Attraktionskino* abgelöst, das sich durch permanente Wiederholung der Filmgeschichte sowie durch die Suche nach visuellen Sensationen auszeichnet.[2] Im Zentrum dieser kontroversen Diskussionen steht das Werk der Brüder Joel und Ethan Coen.

Das Phänomen der Filme der Coen-Brüder liegt in ihrer Unerklärbarkeit. Die Regisseure bezeichnen sich ausdrücklich als amerikanische Filmemacher, ihre Filme werden jedoch oft im eigenen Land missverstanden: Während BARTON FINK Auszeichnungen weltweit erhielt und beim Filmfestival in Cannes 1992 gleich drei *Goldene Palmen* gewann, blieb der Andrang der Zuschauer in den USA an den Kinokassen aus. Eine ähnliche Unsicherheit diesen Regisseuren gegenüber zeigt *The Academy of Motion Picture Arts and Sciences*. Einerseits produzieren die Coen-Brüder ihre Werke oft unabhängig von üblichen Finanzquellen der US-Kinoindustrie. Andererseits wächst der Ruhm dieser Regisseure, was *The Academy* zum sensibleren Umgang mit ihnen zwingt. Dies spiegelt sich wiederum in dem unerwarteten Ergebnis wider, dass die Coen-Brüder ihre Filme doch noch mit großzügigen Finanzierungen seitens der großen Hollywoodstudios drehen und gelegentlich mit einem *Oscar* ausgezeichnet werden.

Bei der Gestaltung ihrer Filme bedienen sie sich der Themen des gängigen amerikanischen Erzählkinos, benutzen oft beliebte Literaturvorlagen[3] oder Filmklassiker als Inspirationsquellen, führen jedoch bekannte Motive und Themen in neue Dimensionen. Ihre Filme sind für den einen Zuschauer banal, verwirrend, gekünstelt, für den anderen sind sie faszinierend und wertvoll. Die Protagonisten kommen oft aus der amerikanischen Provinz. Sie fristen dort einen unspektakulären Alltag, sprechen Dialekt, den die Amerikaner selbst nicht verstehen. Die Geschichten fangen mit einem Drama an und wandeln sich in eine Action um, wobei die gestalterischen Regeln des üblichen Filmgenres, wie man sie in Hollywood kennt, nicht genau eingehalten und die Handlungen nicht zum logischen Ende geführt werden.

Als Mitte der 1980er-Jahre Tom Gunning den Begriff *Kino der Attraktionen* prägte und ihn auf eine breite Palette von Filmen – von Produktionen aus dem Jahr 1906 bis zu aktuellen Werken von Spielberg und Coppola – anwendete, eröffnete dies eine neue Sicht auf die amerikanischen Filme der 1980er-Jahre bis heute. In seinem Aufsatz bezieht sich

---

[1] Bordwell 1995, S. 151ff.

[2] Diese Themen werden in den Kapiteln VIII, IX und X ausführlich besprochen.

[3] So wurde das Hauptthema von BLOOD SIMPLE (1986) von Dashiell Hammetts Roman *Red Harvest* inspiriert. Als Vorlage zum Film NO COUNTRY FOR OLD MEN (2007) diente der gleichnamige Roman von Cormac McCarthy. THE LADYKILLERS (2003) der Brüder Coen gilt als Remake des gleichnamigen Werkes von 1955 und TRUE GRIT (2010) als das eines Filmes aus dem Jahr 1969.

Gunning auf die Ideen von Sergej Eisenstein über das *Theater der Attraktionen*, welche der amerikanische Wissenschaftler auf das Kino in einer ‹entpolitisierten› Version überträgt, ohne die revolutionären Ansprüche des russischen Regisseurs und seine vielfältigen Montagekonzepte zu berücksichtigen. Damit wird der Mythos der *Traumfabrik* als alleinige und unersetzbare Quelle der Filminspiration erschüttert. In diesem Zusammenhang spricht man von zwei Kinotraditionen: Der *narrativen* und der *nicht-narrativen*, beziehungsweise dem *Attraktionskino*, das eine neue Betrachtungsweise der Filme der Coen-Brüder ermöglicht.

1. Themenstellung und Vorgehensweise

Dem Schriftstellerdrama BARTON FINK (1991), dem vierten Film der Brüder Joel und Ethan Coen, kommt im Rahmen des Gesamtwerkes der Filmemacher eine besondere Bedeutung zu. Bereits durch das Thema – Schreibblockade eines Schriftstellers in Hollywood – äußern die Coen-Brüder ihre ironische Haltung der *Traumfabrik* gegenüber. Doch wie viele andere Amerikaner sind die beiden Regisseure mit den Filmen Hollywoods, mit seinen Konventionen und seiner Ideologie aufgewachsen. In ihrem Werk zollen sie dem *klassischen* Kino Tribut, indem sie – wenn auch formal – seine Strukturen verwenden, jedoch diese auf eigene Art und Weise interpretieren. In BARTON FINK entwickeln die Regisseure die Handlung des Filmes und präsentieren Konflikte und Charaktere in der scheinbar gewöhnlichen visuellen Sprache des *klassischen* Kinos, zeigen jedoch keine übliche Auflösung der Konflikte. Die Spannung zwischen den Erzählkonventionen der *Traumfabrik* und der Erfindung einer eigenen visuellen Sprache steigt bis zum unerklärlichen Phänomen. Auch wenn die Brüder Coen sich sozialkritisch darstellen, treiben sie ihre Geschichte ins Unlogische und bedienen sich dabei der Fülle der Erzählstrukturen des *klassischen* Kinos. Bei der Erstellung der visuellen Reihe experimentieren sie mit gängigen technischen Mitteln, die sie entgegen der üblichen Methoden des Filmschaffens zur Unterstützung ihrer visuellen Bilderfindungen und nicht der Logik der Erzählung einsetzten.

Da der Film sich primär als visuelles Medium behauptet, soll eine Herausarbeitung visueller Filmkonzepte der Brüder Coen am Beispiel BARTON FINK den Kern der vorliegenden Arbeit bilden. Bei der Analyse wird der Film der Brüder Coen daher in eine, für diese Untersuchung relevante, filmische Reihe von Werken gestellt: Den Werken des *klassischen* Hollywoodkinos, der russischen Regisseure aus der Zeit um 1920 und der noch aktiven amerikanischen Filmemacher, wie Francis Ford Coppola oder Steven Spielberg, die in den 1970er- beziehungsweise in den 1980er-Jahren mit *klassischen* Strukturen experimentierten. Diese Filme werden phänomenologisch beschrieben und miteinander verglichen. Dabei sollen die *klassischen* Erzählmuster Hollywoods sowie die aktuellen Diskussionen um die *Postmoderne* und das *Kino der Attraktion* in Bezug auf BARTON FINK angesprochen und untersucht werden, wobei die Besonderheiten der visuellen Konzepte der Regisseure in diesem Vergleich evident werden.

Gewiss beschränkt sich das Medium Film nicht nur auf die visuelle Darstellung, sondern verfügt über weitere Gestaltungsformen, beispielsweise Geräusche, Laute oder

Tongestaltung. In dieser Arbeit wird jedoch der visuelle Inhalt herausgestellt, andere Gestaltungsmittel bleiben weitestgehend unberücksichtigt, obgleich sie in BARTON FINK einen enormen Teil des Filmes beanspruchen und eine separate Untersuchung verdienen. Die Vielschichtigkeit und Komplexität der filmischen Erzählweise bringt erkennbare Schwierigkeiten für eine Analyse mit sich: So besteht eine nicht zu unterschätzende Gefahr darin – beim Aufspüren der visuellen Besonderheiten von BARTON FINK, einem Werk aus den 1990er-Jahren – viel zu weit zu den Ursprüngen des Mediums Film zurückzugehen und beinahe die ganze Filmgeschichte zu analysieren. Die Suche nach den Wurzeln der *Coenschen* Sprache ist jedoch ohne Rückblicke in die frühere Kinogeschichte nicht möglich. Dabei sollen jedoch nur spezifische Filmkonzepte aus der Geschichte herausgearbeitet werden, die das Konzept der visuellen *Attraktion* ansprechen, ohne dabei den Anspruch auf Vollständigkeit der Erklärung des Phänomens zu erheben.

Diese Arbeit wird nach folgendem Schema strukturiert: Die geschichtlichen und theoretischen Ansätze (in den Kapiteln II, IV, VI, IX) werden im Wechsel mit der filmwissenschaftlichen Analyse des *Coenschen* Werks (in den Kapiteln V, VII, X) dargestellt, so dass jeweils auf einen theoretischen Teil die anschaulichen Beispiele aus BARTON FINK folgen.

Seit dem spektakulären Erfolg des ersten Spielfilmes BLOOD SIMPLE der Brüder Coen und der großen Resonanz auf jedes neue Werk seitens der internationalen und einheimischen Filmkritik beschäftigen sich die Rezensenten überraschend intensiv mit dem berühmten Brüderpaar. Dennoch beschränkt sich die Literatur über die Regisseure auf einige wenige Veröffentlichungen, die sich mit den Coen-Brüdern als einem medialen Phänomen auseinandersetzen. Ihre Filme werden dabei nicht wissenschaftlich analysiert, sondern filmkritisch besprochen. Es ist deshalb notwendig, sich einen einleitenden Überblick über den Stand der Forschung zum Werk der Brüder Coen zu verschaffen und diesen auf die jeweilige Relevanz hin zu überprüfen (Kapitel I, Punkt 2). Im Anschluss an diesen Überblick bietet es sich an, ein eigenes Kapitel, das den biografischen und künstlerischen Hintergrund der Brüder Coen ausleuchtet (Kapitel II), anzuschließen.

Bereits im vierten Film zeigen die Brüder ihre besondere Handschrift bei der Themenannäherung und dem sicheren Umgang mit allen Abläufen der Produktion, an welchem bis heute kaum etwas geändert wurde. In diesem Zusammenhang prägt die Produktionsweise von BARTON FINK in anschaulicher Weise das Entstehen weiterer Werke der Coen-Brüder. Deren Kenntnis ist für eine angemessene Rezeption ihrer Filme unverzichtbar (Kapitel III). Die Besonderheit der visuellen Gestaltung von BARTON FINK kann man erst zusammen mit dem Inhalt des Filmes nachvollziehen, der unter Punkt 1 im Kapitel III dargestellt wird.

Die normative Sprache der Filmgestaltung wurde während der *klassischen* Studioära entwickelt und gehört bis heute zu den Grundlagen des Kinos. Für das Verständnis der Strategien und der ideologischen Werte der *Traumfabrik*, die sich im Werk der Coen-Brüder wiederfinden, wird ein Überblick über die Geschichte Hollywoods erstellt (Kapitel IV). In diesem Teil der Arbeit geht es nicht darum, vollständige Fakten und Informationen über vierzig Jahre der US-Filmgeschichte zu liefern, sondern die Punkte anzusprechen, die den besonderen Einfluss Hollywoods (Filmstarphänomen,

Filmvermarktung, Medienrezeption, Preisverleihung und Festsetzung des thematischen Paradigmas – Kapitel IV, Punkte 1 bis 4) auf die Filmindustrie akzentuieren. In diesem Zusammenhang stellt sich die Frage, wie die Brüder Coen die Geschichte der *Traumfabrik* im Film wiedergeben, ihre Sitten und Ideologie reflektieren und ihre geschichtlichen Reminiszenzen verwenden (Kapitel V, Punkte 1 bis 4). In BARTON FINK geht es um das Schicksal eines Schriftstellers, was den Film der Brüder Coen in eine Reihe gleicher thematischer Werke setzt. Da es in diesem Teil der Arbeit hauptsächlich um die Reminiszenzen aus Hollywoodfilmen geht, lohnt es sich, das Werk der Coen-Brüder mit ähnlichen Filmen aus der Zeit des *klassischen* Hollywood zu vergleichen (Kapitel V, Punkt 2). Von diesem Vergleich ausgehend sind die typischen Konzepte in BARTON FINK noch deutlicher zu erkennen.

Der Diskussion über die *Postmoderne* ist das Kapitel VIII gewidmet. Dieser Ausschnitt hat die Funktion eines Exkurses über einen oft auf das aktuelle Kino angewandten Begriff. In diesem Kapitel soll die Verwendung der Definition auf das Werk der Brüder Coen und vor allem auf BARTON FINK untersucht werden. Die theoretischen Erkenntnisse der vorliegenden Arbeit haben zwei Schwerpunkte: In Kapitel VI werden die Formen und Inhalte des *klassischen* Kinos beziehungsweise die Erzählkonventionen der *Traumfabrik* ausgearbeitet, wobei sich die Punkte 1 und 2 mit dem grundlegenden *3-Akt-Modell*, der *Heldenreise* und ihren Stationen auseinandersetzen, Punkt 3 ihren visuellen Aufbau und Punkt 4 die Auflösung der Erzählung behandeln. Den *nicht-narrativen* Filmkonzepten der russischen Formalisten widmet sich das Kapitel IX. Hier geht es primär darum, die technischen Mittel, vor allem die Montagetechniken, die Eisenstein und seine Anhänger für die Gestaltung der Filme ausgearbeitet haben, um sie später mit visuellen Lösungen der modernen amerikanischen Regisseure zu vergleichen.

Das Kapitel X setzt sich mit dem amerikanischen Kino der 1970er- und 1990er-Jahre auseinander, mit den Zeiten, in denen die visuellen Grundlagen des modernen Kinos entwickelt wurden und die deshalb in Bezug auf die Einschätzung des Werkes der Brüder Coen relevant sind. Mit der erneuten Krise Hollywoods am Ende der 1960er-Jahre suchten die Filmschaffenden nach alternativen Methoden der Filmgestaltung und Vermarktung, die zur Wiederbelebung Hollywoods (Punkte 1 und 2) führten. Die bedeutenden Experimente aus dieser Zeit, die unter dem Einfluss der Montagetechniken der russischen Formalisten – bekannt als *Attraktionsmontage* – stattfanden, führte in den 1970er-Jahren Francis Ford Coppola aus (Punkt 3). In den 1980er-Jahren sprach man über Erneuerung der visuellen Filmkonzepte im Zusammenhang mit dem Regisseur Steven Spielberg (Punkt 4). Da die gesellschaftliche Funktion vieler dieser Werke dem Zweck der puren Unterhaltung diente, wird dieses Kino als solches herausgestellt und seine Besonderheiten am Beispiel von BARTON FINK präzisiert (Punkt 5). Die vorliegende Arbeit legt viel Wert auf illustrative Theoriedarstellung, deshalb werden zur Analyse von BARTON FINK zahlreiche Werke anderer Filmemacher hinzugezogen, die mit ähnlichen Techniken oder Themen wie die Brüder Coen gearbeitet haben.

Es scheint, dass die Coen-Brüder – mit ihrer besonderen Art der Filmgestaltung, mit der Vielschichtigkeit ihrer visuellen Filmsprache, die aus einer Tradition hervorgeht und eine Neuerfindung beinhaltet – eine ganz persönliche Vision der amerikanischen Kinematografie schaffen. Sie verhüllen gekonnt ihre raffinierten Konzepte in einer unterhaltsamen Form, die jedem Geschmack gerecht wird und eine grenzenlose Bewunderung sowohl seitens des professionellen Zuschauers als auch des breiten Publikums hervorruft.

2. Überblick über die Sekundärliteratur

Mit ihrem ersten Film BLOOD SIMPLE (1984) haben die Coen-Brüder die Aufmerksamkeit der intellektuellen Kreise Amerikas, einschließlich der Filmkritiker des Magazins *The New York Times* oder der Filmschaffenden der *Independent*-Szene, auf sich gezogen. Mit RAISING ARIZONA (1987) zeigten die Regisseure, dass sie in der Lage sind, mit größeren Budgets der Studios umzugehen und hohe Gewinne zu erzielen. Doch spätestens nachdem die Brüder Coen BARTON FINK (1991) und FARGO (1996) gedreht hatten und dafür mit drei *Goldenen Palmen* und einem *Oscar* ausgezeichnet worden waren, sprach man über das Phänomen der Brüder Coen. Zu diesem Zeitpunkt, etwa um 2000, entstanden die meisten Bücher über diese Filmemacher, vor allem im englisch- und deutschsprachigen Raum. Bücher über die Coen-Brüder wurden hauptsächlich von zwei Kategorien von Autoren veröffentlicht: Von Wissenschaftlern aus der Literaturwissenschaft und Philosophie sowie von Filmkritikern, Journalisten, begeisterten Filmautoren und Filmschaffenden. Die Wissenschaftler besprechen gerne den Erzähllaufbau sowie die Themenvariationen im Werk der Filmemacher, ohne dabei besondere Akzente auf visuelle Darstellung zu setzen. Die Praktiker, also Filmkritiker und Journalisten, bauen ihre Aufsätze meistens auf Spekulationen und Vermutungen über die Regisseure auf – sowie auf Interviews mit den Filmemachern, die für ihre widersprüchlichen Aussagen bekannt sind. Diese Autoren liefern keine stilistischen Analysen der Filme, sondern betrachten sie mehr aus subjektiver Sicht.

Zu einem der ersten Werke über die Brüder Coen im deutschsprachigen Raum gehört *Das filmische Universum von Joel und Ethan Coen* von Annette Kilzer und Stefan Rogall, veröffentlicht im Schüren Verlag, Marburg 1998. Dieses Buch entwirft eine geschickte Struktur der Präsentation der Filmemacher und ihres Werkes, so dass die späteren Veröffentlichungen aus dem deutschsprachigen Raum sie zu übernehmen scheinen. Das Buch enthält einen biografischen Abriss und eine Sammlung von Anekdoten, Aussagen und Legenden von und über die Coen-Brüder, die auf Befunde amerikanischer Autoren wie Hal Hison, Mark Cousins sowie Artikeln aus dem *Premiere* Magazin in den USA und Großbritannien[4] beruhen. Des Weiteren gibt es Essays zu den einzelnen Filmen, die das Werk der Brüder bis zu THE BIG LEBOWSKI ansprechen. Diese Essays bestehen aus Besprechungen von Inhalt und Geschichte jedes einzelnen Filmes. Sie geben diese in einer pfiffigen und ironischen Mediensprache und ohne wissenschaftlichen Anspruch wieder. Ein Interview und anschließende Versuche, einen sogenannten Wortschatz der filmischen Sprache der Brüder Coen in Bezug auf Bildkomposition, Lichtsetzung und Kameraperspektive zu erstellen, schließen das Buch ab. Trotz der flüchtigen Schreibweise und einem recht lockeren Stil, vermitteln die

---

[4] Gemeint sind Autoren wie David Kronke, John Naughton oder John Richardson.

Autoren des Buches einen ersten Eindruck über die Regisseure und bieten mit ihrem Werk relevante Informationen.

Die Veröffentlichung von Peter Körte und Georg Seeßlen, entstanden wiederum im journalistischen Kreise, erschien 2000 im Bertz Verlag, Berlin. Die Struktur des Buches ähnelt der Arbeit von Kilzer und Rogall. Es wird ein Interview wiedergegeben, das gleichzeitig die Funktion der biografischen Einführung übernimmt. An das Interview schließen Aufsätze über die Filme der Regisseure an. Diesmal gehen die Besprechungen bis zum Jahr 2000, bis O BROTHER, WHERE ART THOU?, und beziehen das frühere Werk der Brüder, CRIMEWAVE, das sie gemeinsam mit Sam Raimi drehten, mit ein. Die Autoren geben ausführlich die Inhalte der Filme wieder, zeigen jedoch nicht die Tiefe einer wissenschaftlichen Analyse und haben wohl auch nicht diesen Anspruch. Ein Drittel des Buches besteht aus dem Aufsatz *Spiel. Regel. Verletzung. Auf Spurensuche in Coen County* von Georg Seeßlen, den persönlichen Eindrücken des Autors sowie den Schlussfolgerungen über das Werk der Filmemacher. Obwohl dieses Buch vorteilhaft viele Abbildungen mit Filmstills enthält sowie lebendige Beispiele aus den Filmen miteinbeziet, trägt seine Betrachtungsweise des filmischen Werkes der Gebrüder Coen nur wenig zu einem filmwissenschaftlichen Befund bei, sondern hat eher den Wert eines kulturgeschichtlichen Abrisses.

Amerikanische Autoren veröffentlichten um 2000 ebenfalls eine Fülle von Publikationen[5] über die Regisseure, die andere Ziele als die vorher besprochenen Bücher deutscher Autoren verfolgten. Zum einen arbeiten die amerikanischen Autoren oft mit den Brüdern Coen zusammen, das heißt, sie waren gelegentlich bei ihnen am Set (Robertson 1997). Zum anderen bestehen ihre Texte oft aus persönlichen Eindrücken über die Brüder Coen. Sie beruhen also auf subjektiven Informationen und primären Quellen, zu welchen die Aussagen der Regisseure sowie Interviews mit ihnen gehören (Woods 2000). Der englische Autor und Filmkritiker des Blattes *The Guardian* Ronald Bergan hat die Coen-Brüder lange Zeit begleitet und mit ihnen zahlreiche Gespräche geführt, worauf er ihre Biografie mit subjektiven Anmerkungen zu ihrem Werk verfasste. Solche Arbeiten vermitteln einen allgemeinen Eindruck über die Brüder Coen als Regisseure und Menschen, bringen auf die eine oder andere Idee, tragen jedoch nicht zur analytischen Betrachtung ihrer Filme bei.

Einen anderen Anspruch hat das Werk von Barton Palmer, Professor für Literatur der *Clemson University* und gleichzeitig Direktor des Filminstituts in South Carolina. Sein 2004 veröffentlichtes Buch ist originell konzipiert und enthält Besprechungen der Filme, vor allem im geschichtlichen und filmwissenschaftlichen Kontext. Palmer teilt die Werke der Brüder in thematische Einheiten, wie *Künstler und Massenkultur*, und lässt diesem Aufsatz ausgewählte und seiner Meinung nach passende Werke der Brüder folgen, beispielsweise die Filme BARTON FINK und RAISING ARIZONA. Diese Texte beschäftigen

---

[5] Zwischen 2004 und 2006 wurden keine bedeutenden Werke über die Brüder Coen veröffentlicht. Erst im Dezember 2008 kam ein neues Buch von Mark Conard heraus, *The Philosophy of the Coen Brothers*, eine von dem Philosophen verfasste Betrachtung des Werkes der Brüder in Form eines Essays, in dem die philosophischen Grundlagen ihrer Filme, Themenauswahl und Charaktere besprochen werden und auch unbegründete Konzepte wie das der filmischen *Postmoderne* am Rande auftauchen.

sich jedoch wenig mit dem visuellen Stil und Inhalt des Werkes, sondern mehr mit den kulturell-ästhetischen Aspekten der Filme. Die Protagonisten werden als Archetypen in der Tradition des *klassischen* amerikanischen Kinos behandelt und mit den Hauptfiguren aus den Werken anderer Filmemacher verglichen. Außerdem steht der Autor für modische Begriffe wie *Postmoderne* oder *Independent*, die er verwendet, ohne sie entsprechend zu überprüfen oder sie in Bezug auf das Werk der Brüder zu hinterfragen.

Die stilistische Analyse der Filme basiert auf allgemein-theoretischen Werken amerikanischer Film- und Literaturwissenschaftler. Hier sind besonders die Bücher von David Bordwell, ehemaliger Professor für *Film Studies* an der *University of Wisconsin*, sowie seiner Frau, der Filmwissenschaftlerin Kristin Thompson, zu erwähnen. Zusammen mit Thompson verfasste Bordwell das Buch *Film Art: An Introduction*, das zu den Standardwerken der Filmwissenschaft gehört und die notwendigen Kenntnisse über das Medium und seine Zuschauerrezeption vermittelt. Bei der Ausarbeitung des Themas zur Erzählstruktur des *klassischen* Hollywoodkinos war ein weiteres Werk von Bordwell und Thompson, *The Classical Hollywood Cinema, Film Style & Mode of Production to 1960*, erschienen 1985 bei Columbia University Press New York, äußerst hilfreich. Seine Bedeutung ist vor allem in Bezug auf die Periodisierung des *klassischen* Hollywoodkinos sowie auf die Ausarbeitung der wichtigen stilistischen Merkmale herauszustellen. Auch Bordwells Aufsätze *The Cinema of Eisenstein* (1993) über das Werk des russischen Regisseurs sowie über *Post-Theorie* und *Postmoderne* in den Sammelbänden *Post-Theory: Reconstructing Film Studies* (1996) und *Die Filmgespenster der Postmoderne* (1998) tragen wesentlich zu den theoretischen Grundlagen der vorliegenden Arbeit bei. Der Amerikaner baut seine Texte auf mit zahlreichen Filmbeispielen belegten Thesen auf, wobei er stets einen sensiblen Umgang bei der Verwendung von Begriffen und Theorien zeigt.

Einen geschichtlichen Überblick über die Gründung des Studiosystems in Hollywood sowie über seine Sitten und Traditionen bieten die Werke von Ray (1985), Gomery (1986), Friedrich (1988) und Sennett (2000) an. Robert Ray, Professor an der *University of Florida* und Autor mehrerer Veröffentlichungen über das Hollywoodkino, beschäftigt sich in seinem Buch *A Certain Tendency of the Hollywood Cinema, 1930–1980*, erschienen 1985 bei Princeton University Press, mit dem thematischen Paradigma und dem Heldentypus des Hollywoodkinos. Er liefert dabei grundlegende und äußerst hilfreiche inhaltliche Besprechungen beispielsweise der Hollywoodklassiker CASABLANCA und IT'S A WONDERFUL LIFE sowie analysiert die modernen Tendenzen und das Werk unserer Zeitgenossen wie Francis Ford Coppola.

Bei der Analyse der Erzählmuster der Hollywoodfilme war besonders das Buch *Dramaturgie des Films* der Professorin an der Hochschule für Film und Fernsehen in München, Michaela Krützen, aufschlussreich.[6] Obwohl ihr analytischer Blick sich auf die

---

[6] An dieser Stelle sei anzumerken, dass zum essentiellen Verständnis der Erzählstrukturen der klassischen Hollywoodfilme meine Teilnahme an dem Kurs zum kreativen Drehbuchschreiben bei Oliver Schütte, Dramaturg, Drehbuchautor für Film und Fernsehen sowie Mitbegründer der Deutschen Filmakademie, im Juni 2004 beigetragen hat. Während des Seminars wurden nicht nur wesentliche Quellen des Drehbuchschreibens inklusive der Werke von Schütte, Field

Strukturen und den Ablauf des Filmes THE SILENCE OF THE LAMBS (1991) von Jonathan Demme konzentriert, fügt Krützen zahlreiche Beispiele anderer Filmschaffender hinzu, so dass sich die Wissenschaftlerin am Ende zur Analyse anderer Inhalte, wie der Produktion von Serien und TV-Folgen, hinreißen lässt, was ihren eigentlichen Beitrag zum Film von Demme sprengt. In diesem Buch vereinigt Krützen geschickt die wichtigen Regeln des kreativen Schreibens der Drehbuchautoren Christopher Vogler und Syd Field. Sie verfolgt umfassend und konsequent das Modell der *Heldenreise* sowie verfeinert es. Ihr Werk befreit jedoch nicht von dem Einlesen und dem ausführlichen Analysieren der Werke der oben genannten Drehbuchautoren sowie dem Einarbeiten in die Werke der Literaturwissenschaftler, vor allem der russischen Formalisten und Strukturalisten wie Jurij Tynjanov und Vladimir Propp.

Bei der Auseinandersetzung mit dem Begriff *Postmoderne* wurden zwei wichtige Sammelbände, herausgegeben von Andreas Rost und Jürgen Felix, herangezogen. Beide Werke umfassen die Texte verschiedener Autoren, die sich überwiegend mit Fragen der filmischen *Postmoderne* beschäftigen, wobei der Charakter dieser essayistischen Aufsätze eher die Funktion erfüllt, die Positionen, Meinungen und allgemeinen Äußerungen zum Thema zu vermitteln, und zwar ohne Anspruch auf eine grundlegende Analyse. Einen wissenschaftlichen Anspruch erheben die Beiträge von David Bordwell, Thomas Elsaesser oder Giuliana Bruno. Zu dem ästhetischen Verständnis des Begriffes tragen wesentlich die Aufsätze von Fredric Jameson *Postmodernism and Consumer Society* sowie *Postmodernism, or the Cultural Logic of Late Capitalism* bei. Darin beschäftigt sich Jameson jedoch wenig mit konkreten Filmen, sondern allgemein mit der sozialen und geschichtlichen Resonanz der *postmodernen* Ästhetik, wobei er auch den Versuch unternimmt, über *Postmoderne* in Bezug auf Architektur und Film zu sprechen.

Die Ästhetik von Sergej Eisenstein kommt vor allem in seinen eigenen Schriften zum Vorschein. Darunter sind folgende Werke zu erwähnen: Vier Bände, veröffentlicht von Hans-Joachim Schlegel, sowie seine Aufsätze über Montage, erschienen 2000 in Moskau unter der Herausgabe von Naum Kleiman. Zum Verständnis der Persönlichkeit von Eisenstein und seines theoretischen Werkes tragen die theoretischen Aufsätze der russischen Formalisten wie Kuleshow und Pudowkin – aus dem von Albersmeier herausgegebenen Sammelband (2001) – sowie die Bücher von Oksana Bulgakowa bei. Die Filmwissenschaftlerin und Professorin für Filmgeschichte und Filmanalyse an der Johannes-Gutenberg-Universität Mainz hat u.a. folgende Werke publiziert: *Sergej Eisenstein – drei Utopien. Architekturentwürfe zur Filmtheorie* (1996) und *Sergej Eisenstein: Biografie* (1997). Der Text über die *Montage der Kino-Attraktionen* wurde der Veröffentlichung von *VNII Kinoiskusstwa* (1985), der wissenschaftlichen Kinoakademie in Moskau, entnommen.

Die Skripte Eisensteins in der Bearbeitung von Schlegel erschienen bereits Mitte der 1970er-Jahre und waren – wenn auch nicht in immer perfekter Übersetzung – für die nächsten zwanzig Jahre die einzigen vollständigen Quellen des Werkes des russischen Regisseurs im deutschsprachigen Raum. Erst in den 1990er-Jahren wurden die Skripte Eisensteins erneut von der damals in Deutschland tätigen russischen Wissenschaftlerin

---

und Vogler besprochen, sondern auch Übungen zum selbstständigen Verfassen von Szenen und Dialogen angeboten und anhand zahlreicher Beispiele aus der Praxis diskutiert.

Oksana Bulgakowa übersetzt. Der Band zu Filmtheorien von Albersmeier, der erst Anfang des neuen Jahrhunderts erschien, stellt eine benutzerfreundliche Taschenbuchversion der grundlegenden Ausschnitte aus den Skripten der Filmtheoretiker, darunter Vetrov, Eisenstein, Pudowkin, Ejchenbaum, Tynjanov, Kracauer, dar.

Die Grundlagen und Entwicklungen des *Attraktionskinos* beschreiben die Texte von Tom Gunning. Des Weiteren sind diese Themen in folgenden Werken ausführlich angesprochen: *The cinema of attractions reloaded* (2006), herausgegeben von der Professorin für Filmgeschichte und Filmanalyse an der *University of Amsterdam* Wanda Strauven, und *Hollywood heute* (2009) von Thomas Elsaesser. Wenngleich beide Werke die Bedeutung der russischen Theoretiker, u.a. Sergej Eisenstein und seine originelle Montageästhetik, wenig berücksichtigen, sondern nur zu den Erkenntnissen aus dem Nachklang auf ihre Werke – meistens in Übersetzungen und Interpretationen – gelangen, gehören sie dennoch zu wichtigen und aktuellen Quellen der Sekundärliteratur. In Bezug auf die Analysen der aktuellen Werke amerikanischer Regisseure wie Steven Spielberg und Francis Ford Coppola sollte man das Buch des Professors für Literatur und Medienwissenschaft sowie Filmwissenschaftlers Robert Kolker erwähnen. Kolker setzt sich im Wesentlichen mit dem Inhalt der Filme und den technischen Verfahren der erwähnten Regisseure auseinander, wobei er in seinen Analysen den üblichen Weg eines amerikanischen Wissenschaftlers geht, indem er sich mehr zur Ideologie und Themenvielfalt der Werke äußert, ohne sie einer grundlegenden stilistischen Analyse zu unterziehen.

Zum Schluss sollen die wichtigen Internetquellen angesprochen werden, die den Inhalt dieser Arbeit wesentlich bereichert und belebt haben. Darunter sind die Websites der Filmcrew der Coen-Brüder zu erwähnen, des Kameramanns Roger Deakins oder des Komponisten Carter Burwell. Sie enthalten wichtige Informationen zu den Filmproduktionen und deren Ablauf. Die allgemeinen Informationen über die Filme und ihre Budgets, die Texte einiger Drehbücher sowie die Zahlen an der Kinokasse wurden unter http//pro.imdb.com (*The Internet Movie Data Base* (IMDb)) recherchiert.

II

Die Regisseure Joel und Ethan Coen

1. Kindheit, Lehrzeit und Ankunft in New York

Joel Coen wurde am 29. November 1954, Ethan Coen am 21. September 1957 in St. Louis Park, einem Vorort von Minneapolis im US-Bundesstaat Minnesota, geboren. Der Vater lehrte Betriebswirtschaft an der Universität Minnesota. Die Mutter unterrichtete Kunstgeschichte an der *St. Cloud University*.[7] Da beide Brüder ihre Privatsphäre sorgfältig schützen und bei Anfragen kaum Informationen über sich preisgeben, weiß man nicht viel über ihre Kindheits- und Jugendjahre. In Interviews geben sie nur oberflächlich Selbstauskunft, es ist aber nicht nachvollziehbar, ob sie die tatsächliche Situation beschreiben oder Legenden über sich verbreiten.[8] Der biografische Abriss basiert auf einigen sich ständig wiederholenden Fakten aus der Sekundärliteratur sowie auf Presseinformationen und Interviews.[9]

Joel und Ethan verbrachten ihre Kindheit in ihrem Heimatstaat Minnesota, der sich im Norden der Vereinigten Staaten, an der kanadischen Grenze, befindet und als reich an Naturschutzgebieten und Wasserflächen gilt. In den *Twin Cities* (Minneapolis und Saint Paul) konzentrieren sich zahlreiche Universitäten, namhafte Museen und Theater.[10] Bei der Präsentation ihres Filmes FARGO im Jahre 1996 während der Filmfestspiele in Cannes beschrieben die Brüder ihre Heimat wie folgt:

---

7 Biografische Daten wurden hauptsächlich dem Pressematerial über die Regisseure und ihre Filme sowie den folgenden Buchquellen entnommen: Kilzer / Rogall 1998, Körte / Seeßlen 2000, Bergan 2000 und Woods 2000.

8 Lange Zeit behaupteten die Coen-Brüder, dass der Film FARGO (1996) auf einer authentischen Begebenheit beruhe, während die ganze Story eine Frucht ihrer Fantasie ist. Den britischen Cutter Roderick Jaynes erschufen sie selbst und statteten ihn mit einer kompletten Bio- und Filmografie aus. Sie verfassten sogar in seinem Namen ein Vorwort zu ihrer Sammlung von Drehbüchern. Doch handelt es sich bei dieser Gestalt um ihr eigenes Pseudonym. Einige Pressehefte, wie beispielsweise für den Film THE LADYKILLERS (2004), erstellt vom deutschen Filmverleih *Buena Vista,* oder für BURN AFTER READING (2008), TOBIS Verleih, zitieren immer noch den Namen Roderick Jaynes. Die Pressehefte von TOBIS erwähnten, dass Jaynes «zusammen mit seinem Chow-Chow Otto» lebe, «aufgrund seiner makellosen äußeren Erscheinung» in der Filmbranche sehr bewundert werde und «Aktbild-Sammlungen von Margaret Thatcher», wofür sie bei einem Großteil davon persönlich Modell gestanden habe, besitze. *Buena Vista* behandelte die biografischen Daten von Jaynes so ernsthaft, dass man sich dabei fragt, ob es sich um eine Werbestrategie oder eine Anweisung der Filmemacher handelt. Eines ist klar, dass nämlich mit dieser Art der Selbstdarstellung die Brüder Coen ihren Kultstatus forcieren.

9 Gemeint sind die Presseveranstaltungen bei den Filmfestspielen in Venedig (2005), die sie als Produzenten des Filmes ROMANCE & CIGARETTES von John Turturro besuchten, in Cannes (2007) während der Präsentation von NO COUNTRY FOR OLD MEN und in Venedig (2008) mit BURN AFTER READING.

10 Die *Twin Cities* haben nach New York City die höchste Pro-Kopf-Dichte an Theatern in den USA. Hier befinden sich mehrere namhafte Museen, wie das *Weisman Art Museum,* das *Walker Art Center* und das *Minneapolis Institute of Art.* 84 % der Bevölkerung in Minnesota haben einen Hochschulabschluss.

«Wir wuchsen in Minnesota auf, einem Bundesstaat mit ausgedehnten Prärieflächen im Norden der Vereinigten Staaten. Die meiste Zeit des Jahres ist das Land schneebedeckt. Wenn der Schnee Anfang Juni zu schmelzen beginnt, sind die Felder neben den Highways mit dem Müll einer ganzen Saison verdreckt, mit leeren Zigarettenpackungen, Getränkedosen und Leichen.»

(Selbstpräsentation der Coen-Brüder im Festivalkatalog der Festspiele in Cannes 1996, Kilzer / Rogall 1998, S. 115)

«Es gibt eine kultivierte Höflichkeit, die spezifisch für dieses Gebiet ist. Man sagt nie etwas Negatives, Hässliches wird einfach ignoriert. Und Gefühlsausbrüche sind absolut tabu […].»

(Kilzer / Rogall, S. 111)

Die Familie der Brüder ist jüdischer Herkunft. Die Großeltern mütterlicherseits, selbst traditionelle Juden, bestanden darauf, ihre Enkel im jüdischen Glauben zu erziehen, während der Vater eher lockere Ansichten über die Erziehung beider Söhne und der älteren Tochter hatte. Die Eltern – beide berufstätig – waren sehr beschäftigt, deshalb erinnern sich Joel und Ethan, mehr vor dem Fernseher gesessen zu haben, als mit den Eltern gemeinsame Aktivitäten auszuüben:

«[…] mother once wrote an article, ‹How to Take Children to an Art Museum›, but I don't recall her ever taking us.»[11]

Die meisten TV-Programme, die sie anschauten, spielten neben zahlreichen Werbespots alte Filme mit Bob Hope, Jerry Lewis, Tony Curtis und Doris Day. Die einzigen Zensoren des ‹guten› Geschmackes dieser Sendungen waren wohl die Fernsehanbieter selbst. Da auf diese kein Verlass war, schauten die Brüder alles durcheinander, am liebsten Komödien wie BOEING BOEING (1965) oder THE PILLOW TALK (1959). Später erinnerten sie sich, einen eklektischen Eindruck über die Kinogeschichte durch diese Sendungen entwickelt zu haben:

«A movie like BOEING BOEING was big with us. And we were into movies like THAT TOUCH OF MINK, A GLOBAL AFFAIR, Bob Hope movies, Jerry Lewis movies, anything with Tony Curtis, PILLOW TALK. We tried to see everything with Doris Day […].»[12]

Diese Leidenschaft für Filme motivierte den älteren Bruder Joel, verschiedene Nebenjobs wie Rasenmähen aufzunehmen und sich für das verdiente Geld eine *Super-8*-Kamera zu kaufen. Zu den ersten Erfahrungen der Brüder mit dem Medium gehörten eigene Hollywood-*Remakes*, die sie mit Freunden[13] in den Hauptrollen drehten. Mangels Erfahrung bearbeiteten die Brüder alle Szenen in chronologischer Abfolge so, dass sie stundenlang dasaßen und warteten, bis das erwünschte Licht oder der erforderliche Gegenstand vor dem Objektiv auftauchten:

---

[11] «[…] Mutter schrieb einmal einen Artikel *Wie führt man Kinder in ein Kunstmuseum aus*, ich erinnere mich aber nicht, dass sie uns jemals mitgenommen hat.» In: Woods 2000, S. 55.

[12] «Ein Film wie BOEING BOEING war von großer Bedeutung für uns. Wir standen auf Filme wie THAT TOUCH OF MINK, A GLOBAL AFFAIR, Filme mit Bob Hope, Jerry Lewis, alles mit Tony Curtis, THE PILLOW TALK. Wir haben versucht, alles mit Doris Day anzuschauen.» Joel Coen im Interview. In: Woods 2000, S. 31.

[13] In vielen ihrer Filme spielte der Nachbarsjunge Mark Zimering (als «Zeimers»).

«We remade a lot of bad Hollywood movies that we'd seen on television. The two that were most successful were remakes of THE NAKED PREY and ADVISE AND CONSENT – movies that never should have been made in the first place. At the time, we didn't really understand the most basic concepts of filmmaking – we didn't know that you could physically edit film – so we'd run around with the camera, editing it all in the camera. We'd actually have parallel edition for the chase scenes. We'd shoot in one place, then run over to the other and shoot that, then run back and shoot at the first spot again.»[14]

Mitte der 1970er-Jahre verließ Joel Coen die Schule und schrieb sich in *Simon's Rock College*[15] in Massachusetts ein. Die Schule hatte einen zwiespältigen Ruf: Einerseits wurde die Institution für die besonders liberalen Methoden und eine Affinität zur Kunst geschätzt, andererseits, wahrscheinlich aus gleichem Grund besonderer Liberalität, schlossen nur wenige Absolventen die Einrichtung mit einem *High School*-Diplom ab. Im *College* muss die Kreativität von Joel freien Lauf genommen haben. Er verließ die Schule der Statistik zufolge frühzeitig und ohne Abschluss. Zuerst ging er auf die Universität von Texas in Austin (UT). Danach schrieb er sich für das Filmfach an der *University of New York* (NYU) ein, die er mit dem 30-minütigen Film SOUNDINGS[16] abschloss.

Noch während des Studiums arbeitete Joel als Produktionsassistent für verschiedene Projekte, bis er einen Job als Schnittassistent bei Sam Raimi aufnahm. Der US-Regisseur Raimi – heute mehr bekannt als Filmemacher von visuell animierten Produktionen wie SPIDER-MAN – drehte Anfang der 1980er-Jahre *B-Movies* und Horrorfilme. Seine Werke wie THE EVIL DEAD (1981) und THE EVIL DEAD II – DEAD BY DAWN (1987) galten als *Splatter* mit Elementen des *Film noir*. Joel Coen arbeitete an diesen Filmen mit Raimi mit und holte sich Inspirationen für seine ersten Werke, beispielsweise für BLOOD SIMPLE (1984). Auf den ersten Erfolg von BLOOD SIMPLE folgten viele Jahre mühsamer Arbeit.

Während Joel seine Erfahrungen mit Film in New York sammelte, blieb Ethan weiter am *Simon's Rock College*. Offensichtlich entwickelte er mehr Affinität für ein akademisches Studium als sein älterer Bruder. Nach dem *College* führte Ethan seine Ausbildung an der Fakultät für Philosophie der *Princeton University* fort, die er im Jahre 1980 mit einer Arbeit über das Spätwerk von Ludwig Wittgenstein abschloss. Danach zog er zu seinem älteren Bruder nach New York. Dort hielt er sich mit mehreren Aushilfsjobs über Wasser, während beide versuchten, an eigenen Projekten zu arbeiten.

---

14 «Wir haben viele schlechte Hollywoodfilme, die wir im Fernsehen gesehen hatten, nachgedreht. Die zwei erfolgreichsten waren Remakes von THE NAKED PRAY und ADVISE AND CONSENT – Filme, die gar nicht erst hätten gedreht werden sollen. Damals hatten wir nicht einmal Grundkenntnisse im Filmemachen und wussten auch nichts von technischer Filmbearbeitung. Wir rannten also mit der Kamera umher und erledigten so einen Großteil der Montagearbeit direkt mit der Kamera. Für die Verfolgungsszenen nutzen wir sogar die Parallelmontage. Wir drehten an einem Ort, liefen weiter zum nächsten und drehten dort und kamen wieder zurück, um am ersten Ort weiterzudrehen.» Joel Coen. In: Woods, S. 30.

15 1964 gründete Elizabeth Blodgett Hall das *Simon's Rock College*. Sie und ihre Familie genossen eine höhere Gesellschaftsstellung. Elizabeth vertrat die Meinung, dass Kunsterziehung während der Ausbildung notwendig sei.

16 In dem Kurzfilm geht es um eine Frau, die mit ihrem Freund schläft und über einen anderen Mann fantasiert.

Ethan wurde auch als Autor mehrerer Kurzgeschichten bekannt, die er in Magazinen wie *The New Yorker, Playboy* und *Vanity Fair* publizierte.[17]

2. Filmografie: Etappen der Regiekarriere[18]

Das filmische Werk von Joel und Ethan Coen umfasst Arbeiten von Anfang der 1980er-Jahre bis heute. Man kann sie bedingt in drei Phasen unterteilen: «das Frühwerk» (von BLOOD SIMPLE bis FARGO), «die späten 1990er-Jahre» (THE BIG LEBOWSKI, O BROTHER, WHERE ART THOU?, THE MAN WHO WASN'T THERE) und die «aktuellen Filme» Anfang des 21. Jahrhunderts (von INTOLERABLE CRUELTY (2003) bis TRUE GRIT (2010)). Diese Benennungen beruhen auf den thematischen und stilistischen Gemeinsamkeiten ihrer Filme sowie auf der Resonanz ihres Werkes seitens des (Fach-)Publikums. Dennoch erheben sie keinen Anspruch auf Vollständigkeit, besonders weil beide Filmemacher noch aktiv drehen.

Das Frühwerk beinhaltet nicht nur zahlreiche Übungen im Drehbuchschreiben und in Produzententätigkeiten, sondern und vor allem das Drehen eigener Filme. Diese Periode fängt kurz vor dem Start des ersten auf der Leinwand gezeigten Filmes BLOOD SIMPLE im Jahre 1984 an und gilt als äußerst erfolgreich. Der Erfolg zeigt sich im Lob der Kritiker und in den Reaktionen der Jury-Vorsitzenden der Festivals in den USA und auch im Ausland. Die Reaktionen der amerikanischen Kinobesucher sind jedoch zwiespältig: Die ersten Werke BLOOD SIMPLE (1984) und RAISING ARIZONA (1987) lockten sie ins Kino. Bei MILLER'S CROSSING (1989 / 1990), BARTON FINK (1991), THE HUDSUCKER PROXY (1994) zeigte sich das Publikum zurückhaltend. Mit dem Film FARGO (1996) knüpften die Brüder an ihre früheren Erfolge an. Während die Premieren von MILLER'S CROSSING und THE HUDSUCKER PROXY keine großen Erfolge waren, weder in Amerika noch im europäischen Ausland, gelang es den Filmemachern mit BARTON FINK – auf ihrer europäischen Filmpremiere in Cannes (bei der ihr Werk mit drei *Goldenen Palmen* ausgezeichnet wurde) – große Anerkennung im Ausland zu gewinnen.

Mitte der 1990er-Jahre entwickelten die Brüder Coen ihren eigenständigen Stil. Die Themen aus dieser Zeit wiederholen sie später oft: NO COUNTRY FOR OLD MEN (2007) könnte eine Mischung aus BLOOD SIMPLE und FARGO sein; das Thema zu A SERIOUS MAN (2009) haben die Brüder bereits in den 1990er-Jahre gefunden. Es handelt sich dabei um einen schüchternen Protagonisten, der – ähnlich wie der Schriftsteller Barton Fink im gleichnamigen Film – den Weg aus seiner seelischen Verzweiflung sucht. Mit dem *Oscar* für FARGO im Jahre 1997 wurde den Brüdern die erwünschte Anerkennung und nötige Zugehörigkeit zu den Besten ihrer Branche zuteil, die in der Filmwelt vorrangig die

---

[17] Viele Jahre später wurden seine Geschichten in einem Erzählband *The Gates of Eden* (in deutscher Übersetzung *Falltür ins Paradies*) veröffentlicht.

[18] Die Brüder Coen haben nicht nur eigene Filme gedreht, sie beteiligten sich auch an den Filmproduktionen anderer Regisseure (ROMANCE & CIGARETTES (2005), BAD SANTA (2003), DOWN FROM THE MOUNTAIN (2000)) und schrieben für sie auch Drehbücher (CRIMEWAVE (1985) – beide, THE NAKED MEN (1998) – nur Ethan). Für den Überblick sind vor allem die Regiewerke der Regisseure relevant.

großzügigen Finanzierungen der Studios erhalten und die einflussreichen Produzenten anlocken. Dennoch weigerten sich die Brüder, in diese Abhängigkeit zu geraten und zögerten nicht, auch weiterhin *Low-Budget*-Filme zu drehen. In den «späten 1990ern» arbeiteten sie an weiteren Filmen, THE BIG LEBOWSKI (1998) und O BROTHER, WHERE ART THOU? (2000), und schlossen diese Phase erfolgreich mit dem Film THE MAN WHO WASN'T THERE (2001) und einer weiteren *Goldenen Palme* für die Regie ab.

Der in schwarzweiß gedrehte Film THE MAN WHO WASN'T THERE kann als Übergang in eine neue Phase angesehen werden. Diese fängt mit dem neuen Jahrtausend an und wird durch künstlerische Sicherheit und gewisse Routine mit einer Publikumsgarantie auf Erfolg bezeichnet. Von jetzt an wird fast jeder Film der Brüder zu den Favoriten der hochrangigen Filmfestivals gehören, ob Cannes, Toronto oder Venedig.

Nach der Premiere in Cannes 2002 haben sich die Brüder auch dem kommerziellen Kino gewidmet und drehten schwarze Komödien, wie INTOLERABLE CRUELTY (2003), THE LADYKILLERS (2004) und BURN AFTER READING (2008). Diese wurden vom Publikum mit Freude aufgenommen. Die Kritiker fanden sie jedoch oberflächlich. Seit 2006 beteiligten sich die Brüder mit Kurzfilmen an zwei internationalen Projekten, PARIS, JE T'AIME (2006) (Tuileries) und CHACUN SON CINÉMA (2007), und drehten den äußerst erfolgreichen Film NO COUNTRY FOR OLD MEN (2007), der in Cannes während des 60. Jubiläums zusammen mit ihrem Kurzfilm aus der Reihe CHACUN SON CINÉMA gezeigt wurde. Für NO COUNTRY FOR OLD MEN erhielten sie im darauffolgenden Jahr vier *Oscars*. Im September 2008 präsentierten Joel und Ethan ihren Film BURN AFTER READING während der Filmfestspiele in Venedig, im Jahre 2009 kam ihre Komödie A SERIOUS MAN auf die Leinwand und im Jahre 2010 eröffnete TRUE GRIT die Filmfestspiele in Berlin. Weitere Werke wie GAMBIT, HAIL CAESAR und SUBURBICON befinden sich in der Vorproduktionsphase.

2.1. Das Frühwerk

Anfang der 1980er-Jahre haben die Brüder Coen versucht, sich im Filmgeschäft zu etablieren. Sie schrieben die Drehbücher zu den Filmen SUBURBICON und COAST TO COAST[19], die nicht realisiert wurden. Das Drehbuch zu THE XYZ MURDERS[20] erstellten Joel und Ethan zusammen mit Sam Raimi. Der Film wurde erst Mitte der 1980er-Jahre gedreht, als die Coens bereits ihren Debütfilm BLOOD SIMPLE im Jahre 1984 in die Kinos gebracht hatten. Dank ihrer Lebenseinstellung – sich nicht durch Misserfolge entmutigen

---

[19] Zwanzig Jahre später kündigten die Brüder an, SUBURBICON drehen zu wollen. Die Komödie soll in den USA im Jahre 2012 auf die Leinwand kommen. COAST TO COAST, ursprünglich als Screwball-Comedy gedacht, besteht bis jetzt nur auf dem Papier. Der Film erzählt von Chinesen, die Albert Einstein zu klonen versuchen.

[20] 1985 wurde THE XYZ MURDERS verfilmt. Durch Schwierigkeiten mit der Verleihfirma *Embassy Pictures* startete der Film erst 1986 in eigener Schnittversion unter dem Titel CRIMEWAVE erfolglos in wenigen Kinos.

zu lassen[21] – kamen sie mit ihrer ersten Versuchsphase zurecht und arbeiteten konsequent weiter. Noch bevor sie die ersten Aufträge bekamen, hatten sie ihre Aufgaben unter sich aufgeteilt: Die Regie führte Joel Coen, für die Produktion war sein jüngerer Bruder Ethan verantwortlich. Zusammen schrieben sie die Drehbücher und ‹montierten› ihre Filme. Obwohl diese formale Aufteilung bis zumindest THE LADYKILLERS (2004)[22] unverändert blieb, entwickelten sie bereits nach dem ersten Drehbuch eine Arbeitsweise, mit der sie alle Filmprozesse – von der Regie bis zum *Final Cut* – gemeinsam erledigten.

1984 kam der erste Erfolg mit dem Debütfilm BLOOD SIMPLE. Den Titel dieses *Noir*-Filmes entlehnten Joel und Ethan Coen einem Roman von Dashiell Hammett *Red Harvest* (1929).[23] Damit zeigten sie ihre Vorliebe für das Kriminalgenre[24] bereits in ihrem ersten Werk. Viele Teilnehmer der neu aufgebauten Filmcrew machten bei dieser Produktion ihre ersten Erfahrungen. Beide Brüder hatten noch nie zuvor gemeinsam einen Spielfilm produziert und gedreht. Der Kameramann Barry Sonnenfeld sah, nach eigenen Aussagen, zum ersten Mal durch den Sucher einer 35-mm-Kamera:

> «The director, Joel Coen, had never directed before; his younger brother, Ethan, had never produced a film (and worked as a statistical typist at Macy's to pay their rent while raised the money). I had never looked through a 35 mm camera […].»[25]

Die Eltern von Joel und Ethan Coen beteiligten sich beim ersten Mal an den Produktionskosten ihrer Söhne. Und zwar nicht, weil sie davon überzeugt waren, ihre Kinder könnten großartige Regisseure werden, denn auch in der Vergangenheit war dem Ehepaar Coen das künstlerische Streben ihrer Söhne nicht aufgefallen,[26] sie wollten aber bei den ersten selbstständigen Karriereschritten Unterstützung leisten.[27]

Die Brüder Coen und Sonnenfeld drehten zunächst einen dreiminütigen Trailer, um die potenziellen Geldgeber anzusprechen. Acht Monate dauerte es, bis sie das Budget von 1,5 Millionen Dollar beisammen hatten. Diese Mittel reichten aber nicht. Alle

---

[21] Nach Aussagen der Brüder während der Pressekonferenz für NO COUNTRY FOR OLD MEN beim Filmfestival in Cannes 2007.

[22] Seit THE LADYKILLERS (2004) übernahm Ethan zusammen mit Joel auch die Regie (Pressekonferenz in Cannes 2007).

[23] «Blood simple. Your brains turn to mush» kommentiert Dashiell Hammett in seinem Roman das Schicksal eines Mörders.

[24] Besondere Vorliebe haben die Brüder für Dashiell Hammett, James M. Cain und Raymond Chandler entwickelt.

[25] «Der Regisseur, Joel Coen, hatte noch nie zuvor Regie geführt; sein jüngerer Bruder, Ethan, hat nie einen Film produziert (er arbeitete als Bürokraft bei *Macy's*, um die Miete zahlen zu können, während er das Geld fürs Projekt aufbrachte). Ich hatte noch nie durch eine 35-mm-Kamera geschaut.» In: Kilzer / Rogall 1998, S. 39.

[26] Der Vater konnte sich nur an eine einzige künstlerische Episode in der Biografie seines jüngeren Sohnes erinnern, als Ethan während seiner Grundschulzeit an einem Schauspiel über König Artus mitgeschrieben hatte.

[27] «Die Eltern waren nicht gerade vor Freude überwältigt, als sie von unserem Entschluss hörten, Filmemacher zu werden, aber sie sind schließlich damit zurechtgekommen und haben sich sogar an der Finanzierung von BLOOD SIMPLE beteiligt.» Joel Coen. In: Körte / Seeßlen 2000, S. 11.

Beteiligten waren immer wieder gezwungen, die Dreharbeiten abzubrechen, um nach Nebenjobs und finanziellen Mitteln zu suchen. Die Produktion von BLOOD SIMPLE dauerte insgesamt vier Jahre. Der Film wurde der größte Publikumserfolg, vor allem bei den Filmfestivals in Toronto und New York. Er erhielt mehrere Auszeichnungen[28]. *Time Magazine* und *The Washington Post* wählten ihn 1985 unter die besten zehn Filme des Jahres.

1986 begannen die Coen-Brüder die Arbeit an ihrem zweiten Spielfilm RAISING ARIZONA, mit dem Recht auf den *Final Cut* und einem Produktionsbudget von sechs Millionen Dollar (die Hälfte kam vom großen Verleih *20th Century Fox*). Die Entführungskomödie mit dem jungen Nicolas Cage in der Hauptrolle wurde im März 1987 uraufgeführt. Sie spielte 22,8 Millionen Dollar ein und bestätigte den bereits mit BLOOD SIMPLE gewonnenen Publikumserfolg der Filmemacher. Den großen Filmstudios zeigte diese Arbeit das finanzielle Potenzial der Filmemacher. Ab diesem Moment fiel es den Brüdern leichter, das Geld für ihre Projekte zu beschaffen.

Mitte der 1980er-Jahre kam eine Reihe von Filmen über Kinder auf die US-Leinwände. 1987 erzählte BABY BOOM von Charles Shyer von einer Karrierefrau (Diane Keaton), die das Kind eines verstorbenen Verwandten adoptiert. Dafür gibt sie ihre Karriere und den Freund auf, zieht aufs Land und verliebt sich in einen Tierarzt. Im gleichen Jahr wurde ein Kind in THREE MEN AND A BABY von Leonard Nimoy – wie der Titel verrät – von drei Männern aufgezogen, vorher überzeugte Singles, die dem kleinen Wesen nach mehreren Tagen der Verzweiflung und Herausforderung plötzlich ihre Vatergefühle offenbaren. Ähnlich verläuft die Handlung mit einem unehelichen Baby einer Buchhalterin in LOOK WHO'S TALKING (1989) von Amy Heckerling, das seinen neuen Vater in der Gestalt eines fremden Taxifahrers findet. Die Coen-Brüder schlossen sich dem Trend an. Dennoch lösten sie das Babyproblem auf ungewöhnliche Art und Weise. Während die Protagonisten anderer Filme ihre Kinder mit Sinnlichkeit und Aufmerksamkeit begleiteten, handeln die Erwachsenen mit den Kindern in RAISING ARIZONA wie mit einem Gut.

Im nächsten Werk wechselten die Brüder Coen das Thema. Der Gangsterfilm MILLER'S CROSSING kam drei Jahre nach RAISING ARIZONA ins Kino, als Reminiszenz an den Roman *The Glass Key* (1931) von Dashiell Hammett. Die Filmemacher schlossen sich erneut den allgemeinen Themenentwicklungen der US-Kinobranche an: den Mafiafilmen. Diese Tendenz nahm bereits Mitte der 1980er-Jahre ihren Lauf, als Filme wie ONCE UPON A TIME IN AMERICA (1984) von Sergio Leone, PRIZZI'S HONOR (1985) von John Huston, SCARFACE (1983) und THE UNTOUCHABLES (1987) von Brian De Palma großen Erfolg und mehrere Nachfolger hatten. In den 1990ern kamen KING OF NEW YORK (1990) von Abel Ferrara, GOODFELLAS (1990) von Martin Scorsese, THE GODFATHER III (1990) von Francis Ford Coppola auf die Leinwand.

Dennoch kann man MILLER'S CROSSING nur formal einen Gangsterfilm nennen. Während andere Filmemacher in die Poesie des ‹wilden› Kriminallebens eintauchten und seine Protagonisten romantisierten, vermenschlichten und vergegenständlichten, wie

---

[28] Die Preise wurden hauptsächlich in den USA vergeben, bei den unabhängigen Filmfestivals wie *Sundance* (*Grand Jury Price* 1985) oder *Independent Spirit Award* (1985).

Martin Scorsese, der in GOODFELLAS einen Mafioso als Angestellten zeigt, entwickelten die Coen-Brüder ihre Charaktere aus der Reflexion des historischen Materials, nüchtern und geschäftstüchtig. In MILLER'S CROSSING geht es nicht um Verbrechen als Grenzüberschreitung oder die romantisierende Lebensweise einer einträchtigen Familie, sondern um die Allgegenwart des kriminellen Geschäfts und den Verfall der politischen Sitten.

Der erste Film der Brüder mit dem Status einer *A-Produktion*, MILLER'S CROSSING, wurde zu einer schweren Geburt. Beim Anschauen fällt auf, wie mühsam sich der komplizierte Plot entziffern lässt. Die Story hat mehrere nicht miteinander verbundene Fabeln, zahlreiche Protagonisten mit eigenen Geschichten und viele unverständliche Effekte. Die Produktion und der Dreh dauerten zwei Jahre. Trotz des Kritikerlobs ging der Film an der Kinokasse unter.[29]

Während der Drehvorbereitungen zu MILLER'S CROSSING schrieben die Brüder innerhalb von drei Wochen ein neues Drehbuch – zu BARTON FINK – über einen Autor, der an einer Schreibblockade leidet. Nachdem die Postproduktion von MILLER'S CROSSING vollendet war, begannen Joel und Ethan im Juni 1990 den Dreh des Schriftstellerdramas in Los Angeles. Die Weltpremiere in Cannes im Mai 1991 brachte den Brüdern drei Hauptpreise und den internationalen Durchbruch. Das US-Publikum zeigte sich für BARTON FINK nicht besonders begeistert, die Situation – wie vorher mit MILLER'S CROSSING – wiederholte sich, und die Brüder Coen mussten mit mehr Verlust als Gewinn[30] rechnen.

Als Joel und Ethan noch an ihrem Film BLOOD SIMPLE Mitte der 1980er-Jahre arbeiteten, wohnten sie bei ihrem Freund Sam Raimi in Los Angeles. Tagsüber suchten sie einen Verleih für ihr Kinodebüt, nachts verfassten sie zusammen mit Raimi die Drehbücher zu THE XYZ MURDERS und THE HUDSUCKER PROXY. Bei der Realisierung des letzten Filmes fungierte Raimi als zweiter Regisseur. Die Brüder behaupten, dass die Verzögerung des Projektes um zehn Jahre ihr Glück gewesen sei. Als sie sich Anfang der 1980er-Jahre die Geschichte über den Dorftrottel Norville Barns, der einen *Hula-Hoop*-Reifen erfindet, ausdachten, konnten sie die zahlreichen Fantasieszenen nicht in gewünschter technischer Gestaltung umsetzen. Zehn Jahre später war es jedoch möglich, die real anmutenden Traumwelten von THE HUDSUCKER PROXY am Computer mit visuellen Tricks zu erschaffen. Das überraschend hohe Budget von 25 Millionen Dollar sicherte diesem Projekt bekannte Schauspieler wie Tim Robbins, Jennifer Jason Leigh und Paul Newman. Die Einspielergebnisse lagen jedoch in den USA knapp unter drei Millionen Dollar.

Nach diesem Misserfolg kehrten die Brüder zurück in das vertraute *Low-Budget*-Terrain und feierten mit dem sechsten Film FARGO (1996) ihren bis dahin größten Erfolg, der sich sowohl finanziell als auch in einer Preislawine manifestierte. Frances McDormand bekam einen *Oscar* für ihre Darstellung der schwangeren Polizistin. Die

---

[29] Die Ausgaben für den Dreh wurden mit ca. 14 Millionen Dollar berechnet, während die Einnahmen in den USA nur fünf Millionen Dollar erbrachten.

[30] Ungefähr neun Millionen Dollar Ausgaben mit Einnahmen knapp über sechs Millionen Dollar in den USA.

beiden Brüder wurden für das beste Originaldrehbuch ausgezeichnet. Weitere fünf Nominierungen wurden für den besten Film, die beste Regie, die beste Kamera, den besten Nebendarsteller (William H. Macy) und ironischerweise für den besten Schnitt vorgemerkt, also für Roderick Jaynes. Auf der 1998 veröffentlichten Liste der besten 100 amerikanischen Filme aller Zeiten des *American Film Instituts (AFI)* erhielt FARGO den 84. Platz, neben GONE WITH THE WIND (1939), CASABLANCA (1942), THE AFRICAN QUEEN (1951), TAXI DRIVER (1976), THE GODFATHER I und II (1972 und 1974) und THE SILENCE OF THE LAMBS (1991).

Obwohl Fargo eine Stadt in North Dakota ist, spielt die Handlung des Filmes in Minnesota, dem Heimatort beider Brüder, den sie – getreu ihrer Beschreibungen – als schneebedeckte Prärifläche darstellten. Während ihre Zeitgenossen Filme in glamourösen Metropolen und an den Küsten drehten oder, wenn es um ein *Western*-Remake ging, zumindest in mythischen Südstaaten platzierten, wählten die Brüder unspektakuläre Orte für ihre Geschichten[31] und setzten eine Kriminalgeschichte in den Mittelpunkt. Neben der Kriminalgeschichte beschäftigten sie sich mit einem Exkurs über die ländlichen Sitten der Lokalbevölkerung und in die Landschaften der Gegend. Im Stil eines Dokumentarfilmes zeigten sie den Alltag der skandinavischen Einwanderer mit ihrem langsamen Lebenstempo, das sich in Verwendung langgezogener Wörter ihres Dialektes äußert, mit ihrer Neigung zur bürgerlichen Häuslichkeit ohne Großstadthektik. Diese Vorlieben für Drehorte wie Texas, Minnesota oder Arizona, am Rande der Zivilisation mit Abbildern des unspektakulären Lebens ihrer Einwohner, die in ihrem Dialekt sprechen, zeichnet das Gesamtwerk der Brüder aus, als ob sie das einheimische Publikum sowie die renommierten, weltläufigen US-Kritiker schulen wollten, ihre Heimat in ihrer Banalität zu bewundern.

2.2. Die «späten 1990er»

Noch vor der *Oscar*-Verleihung beginnen die Coen-Brüder die Dreharbeiten an ihrem nächsten Film THE BIG LEBOWSKI, der im Januar 1998 uraufgeführt wurde. Die Story spielt zum zweiten Mal in Los Angeles. Wie in BARTON FINK wird der glamouröse US-Staat Kalifornien – die Heimat der *Traumfabrik* – wieder bescheiden dargestellt. Gegen die gewöhnliche Meinung, dass nur die Filmstars die erwähnte Gegend bewohnen, zeigen die Brüder einen Hippie, Jeff Lebowski, der sein arbeitsloses Dasein zwischen Bowling und Entspannung mit Cocktails verbringt. Die Geschichte dreht sich nicht nur um «Dude» Lebowski und seinen gleichnamigen Doppelgänger, sondern wird zur erneuten Auseinandersetzung der Brüder mit der Filmgeschichte, beziehungsweise mit dem *Film noir* der 1940er-Jahre und mit der Raymond-Chandler-Produktion THE BIG SLEEP (1946). Der Dude erinnert in seinen Nachforschungen in der Kriminalgeschichte, seiner Körperhaltung und dem ständigen Drang, sich mit einem *White Russian* zu entspannen, an den Privatdetektiv Philipp Marlowe in THE BIG SLEEP (1946). Wie Dude lässt auch Marlowe nicht ein Glas des (Ver-)Stärkungselixiers aus der Hand. Während

---

[31] Zur Ausnahme gehört hier BARTON FINK. Hier verorten die Brüder ihre Geschichte in Los Angeles.

der Berlinale 1998 gehörte THE BIG LEBOWSKI zu den Publikumsfavoriten, bekam jedoch nicht den *Goldenen Bären*. Obwohl die Produzenten des Filmes auf ihre Kosten kamen, ohne jedoch große Gewinne zu erzielen,[32] wurde das Werk zum Kultfilm gekrönt und mehrfach von anderen Regisseuren zitiert.[33]

Im Stil amerikanischer Heimatfilme drehten die Brüder ihre nächste Geschichte über die US-Südstaaten zur Zeit der Weltwirtschaftskrise. Der Titel O BROTHER, WHERE ART THOU?, den die Brüder aus dem Altenglischen und den Zeiten von Shakespeare übernommen haben, bezieht sich auf den Filmklassiker SULLIVAN'S TRAVELS (1941) von Preston Sturges.[34] Der Film der Coen-Brüder wurde jedoch in Europa, mit Ausnahme von Großbritannien und Frankreich, kaum besucht. In Amerika war das Publikum mehr von der Arbeit und vor allem vom Charakter des charmanten und aus dem Gefängnis ausgebrochenen Sträflings Everett, gespielt von George Clooney, angetan. Dieses Projekt war die erste Zusammenarbeit zwischen dem Schauspieler und den Brüdern Coen, die sich in den Jahren 2003 und 2008 fortsetzte.

2001, mit sieben Jahren Verspätung, konnte das Brüderpaar ihr Projekt, den Film THE MAN WHO WASN'T THERE, realisieren. Die Story entstand bereits 1994, als die Filmemacher in North Carolina an THE HUDSUCKER PROXY arbeiteten. Und wieder inspirierte die Zeit der 1940er-Jahre ihre nächste Idee. Während sie eine Szene aus THE HUDSUCKER PROXY in einem Friseursalon drehten, bemerkten die Filmemacher ein altes Haarschnittplakat und begannen nachzudenken, wie so ein Friseur aussehen wird, der in den späten Vierzigern in einer nordkalifornischen Provinzstadt lebt und täglich all diese Haarschnitte ausführt.

Die Produktion des Filmes (damals noch unter diversen Arbeitstiteln THE BARBER MOVIE oder UNTITLED BARBER PROJECT) lief auf Hochtouren, bis die Brüder ihre Pläne änderten. George Clooney hatte endlich eingewilligt, in O BROTHER, WHERE ART THOU? zu spielen. Erst als die Coen-Brüder den Dreh und den Schnitt dieses Filmes abgeschlossen hatten, wandten sie sich wieder dem «Barber Project» zu. Ein neuer Finanzier kam an Bord, und schließlich konnte man im Sommer 2000 mit der Arbeit beginnen. Dieser Film stand, wie viele andere auch, unter dem Einfluss der amerikanischen Krimiliteratur. Die Brüder bestanden darauf, den Film im Stil von James M. Cain zu kreieren. Der Film wurde auf farbigem Negativfilm gedreht und in schwarzweiß abgedruckt. Die Jury der 54. Internationalen Filmfestspiele in Cannes wusste dies zu schätzen. Die Brüder wurden dafür – gemeinsam mit David Lynch[35] – mit der *Goldenen Palme* für die Regie ausgezeichnet.

---

[32] THE BIG LEBOWSKI wurde mit einem Budget von 15 Millionen Dollar gedreht und spielte im Laufe des Jahres weltweit über 39 Millionen Dollar ein.

[33] In SPIDER-MAN (2002) erwähnt Bruce Campbell den Charakter von Jesus Quintara aus THE BIG LEBOWSKI, gespielt von John Turturro; in MASKED AND ANONYMOUS (2003) erinnert das Kostüm von Jeff Bridges an Dude Lebowski. Man sieht das Filmposter dieses Filmes in mehreren Produktionssets anderer Filmemacher, beispielsweise bei Rob Bowman in THE X FILES: THE PINE BLUFF VARIANT (1998), bei Rupert Murray in UNKNOWN WHITE MALE (2005) und bei Alexander Bulkley in ZODIAC KILLER (2005).

[34] Darin will ein Regisseur einen Film über die «Große Depression» drehen.

[35] David Lynch bekam die *Goldene Palme* für den Film MULHOLLAND DRIVE.

2.3. Die Werke des neuen Jahrhunderts

Anfang des neuen Jahrhunderts haben sich die Brüder Coen ihren Ruhm als renommierte Filmemacher verdient. Für Produktionsfirmen stand der Name «Coen» als Markenzeichen für gewinnbringende Filme und vor allem nach THE BIG LEBOWSKI für eine gelungene Unterhaltung. Nach BARTON FINK und THE MAN WHO WASN'T THERE erwarteten Kritiker von dem Brüderpaar raffinierte Inhalte und technische Perfektion. Joel und Ethan genießen ihren Erfolg jedoch entspannt. Zu Beginn der Jahrhundertwende widmeten sie sich dem Unterhaltungskino.

2003 beschäftigen sie sich mit einem kommerziellen Projekt mit Starbesetzung, INTOLERABLE CRUELTY, in dem sie zeigten, wie Anwälte und ihre reiche Klientel das Rechtssystem ausbeuten. Ursprünglich entstand das Projekt nur als Drehbuch Mitte der 1990er-Jahre, geschrieben von den Brüdern für *Universal Pictures*. Ein Jahr vor dem Dreh griffen die beiden wieder zum Stoff und entschlossen sich, selbst die Regie zu übernehmen. Mit dem bis dahin größten Budget von über 60 Millionen Dollar konnten sie es sich leisten, Filmstars wie George Clooney und Catherine Zeta-Jones an Bord zu holen. 2003 wurde der Film während der Filmfestspiele in Venedig aufgeführt. Sie lokalisierten ihre Story zum dritten Mal in Hollywood. Diesmal zeigten sie die Gegend mit übertrieben ironischem Glanz, mit wunderlich raffinierten Wohnschlössern, glamouröser Damen- und Herrenbekleidung und reich gefeierten Hochzeiten. Sie arbeiteten dabei mit den üblichen Konventionen Hollywoods in Bezug auf Umgebung und die Charaktere. Ihre Protagonisten sind ein dummer Produzent, der sich wild im Kreis von busenreichen Blondinen austobt, eine *Femme Fatale*, die ihre weiblichen Künste einsetzt, um an Geld zu kommen, ein erfolgreicher Familienanwalt, der sich mehr um sein Äußeres als um seine Mandanten kümmert und seine Zahnpflege den beruflichen Angelegenheiten vorzieht. Während der Film seitens der Kritiker einstimmig als amüsante, oberflächliche Komödie[36] eingestuft wurde, zeigte sich das Publikum begeistert. Die Produktion erzielte einen Gewinn von über 130 Millionen Dollar.

THE LADYKILLERS – ein weiteres kommerzielles Projekt mit Ausgaben von über 35 Millionen Dollar und wesentlich weniger beeindruckenden Einnahmen als bei INTOLERABLE CRUELTY – entstand als Neuinterpretation des gleichnamigen Komödienklassikers aus dem Jahr 1955. Die Filmemacher übernahmen die Geschichte fast eins zu eins und passten nur Besonderheiten der Figuren und des Settings neu an. Sie arbeiteten mit der gleichen Crew, die sich bereits seit mehreren Jahren um sie gebildet hatte. Barry Sonnenfeld hatte als Kameramann bei den ersten Filmen der Brüder angefangen und wechselte nun zur Produktion. Der Kameramann Roger Deakins drehte acht Filme mit den Brüdern Coen, der Produktionsdesigner Dennis Gassner sechs Filme, die Kostümdesignerin Mary Zophres sieben, der Stunt-Koordinator Jery Hewitt neun

---

[36] Vgl. Kritik von Roger Ebert in *Chicago Sun-Times* vom 10. September 2003. unter: http://rogerebert.suntimes.com/apps/pbcs.dll/article?AID=/20031010/REVIEWS/ 310100303/1023 (30.05.2011).

und der Spezialeffekt-Koordinator Peter Chesney sieben. Sie waren langjährige Mitarbeiter der Coen-Brüder.[37]

2006 und 2007 beteiligten Joel und Ethan sich an zwei internationalen Projekten: PARIS, JE T'AIME und CHACUN SON CINÉMA. Die Idee zum Film PARIS, JE T'AIME (2006) hatte der Regisseur Tristan Carné. Bei einem Spaziergang durch Paris stellte er einen Episodenfilm zu zwei Themen (Paris und Liebe) zusammen und beabsichtigte, internationale Regisseure einzuladen, ihre Vorstellungen über seine Stadt zu zeigen. Die weltberühmten Regisseure, darunter Gus Van Sant, Walter Salles, Christopher Doyle, Isabel Coixet, Alfonso Cuarón, Olivier Assayas und Tom Tykwer, dachten sich 18 Filmminiaturen in und über Paris aus. Die Brüder Coen verfassten in ihrem Kurzfilm namens TUILERIES eine Geschichte über einen amerikanischen Touristen, der zum ersten Mal in die französische Hauptstadt reist und sich über die lockeren Sitten der Einheimischen wundert.

Diese Arbeit war für die Brüder eine neue Erfahrung. Zum einen konnten sie nicht ihre komplette Crew aus Amerika mitbringen, was allein eine große Herausforderung für die nur selten ihr Team wechselnden Filmemacher war: Die Kameraleute, Beleuchter, Ausstatter und anderes Personal waren aus Frankreich. Zum anderen mussten sie ihre fünfminütige Story an die gesamte Handlung des 120-minütigen Filmes und die Kurzfilme der anderen Filmemacher anpassen, eine schwierige Aktion, da die Brüder ihre Filminhalte nur selten mit anderen Regisseuren teilen. Doch eine Überraschung bereiteten die Brüder doch noch für die französischen Produzenten, darunter Claudie Ossard, vor: Sie brachten einen eigenen Schauspieler, Steve Buscemi, aus den Staaten mit. Für die Kameraführung wählten sie den prominenten französischen Kameramann Bruno Delbonnel, der an dem erfolgreichen Film LE FABULEUX DESTIN D'AMÉLIE POULAIN (2001) mitgearbeitet hatte.

2007, während der Filmfestspiele in Cannes, präsentierten Joel und Ethan zwei ihrer Werke dem Festivalpublikum: Eine dreiminütige Episode mit dem Titel WORLD CINEMA für das 129-minütige Project CHACUN SON CINÉMA[38] (englischer Titel – TO EACH HIS CINEMA) und den Thriller NO COUNTRY FOR OLD MEN. Als das Festival in Cannes im Mai 2007 seinen 60. Geburtstag feierte, beauftragte der Festivalleiter Gilles Jacob international renommierte Regisseure – wie Manoel De Oliveira, Aki Kaurismäki, Takeshi Kitano, Claude Lelouch, Lars von Trier und die zwei Brüderpaare Coen und Dardenne – Kurzfilme zu produzierten. Es gab die Vorgabe, dass die dreiminütigen Kurzfilme über das Thema Kino handeln müssten. CHACUN SON CINÉMA besteht aus 33 Beiträgen aus 25 Ländern. Die Brüder Coen drehten das Segment WORLD CINEMA. Darin geht es um einen verzweifelten Cowboy, der sich Kinoempfehlungen am Ticketschalter holt. Das Projekt wurde insofern wichtig für beide Filmemacher, weil sie zusammen mit anderen berühmten Kollegen ihrer Branche auftraten und somit ihre Anerkennung als «weltweit renommierte» Filmemacher bestätigten.

---

[37] «Ihre Projekte sind immer wahre Heiligtümer, auch wegen der makellosen Organisation, die die Dreharbeiten für all ihre Filme auszeichnet», erinnert sich Produktionsdesigner und *Oscar*-Preisträger Dennis Gassner. Aus dem Presseheft zu THE LADYKILLERS, erstellt vom Filmverleih *Buena Vista International*, S. 17.

[38] Aka (engl.) TO EACH HIS CINEMA.

Das andere Projekt, NO COUNTRY FOR OLD MEN, wurde nach einer Romanvorlage von Cormac McCarthy gedreht. Der Film handelt von einem Mann, der an der Grenze zwischen Texas und Mexiko 2,4 Millionen Dollar findet und von einem psychopathischen Gangster verfolgt wird. Das Buch von Cormac McCarthy wurde erst 2003 publiziert und galt sofort als Bestseller. Die Filmemacher wurden auf das Werk durch den Produzenten Scott Rudin aufmerksam. Der Inhalt war genau im Stil der Brüder: der Wilde Westen, Thriller, Mord und Komik der Situation. Mit anderen Worten, es ließ sich eine wunderbare schwarze, blutige Komödie drehen, die einerseits in ihrem Inhalt dem Film BLOOD SIMPLE ähnelte, andererseits Stil und Look des *Oscar*-Erfolgs FARGO wiederholen konnte. Die Auswahl des Themas sowie seine technische Umsetzung mit Zuwendung zu den alten erfolgreichen Filmen der Brüder könnte ihre Strategie anlässlich eines so großen Events wie dem Jubiläum des Filmfestivals in Cannes gewesen sein.

Trotz ihrer Hoffnungen bekam der Film in Cannes keinen Preis, wobei er über eine Woche lang als Favorit des Publikums und der Presse galt. Die Fachblätter *Variety* und *Screen International*, die gerne über die Gewinner im Vorfeld rätseln, waren sich darüber einig, dass der Hauptpreis an die Coen-Brüder gehen sollte. Die Meinungen der übrigen Kritiker verteilten sich von schlecht bis ausgezeichnet. Unter den Gegnern waren viele Europäer, aber auch Amerikaner, die von der Länge des Filmes und einer etwas statischen Erzählung überfordert waren (in den meisten Szenen geht es um die Jagd zwischen Gangster, Geldnehmer und Sheriff). Der Film wurde in bester Tradition der Brüder zwar in englischer Sprache jedoch mit texanischem Dialekt (und teilweise mit Ausschnitten auf Spanisch) gedreht. Deswegen konnten viele Amerikaner den Film nicht verstehen. Die Bewunderer des Brüderpaars fanden den Film jedoch technisch perfekt und inhaltlich spannend. Trotz der unterschiedlichen Meinungen der Festivalbesucher wurde dieser Film erfolgreich in den USA aufgenommen und spielte dort knapp 172 Millionen Dollar ein. Für diesen Film bekamen die Coens vier *Oscars*: Unter anderem für den besten Film und das beste Drehbuch.

Es gehört bereits zur Tradition der heutigen Regisseure, dass sie gleichzeitig an mehreren Filmen arbeiten. Die Coen-Brüder sind da keine Ausnahme: Als sie das Skript zu BARTON FINK schrieben, drehten sie MILLER'S CROSSING; die Idee für THE MAN WHO WASN'T THERE kam ihnen beim Erstellen von THE HUDSUCKER PROXY; die Drehbücher für NO COUNTRY FOR OLD MEN und BURN AFTER READING schrieben Joel und Ethan ungefähr zur selben Zeit. Dennoch arbeiten Joel und Ethan Coen gerne an zwei Projekten unterschiedlicher Art, sie vereinen Thriller und Komödie und führen sie im Wechsel auf. Als sie im Jahre 1997 ihren ersten *Oscar* für FARGO bekamen, wandten sie sich mit weiteren Projekten dem Unterhaltungskino zu. Diese Situation wiederholte sich auch nach der Akademieauszeichnung im Jahre 2008: Die Filmemacher beschäftigten sich erneut mit Komödien wie BURN AFTER READING (2008) und A SERIOUS MAN (2009).

In A SERIOUS MAN wollten Joel und Ethan Coen die Geschichte eines Jungen erzählen, der seine *Bar Mitzwa* erhält und sich für das Treffen mit dem weisen Rabbi vorbereiten muss. Diese Begebenheiten erinnerten die Brüder an ihre eigene Kindheit.[39] Danach veränderten sie die Story und kehrten zu ihrer üblichen Thematik zurück. Sie legten den Akzent auf das glücklose Schicksal eines Einzelgängers. Das Leiden von Larry Gopnik in A SERIOUS MAN ähnelt der Krise von Barton Fink – auch hier gerät der Protagonist ungewollt in eine ausweglose Situation. Dennoch beschränkt sich A SERIOUS MAN auf eine Beschreibung des trostlosen Daseins im Mittleren Westen ohne Anspruch, einen Blick auf das kreativ-exaltierte Milieu von New York oder das geschäftlich-glamouröse in Los Angeles zu werfen. A SERIOUS MAN – mit Exkursen in die Tradition des Judentums und ‹heilenden› Beratungsterminen bei Rabbinern – war wohl wenig verständlich für das breite Publikum und bot keine besondere Unterhaltung. Die *Low-Budget*-Produktion von sieben Millionen Dollar spielte knapp 250.000 Dollar am ersten Wochenende und neun Millionen Dollar in drei Monaten in den USA ein. Umgekehrt sicherte die Teilnahme der großen Stars wie John Malkovich, George Clooney, Brad Pitt, Tilda Swinton und Frances McDormand in BURN AFTER READING die Einnahmen. Die Produktion mit dem Startbudget von über 37 Millionen Dollar erzielte nur in den USA am ersten Wochenende ca. 19 Millionen Dollar Gewinn und 3,5 Monate später über 60 Millionen Dollar.

BURN AFTER READING erzählt von einem entlassenen CIA-Agenten, der an seinen Memoiren schreibt, während sein Umfeld versucht, davon zu profitieren. Die Geschichte spielt sich in Washington ab, wurde hauptsächlich in New York und Umgebung gedreht. Obwohl die Coen-Brüder ihre Schauspieler bereits beim Schreiben des Drehbuches festlegten und im Filmgeschäft bereits den Status der begehrenswerten Regisseure erhalten hatten, übertrieben sie es mit dem Inhalt der Geschichte, die «erschreckend dumme Leute, die erschreckend dumme Sachen machen» zeigt.[40] Die eingeladenen Schauspieler zögerten, die Rollen zu übernehmen. Brad Pitt nannte seinen Part eines dummen Fitnessstudiotrainers, der ständig Kaugummis kaut, Energie-Drinks konsumiert und iPod-süchtig ist, einen «Karrierekiller»[41], denn die Darsteller wie Pitt, Clooney oder Malkovich haben selten in ihrem künstlerischen Repertoire solche Verlierer gespielt, wie sie bei den Coen-Brüdern zu sehen sind. Weder die untypischen Rollen der Hollywoodstars noch die ungewöhnliche Szenerie, die ein ‹realistisches Aussehen› haben sollte, dennoch in der Tat oft surreal wirkte,[42] haben den amerikanischen Zuschauer entmutigt, den Film zu schätzen. Das US-Publikum hat seinen starken Wunsch nach Unterhaltung bestätigt, gerade wenn diese von den zweifachen *Oscar*-Preisträgern

---

[39] «Die Handlung des Filmes spielt 1967 in einer jüdischen Gemeinde in einem Vorort einer Stadt ohne Namen im Mittleren Westen der USA und erinnert uns an unsere Kindheit […]. Wo du aufwächst, ist ein Teil deiner Identität […].» Ethan Coen. In: Presseheft des dt. TOBIS Verleihs zum Film A SERIOUS MAN.

[40] George Clooney und Brad Pitt über ihre Arbeit am Film während der Pressekonferenz am 28. August 2008 auf dem Filmfestival in Venedig.

[41] Brad Pitt während der Pressekonferenz am 28. August 2008 auf dem Filmfestival in Venedig.

[42] Für die Räume der russischen Botschaft wurden beispielsweise die vier Meter hohen Decken gebaut, die Wände leer gelassen bis auf ein Detail – «ein großformatiges Portrait von Ex-Präsident Putin», das so übertrieben hoch hing, dass man seine «Höhe» nie erreichen könnte.

kommt. Der Gewinn umfasste über 160 Millionen Dollar weltweit, davon jedoch ein Drittel aus Europa.

Die Gewinne in den USA beeinflussten das europäische Publikum wenig. In Frankreich und Großbritannien überstiegen die Einnahmen die Gesamtsumme von ungefähr acht Millionen Euro auch nicht drei Monate nach dem Start. Es lässt sich bis jetzt beobachten, dass die meist unterhaltsamen Filme mehr Anerkennung in Amerika bekommen, während Europäer ehe die *Arthouse*-Produktionen schätzen. Auch wenn man die Auftritte von Joel und Ethan in Europa (2007 in Cannes) und Amerika (2008 in Los Angeles) vergleicht, merkt man, wie präzise und ernsthaft sie dem internationalen, insbesondere dem europäischen Publikum gegenübertreten und wie betont ironisch und selbstbewusst sie in Hollywood während der *Oscar*-Verleihung der amerikanischen Industrie gegenüberstehen.

> Ethan: «I don't have a lot to add to what I said earlier. Thank you.»
>
> Joel: «Ethan and I have been making stories with movie cameras since we were kids [...] And honestly, what we do now doesn't feel that much different from what we were doing then. There are too many people to thank for this. We're really thrilled to have received it, and we're very thankful to all of you out there for letting us continue to play in our corner of the sandbox, so thank you very much.»[43]

Betrachtet man heute das Werk der Brüder Coen, bestätigt sich der Gedanke, dass die Filmemacher seit ihrem ersten Film im Jahre 1986 ihre Arbeitsabläufe routiniert und ihre Themen mit großem Erfolg durchgesetzt haben, was sich in großer Resonanz und zahlreichen Auszeichnungen widerspiegelt. Und auch wenn sie – nach dem nächsten großen Erfolg (der zweiten *Oscar*-Nominierungsreihe) – sich wieder den unterhaltsamen Komödien wie BURN AFTER READING (2008) zuwenden, erhalten sie insgesamt positive Rückmeldungen, obwohl die Ansprüche der Filme sich sicherlich von ihren berühmten Werken wie BLOOD SIMPLE, BARTON FINK, FARGO oder NO COUNTRY FOR OLD MEN unterscheiden.

Die wichtige eigentümliche Eigenschaft der Filme haben die Brüder Coen bereits gefunden und dies weiß auch die US-Filmakademie zu schätzen: Jede ihrer Arbeiten steht unter dem Einfluss der Tradition der amerikanischen Filmgeschichte. In diesem Zusammenhang wird der Film BARTON FINK vor allem interessant, weil das Werk sich mit den kinematografischen Wurzeln Amerikas auseinandersetzt, welche die Brüder Coen mit scheinbarer Distanz und Ironie betrachten, denen sie dennoch, wenn auch ungewollt, große Beachtung schenken. Auch wenn der Film aus dem Jahre 1991 noch

---

[43] Ethan: «Ich habe dem, was ich schon gesagt habe, nichts mehr hinzuzufügen.»
  Joel: «Schon seit unserer Kindheit erzählen Ethan und ich Geschichten mit der Kamera [...] Und ganz ehrlich, was wir jetzt machen, unterscheidet sich nicht sonderlich von dem, was wir damals gemacht haben. Es gibt viel zu viele Menschen, denen für all das zu danken wäre. Wir sind begeistert, ihn (den Oscar – T.R.) zu erhalten und wir sind allen da draußen dankbar dafür, dass sie uns weiter in unserer Ecke des Sandkastens spielen lassen. Also vielen herzlichen Dank.» *Oscar*-Zeremonie am 24. Februar 2008, unter:
  http://www.oscars.org/awards/academyawards/legacy/ceremony/80th-winners.html (30.05.2011)

zum Frühwerk gehört, strahlten die Brüder bereits handwerkliche Kompetenz aus, was sicherlich mit den gewählten Arbeitsmethoden und dem geregelten Produktionsablauf zusammenhängt und im nächsten Kapitel erläutert wird.

III

Der Film BARTON FINK (1991)

BARTON FINK könnte man als ‹stummes› Werk der Brüder Coen bezeichnen. Darin sind nur wenige Dialoge zu hören. Keine Begleitkommentare (*Voice-over*) und Beschreibungen unterbrechen die Stille der Szenen[44]. Die meiste Zeit beobachtet der Zuschauer wie der in das Hotelzimmer eingesperrte Schriftsteller Barton Fink seiner täglichen Routine nachgeht: schreibt, schläft, träumt, überlegt, ins Leere starrt. Die sonst bewohnten Orte wie Eingangshallen in Hotels, Strände und Filmstudios sind in BARTON FINK – wie nach einer ausgebrochenen Zombieepidemie – als menschenleere und düstere Plätze gezeigt. Da die Brüder Coen ihre Filme in Bildern denken, funktioniert dieses Schriftstellerdrama ausgezeichnet auf der visuellen Ebene. Beim Wiedergeben des Inhaltes sehen wir, dass der Film aus vielen ‹einsamen› Szenen[45] besteht und nur wenige aktive Handlungsaktionen beinhaltet.

1. Inhalt

New York, 1941. Der Schriftsteller Barton Fink (John Turturro) hat dem *Broadway* Theater sein neues Stück *Bare Ruined Choirs*[46] verkauft. Darin berichtet er über die Poesie der Straße, über einen ‹einfachen Mann›, einen Durchschnittsmenschen, der um seine Existenz und eine bessere Zukunft kämpft. Der Erfolg des Stückes lässt nicht lange auf sich warten: Das Publikum zeigt sich begeistert, die Zeitungen schwärmen von einer aufgehenden Schriftstellerlegende und seine Bewunderer suchen enge Freundschaft mit dem bejubelten Autor. Sein Agent Garland Stanford (David Warrilow) nutzt die Gelegenheit, Fink nach Hollywood zu verkaufen. *Capitol Pictures*, das prominente Hollywoodstudio, möchte ihn mit einem großzügigen wöchentlichen Honorar über 1.000 Dollar unter Vertrag nehmen. Dafür muss Fink nach Los Angeles umziehen und einen neuen Berufszweig erlernen, das Drehbuchschreiben.

---

[44] Geräusche und Klänge werden bei der Analyse nicht berücksichtigt. Es geht hier primär darum, Ausdruck der visuellen Narration zu zeigen. Die Bezeichnung «stumm» bezieht sich auf die verbalen Inhalte des Filmes.

[45] Mit «einsamen» Szenen im Film sind solche gemeint, die aus wenigen (etwa bis drei) Protagonisten bestehen, wobei die meisten Darstellungen nur einen Charakter – «Fink in seinem Hotelzimmer» – zeigen. Die Massenszenen sind rar, davon kann man nur «zwei Restaurantszenen» (in New York und in Los Angeles mit Geisler) und «die USO-Veranstaltung» nennen. Auch wenn Protagonisten miteinander sprechen, werden die Dialoge knapp gehalten und auf das Wesentliche reduziert. Das gesprochene Wort wird durch das Geräusch und eine subjektiv-beschreibende Kamera ersetzt.

[46] Wörtlich übersetzt etwa *Nackte, zerlumpte Chöre*.

Fink scheint jedoch in New York sein künstlerisches Umfeld gefunden zu haben. Nur in New York am *Broadway* kann er seine ehrgeizigen Ziele verwirklichen und ein neues Volkstheater gründen:[47]

> «[…] A real success –
> The success we've been dreaming about
> The creation of a new living theatre of
> And about and for the common men […]
> […] It just doesn't seem to me that Los Angeles
> Is the place to lead the life of mind.»[48]

Stanford zeigt sich von den großen künstlerischen Ansprüchen des Schriftstellers wenig beeindruckt:

> «You're the toast of Broadway and
> You have the opportunity
> To redeem that for a little cash
> Strike that, a lot of cash […]
> […] The common man'll still be here
> When you get back. What the hell,
> They might even have one
> Or two of 'em out in Hollywood.»[49]

Am nächsten Tag betritt der frischgebackene Drehbuchautor bereits kalifornischen Boden und meldet sich an der Rezeption des Hotels *Earle* in Los Angeles an. Das Quartier steht mit seiner Einrichtung, mit engen dunklen Korridoren, menschenleeren Räumen und kaum Personal im deutlichen Kontrast zu dem verbreiteten Image eines lebendigen, sonnigen und glamourösen Hollywoods. Geduldig läutet Fink an der Rezeptionsklingel, bis sich in einem Fußbodenausschnitt der blasse Empfangsjunge Chet (Steve Buscemi) zeigt und Fink eincheckt.

Mit dem Zimmerschlüssel läuft Fink zum Aufzug und trifft hier einen anderen Angestellten, den geistig abwesenden Liftboy Pete (Harry Bugin), der mit seiner monotonen Stimme die Stockwerke zählt. Chet und Pete sind die einzigen Hotelmitarbeiter, die man im Laufe der Handlung sieht. Im Zimmer betrachtet Fink

---

[47] Aufgrund der Unstimmigkeiten zwischen dem Originaltext und der deutschen Synchronisation von BARTON FINK werden Zitate in Originalsprache wiedergegeben. Alle fremdsprachlichen Zitate werden von der Autorin übersetzt.

[48]
> «[…] ein wahrer Erfolg,
> Der Erfolg, von dem wir lange träumten
> Ein neues, lebendiges Theater zu schaffen,
> Von, über und für die einfachen Menschen […]
> Los Angeles scheint mir nicht der Ort zu sein,
> An dem man ein geistiges Leben (wörtlich ‹Leben für den Geist›)
> Führen kann.» In: Coen / Coen 2002, S. 406.

[49]
> «Du bist der Star am Broadway
> Und du kannst etwas Geld verdienen,
> Was sage ich, viel Geld […]
> […] Der ‹einfache› Mann ist auch noch da,
> Wenn du zurückkommst.
> Was zum Teufel, von denen gibt es auch den einen
> Oder den anderen in Hollywood.» In: Ebd., S. 406.

zuerst die dunkle, sparsam ausgestattete Einrichtung. Danach holt er seine Schreibmaschine aus der Tasche und richtet seinen Arbeitsplatz ein. Zwei Objekte ziehen dabei seine Aufmerksamkeit auf sich: Ein Stück Papier auf dem Schreibtisch mit dem Hotellogo «Hotel Earle: A Day or a Lifetime»[50] und ein über dem Tisch hängendes Bild mit der Darstellung einer jungen Frau am Strand.

Die erste Nacht im neuen Heim wird von Moskitos gestört. Mit Rötungen und Stichen auf dem Gesicht stellt sich Fink am nächsten Tag seinem zukünftigen Chef vor, dem Studioboss von *Capitol Pictures*, Jack Lipnick (Michael Lerner). Die Räume des Studios sind im Kontrast zum Hotel *Earle* sonnig und pompös mit Statuen, dekorativen Vasen und Kunstobjekten ausgestattet. Lipnick, schick gekleidet, empfängt den Autor mit ausgebreiteten Armen. Nach einer kurzen Selbstpräsentation über seine Herkunft («aus New York, genau gesagt aus Minsk»[51]) und über den Preis seines Erfolgs (rabiate, laute Art als Voraussetzung) erzählt Lipnick, was er von Fink erwartet:

> «Can you tell a story […]?
> Can you make us laugh?
> Can you make us cry?
> Can you make us wanna
> Break out in joyous song? […]
> We gonna put you to work
> On a wrestling picture
> […] Wallace Beery is a wrestler.
> I wanna know his hopes, his dreams.
> Naturally, he'll have to get
> Mixed up with a bad element.
> And a romantic interest.»[52]

Kaum wird Fink mit einem Kaffee bedacht, geht seine Audienz abrupt zu Ende. Er muss zu seiner Schreibmaschine und seiner Arbeit zurück.

Nun sitzt Fink wieder im Hotelzimmer, um gewissenhaft mit dem Schreiben über einen Ringer anzufangen, als ihn plötzlich aus dem Nachbarzimmer seltsame Stimmen und Geräusche erreichen. Seine ohnehin schwache Konzentration lässt nach, und er versucht die Ordnung wieder herzustellen, indem er sich bei dem Rezeptionsknaben beschwert. Wenige Minuten später klopft jemand an seiner Tür und ein breiter Bursche stellt sich als Charlie Meadows (John Goodman), ein Versicherungsvertreter und sein Zimmernachbar, vor. Die kalifornische Küste muss wohl auch in dieser Szene den schüchternen Intellektuellen aus New York mit den unbefangenen Sitten beeindrucken: Charlie spaziert direkt in Bartons Zimmer und bietet dem erstaunten Schriftsteller einen

---

[50] «Hotel Earle: für einen Tag oder lebenslang.»

[51] Minsk (russisch Минск) – die Hauptstadt von Weißrussland.

[52] «Können sie uns eine Geschichte erzählen […]?
Uns zum Lachen und Weinen bringen?
Können sie uns dazu bringen, in Freudengesänge auszubrechen? […]
Wir beabsichtigen Ihnen die Arbeit
An einem Ringerfilm zu geben.
[…] Wallace Beery ist der Ringer.
Mich interessieren seine Hoffnungen und seine Träume.
Natürlich muss er an die Bösen geraten.
Und eine Romanze.» In: Coen / Coen 2002, S. 415.

Bruderschaftstrunk an. Auf die unerwartete Störung reagiert Fink genervt, dennoch zwingen ihn Einsamkeit und Schreibblockade dazu – ohne seinem Nachbarn jedoch Beachtung zu zollen – diesem Fremden sein Leid und sein Herz auszuschütten. Mehrfach versucht Charlie ihn zu unterbrechen. Auch er möchte seine Geschichten «eines einfachen Mannes» erzählen. Aber der Schriftsteller schwärmt nur von seinen Träumen und lässt Charlie nicht zu Wort kommen.

Von diesem Moment an geht die Handlung in zwei Richtungen: Zum einen wird Fink in seinem Hotelzimmer gezeigt, wie er sich mit der Arbeit quält und die Gespräche mit Charlie führt. Zum anderen wird Hollywood und das Filmgeschäft durch wenige Szenen vorgestellt: Durch die Gespräche mit dem Studioleiter Jack Lipnick, mit dem Produzenten Ben Geisler sowie mit dem Drehbuchautor Bill Mayhew und seiner Sekretärin.

Nachdem sich Fink von Charlie verabschiedet, begibt er sich ins Büro des Produzenten Ben Geisler (Tony Shalhoub) zu einer Audienz. Wenige Momente später erscheint Geisler persönlich und überfällt Fink mit Fragen:

<blockquote>

Geisler: «Ever act?»
Fink: «No, I am…»
Geisler: «We need Indians
For a Norman Steele western.»
Fink: «I'am a writer.
Geisler: «Writers come and go;
We always need Indians.»[53]
</blockquote>

Beim anschließenden Essen tröstet er den Schriftsteller:

<blockquote>
«Don't worry about it.
It's just a B picture.
I bring it in on budget;
They'll book it
Without even screening it.
Life is too short.»[54]
</blockquote>

Schließlich empfiehlt er Fink, einen anderen Drehbuchautor zu konsultieren. ‹Ein Licht im Tunnel› erscheint Fink wenige Augenblicke später, als er in den öffentlichen Toiletten auf einen anderen Schriftsteller, W.P. Mayhew (John Mahoney) oder Bill, stößt und sich ein Treffen bei seinem prominenten Kollegen sichert. Gleich nach der Einladung macht sich Fink auf den Weg zur Residenz der Drehbuchautoren. Die Tür wird jedoch von einer Dame aufgemacht, Audrey (Judy Davis), die sich als Sekretärin und

---

[53]   Geisler: «Jemals geschauspielert?»
        Fink: «Nein, ich bin…»
        Geisler: «Wir brauchen Indianer für einen Normal-Steele-Western.»
        Fink: «Ich bin Schriftsteller.»
        Geisler: «Schriftsteller kommen und gehen,
        Indianer brauchen wir immer.» In: Coen / Coen 2002, S. 428.

[54]   «Mach' dir darüber keine Sorgen.
        Das ist nur ein B-movie
        Ich setze ihn aufs Budget,
        Er schafft's nicht ins Kino.
        Das Leben ist viel zu kurz.» In: Ebd., S. 429.

Liebhaberin von Mayhew vorstellt. Im Hintergrund hört man den betrunkenen Bill eine Orgie feiern. Audrey entschuldigt sich bei Fink für die Unmöglichkeit, den versprochenen Termin einzuhalten und verschwindet hinter der Tür. Als einziger Trost bleibt Fink die Rückkehr in sein Hotelzimmer und das Gespräch mit Charlie. Der ständig gut gelaunte Nachbar zeigt sich am Ringerfilm sehr interessiert. Er will sogar mit dem verzweifelten Fink kämpfen, um ihm die Grundlagen des Kampfes beizubringen. Schließlich wirft er Fink auf den Boden und verlässt sein Zimmer.

Fink öffnet ein inzwischen angekommenes Geschenk von W.P. Mayhew, sein Buch namens Nebuchadnezzar.[55] Schon bald darauf sehen wir Fink an einem Picknicktisch zusammen mit Bill und Audrey beim Essen. Der friedliche Ausflug endet jedoch im Desaster: Der betrunkene Bill benimmt sich unanständig und verpasst seiner Lebensgefährtin vor dem Gast eine Ohrfeige. Zurück in seinem dunklen Hotelzimmer mit ‹schwitzenden› Tapeten, die sich wegen der Hitze von den Wänden abtrennen, setzt sich Fink an sein Schreiben und bringt wenige Zeilen aus sich heraus. Diese ähneln sehr seinen früheren Bühnenstücken:

«A tenement hotel on the *Lower East Side*. We can faintly hear the cry of the fishmongers. It is too early for us to hear traffic; later, perhaps, we will […].»[56]

Am nächsten Tag trifft Fink Geisler und erstaunt ihn mit der Aussage über seine Schreibblockade. Der Produzent schickt Fink ins Studio zu einer Vorführung eines Ringerfilmes. Dort beobachtet Fink auf der Leinwand, wie ein wild schreiender Sportler auf einen anderen losgeht. Diese Aufführung verdirbt ihm endgültig die Laune am Drehbuchschreiben. Die für den nächsten Morgen geplante außerordentliche Sitzung mit Lipnick scheint bereits unglücklich zu verlaufen, deshalb kontaktiert Fink Audrey, die ihm mitten in der Nacht zur Hilfe eilt. Audrey lässt sich nicht aus der Ruhe bringen, schließlich verfasst sie seit mehreren Jahren die Skripte für Bill, die er für seine eigenen ausgibt. Sie beruhigt und verführt Fink.

Jedes Lebenszeichen scheint jedoch in diesen Hotelräumen zu ersticken. Am nächsten Tag wacht Fink auf und findet seine Geliebte in einer Blutlache. Schon wieder kommt ihm Charlie zu Hilfe. Der Nachbar beseitigt augenblicklich die Leiche der ermordeten Frau. Vor diesem Hintergrund muss Fink zu seinem Chef eilen und über seine Fortschritte im Schreiben berichten. Lipnick erwartet den Angestellten am Rande seines Schwimmbades im lässigen Badeoutfit, breitet willig seine Arme aus und wartet ungeduldig auf eine Erzählung. Fink scheint dafür nicht in der richtigen Verfassung zu sein: Erst wenige Stunden zuvor wachte er neben der Leiche von Audrey auf. Um dem Chef aus dem Weg zu gehen, hat er eine Erklärung parat, er sei es nicht gewohnt, frühzeitig über seine Arbeit zu sprechen. Diese Aussage wird von Lipnicks Assistent Lou

---

[55] Nebuchadnezzar ist nicht nur der Titel des Buches von Mayhew, sondern auch der berühmte Name mehrerer Könige des Babylonischen Reiches (von 2000 bis 514 vor Christus). Später liest Fink die heilige Bibel (das Buch Daniels) mit der Erwähnung von Nebuchadnezzar.

[56] «Ein Mietshaus an der *Lower East Side* (Südosten von *Manhattan* war Anfang des letzten Jahrhunderts ein bekannter Wohnort der Einwanderer vor allem jüdischer Herkunft). In der Ferne können wir schwach den Ruf der Fischhändler hören. Für uns ist es noch viel zu früh, den Verkehr zu hören, vielleicht später […].» In: Coen / Coen 2002, S. 451.

(Jon Polito) kommentiert: Barton stehe unter Vertrag und der Inhalt seines Kopfs gehöre dem Studio. Wenn er sein Autor bleiben wolle, müsse er sofort anfangen zu erzählen.[57] Lipnick, der diese Szene zuerst neugierig beobachtet, fasst unterwartet einen anderen Entschluss: Augenblicklich feuert er seinen Assistenten, Fink zuliebe. Daraufhin hebt er seinen schweren Leib, begibt sich auf die Knie, zu den Füßen des Autors, ergreift seinen Schuh und küsst ihn mit folgendem Monolog:

> «I respect your artistry
> And your methods,
> And if you can't fill us yet,
> Well, hell,
> We should be kissing your feet
> For your fine efforts.»[58]

Fink kehrt zurück ins Hotel und nimmt Abschied von Charlie, der beruflich nach New York abreist. Er weint sich schamlos an seiner Schulter aus und gibt ihm die Adresse seiner Familie in New York. Charlie scheint berührt zu sein und als Geste seines Vertrauens hinterlässt er ein Päckchen mit «wertvollem Inhalt» («everything he wants to keep from a lifetime»[59]) zur Aufbewahrung. Nach langem Sitzen und Sich-selbst-Bemitleiden wendet sich Fink der heiligen Bibel, dem Buch Daniels zu.[60] Fink schlägt die Schrift an der Stelle auf, an der der babylonische König Nebuchadnezzar[61] den Chaldäern mit dem Tod droht. Darin scheint Fink seine Motivation gefunden zu haben. Seit diesem Moment tippt Fink Tag und Nacht auf seine Schreibmaschine ein, bis ihn der Besuch zweier Polizisten – Mastrionotti und Deutsch – ablenkt. Sie interessieren sich für Charlie. Nach ihren Angaben fungiert Charlie Meadows als Karl Mundt alias «verrückter Mundt». Er soll an mehreren grausamen Morden beteiligt sein, die mit der Enthauptung seiner Opfer endete. Die Mitteilung der Detektive scheint den mit seiner Arbeit beschäftigten Fink nur wenig beeindruckt zu haben. Nach der Rückkehr in sein Zimmer setzt er sein Schreiben fort. Nicht einmal das ungeduldige Telefonklingeln und das Klopfen an seiner Tür sowie die erfreuliche Nachricht von Geisler – «Thank you. Lipnick loved your meeting. Keep up the good work»[62] – lenken ihn von seiner Arbeit ab.

---

[57] Vgl. «Right now the contests of your head are the property of Capitol Pictures, so if I were you I would speak up. And pretty goddamn fast.» In: Coen / Coen 2002, S. 483.

[58]   «Ich schätze Ihre Kunst
Und Ihre Herangehensweise
Und wenn Sie uns jetzt nichts sagen können, nunja,
Dann sollen wir Ihnen, zum Teufel nochmal,
Die Füße für Ihre feinen Anstrengungen küssen.» In: Ebd., S. 484f.

[59] «alles, was von seinem Leben übrig blieb.» In: Ebd., S. 488.

[60] Das Buch Daniels der Heiligen Schrift erzählt die Geschichte des Propheten und wird oft im Zusammenhang mit der apokalyptischen Literatur des Judentums, Endzeit der Menschheit, gebracht.

[61] Der König Nebuchadnezzar soll Jerusalem zerstört und Juden in Gefangenschaft geführt haben.

[62] «Danke. Lipnick hat eure Besprechung außerordentlich gut gefallen. Weiter so.» In: Ebd., S. 497.

Den Abschluss seines Drehbuches feiert Fink bei einer Tanzveranstaltung von USO[63]. Als einziger Gast ohne Uniform swingt Barton mit einer hübschen Dame. Sein Tanz wird jedoch von einem Matrosen unterbrochen, der die Dame entführen will. Der Schriftsteller wehrt sich selbstbewusst dagegen:

> «I'm a writer, you monsters!
> I create!»[64]

Fink wird eine Ohrfeige verpasst und das Fest endet in einer Schlacht. Der glücklose Schriftsteller kehrt in sein Hotelzimmer zurück und beobachtet, wie Mastrionotti und Deutsch sein Drehbuch gelangweilt lesen. Von den Polizisten wird Fink beschuldigt, Charlie bei dessen Serienmorden zu helfen. Er wird mit Handschellen ans Bett gefesselt, während beide aus dem Zimmer treten, um nach der Rückkehr von Charlie zu sehen.

Im Gang trennen sich die rauchenden Tapeten von den Wänden ab. Das Hotel verwandelt sich in ein atmendes und schwitzendes Lebewesen. Charlie tritt feierlich in die Mitte des Ganges, legt langsam seinen Koffer ab, holt blitzschnell das Gewehr hervor und legt beide Detektive mit jubelnden Schreien «I'll show you the life of the mind»[65] um. Danach betritt er gelassen das Zimmer Finks, der immer noch an sein Bett gefesselt ist. Mit Misstrauen kommentiert Fink die Rückkehr seines Nachbarn. Charlie erklärt, dass die Enthauptung den Menschen helfe, sich von ihrer Last zu befreien. Er wolle auch Barton helfen, weil er mit seinem «Leben für den Geist» nie den anderen zuhöre. Charlie befreit Fink von den Handschellen, versichert erneut seine Freundschaft und verschwindet im Zimmer nebenan.

Zum letzten Mal muss Fink zu Lipnick. Dieser erwartet den Schriftsteller in seinem Büro, mit seinem zurückgekehrten Assistenten Lou. Gekleidet in eine Militäruniform («Colonel Lipnick, if you don't mind»[66]) konfrontiert er Fink mit einer Rede:

> «It won't wash […]
> The audience wants to see
> Action adventure. They don't wanna see
> A guy wrestling with his soul –
> Well, all right, a little bit, for the critics.
> There's plenty of poetry right inside that ring.»[67]

---

[63] Die *United Service Organisation* (USO), gegründet 1941 in New York durch den US-Präsidenten Franklin D. Roosevelt, hatte das Ziel, die US-Militärkräfte, Soldaten und ihrer Angehörigen durch Auftritte von Sängern und Schauspielern sowie durch Tanz- und Musikveranstaltungen zu unterhalten beziehungsweise «moralisch» zu unterstützen. Viele Berühmtheiten wie Marlene Dietrich, Marilyn Monroe oder Bob Hope nahmen an diesen Veranstaltungen teil.

[64] «Ich bin Schriftsteller, ihr Monster. Ich erschaffe! (bin schöpferisch tätig).» In: Coen / Coen 2002, S. 503.

[65] «Ich werde euch zeigen, was es heißt, das geistige Leben zu führen!» In: Ebd., S. 510.

[66] «Für Sie, Colonel Lipnick.» In: Ebd., S. 517.

[67] «Es kommt nicht an […]
Das Publikum will Action,
Abenteuer sehen.
Sie wollen nicht den Kerl sehen,
Der mit seiner Seele ringt –

Lipnick verkündet dem entsetzten Schriftsteller, ihn weiterhin unter Vertrag zu behalten, dennoch nichts aus seinem Werk zu verfilmen. Sein Todesurteil lautet: «You ain't no writer, Fink – you're a goddamn write-off».[68]

Die Schlusssequenz wird mit Wellen eröffnet, die sich an einem Felsen brechen. Diese Einstellung begrüßte Fink bereits am Anfang seiner Hollywoodreise. Nun spaziert Fink an einem sonnigen Tag direkt aus dem Studio von *Capitol Pictures*, mit dem Päckchen von Charlie in der Hand, den Strand entlang. Ihm entgegen läuft eine junge Frau, die er bereits aus dem Bild über seinem Schreibtisch kennt. Nach einem kurzen Dialog erstarrt sie plötzlich in der gleichen Pose wie auf dem Bild.

2. Rollenbesetzung

Mit seiner Darstellung von Barton Fink gelingt es John Turturro[69], die Überheblichkeit und die Selbstüberschätzung des Schriftstellers zu vermitteln, ihn gleichzeitig übertrieben komisch und dennoch mit einem gewissen Mitgefühl darzustellen und den Zuschauer über die ganze Filmlänge in Spannung zu halten. Sein Schriftsteller fühlt sich nicht wohl in der intellektuellen New Yorker Theaterwelt. Er kommt aber noch weniger in Hollywood zurecht. Nervös, kultiviert und trotzdem keine sensible Person, stellt Fink alias Turturro einen typischen Außenseiter dar. Mit seiner eulenartigen Brille und dem nach oben abstehenden, gelockten Haar sieht er wie der intellektuelle Verwandte von Henry Spencer aus ERASERHEAD (1977) von David Lynch aus. Die besondere Auswahl der Rollen begründet John Turturro mit seinem ‹ethnischen› Aussehen, das er wegen seiner sizilianischen Herkunft geerbt habe. Seine markanten Gesichtszüge hätten ihm oft die Rollen ‹schlechter Jungs› beschert:

«[…] if you're dark, you're a bad guy. That's it. I turned down a million bad guy things.»[70]

Also gut, ein wenig für die Kritiker.
Es gibt reichlich Poesie innerhalb dieses Ringes.»
In: Coen / Coen 2002, S. 517f.

[68] «Sie sind kein Schreiber, Fink – Sie sind abgeschrieben.» In: Ebd., S. 519.

[69] John Michael Turturro ist als Sohn eines Arbeiters und einer Opern- und Jazz-Sängerin sizilianischer Herkunft 1957 in Brooklyn, USA geboren. Er studierte Drama in New Paltz an der *University of New York* und wechselte später zur *Yale School of Drama*. Obwohl er gleich bei seinem ersten Projekt mit Martin Scorsese arbeiten durfte, spielte er seitdem undankbare kleine Rollen bei bekannten Regisseuren, bis ihm sein Durchbruch mit Joel und Ethan Coen sowie mit Spike Lee gelang. Turturro ist auch als Drehbuchschreiber und Regisseur bekannt. 1992 drehte er sein erstes erfolgreiches Projekt MAC (1992), eine Hommage an das italienische Theater der 1950er, in welchem er seine Geschwister – alle Schauspieler – engagierte. Für MAC erhielt er mehrfache Auszeichnungen inklusive *Camera d'Or* in Cannes. Sein Musikfilm ROMANCE & CIGARETTES wurde 2006 und der Dokumentarfilm PASSIONE 2010 während der Filmfestspiele in Venedig präsentiert.

[70] «Wenn du ein dunkler Typ bist (dunkle Haare hast), bist du der «schlechte Junge». Soviel steht fest. Ich habe Millionen solcher Rollen abgewiesen.» unter IMDbPro – John Turturro – Biography and Personal Details.

Während der Rollenvorbereitung las Turturro viele historische und literarische Werke über die Epoche der 1940er-Jahre, wie zum Beispiel das Buch von Otto Friedrich[71]. Die Darstellung von Fink hat Turturro lange beschäftigt. Einige biografische Details sprechen dafür, dass sie viel Aufmerksamkeit auf die Person John Turturro lenkte und seine Schauspielerkarriere vorantrieb. Sie bedeutete für ihn seinen Durchbruch in Hollywood, woraufhin er – ähnlich wie sein Filmprotagonist – eine Einladung der *Traumfabrik* bekam. Im Gegensatz zu Fink entschied sich der Schauspieler, in New York zu bleiben und an seinem eigenen Film MAC zu arbeiten.

Zum filmischen Gegner von Turturro machten die Regisseure John Goodman. Zwei ausgezeichnete Schauspieler – Turturro und Goodman – würden, nach Aussagen der Coen-Brüder, in «einem klaustrophobischen Szenario» gut nebeneinander aussehen. Einer wirkt mager, intellektuell und verkrampft, der andere breit, kräftig und in seinen Emotionen unbefangen:

> «There was the thing about having Goodman and Turturro's characters together in a claustrophobic setting. And there was this big derelict hotel. Somehow, a lot of that, together with those two characters, seemed to point to this premise.»[72]

Der Schauspieler und Komiker John Goodman[73] ist in Hollywood für seinen unbeschwerten Charme, seinen Humor und seine Kumpelhaftigkeit bekannt. Deshalb gelingt es Goodman besonders gut, den fröhlichen und warmherzigen Burschen Charlie Meadows, ‹einen einfachen Mann›, darzustellen. Im Gegensatz zu dem nervösen und zurückhaltenden Fink verbreitet Charlie das Gefühl der Geborgenheit und strahlt unwiderstehliche Bequemlichkeit aus. Seine körperlich betonte Brutalität[74] und übertrieben fröhlichen Dialoge verdecken die Drohung, die sich in der Gestalt des Serienkillers Karl Mundt[75] gelungen offenbart.

Außergewöhnliche schauspielerische Qualitäten zeigen sich insbesondere in der Darstellung Michael Lerners[76]. Lerner spielt den Studioboss Jack Lipnick. Er vermittelt

---

[71] Gemeint ist das Buch von Otto Friedrich *City of Nets: A Portrait of Hollywood in the 1940s*, das die Funktionsmechanismen der *Traumfabrik* aus Insidersicht zeigt.

[72] «Es hatte was, die Charaktere von Goodman und Turturro in einem klaustrophobischen Szenario zusammenzubringen. Und dann war da noch dieses heruntergekommene Hotel. Irgendwie schien vieles davon, zusammen mit den beiden Charakteren, auf diese Prämisse hinzudeuten.» In: Woods 2000, S. 8.

[73] John Stephen Goodman (geboren 1952 in St. Louis, Missouri) besuchte die *Missouri State University* und nahm am Schauspielunterricht teil. Mit dem Stück *Big River* gelang ihm 1985 sein Durchbruch in New York, am *Broadway*-Theater. Außerhalb des Kinos arbeitet Goodman oft fürs Fernsehen. Seine Komiktalente stellte er in SATURDAY NIGHT LIVE, ROSEANNE und THE FLINTSTONES unter Beweis.

[74] Der Schauspieler ist 1,88 Meter groß und wiegt etwa 155 Kilogramm. In jüngeren Jahren arbeitete er als Türsteher und trat in der Werbung für *Burger King* auf.

[75] Seitdem benutzt Goodman den Namen Karl Mundt manchmal als sein Pseudonym.

[76] Michael Lerner (geboren 1941 in Brooklyn, New York) begann seine Schauspielkarriere in den 1960er-Jahren an der *American Conservatory Theatre* in San Francisco. Er verbrachte außerdem zwei Jahre an der Londoner Akademie für Musik und Drama und machte den Master-Abschluss im Fach Englisches Drama an der UCLA. Zum wichtigen Höhepunkt seiner Filmkarriere zählt BARTON FINK. Für die Rolle wurde Lerner für den *Oscar* nominiert, bekam schließlich einen anderen Preis – den *Los Angeles Film Critic Association Award*.

die despotischen und launischen Charaktereigenschaften des Filmmoguls. Selbst jüdischer Herkunft, in Brooklyn, New York geboren, spielte Lerner im Jahre 1980 einen anderen berühmten Studioleiter, Jack Warner, für den TV-Film MOVIOLA: THIS YEAR'S BLONDE. In diesem Film ging es um den Aufstieg des jungen Stars Marilyn Monroe. Vermutlich kannten die Brüder Coen den Schauspieler in dieser Rolle und luden ihn deshalb zu einer ähnlichen Rolle in BARTON FINK ein. Mit Jack Lipnick gelang Lerner der Durchbruch im Filmgeschäft: Er wurde für den *Oscar* nominiert.

Die Brüder Coen sind in Filmkreisen dafür bekannt, dass sie mit einem festen Pool an Schauspielern arbeiten und nur selten ihre Vorlieben ändern. Holly Hunter lernten sie beispielsweise beim Vorsprechen für BLOOD SIMPLE kennen. Sie erzählte ihrer Mitbewohnerin an der *Yale Drama School*, Frances McDormand, von zwei jungen Regisseuren. Die letztere bekam schließlich die Rolle von Abby in BLOOD SIMPLE. Hunter wurde nicht für den ersten Film der Brüder engagiert, jedoch für die Hauptrolle in dem zweiten Werk, RAISING ARIZONA, an der Seite von Nicolas Cage. John Turturro wurde Joel Coen über seine zukünftige Ehefrau, Frances McDormand, bei einer ihrer Vorstellungen an der *Yale School of Drama* vorgestellt. Während der Produktion von MILLER'S CROSSING kam es zu einer ersten Zusammenarbeit zwischen den Coen-Brüdern und dem Schauspieler. Danach spielte er neben BARTON FINK in zwei weiteren Produktionen der Regisseure: THE BIG LEBOWSKI und O BROTHER, WHERE ART THOU? Mit diesem Schauspieler verbindet Joel und Ethan eine enge Freundschaft. Als Turturro als Regisseur seinen eigenen Film ROMANCE & CIGARETTES (2005) drehte, beteiligten sich die Brüder an der Produktion. John Goodman war bereits 1987 in RAISING ARIZONA in einer Rolle zu sehen, als Einbrecher und Gefangener.

Die Stammdarsteller der Brüder Coen spielen oft einen gleichen Charaktertyp in ihren Filmen. George Clooney tritt häufig in der Rolle eines selbstgefälligen und dummen Protagonisten auf. In O BROTHER, WHERE ART THOU? spielte er den narzisstischen Everett, in INTOLERABLE CRUELTY den von sich selbst überzeugten Familienanwalt Miles und in BURN AFTER READING den sexsüchtigen US-Marschall Harry Pfarrer. Mit John Turturro geschieht dasselbe: Für die Brüder Coen verkörpert er einen Außenseiter. In MILLER'S CROSSING war er Bernie Bernbaum, der hinterhältige und wechselhafte Gangster jüdischer Herkunft, und zeigte bereits hier seine Fähigkeit, ungewöhnliche und komplexe Charaktere darzustellen. In THE BIG LEBOWSKI spielte er den homosexuellen südamerikanischen Kegelspieler Jesus, der sich auffällig kleidet und arrogant benimmt. Auffälligkeit und Arroganz als Qualitäten eines Außenseiters kommen auch in der Rolle Finks zum Ausdruck.

Viele der Schauspieler für BARTON FINK schlossen sich somit dem Team Anfang der 1980er-Jahre an. Außer der Besetzung der Hauptprotagonisten mit bereits für Joel und Ethan bekannten Personen legten die Brüder Wert darauf, die Nebenrollen nach dem gleichen Prinzip zu besetzen. Beispielsweise gehört Steve Buscemi, der den Rezeptionsjungen Chet im *Earle Hotel* darstellte, zum festen Team seit MILLER'S CROSSING, wie auch John Polito, der in BARTON FINK den Assistenten von Lipnick spielte. Harry Bugin zeigte sich als Pete, der Aufzugüberwacher des Hotels, und wirkte danach in weiteren Projekten wie THE HUDSUCKER PROXY oder THE BIG LEBOWSKI mit.

Bei der Auswahl der Akteure für Barton Fink fällt auf, dass die wichtigen Rollen mit Komödienschauspielern wie Goodman oder Lerner besetzt sind. Die Reaktion der Zuschauer ist dadurch vorprogrammiert. Wenn man ein bekanntes Gesicht (Goodman) in einer für ihn untypischen Rolle (eines Versicherungsagenten oder Serienkillers in einem Thriller) auf der Leinwand sieht, stellt man sich nicht gleich auf seine neue Darstellung ein, sondern vergleicht sie mit vorherigen Arbeiten. Die Entscheidung über die Vergabe der Rollen an die Komödiendarsteller muss eine geplante Maßnahme seitens der Regisseure sein. Man könnte zuerst den Eindruck gewinnen, die Filme der Brüder behandelten ernsthafte Themen. Erst wenn die Normalität einer Situation einen übertrieben kuriosen Zug bekommt oder der Alltag einer Person auf eine unglaubwürdig harte Probe gestellt wird, fängt man an, an der Ernsthaftigkeit der Regisseure zu zweifeln. In BARTON FINK verändert beispielsweise die unwillige Entscheidung des Schriftstellers, nach Hollywood zu gehen, sein Leben und führt dazu, dass er sogar in einen Mord verwickelt wird oder sich diesen in seiner krankhaften Fantasie erträumt. Diese ‹ernsthaften› Themen nehmen die Brüder nicht ernst, sondern mit einer großen Portion von Ironie, die in BARTON FINK zusätzlich durch die Rollenbesetzung von Goodman oder Lerner betont wird.

3. Filmproduktion

BARTON FINK ist der vierte Spielfilm von Joel und Ethan Coen, nach BLOOD SIMPLE (1984), RAISING ARIZONA (1987) und MILLER'S CROSSING (1989/1990). Während der Dreharbeiten für MILLER'S CROSSING (1989/1990) waren beide Filmemacher mit dem komplexen Plot des Filmes überfordert und verfassten während einer dreiwöchigen Pause das Drehbuch zu BARTON FINK:

> «[…] We kinda got stuck. The plot got so complicated in MILLER'S CROSSING and we – it wasn't writer's block – but we decided to think about something else for a while and we wrote BARTON FINK pretty quickly.»[77]

Die *Low-Budget*-Produktion startete mit neun Millionen Dollar und wurde durch die US- und UK-Produktionsfirmen *Circle Films* und *Working Title Films* gefördert. Die Weltpremiere fand 1991 in Cannes während der 44. Filmfestspiele statt und der Film wurde von der Festivaljury unter der Leitung von Roman Polanski mit drei *Goldenen Palmen* ausgezeichnet: Für den besten Film, die beste Regie und für John Turturro als den besten Schauspieler. Somit wurde das Werk der Coen-Brüder zu einer Ausnahme, die gleich alle drei bedeutenden Preise in Cannes bekam.

Die amerikanische Filmakademie nominierte BARTON FINK 1992 für drei *Oscars*, für die beste Regie, Bühnenbildausstattung (Nancy Haigh), Produktions- (Dennis Gassner) sowie Kostümdesign (Richard Hornung). Doch den *Oscar* bekam Jonathan Demme für THE SILENCE OF THE LAMBS. Im weiteren Verlauf wurden John Goodman als bester

---

[77] «Wir steckten irgendwie fest. Der Plot von MILLER'S CROSSING wurde so kompliziert – es war keine Schreibblockade – aber wir haben beschlossen, eine Weile an etwas anderes zu denken und wir schrieben sehr schnell BARTON FINK.» In: Woods 2000, S. 9.

Hauptdarsteller mit dem *Golden Globe* 1992, Roger Deakins als bester Kameramann mit dem *London Critics Circle Film Award* 1993, dem Preis der *US-National Society of Film Critics* 1992 und dem Preis der NYFCC ausgezeichnet.

Nach der Uraufführung von BARTON FINK wurde der Film mit einer Spieldauer von 116 Minuten in den USA von *20th Century Fox* und in Deutschland von *Concorde Verleih* in die Kinos gebracht. Am 21. August kam der Film auf die große Leinwand in den USA und spielte am Eröffnungswochenende 268.561 Dollar ein. Trotz der großzügigen Auszeichnungen und großer Resonanz des europäischen Publikums interessierte sich der Durchschnittszuschauer in den USA nicht für diesen Film. Insgesamt hatte BARTON FINK in den USA 6.153.939 Dollar Einnahmen, unerwartet wenig im Vergleich zur Höhe des eigentlichen Filmbudgets. In Frankreich wurden Einnahmen über den Kartenverkauf mit 475.531 Dollar, in Spanien mit 209.693 Dollar und in Deutschland mit 245.036 Dollar berechnet. Die gesamten Bruttoeinnahmen waren jedoch höher und beinhalteten außerdem noch Werbemittel, beispielsweise allein in Deutschland in einer Höhe von 1.300.000 Dollar.

Wenn man die Popularität der früheren Filme der Brüder in den USA aus finanzieller Sicht betrachtet, dann gehören BLOOD SIMPLE (mit einem Startbudget über 1,5 Millionen Dollar und Einnahmen nur in den USA von über 2,15 Millionen Dollar) sowie RAISING ARIZONA (mit sechs Millionen Dollar Startbudget und Einnahmen über 22 Millionen Dollar) zu den beliebtesten Filmen. MILLER'S CROSSING schnitt mit 14 Millionen Dollar des Startbudgets und Einnahmen von etwa fünf Millionen Dollar in den USA am schlechtesten ab. Angeblich hatten die Brüder das finanzielle Fiasko von BARTON FINK vorausgesehen und drehten wohl «zum eigenen Vergnügen»:

«It's a flukey business. It is obvious, for instance, that BARTON FINK wouldn't be.»[78]

Doch der Film wurde ein Erfolg, wenn auch nicht aus kommerzieller Sicht. Mit BARTON FINK gelang den Brüdern Coen der Durchbruch in Europa und anschließend auch im Rest der Welt.

Ihr Film über Hollywood wurde folglich in Hollywood gedreht, genauer in Los Angeles und Umgebung. Hier kam es zu der ersten Begegnung[79] der Brüder mit kalifornischen Studios und Aufnahmeorten. Die Lobby des Hotels *Earle* richtete man im *Wiltern* Theater in Los Angeles ein, dem historischen *Art déco*-Gebäude aus den 1930er-Jahren. Das *Ambassador Hotel* am 3400 Wilshire Boulevard sowie Büros von *Columbia Pictures* am 1020 West Washington Boulevard in *Culver City* wurden zum Studio von *Capitol Pictures* und dem Sitz des mächtigen Jack Lipnick umgebaut. In den *Culver Studios*, 9336 West Washington Boulevard, in *Culver City* sollten auch einige Episoden mit Darstellungen von *Capitol Pictures* aufgenommen werden. Die *Hollywood Center Studios* an der 1040 North Las Palmas Avenue wurden für die Darstellung von Ben Geislers Büro verwendet. Barton Fink feiert den Abschluss seines Drehbuches in der USO-Halle

---

[78] «Es ist ein Glücksgeschäft. Es ist offensichtlich, dass beispielsweise Barton Fink nicht gut abschneiden wird.» In: Woods 2000, S. 6.

[79] Fünf Jahre später werden die Brüder nach Los Angeles zurückkehren, um THE BIG LEBOWSKI (1998) zu drehen.

beziehungsweise im Ballsaal des *Park Plaza Hotels* in 607 South Park View Street in Los Angeles. Einige Szenen entstanden auch in der *City Hall* an der 200 North Spring Street und in *Downtown* Los Angeles.

Am Anfang des Filmes zeigen die Brüder «New Yorker Sequenzen», das *Broadway*-Theater und ein Restaurant, in dem die Ehrung des Autors und sein Gespräch mit dem Agenten stattfinden. Auch diese Szenen wurden in Los Angeles, nämlich im *Orpheum*-Theater und im *RMS Queen Mary Hotel* am kalifornischen *Long Beach* gedreht. Schöne Meeresblicke, vor allem die Einstellung mit der Welle, die sich an einem Felsen bricht und einen Übergang zum sonnigen Hollywood darstellt, wurden auf *Long Beach* in Los Angeles gefilmt. Die Abschlussszene – das Treffen zwischen Fink und der jungen Badenixe, deren Vorbild im Hotelzimmer auf einem Bild dargestellt wurde, findet am kalifornischen *Zuma Beach* in Malibu statt.

Der Film wurde auf 35-mm-Material gedreht, mit dem Bildformat 1:1,66[80] statt einem für die Brüder Coen und die amerikanische Filmproduktion üblichen 1:1,85. Bei den ersten drei Produktionen arbeiteten die Brüder mit dem Kameramann Barry Sonnenfeld[81] zusammen. Für BARTON FINK stand Barry Sonnenfeld zeitlich nicht zur Verfügung, außerdem wechselte er 1991 selbst ins Regiefach. Joel und Ethan beauftragten einen neuen Kameramann – den Briten Roger Deakins[82]. Der Absolvent der *National Film School* und Hobbyfotograf wurde bis zum Jahr 2010 bereits acht Mal für den *Oscar* nominiert, bekam aber keinen. Er drehte den Film mit *Arriflex-BL-4*-Kameras mit *Zeiss*-Linsen und *1-K-Frensel*-Licht für die Tagesszenen. Bei den Nacht- und Abendszenen wurde etwas weicheres Licht mit einem *Gold-Stipple*-Reflektor erzeugt. Für die «Feuerszene» benutzte man *2-K*-Licht, das als Außenbeleuchtung in der Wandlänge des Korridors eingebaut war.[83]

Mit dem Produktionsdesigner Dennis Gassner[84] arbeiteten die Regisseure zum zweiten Mal nach MILLER'S CROSSING. Gassner beteiligte sich bis zum Jahr 2010 an insgesamt fünf Filmen der Brüder Coen. 1992 nominierte man ihn für den *Oscar* für BARTON FINK. Gassner bekam aber keinen Preis für diesen Film, sondern für einen

---

[80] In den 1950er-Jahren entwickelte *Paramount* das Breitwandformat für 35-mm Film mit Seitenverhältnissen 1 : 1,66 statt des 1 : 1,37. Später kommt ein anderes Bildformat (1 : 1,85) hinzu. Seitdem verwendet man 1 : 1,66 überwiegend in Europa und 1 : 1,85 in Amerika. Beim Format 1 : 1,66 besteht immer noch die Möglichkeit, Filme in 1 : 1,85 zu zeigen, indem man bei der Vorführung Teile des Filmes abschneidet.

[81] Barry Sonnenfeld (geboren 1953 in New York) war ein Absolvent der Filmschule an der *University of New York*. Vor der Zusammenarbeit mit den Coen-Brüdern war er als Dokumentarfilmemacher tätig. Nach den ersten gemeinsamen Filmen mit Joel und Ethan wechselte er selbst zur Regie und drehte 1991 einen eigenen Film, THE ADDAMS FAMILY.

[82] Roger Deakins (geboren 1949 in Torquay, Devon, England) studierte Design und Fotografie an der *Bath School of Art* und *National Film and Television School* in England. Wegen der Zusammenarbeit mit den Coen-Brüdern wurde er in den 1990ern in Hollywood bekannt und acht Mal für den *Academy Award* nominiert.

[83] Information unter www.rogerdeakins.com (30.05.2011).

[84] Kanadier Dennis Gassner studierte Architektur und Bildende Kunst an der *University of Oregon Eugene*. Bevor er die Coen-Brüder kennenlernte, gestaltete er Musikalben und arbeitete als Produktionsassistent für Francis Ford Coppolas Studio *Zoetrope*.

anderen – BUGSY (1991). Besonders aufwändige Arbeit leistete er bei der Erschaffung des *Earle Hotels*, in dem die meiste Handlung des Filmes stattfindet:

> «We shot at least three weeks in that hotel where half the movie takes place. We wanted an art-deco style and a place that was falling to pieces, having known better days. The hotel had to be organically linked to the movie – it had to be the externalisation of the character played by John Goodman.»[85]

Gassner betont die Unheimlichkeit der Set-Atmosphäre mit einer besonderen Auswahl der Farben Grün, Braun und Gelb, die den Prozess des Zerfallens und Untergehens der Welt des Schriftstellers andeutet.

Im Mittelpunkt des Filmes steht der Schriftsteller Barton Fink und die Entstehung seines Werkes. Weil es uns als Zuschauern nicht gelingt, Finks Drehbuch zu lesen, wird sein Inhalt durch visuelle Lösungen und Sounddesign vermittelt. Für die Realisierung der Tonarbeit[86] war unter anderem der Toningenieur Skip Lievsay[87] zuständig – ein anderes festes Teammitglied. Mit seinen beeindruckenden Toncollagen und Hintergrundgeräuschen – Klappern der Schreibmaschine, Geschrei, Jammern, Summen unsichtbarer Mücken, Geräusche von den Wänden abfallender Tapeten – gelingt es ihm, die innere Welt des Protagonisten, seine etwas verzerrte Wahrnehmung und den Inhalt seines entstehenden Drehbuches wiederzugeben.

Carter Burwell[88] schrieb die Musik für BARTON FINK. Er betreute alle bis jetzt realisierten Projekte der Brüder Coen und stellte ihnen Skip Lievsay vor. Burwell, ehemaliger Rocksänger und Absolvent der Architektur an der *Harvard University*, wurde über einen bekannten Toningenieur Anfang 1980er-Jahre den Filmregisseuren vorgestellt. Obwohl Joel und Ethan bereits seit Monaten mit anderen Komponisten Verhandlungen führten, trafen sie ihn für ein Gespräch und entschieden sich für ihn. Da die Brüder Coen kein musikalisches Studium absolviert hatten, waren sie bei der musikalischen Präsentation des Filmes auf Burwell angewiesen und überließen ihm oft die Entscheidungsfreiheit:

---

[85] «Wir drehten mindestens drei Wochen in diesem Hotel, in dem die Hälfte des Filmes spielt. Wir wollten *Art déco*-Stil und einen heruntergekommenen Schauplatz, der schon bessere Zeiten erlebt hatte. Das Hotel sollte auf eine natürliche Art und Weise mit dem Film verbunden sein und einen externen Bezug zu dem von John Goodman gespielten Charakter darstellen.» In: Woods 2000, S. 101.

[86] Die Tongestaltung gehört nicht zum Inhalt dieser Arbeit mit Schwerpunkt auf visuelle Darstellung. Daher wird sie nur am Rande erwähnt.

[87] Skip Lievsay ist ein in New York lebender Sounddesigner, -editor und Mixer. Er wurde für seine Projekte mit Martin Scorsese, Spike Lee, Tim Burton, Jonathan Demme, unter anderem für GOODFELLAS, CASINO, SLEEPY HOLLOW und THE SILENCE OF THE LAMBS, weltberühmt. Seine Kooperation mit den Coen-Brüdern fing bereits 1984 mit BLOOD SIMPLE an. Seitdem betreut er alle Projekte der Brüder. Für seine Arbeit an dem Film NO COUNTRY FOR OLD MEN wurde er für den *Oscar* nominiert.

[88] Carter Burwell (geboren 1955 in New York) studierte am *Harvard College* für Animation und Elektromusik und zog in den 1980er-Jahren nach New York, wo er am *Institute of Technology* als Computer-Modellbauer und Leiter der Abteilung *Digital Sound* arbeitete. Er kreierte die bekannte Anime *Lensman*, nahm an vielen Fernseh- und Filmproduktionen teil und spielte parallel in Musikbands wie *The Same, Thick Pigeon, Radiante* in New Yorker Clubs. Als Filmkomponist gelang ihm sein Durchbruch mit BLOOD SIMPLE.

«The Coens' involvement in the music varies from film to film. Sometimes they have very clear ideas about what they want (the extreme example being O BROTHER WHERE ART THOU? […]), and sometimes they have no idea (BARTON FINK or FARGO).» [89]

Die Musik von Burwell unterstützt den Protagonisten mit einer zurückhaltenden, melancholischen Melodieführung, die ausgeprägte experimentelle Züge trägt, indem sie lyrische Abschnitte mit mystischen Tönen eines Keyboards mischt. Sie wird zusätzlich mit fremden Geräuschen untermalt, wie den läutenden Glocken, dem Klang eines Wasserabflusses im «Liebesthema», den Eisenbahntönen in «Big Shoes», die auch die Klaviersolos von Burwell bereichern, und erlebt ihre «Zerlegung» durch die tippende Schreibmaschine in «Typing Montage». Dagegen wirkt der Schluss – «Fade Out» – mit vollendeten Tönen komplett und attraktiv.[90]

Die Atmosphäre der 1940er-Jahre wird mit den Kostümen von Richard Hornung[91] erzeugt. Die Regisseure trafen diesen Designer aus Pennsylvania 1986 zum ersten Mal für das Projekt RAISING ARIZONA, als er noch eine Assistentenstelle am *Broadway* hatte. Er arbeitete an drei Filmproduktionen der Brüder und hatte seinen Durchbruch mit BARTON FINK – der zweiten Zusammenarbeit – für die er seine einzige Auszeichnung – eine *Oscar*-Nominierung – erhielt.

4. Arbeitsvorgehen

Während der Interviews oder Pressekonferenzen[92] mit Teilnahme von Joel und Ethan Coen bekommt man oft den Eindruck, die Brüder seien spontan in ihren Entscheidungen. Sie würden mit dem Film anfangen, ohne das Drehbuch fertig zu haben. Die unerklärten Details und zahlreichen Handlungsverwirrungen, die die Inhalte ihrer Filme oft ausmachen, schreibt man dann der Nachlässigkeit der Regisseure zu: Als ob sie aus Versehen nicht wüssten, was beispielsweise im Päckchen von Charlie in BARTON FINK war, oder warum der Hauptcharakter den Namen Fink[93] trägt:

---

[89] «Der Einbezug der Coen-Brüder in die Musikauswahl variiert von Film zu Film. Manchmal haben sie sehr klare Vorstellungen davon, was sie wollen (als extremstes Beispiel sei O BROTHER WHERE ART THOU? genannt) und manchmal haben sie keinen blassen Schimmer (BARTON FINK oder FARGO).» unter: www.carterburwell.com (30.05.2011).

[90] Der Original-Soundtrack von BARTON FINK ist 42 Minuten 16 Sekunden lang und beinhaltet acht Themen wie «Fade In» (1:08), «Big Shoes» (1:33), «Love Theme from Barton Fink» (1:21), «Barton in Shock» (1:58), «Typing Montage» (2:12), «The box» (3:06), «Barton in Flames» (0:58), «Fade Out – The End» (3:37).

[91] Der Kostümdesigner Richard Hornung (geboren 1950 in Bethlehem, PA – gestorben 1995 in Los Angeles, CA) erwarb seinen Abschluss in Design an der *University of Illinois*. Danach zog er nach New York und wurde Assistent des Direktors am *Broadway*. Neben RAISING ARIZONA arbeitete er mit den Brüdern an BARTON FINK und THE HUDSUCKER PROXY. 1995 starb er an AIDS.

[92] Beispielsweise die Presseveranstaltungen mit den Brüdern Coen am 20. Mai 2007 in Cannes anlässlich der Filmpremiere von NO COUNTRY FOR OLD MEN.

[93] Es gibt verschiedene Namensinterpretationen für Fink wie «Feigling» oder «Verräter». Man kann «Fink» vom englischen Verb «think» ableiten, was auch ein Autor in seinem Artikel *John Turturro Finks twice* in der Zeitschrift *Interview* macht. In: Smith 1990, S. 44.

«We found it at the start of working on the script, but we don't know where it came from. It seemed to arrive just like that, by pure chance.»[94]

Man sollte jedoch ihren Aussagen nicht trauen, nicht nur, weil sie sehr widersprüchlich sind, sondern auch, weil die Fakten dagegen sprechen. Tatsächlich planen die Coen-Brüder ihre Projekte sehr genau. Sie haben eine effiziente Arbeitsweise, die sie bereits seit ihrem ersten Film BLOOD SIMPLE entwickelt haben. Sie drehen auch keine Filme, wenn sie diese nicht komplett kontrollieren.[95] Obwohl sie die strenge Arbeitsplanung – vom Skript bis zur Montage – mit sparsamer Finanzierung erklären, da sie mit kleinen Budgets drehen, verfolgen sie die gleiche Strategie bei ihren ‹teuren› Produktionen mit Budgets von 25 Millionen Dollar (für NO COUNTRY FOR OLD MEN) und 60 Millionen Dollar (für INTOLERABLE CRUELTY). Seit 2004 teilt Ethan offiziell auch die Regie mit seinem älteren Bruder, was noch mehr Kontrolle für die gesamte Filmcrew bedeutet. Das präzise Arbeitsvorgehen äußert sich nicht nur in wenigen Aufnahmen der Szenen. Die Brüder verändern und schneiden nur eine geringe Anzahl davon. In der Endfassung von BARTON FINK wurden folgende Szenen entfernt oder gekürzt: Dialoge von Poppy und Richard («Restaurantszene in New York»), Argumente von Garland über die Vorteile von Hollywood («Gespräch an der Bar»), Telefonate zwischen Chet und Fink («Ankunft von Fink im Hotel» und «Ankündigung der zwei Polizisten»). Der Inhalt der meisten Szenen wurde jedoch nicht wesentlich verändert.

Ihre Kontrolle über die Filmproduktion zeigt sich auch in der Auswahl der Schauspieler, die sie sich bereits in bestimmten Rollen vorstellen, noch bevor die Schauspieler zum Vorsprechen kommen. Wenn die Zusammenarbeit gelingt, dann arbeiten sie mit einem Schauspieler jahrelang. Bei dieser Arbeitsstrategie ist nicht zu übersehen, dass sie beide am liebsten auf Nummer sicher gehen und mit ‹anpassungsfähigen› Schauspielern arbeiten. Wenn die Kommunikation nicht klappt und die Schauspieler mit eigenen Vorstellungen ans Set kommen, dann kann es passieren, dass sie nicht mehr zu den Brüdern zurückkehren.[96] Als Nicolas Cage, der in RAISING ARIZONA noch am Anfang seiner Karriere stand, versuchte, seinen Charakter durch eigene Vorschläge für Dialoge, Verhalten und Mimik zu entwickeln, hörten die Coen-Brüder ihm zwar höflich zu, forderten aber schließlich ein genaueres Befolgen des

---

[94] «Wir haben ihn (Namen – T.R.) am Anfang unserer Arbeit auf dem Manuskript gefunden, aber wir wissen nicht, woher er kam. Scheint einfach so angekommen zu sein, durch Zufall.» In: Woods 2000, S. 101.

[95] Ebd., S. 85.

[96] Es gab wenige Schauspieler, die gestanden haben, unbegrenzte Freiheit bei den Produktionen der Coen-Brüder zu genießen. Sari Lennick sagt, dass beim Drehen von A SERIOUS MAN die Brüder ständig nach ihrer Meinung fragten und sogar dazu, «wie sie ihr Haar tragen sollte», In: dt. Presseheft (unter «Casting-Aufruf») zu A SERIOUS MAN von TOBIS Film Verleih. Sari Lennick gehörte jedoch zur Ausnahme. Die meisten Darsteller bestätigen die verbreitete Meinung: «Beim Dreh sind Joel und Ethan immer extrem gut vorbereitet. Sie planen alles bis ins letzte Detail [...]», so Frances McDormand. «Sie lassen einen zwar Sachen ausprobieren, aber am Ende läuft es doch immer darauf hinaus, dass man ihren Vorstellungen folgt [...]», sagt George Clooney. Beide sprachen über ihre Arbeit für BURN AFTER READING. In: Presseheft von TOBIS Verleih.

Drehbuches.[97] Ob sie sich für dieses Projekt endgültig zusammengerauft haben, bleibt unklar. Cage war bei keinen weiteren Projekten der Brüder mehr dabei.

Ihre Arbeitsweise spricht dafür: Wenn ein Film aus der Traumfabrik der Gebrüder Coen kommt, kann man ihn – im Sinne der historischen Diskussion von André Bazin über den Film als Kunstwerk[98] – als einen wahren Autorenfilm bezeichnen. Daher beinhaltet die Vorbereitung des Drehs den aufwändigsten Teil der Filmproduktion und sieht bei den Coen-Brüdern folgendermaßen aus: Zuerst schreiben sie die erste Fassung ihres Drehbuches. Es können mehrere Monate vergehen, bis sie mit ihrem Werk zufrieden sind. Danach visualisieren sie ihr Konzept mit *Storyboards* – seit 1987 mithilfe des professionellen Zeichners J. Todd Anderson. Die meisten Regisseure verwenden die *Storyboards* für die Actionszenen, die Coen-Brüder in jeden Film, unabhängig davon, ob es sich um die Jagdszenen oder Kuriositäten des alltäglichen Lebens handelt:

Joel: «[…] When we're writing a script, we're already starting to interpret the script directorially. As to how we want the movie to look, even down to specific shots […]. Also, before production, Ethan, Barry, and I storyboard the movie together.»

Ethan: «Also, at the beginning of every day, the three of us and the assistant director would have breakfast […] and go through the day's shot and talk about the lighting.»[99]

Die Hinweise auf Farbe, Licht und die Kameraperspektiven sind bereits in der *Storyboard*-Version vorgegeben. Erst dann fangen die Regisseure an, mit dem Kameramann oder dem Produktionsdesigner zu arbeiten. Die Dreharbeiten erfolgen nach einem festen Plan, der wenig von spontanen Entscheidungen, Vorschlägen und anderen Abweichungen beeinflusst wird: Gefilmt wird, was man sich vorgenommen hat; gesprochen, was im Skript steht. Noch während des Drehens fangen Joel und Ethan an, ihre Filme eigenständig zu editieren. Auch wenn beide sich hinter dem Cutter-Pseudonym verstecken, lassen sie sich nicht die Rechte auf den *Final Cut* entgehen, die in der amerikanischen Kinoindustrie oft erst nach Absprache und Genehmigung eines Produzenten erfolgen. Somit sind sie bis zum Produktionsschluss für alle Abläufe ihrer Arbeit zuständig. Dadurch erreichen sie gewiss ihre originellen Ergebnisse.

BARTON FINK ist ein ungewöhnlicher Film für die amerikanische Kinematografie. Die Produktionsbedingungen lassen sich nicht eindeutig einordnen, denn mit neun Millionen Dollar ist dieser Film kein typisches *Low-Budget*-Projekt[100]. Die Summe ist aber auch zu

---

[97] Kilzer / Rogall 1998, S. 50.

[98] Da der Regisseur die wesentlichen Aspekte seines Werkes – vom Drehbuch bis zum Editieren – selbst bestimmt, gehört nach Bazin ein Film zum Kunstwerk.

Joel: «[…] Schon während des Schreibens interpretieren wir das Drehbuch hinsichtlich der späteren inszenatorischen Umsetzung: wie der Film aussehen soll, sogar bis hin zur Darstellung einzelner Szenen […] Und schon vor Produktionsbeginn arbeiten Ethan, Barry und ich am Storyboard.»

Ethan: «Am Anfang jedes Tages gehen wir drei und der Regieassistent frühstücken […], besprechen jede an dem Tag bevorstehende Einstellung inklusive Beleuchtung.» In: Woods 2000, S. 14ff.

[100] Es gibt keine genauere Definition über die Kosten eines *Low-Budget*-Filmes. Diese bewegen sich zwischen einigen Tausenden und einer Summe bis ca. acht Millionen Dollar. Eine der erfolgreichsten US-*Low-Budget*-Produktionen SEX, LIES, AND VIDEOTAPE (1989) von dem damals noch jungen Regisseur Steven Soderbergh wurde mit ca. 1,2 Millionen Dollar gedreht und spielte in Amerika das 20-fache ein.

bescheiden, um von einem ‹regulären› Film oder gar von einem Hollywood-*Blockbuster* zu sprechen. Die Brüder bezeichnen sich nachdrücklich als amerikanische Filmemacher, die in Amerika (in Texas, Arizona, Louisiana, Minnesota, Mississippi, Kalifornien, New York) und über Amerika (über Sitten der Bevölkerung in verschiedenen US-Staaten) drehen. Dennoch weisen die Inhalte in BARTON FINK – die Gestalt von Los Angeles mit der *Traumfabrik* im Mittelpunkt – nicht auf den real existierenden Ort hin.

Das Schicksal eines Schriftstellers aus den 1940er-Jahren konnte mit Sicherheit kein breites Publikum in Amerika ins Kino locken wie die witzige Gestalt H. I. in RAISING ARIZONA. Seine Story handelt davon, wie er lokale Supermärkte leer räumt, eine Polizistin heiratet, mit ihr in einem Wohnmobil lebt, von einem Kind träumt und sich schließlich eines durch Kidnapping besorgt. Für FARGO haben sich die Zuschauer aufgrund seiner verständlichen und unterhaltsamen Krimigeschichte mit Einführung in die bürgerliche Häuslichkeit der Bewohner Minnesotas mehr interessiert gezeigt – was auch die Einnahmen an den US-Kinokassen bestätigten – als für die Gedanken Finks über die Gründung eines neuen Theaters, die man nicht unbedingt mit den Sorgen und Nöten der US-Gesellschaft verbindet. Die Schriftstellergeschichte wurde im eigenen Land wenig verstanden. Dafür gewann der Film in Europa bei der Weltpremiere in Cannes ungewöhnlich viele Preise. Die europäischen Kritiker platzten vor Neugier und Lob, während die Amerikaner sich sparsam und vorsichtig äußerten. Die gleiche Haltung war auch bei der *Oscar*-Vergabe 1992 zu beobachten. Trotz sieben Nominierungen wurden am Ende keine Preise an den Film vergeben.

Obwohl der Film oft mit den Werken von Roman Polanski und Stanley Kubrick in Verbindung gebracht wird, liegen seine visuellen Lösungen nicht eindeutig in der Tradition der europäischen Kinematografie. Schließlich wurden die Brüder Coen mit amerikanischer Kinogeschichte groß, wobei – geboren in den 1950er-Jahren – beide sowohl von Hollywood als auch von den Europäern profitieren konnten. In der Zeit der 1960er- und 1970er-Jahre – während der Kindheit und Jugend der zukünftigen Regisseure – hatten die Studios zwar weniger Macht als in den *goldenen* Zeiten, waren dennoch in der Lage, 40 bis 125 Millionen Dollar (wie bei der INDIANA-JONES-Produktion) für einen märchenhaft schönen *Blockbuster* zu investieren. Auch am Anfang des 21. Jahrhunderts halten sie immer noch die größten Anteile des US-Kinomarktes fest. Die europäischen Produktionen werden auf diesem Markt entweder nicht gezeigt oder nur mit wenigen Filmkopien für ein ausgewähltes Publikum. Die Macht der Studios und ihrer Landesvertretungen weltweit erlaubt, die US-Filme auch außerhalb Amerikas schnell und unkompliziert ins Kino zu bringen. Die Werbemaßnahmen für diese Filme erreichen aus gleichem Grund ihr Zielpublikum schnell im In- und im Ausland. Die Presse, auch die europäische, jagt am liebsten die berühmten US-Stars und missachtet oft eigene Akteure. Man schaut immer noch mit angehaltenem Atem auf die Nominierungen und Preise der amerikanischen Filmakademie, und der *Oscar* bleibt der begehrteste Preis, obwohl das europäische Ausland längst seine eigenen Preise vergibt.[101] Die

---

[101] Beispielsweise vergibt die französische Filmakademie seit 1976 den eigenen Preis *César*. Die Werke italienischer Regisseure konkurrieren miteinander für *David di Donatello*, den seit 1956 vergebenen Preis der italienischen Filmakademie. In Deutschland nennt sich der Filmpreis *Lola* (seit 1999) und wurde ursprünglich (als *Goldene Schale*) im Jahre 1954 zum ersten Mal vergeben.

internationalen Filmfestivals in Cannes, Venedig oder Berlin mögen lokale Stars fördern, kämpfen jedoch für Hollywoodgäste, die den Festivalstatus ausmachen.

Alle diese Argumente bestätigen den hohen Wert und den Status Hollywoods auch viele Jahre nach seiner Gründung, die Lebendigkeit seiner Traditionen und Filmmuster. In Bezug auf das *Coensche* Werk, insbesondere auf BARTON FINK, stellt sich die Frage, wie viel traditionelles Hollywood zu Form und Inhalt des Filmes gehört und worin sich seine Modernität äußert.

IV

Die Entstehung einer Illusion:
Einblicke in die Geschichte des *klassischen* Hollywoodkinos

Die normative Sprache der Filmgestaltung – Erzählstruktur, Kameraführung, *Mise-en-scène* oder Schnitt – wurde in den Zeiten des *klassischen* Hollywoods entwickelt und gehört heute zu den grundlegenden Inhalten des Filmes. Die Filmemacher, die altes Kino schätzen und ihm nacheifern, lernen für die Gegenwart, denn in jedem Beruf erlernt man zuerst das Handwerk, bevor man von ihm abweichen will. Werfen wir einen Blick auf die Geschichte der italienischen Renaissance, auf die Zeit der größten Meister. Jahrelang durfte Leonardo da Vinci als Handwerksbursche in der Werkstatt von Andrea del Verrocchio die Farben mischen, bevor er sich mit dem eigenen Werk beschäftigte. Auch heute wird dem Berufsanfänger empfohlen, auf eigene voreilige Experimente zu verzichten und sich zuerst auf klassische Vorbilder zu besinnen. Ein Ausschnitt aus einem Lehrbuch für Filmstudenten setzt die Postulate des Studiums fest:

> «It is important […] that ambitious moviemakers first learn the rules before breaking them. Learn the right way to film, learn the acceptable methods, learn how audiences become involved in the screen story. Experiment; be bold, shoot in an unorthodox fashion! But, first learn the correct way […].»[102]

Das gleiche gilt für Filmtheoretiker: Bei der Analyse der Werke des *klassischen* Hollywoods beobachtet man die einzig wichtigen Grundlagen der Filmgestaltung, weil in dieser Zeit die Bedingungen gesetzt wurden, nach welchen Filme bis heute strukturiert und gesehen werden. Was genau heißt *klassisches* Hollywood?

Die Filmwissenschaft[103] datiert die *klassische* Periode des Hollywoodkinos auf die 1920er- bis 1940er-Jahre. Es gibt mindestens vier Gründe dafür. Erstens: Die vorher gegründeten Produktionsstudios standen in der 1920er- und 1940er-Jahren an der Spitze des Erfolges, deshalb nennt man diese Zeit auch die *goldene Ära* der Studios. Sie entwickelten Strategien für Gestaltung und Vermarktung der Filme, die bis heute zu den Grundlagen des zeitgenössischen Filmgeschäfts gehören. Zweitens: Die Studios erkannten das Phänomen des Filmstars und erschufen ihn. Der Höhepunkt der Karrieren von Humphrey Bogart, Vivien Leigh, James Cagney, Judy Garland, John Wayne, James Stewart, Katharine Hepburn und Gary Cooper fiel auf die Zeit der 1920er- und 1940er-Jahre. Glamour und Skandale um diese Legenden wurden von späteren Generationen nicht wiederholt. Nach 1945 gelang es nur wenigen, wie Marlon Brando, Marilyn Monroe oder Wayne Stewart, den Ruhm ihrer Vorgänger zu erringen. Drittens: In der *goldenen*

---

[102] «Es ist wichtig, dass ambitionierte Filmemacher zuerst die Regeln lernen, bevor sie diese brechen. Lerne, richtig zu filmen, lerne die akzeptablen Methoden, lerne wie man das Publikum in die Filmgeschichte einbezieht […] Experimentiere, sei mutig, drehe auf unkonventionelle Art und Weise! Aber lerne zuerst, wie man es richtig macht […].» In: Ray 1985, S. 26.

[103] Vgl. Bordwell / Staiger / Thompson 1985, Maltby 1998.

Ära kristallisierten sich die Filmgenres heraus: *Western*[104], *Gangster, Horror, Science-fiction, Screwball Comedy, Women's Melodrama, Musical, Biography, Swashbuckler* und *Costume Drama*. Die Erzählformen der Genres wurden schematisiert und den Erwartungen des Publikums angepasst. Viertens: In dieser Zeit entstanden die Weltklassiker: 42ND STREET (1933), THE CRUSADES (1935), THE PLAINSMAN (1936), GONE WITH THE WIND (1939), THE WIZARD OF OZ (1939), THE PHILADELPHIA STORY (1940), CITIZEN KANE (1941), CASABLANCA (1942) und THE BEST YEARS OF OUR LIVES (1946).

Welche Strategien des *klassischen* Hollywoods verwendet man heute noch und warum? Zur Annäherung an diese Fragen sollte man einen Blick auf das Phänomen «Hollywood» werfen, nicht auf eine detailgetreue tabellarische Geschichte mit Anspruch auf Vollständigkeit, sondern auf die Entstehung und Entwicklung seiner ikonografischen und ideologischen Strategien.

1. Die Produktionsstudios: Gründung und Filmvermarktung

Um 1915[105] wurden in den USA die acht größten Film- und Produktionsstudios gegründet. Die *Paramount Pictures, Metro-Goldwyn-Mayer* (*MGM* oder *Loew's Incorporated*), *Fox* (seit 1935 *20th Century*), *Warner Bros., Radio-Keith-Orpheum* (RKO), *Columbia Pictures, Universal* und *United Artists* nannte man *Big Five & Little Three*.[106] Sie kontrollierten bis zu 90 % der Produktionsabwicklungen, Distribution und Vertrieb im amerikanischen Filmgeschäft, das bedeutet, dass die meisten US-Filme in oder von Hollywood produziert wurden. Das Vermögen und die großzügigen Investitionen der Studios sowie ihre Vertretungen in Amerika und im Ausland ermöglichten ihnen direkten Einfluss auf die Einspielergebnisse der Filme. Die Finanzierung der Produktionen bedeutete Macht: Die Studiobosse mischten sich in jeden Ablauf der Filmgestaltung ein, trafen autoritäre Entscheidungen über Produktionsbedingungen, Besetzung der Protagonisten, Filminhalt und schließlich über Erfolg und Misserfolg eines Filmes.

Mehr als 2.600 führende US-Kinotheater waren im eigenen Besitz dieser Korporationen, was ihnen noch mehr Kontrolle über das Geschäft ermöglichte. Damit die Interessen dieser einflussreichen Studios sich nicht überschnitten, teilten sie das Land unter sich auf.[107] *Paramount Pictures* kontrollierte die Südstaaten, New England und den

---

104 *Western, Science-fiction* und *Horror* haben ihren Höhepunkt erst nach 1945 erreicht.

105 Die Studios wurden in den folgenden Jahren gegründet: *Paramount Pictures* 1912, *Metro-Goldwyn-Mayer* (*MGM* oder *Loew's Incorporated*) 1924, *Fox* (oder seit 1935 - *20th Century*) 1915, *Warner Bros.* 1918, *Radio-Keith-Orpheum* (RKO) 1929, *Columbia Pictures* 1919, *Universal* 1912 und *United Artists* 1919.

106 Zu den *Big Five* gehörten *Paramount Pictures, Loew's Inc., 20th Century-Fox, Warner Bros.* und *Radio-Keith-Orpheum* mit breitem Spektrum der Aufgaben – von Produktion und Distribution bis zum Vertrieb. *Universal* und *Columbia* konzentrierten sich nur auf Produktion und Distribution und *United Artists* arbeitete mit unabhängigen Produzenten und präsentierte seine Filme in bestimmten Kinotheatern, hatte also nur einen beschränkten Einfluss auf das Filmgeschäft. In: Gomery 1986, S. 2.

107 Ebd., S. 24.

Mittleren Westen. *Fox* betrieb seine Geschäfte im Westen und vor allem in Kalifornien, *Loew's* in New York, New Jersey und Ohio und *Warners Bros.* im Nordosten. Alle Studios wurden nach gleichen Prinzipien aufgebaut, denn ihre Gründer waren überwiegend gleicher Abstammung, hatten ein ähnliches Bildungsniveau und ähnliche Geschäftsstrategien. Sie kamen als jüdische Einwanderer aus West- und Osteuropa nach Amerika. Hier fingen sie klein an und arbeiteten sich mit ihrer Geschicklichkeit und Risikobereitschaft schnell hoch.

Adolph Zukor, der zukünftige Besitzer von *Paramount*, ein Einwanderer aus armer ungarisch-jüdischer Familie, hatte als Putzhilfe und Handwerker angefangen, bevor er ein Geschäft mit Fellen in Chicago mit einem Team von 25 Mitarbeitern leitete. 1903 erkannte der frischgebackene Unternehmer das Unterhaltungspotenzial der ‹bewegten Bilder› und wechselte ins Showbusiness. Zusammen mit seinem Cousin investierte Zukor das Geld zuerst ins Spielhaus *Penny Arcade* und in die Kinokette *Nickelodeon*. Wenige Jahre später hatte seine Produktionsfirma *Famous Players* (später bekannt als *Paramount*) großen Erfolg und Einfluss in Los Angeles, New York und Paris. Danach besaß er nicht nur ein weltweites Distributionsnetz, sondern auch die größte Kinokette namens *Publix*. Sein Zeitgenosse, Marcus Loew, ein Österreicher jüdischer Abstammung, war der Gründer der weltberühmten *Loew's Incorporation* sowie der Kinokette *Loew's*. Er wurde in New York in einem damals unspektakulären Immigrantenviertel in *Manhattan – Lower East Side –* geboren. Mit sechs Jahren begann er zu arbeiten, um seine Familie zu unterstützen, mit neun verließ er die Schule und wechselte 1904 ins Showbusiness. Mit Adolph Zukor beteiligte er sich an *Penny Arcade*, einem Spiel- und Kinogeschäft. 1920 kaufte er die *Metro Pictures Corporation*, die vier Jahre später mit der *Goldwyn Picture Corporation* zu *Metro-Goldwyn-Mayer* fusionierte. 1904 eröffnete ein anderer Geschäftsmann, William Fox aus Tulchva, Ungarn, sein erstes Kino in New York und stieg elf Jahre später ins Produktionsgeschäft mit der *Fox Film Corporation* ein. Die Warner-Brüder Harry (1881 – 1958), Albert (1884 – 1964) und Jack (1892 – 1981) kamen aus Polen in die USA und versuchten sich zunächst wie auch Zukor und Loew in mehreren Geschäften, bis sie 1904 mit Kinoshows das Land bereisten. Vierzehn Jahre später gründeten die Brüder ein Filmstudio auf dem *Sunset Boulevard* in Los Angeles und schließlich das Unternehmen *Warner Bros.* in Hollywood. Nicht anders verlief die Karriere der Geschäftsführer kleinerer Produktionen. Der ehemalige Einwanderer aus dem württembergischen Laupheim Carl (Karl) Laemmle kaufte beispielsweise 1906 in Chicago *Nickelodeon* und stieg 1912 mit seiner Firma *The Universal Film* ins Produktionsgeschäft ein.

Die Machtmechanismen der Studios erstreckten sich von aggressiver Offenheit ihrer Verkaufsstrategien bis zur raffiniert versteckten Medienpolitik. Zu einer der wichtigen Arten der Vermarktung der Filme wurde ein sogenanntes *Blocksystem*, ein Verleih- und Distributionsprozedere, das auch die Entstehung der Filmgenres beeinflusste. Im Rahmen des *Blocksystems* verkaufte ein Verleih seine Filme in der Form eines

Jahresprogramms[108] dem Kinobetreiber. Das *Blocksystem* sicherte den Studios einen festen Marktanteil und stärkte natürlich die größten von ihnen.

Die Filmgenres[109], die man heute im Zusammenhang mit ästhetischen Qualifikationen und einer Auswahl der thematischen und stilistischen Elemente des Filmes verbindet, wurden im klassischen Hollywood zur Filmvermarktung nach den Ähnlichkeitsprinzipen der Erzähl- und Stilformen benutzt. Sie entwickelten sich im Studiosystem zu verlässlichen Kalkulationsfaktoren, die bei einem routinierten Plan der Filmherstellung (*Product Units*) für die Festlegung der Jahresproduktion halfen, aus den damals noch ersten abgegrenzten Filmgenres wie Musikfilm, Western, Komödie, Gangster- und Horrorfilm:

> «They (genres – TR) enabled the studios to plan, to produce and to market their films in predictable ways and to dovetail their output with the expertise of their production staff (particularly screenwriters, producers, directors, and stars) and with the plant, the costumes, the props and the other facilities in which they had each invested.»[110]

Im Laufe der Zeit legte Hollywood für jedes einzelne Genre bestimmte Konventionen in narrativen Strukturen und *Mise-en-scène* fest und traf die Auswahl der Charaktere, die zu Archetypen wurden. Die meisten Stars assoziierte man aufgrund ihrer Rollen mit bestimmten Filmgenres: Deanna Durbin, Fred Astaire und Ginger Rogers mit Musikfilmen, Will Rogers mit Komödien, John Wayne mit Western. Jedes Studio hatte eigene bevorzugte Genres. *MGM* spezialisierte sich auf sentimentale Komödien und Musikfilme, *Universal* auf Musikfilme mit Deanna Durbin.

Ein *Jahresprogramm* bestand aus den Gruppen «A» und «B». Zur Gruppe «A» gehörten *Superspecials*, *Specials* und *Programmers*. Die *Superspecials* waren die teuersten Produktionen – meistens Musik- und Historienfilme – mit einem Budget von circa einer Million Dollar und mit *Top-Star*-Besetzung. Sie durften zwei Wochen aufgeführt werden. An zweiter Stelle kamen die *Specials* mit Melodramen und bekannten Stars. Zuletzt standen die *Programmers* – oft Action- und Abenteuerfilme – mit unbekannten Stars, kleinem Budget und einer Filmlänge bis zu 50 Minuten. Die Filme der Gruppe «B» wurden nach den gleichen Prinzipien wie *A-Filme* vermarktet: *Highlights* und

---

[108] Dieses System hieß auch *Blindsystem*, weil beim Ankauf der Jahresprogramme die Kinobesitzer die eingekauften Inhalte weder bestimmen noch erfahren durften, das heißt, sie sahen die Filme nicht, und dennoch waren nach der Unterzeichnung des Jahresvertrages die Vorführungen bereits geplant.

[109] Die Definition des Filmgenres wird in der Wissenschaft oft diskutiert. Im Bezug auf die Genres sprechen die Filmhistoriker über die kommerzielle Entwicklung des Filmes sowie über die Notwendigkeit, die Filmflut zu reglementieren und zu vermarkten. Die Theoretiker basieren ihre Thesen auf der Ikonografie der Filme. Kritiker weisen auf technische Besonderheiten der Darstellung (Stil, Form, Ausdruck) hin. Da es in diesem Kapitel um die Geschichte Hollywoods geht, steht die kommerzielle Bedeutung der Genres und die Rolle Hollywoods bei der Entstehung des Phänomens im Vordergrund.

[110] «Die Genres ermöglichen den Studios, ihre Filme in einer prognostizierbaren Art und Weise zu planen, zu produzieren und zu vermarkten, ihre Ausgaben mit der Begutachtung der zuständigen Mitarbeiter (insbesondere Drehbuchautoren, Produzenten, Regisseure und Filmstars) und für die Einrichtung, Kostüme, Requisiten und andere Anlagen, in die sie bereits investierten, abzustimmen.» In: Neale 2000, S. 233.

Programmers. Serien, Kurzfilme und Komödien wurden oft von kleinen Produktionsfirmen[111] angefertigt, die unter Obhut der großen Studios standen.[112]

Die Filmkampagnen wurden oft aufwändiger, einfallsreicher und teurer als das eigentliche Drehen des Filmes. Im Rahmen der Werbekampagne gab es *Live*-Auftritte der Filmstars, es wurden Plakate und Broschüren, Trailer und Filmmusiksammlungen erstellt, Anzeigen in den Zeitungen geschaltet und Werbespots für Hörfunk und später fürs Fernsehen angefertigt. Für die Anfertigung der Pressehefte wurden Sonderteams beauftragt, die außer allgemeinen Informationen zum Film, Bilder der Stars, Vorschläge für Zeitungsschlagzeilen auch *O-Töne* für den Rundfunk und ‹vorgefertigte› Berichterstattungen vorbereiteten.[113]

1937 erschien das Buch *The Management of Motion Picture Theatres* von Frank H. Ricketson, das zu einer Art Bibel der Kinomanager in den USA wurde, vor allem wegen des Kapitels über die Werbung. Die bekannte Publikation *It takes More than Talent* wurde Anfang der 1950er-Jahre vom Filmregisseur und Produzent Mervyn LeRoy herausgebracht. Darin standen Ratschläge für den Einstieg ins Werbe- und Filmgeschäft. Diese Veröffentlichungen zeigen die Bedeutung der Werbung und der Öffentlichkeitsarbeit bereits in der Entstehungszeit. Mit diesen Maßnahmen konnte man einen Film an der Kinokasse erfolgreich vermarkten oder diesen ruinieren. Bis heute führen die größten Filmstudios ihre Pressebetreuung auf ähnliche Weise durch. Während der Weltpremiere zu THE DARJEELING LIMITED[114] im September 2007 auf dem Filmfestival in Venedig bekamen ausgewählte Journalisten Geschenke vom Studio *Fox Searchlight Pictures*: Eine Schachtel indischer Gewürze und eine Box mit einer Auswahl von *Darjeeling*-Tee. Bei der Präsentation von INDIANA JONES IV von Steven Spielberg im Mai 2008 auf dem Filmfestival in Cannes beschenkten die Werbeagenten das Publikum und die Presse mit einem *Fedora*-Hut, den Harrison Ford bei den Abenteuern von Indiana Jones trug.

2. Hollywood-Glanz:
Erschaffung eines Filmstars und Erfindung eines Filmpreises

Die meisten Studios hatten nicht nur eigene Vertriebskinos und Produktionsstätten, sondern auch ‹eigene Kinotalente›, Filmstars und Regisseure, die bei ihnen unter Vertrag

---

[111] Ein Beispiel der Kleinproduktion war *Willis Kent Production*, die sich in den 1930er-Jahren auf die Herstellung von *Low-Budget*-Westernfilmen spezialisierte.

[112] Sennett 2000, S. 19f.

[113] Die Beilagen für den Film CALLING PHILO VANCE (1932) beinhalteten beispielsweise einen Lippenstift, einen Schürhaken und ein blutverschmiertes Modellflugzeug, weil es im Film um Mord und Ermittlungen gegen den Verkauf der US-Flugzeugmodelle ins Ausland ging. Ein anderes Presseheft für THE TREASURE OF THE SIERRA MADRE (1948) bestand aus einem Puzzlewettbewerb, einer Werbung für Sporthemden von Marlboro und einem illustrierten Buch über Mexiko als Reiseanregung, weil in dem Film zwei US-Bürger versuchten, an der mexikanischen Ostküste mit zweifelhaften Jobs zu überleben. Ebd., 60f.

[114] Im Film geht es um drei Brüder, die nach dem Tod ihres Vaters eine Reise durch Indien unternehmen.

standen und ohne ihre Einwilligung nicht zu anderen Studios wechseln durften. *Paramount* arbeitete mit den Schauspielern Mae West, Claudette Colbert, Fred MacMurray, Miriam Hopkins, Loretta Young und den Regisseuren Cecil B. De Mille, Leo McCarey, King Vidor, Rouben Mamoulian, Ernst Lubitsch. *Fox* zog den eigenen Star Theda Bare groß. *Warner Bros.* hatte James Cagney, Joan Blondell und Barbara Stanwyck unter Vertrag.

Die Studios entdeckten schnell das lukrative Geschäft mit Filmstars und entwickelten ein System für deren Erschaffung. Bei der Auswahl der möglichen Kandidaten verzichteten sie auf Bühnenschauspieler. Sie fanden ihre Darstellungsweise mit theatralischer Gestik und Mimik nicht für den Hollywoodstil geeignet. Eigene Talente suchten sie unter ‹normalen› Menschen, die nicht besonders talentiert, oft kaum gebildet, aber mit großem Willen zum raffinierten Spiel nach Hollywoodregeln ausgestattet waren, ob im Leben oder vor der Kamera.

Der Erschaffungsprozess dauerte oft mehrere Monate. Zuerst spürte man nach einem potenziellen Talent und gab ihm einen klangvollen Künstlernamen: Marilyn Monroe statt Norma Jean Baker, Rita Hayworth statt Margarita Carmen Cansino oder Cary Grant statt Alexander Archibald Leach. Danach entwickelte man eine fesselnde Biografie, um den gewünschten Szenentyp hervorzuheben.[115] Jedem Star stand ein Studiowerbeleiter zur Seite, der sich um die ‹richtige› Werbung, Kleidung und das Image kümmerte. Die Medien wurden reichlich mit fiktiven Biografien versorgt. Die Studiofotografen fertigten Bilder des zukünftigen Stars an. Die letzteren gingen auf Partys und Premieren, noch bevor sie in einem einzigen Film gespielt hatten. Erst nachdem ihr Image aufgebaut worden war, fing man mit der eigentlichen Arbeit an. Man schrieb ein auf die Stars zugeschnittenes Drehbuch, weil kein Star anspruchsvolle und wechselhafte Charaktere spielen sollte, um eigenes Können unter Beweis zu stellen. Umgekehrt verkörperten sie einen bereits festgelegten Archetyp und durften unter keinen Umständen von ihm abweichen. Diese waren eine «dumme, geldgierige Blondine», ein «eleganter, frecher Dandy», ein «naiver, gerechter Cowboy». Bei der Rollenvergabe gingen die Studios strikt nach der Rangfolge. Die unbekannten Schauspieler mit einem Wochenvertrag durften als Nebendarsteller besetzt werden. Die Darsteller mit einem halbjährigen Vertrag hatten einen Stammstatus und gesichertes Engagement. Die Hauptrollen wurden von den Studiostars mit einem Jahresvertrag besetzt.

Die Hollywoodstars hatten ein reglementiertes Leben, sie gehörten dem Studio mit seinen Produzenten, Agenten und der Öffentlichkeit. Somit waren sie ständig im Dienst. Nachdem sie vor der Kamera eine bestimmte Zahl von Aufnahmen abgearbeitet hatten, mussten sie sich um ihr Image kümmern und mit «den richtigen Leuten am richtigen Ort» gesehen werden. Diese Orte waren damals die Restaurants entlang der *Hollywood* und *Sunset Boulevards* in Los Angeles, *Cocoanut Grove* im *Ambassador Hotel* und das gegenüberliegende Restaurant *Brown-Derby*.

---

[115] Die «unattraktiven» Details kamen in diesen Fantasiebiografien nicht vor. Im Fall von Marilyn Monroe wurden beispielsweise ihr richtiger Nachname, geerbt vom Stiefvater, einem Bäcker, sowie ihre erste Ehe mit einem «unbedeutenden» Nachbarn, James Dougherty, der mit 21 Jahren zur Handelsmarine eingezogen wurde, verschwiegen.

Die Medien für Unterhaltungsindustrie wurden zur gleichen Zeit wie die Unterhaltung selbst erfunden und in den 1920er- und 1940er-Jahren konnten sie die Karrieren der Filmstars «fördern oder ruinieren» (Sennett 2000, S. 42f.). Die bekannten davon waren das Fachblatt *Variety*, gegründet 1905 von Sime Silverman, sowie die Illustrierten *Look*, *Life* und *Motion Pictures*. Die Redakteure von *Variety* entwickelten einen flotten Stil mit auffallenden Schlagzeilen, die jedes Filmereignis zur einzigartigen Show erklärten. Die Illustrierten kümmerten sich mit Veröffentlichungen von Starfotos um attraktive visuelle Darstellung. Ab den 1930er-Jahren bekam Hollywood sein eigenes Magazin, *The Hollywood Reporter*, gegründet von dem ehemaligen Kinoleiter Billy Wilkerson. Zum Inhalt des Blattes wurden die Nachrichten aus dem laufenden Kinogeschäft: Welche Filme gedreht wurden, welche Schauspieler im Trend lagen oder welche Rollen noch zu besetzen waren.

Außer den Redakteuren der Magazine prägten die Kolumnisten der großen Tageszeitungen über dreißig Jahre lang das Bild Hollywoods für die Öffentlichkeit im In- und Ausland. Die bekanntesten darunter waren Louella Parsons vom *San Francisco Examiner* und Hedda Hopper von der *Los Angeles Times*. Bei besonderen Vorlieben verfassten beide Damen gutherzige Texte, während sie die unbeliebten Filmemacher gnadenlos kritisierten.[116] Der Hollywoodjournalist Erza Goodman schrieb das Buch *The Fifty Year-Decline and Fall of Hollywood*, in dem er das Kastensystem Hollywoods beschreibt. Nach seinem Bericht legten die Studioproduzenten Ranglisten für Journalisten an. Nach diesem Prinzip wurden die Medienvertreter auf unterschiedliche Art und Weise betreut. Die Redakteure kleinerer Zeitungen, die zuverlässig ihre Berichte nach Vorgaben der Pressetexte schrieben, gehörten zu der niedrigsten Gruppe. Zu Weihnachten bekamen sie eine Schachtel Taschentücher. Die Meinung der nächsten Mediengruppe war wichtig, aber nicht für eine reiche Beschenkung ausreichend. Sie konnten mit einer Ledertasche oder Schmuck zum feierlichen Anlass rechnen. Nur wenige Journalisten gehören zur exklusivsten Gruppe. Sie wurden zu Partys eingeladen, Regisseuren vorgestellt und durften mit den Filmcrews verreisen. Sie konnten Stars nah erleben, sie persönlich sprechen und zu Hause besuchen. Die Vertreter der ausgewählten Gruppe konnten einen neuen Wagen geschenkt bekommen. Während renommierter Veranstaltungen, wie dem Filmfestival in Cannes, waren sie für die Gerüchte und Skandale zuständig. Die anderen tippten in der Zeit für sie ihre Berichte ab:

«Es gab in Cannes keine Geheimnisse […]. Die Pagen, Empfangschefs, Kellner, Zimmermädchen und andere Hotelmitarbeiter wurden sämtlich von Zeitungs- und Zeitschriftenkorrespondenten aus aller Welt bezahlt. Sie öffneten Briefe über Wasserdampf, belauschten Gespräche, hörten Telefonate ab und beuteten Abfallkörbe aus.»
(Sennett 2000, S. 50)

In den Zeiten der Weltwirtschaftskrise gingen immer weniger Zuschauer ins Kino. Diese Tendenz setzte sich mit der Verbreitung des Radios fort, was das Interesse des

---

[116] Als Orson Welles in seinem Filmdebüt CITIZEN KANE den Verleger, Medienmagnaten und den Besitzer des *San Francisco Examiner*, William Randolph Hearst, unattraktiv abbildete, schrieb Louella Parsons über ihn: «Das Knabengenie hat gewiss all seine Talente aufgewandt, nur um jemand niederzumachen.» In: Sennett 2000, S. 44.

Publikums zu den ‹bewegten Bildern› schwächte. In der Filmbranche kam es auch zu einigen für die Studios ungünstigen Veränderungen: Es wurden Gewerkschaften gebildet, welche die Studioleitung hinderten, Mitarbeiter mit einem Hungerlohn abzuspeisen. Die Zensoren prüften die Qualität des angebotenen Filminhalts. Es musste schnell etwas in Hollywood geschehen, damit die ‹traumhafte› Welt überleben konnte. Dem Leiter von *Metro-Goldwyn-Mayer*, Louis B. Mayer, kam die Idee einer Filmakademie als Konkurrenzorganisation von Produzenten gegen die Gewerkschaftsbewegung. Im Januar 1927 trafen sich bei einem Galadinner die einflussreichsten Mitglieder der Filmindustrie wie Mary Pickford, Cecil B. DeMille, die Brüder Warner, Douglas Fairbanks, um die *Academy of Motion Pictures Arts and Science* ins Leben zu rufen. Im Mai, bei einem offiziellen Bankett in Anwesenheit von über 250 Filmschaffenden, wurde die Gründung der Akademie verkündet. Die Idee schien eine große Resonanz gefunden zu haben, weil bereits bei der ersten Veranstaltung fast alle Anwesenden zu Mitgliedern der Akademie ernannt wurden. Die erste *Oscar*-Präsentation fand 1928 im *Baltimore Hotel* in Los Angeles statt. Bei den *Oscar*-Shows ging es bis auf wenige Ausnahmen um US-Produktionen, die nach der Verleihung auf den obersten Stellen der Ranglisten landeten. Mit der Vergabe von glamourösen Preisen lenkte man die Öffentlichkeit von der oft schwankenden Qualität der Filme ab.

3. Thematisches Paradigma und Heldenvielfalt

Viele Hollywoodfilme aus dieser Zeit haben eine gewisse Ähnlichkeit, die nicht nur gleichen Produktionsbedingungen und zentralisierter Distribution zu verdanken ist, sondern auch der narrativen Erzählstruktur und dem visuellen Stil, die so universell sind, dass diese Filme von unterschiedlichen Bevölkerungsgruppen und Nationen, ob in USA, Europa oder Asien, verstanden werden.

Hollywood entdeckte früh die Macht der Bilder und folgte bei ihrer Gestaltung den gängigen Mitteln der Verkaufspsychologie. Das Publikum wollte man mit positiven Emotionen beschenken, denn wenn man schon ins Kino geht und seine Eintrittskarte zahlt, dann wünscht man sich Unterhaltung: Einen Film mit amüsanter Geschichte und attraktiver visueller Gestaltung, einen ‹nahliegenden› Traum auf der Leinwand, ein Märchen für Erwachsene. Darin verhielt sich der Darsteller nicht wie ein gewöhnlicher Mensch, sondern wie seine ideale Vorstellung, wodurch der Durchschnittszuschauer eine Sehnsucht nach Identifikation mit ihm entwickelte. Hollywood bemühte sich dabei um reiche Dekorationen, teure Kleidung oder ‹himmlische› mit technischer Nacharbeitung hergestellte Schönheit der Stars. In jeder Erzählung ging es zwar um allgemeine menschliche Gefühle wie Liebe, Hass, Ehrgeiz. Jedoch existierten die dargestellten Situationen kaum im ‹wahren› Leben. Keine Kronprinzessin brach in der Realität aus ihrem Palast auf, um aus Langeweile auf der Parkbank oder in der Junggesellenbude eines Reporters zu übernachten, wie dies Audrey Hepburn alias Prinzessin Ann in ROMAN HOLIDAY (1953) tat. Kein gewöhnlicher Räuber gab das gestohlene Geld der Bank zurück, wie Stretch in YELLOW SKY (1948).

Diese Träume wurden für den Zuschauer verständlich gemacht, weil nur wenige von ihnen sich nach einem anstrengenden Arbeitstag mit anspruchsvollen Inhalten auseinandersetzen wollten, vor allem nicht während der Zeiten des Zweiten Weltkrieges. Die Menschen suchten nach Unterhaltung, die ihnen die nötige Portion an Optimismus auch in schwierigen Krisenzeiten verleihen konnte:

> «[…] Unterhaltung ist, wenn man ein schweres Herz aufheitert, einen anstrengenden Arbeitstag oder Kampfalltag um eine Nuance aufhellt. Der Mann an der Front wird von einem Lied auf den Lippen aufgemuntert, Männer und Frauen an der Heimatfront, die unablässig Schrauben eindrehen und Stahl zusammennieten, werden durch ein Lachen gestärkt.»
>
> *(Zitat aus Variety, In: Sennett 2000, S. 24f.)*

Hollywood kennt man auch als die *Traumfabrik*: ‹Traum›, weil die Studios die atemberaubenden Märchen produzieren, ‹Fabrik›, weil die Gefühle und Emotionen ‹angefertigt› werden. Dafür entwickelten die damaligen Filmemacher eine eigene Sprache, die den komplizierten Produktionsprozess – von Drehbuch bis Präsentation – einwandfrei laufen ließ. Die Drehbuchverfasser wussten, nach welchen Regeln sie die Geschichte schreiben, die Produzenten, wie sie diese verkaufen mussten. Die Schauspieler brauchten nur die in der Praxis erlernte Mimik und den Klang der Stimme einzusetzen, um die Rollen verständlich zu gestalten. Jede Hollywoodgeschichte blieb drei grundlegenden Prinzipen treu: Ideologie, Mythos und künstlerischer Konvention.[117]

Mit der Zeit wurden die Konventionen zum festen Bestandteil Hollywoods, weil sie durch das ständige Wiederholen der gleichen Geschichten das Publikum in ihrer ‹Realität› überzeugten, das heißt, wenn man ständig über romantische Liebe spricht, fängt man an, an diese Liebe zu glauben. Kriegsereignisse oder ökonomische Probleme waren nicht die Themen dieser Filme, Geschichte und Politik tauchten nur am Rande der filmischen Handlung auf, sofern es für die Konflikte der Hauptprotagonisten von Bedeutung war. Auch wenn das reale Leben das Filmgeschäft überholte, existierten die Produktionen von Hollywood in ihrer Künstlichkeit weiter und zeigten das Überlebensvermögen der *Traumfabrik*.

Die Zeitgeschichte nahm jedoch großen Einfluss auf Hollywood. Ende der 1920er- und Anfang der 1930er-Jahre während der *Großen Depression* und andauernden Wirtschaftskrise mussten die Filmstudios kurzfristig schließen. Sie öffneten ihre Türe bald wieder auf Kosten von Gehaltskürzungen, die teilweise bei bis zu 50 % lagen. 1938 kamen weitere Einbußen auf die Studios zu. Die *Antitrust*-Kampagne der US-Regierung von Franklin D. Roosevelt aus dem Jahr 1938, die bis ins Jahr 1948 anhielt, war im Namen der unabhängigen US-Kinobesitzer gegen die Monopolisierung der Filmindustrie, schließlich gegen Hollywood gerichtet.[118] Das neue Gesetz trennte die Kinoketten von ihren Besitzern. Das früher von Kinotheatern ‹blind› gekaufte Kinoprogramm musste jetzt vor der Vermietung dem Kinobesitzer präsentiert werden. Die Blockbuchungen, bei denen die Wahl der Filme mit bestimmtem Star den Kinobesitzer zum Kauf weiterer

---

[117] Ray 1985, S. 14.

[118] Das Verfahren wurde ursprünglich gegen das *Paramount Studio* eingeleitet, daher wurde die Kampagne auch «Paramount-Fall» genannt.

wenig glamouröser Filme mit unbekannten Schauspielern verpflichtete, wurden auf fünf Werke reduziert. Am 25. Juli 1949 bestätigte das US-Obergericht diese Maßnahmen, die – zusammen mit dem Verlust des ausländischen Filmmarktes durch den Zweiten Weltkrieg – das Ende der 20-jährigen Monopolstellung der Studios bedeuteten.

Die Macht Hollywoods wurde reduziert, aber die Geschäftsstrategie der Filmmogule ermöglichte das nötige Überleben trotz Notlagen und politisch-gesellschaftlicher Veränderungen. Die Studios wendeten das Blatt, indem sie gerade in den düsteren Krisenzeiten ihre künstlich erschaffenen Fantasiewelten für die breite Masse so attraktiv wie möglich gestalteten, dass diese für noch mehr Gewinn sorgten. In der Anfangszeit des Zweiten Weltkrieges erreichte das *klassische* Hollywoodkino seinen Höhepunkt: Ob arm oder reich, der Zuschauer wollte die Realität vergessen und in einem Traum zumindest auf der Leinwand leben. Die fantasievollen Bilder schwärmten von Glück und Hoffnung auf bessere Zeiten. Jede Geschichte wurde mit dem obligatorischen *Happyend* abgeschlossen. Wie konnte Hollywood seinen Traum in den Kriegszeiten weiterleben, mit welchen Geschichten? Die Beispiele bekannter Filme geben die Antworten.

Die Hollywoodproduktionen können sicher nicht die aufregendsten politischen und sozialen Themen dieser Zeit verschweigen, dennoch mussten die Filmemacher eine Kompromisslösung finden, über Alltag zu berichten und diesen nicht abschreckend in seiner Realität darstellen. CASABLANCA – Kultfilm aller Zeiten – kam 1942 ins Kino. Darin wurden Sorgen über die US-Intervention im Zweiten Weltkrieg auf der Ebene des Konfliktes zwischen dem Amerikaner Rick und dem Europäer Victor Laszlo gezeigt: Rick, der Barbesitzer im von Franzosen besetzten Marokko, zögert, dem Widerstandskämpfer Victor Laszlo bei seiner Flucht nach Amerika zu helfen. Im anderen Klassiker GONE WITH THE WIND aus dem Jahr 1939 wird der damalige US-Bürgerkrieg nur am Rande erwähnt, im Film geht es darum, die schweren inneren Konflikte der Hauptprotagonistin Scarlett O'Hara zu zeigen. Ihr außergewöhnliches Frauenschicksal und unkonventionelles Erwachsenwerden sind wichtiger als die Frage, ob sie ihren Ehemann im Krieg verliert. Die konventionellen Gesellschaftsnormen über die Rolle der Frau als ideale Hauswirtin mit ihren Sorgen um die Familie stehen hier im Mittelpunkt.

Jeder dieser Filme zeigt die Opposition zwischen individualistischen Vorstellungen einzelner Personen und allgemeinen Vorhaben der US-Gesellschaft. Daher gibt es in jeder Geschichte nicht nur zwei Seiten des Konflikts, sondern auch zwei Typen der Darsteller – legaler Held (Polizist, Lehrer, Politiker) und sein gesetzloser Opponent (Cowboy, Forscher, Räuber, Einzelgänger). Die Eigenschaften dieser Charaktere werden im Vorfeld festgelegt. Der gesetzlose Held ist in der Regel ein kinderloser Freigeist, «Kämpfer und Jäger», der durch eigene Körperkräfte überlebt und sich in seinen Aktionen ausschließlich auf seine Gefühle und Prinzipien beruft. Sein Lebensmotto lautet: «Freiheit», «Gesetzlosigkeit», «Unabhängigkeit». Sein Gegner ist umgekehrt eine im sozialen Leben verankerte Person, die sich vorbildlich um die Familie kümmert. Die moralischen Werte des Gesetzzugehörigen berufen sich auf die Begriffe «Gesetz», «Gesellschaftsmoral» und «Pflicht». Er kann nur nach allgemeinen Gesellschaftsprinzipen handeln und sich bei der Entscheidung auf die Macht des Staates und seiner Gesetzte berufen:

«If the outlaw hero's motto was ‹I don't know what the law says, but I do know what's right and wrong›, the official hero's was ‹We are a nation of laws, not of men›, or ‹No man can place himself above the law›.»[119]

Bei weiblichen Rollen dreht sich alles um Familie, Haushalt, Ehemann und Kinder oder bis dahin um die Suche nach einem idealen Partner, um mit ihm eine ‹perfekte Familie› zu gründen. Die Frau verkörpert die Gesellschaft und ihre Moral mit Pflichtbewusstheit und Verantwortung. Der Mann – ein freiheitsliebender Geist – findet in der Gestalt der Frau Einschränkung seiner Autonomie, deshalb versucht er, ihr aus dem Weg zu gehen. Frauenfilme aus dieser Zeit lehren den weiblichen Teil der Bevölkerung, dass die Mutterschaft und die Ehe die einzigen richtigen Lebenszustände der Frau sind. In Studien amerikanischer Literatur stellt D.H. Lawrence die typischen Rollenträger der Geschlechter fest: Den Mann, der sich im Zustand der ständigen Flucht befindet («in the long run to get away»), und die Frau, die sich ein anständiges Familienleben wünscht («settled life»).[120] Der Mann will nicht den nötigen Gesellschaftsnormen folgen, sondern seine eigenen erfinden und selbst über seinen Lebensweg entscheiden. Auch wenn die Rollen eines Helden und eines Antihelden ausgetauscht sein mögen, endet die Geschichte nach allgemeinen Grundsätzen Hollywoods.[121]

CASABLANCA von Michael Curtiz muss wohl als das anschaulichste Beispiel für die thematischen Paradigmen Hollywoods und seine Archetypen gelten. Im Hintergrund der Story stehen historische Ereignisse des Zweiten Weltkrieges. Frankreich wird von den Deutschen besetzt. Viele Flüchtlinge gehen nach Marokko, in die Hauptstadt Casablanca, die noch unter französischem Protektorat steht. Einigen Menschen gelingt es, ins neutrale Lissabon und weiter nach Amerika zu kommen. Die anderen schaffen es nicht, weil sie nicht das benötigte Visum für ihre Weiterreise besorgen können. Der Amerikaner Rick Blaine hält sich ebenfalls in Casablanca auf und sorgt mit seinem *Café Américain* für ausreichende Unterhaltung der Emigranten. Sein Lokal und er selbst werden in zwei abenteuerliche Geschichten verwickelt. Ein Italiener stiehlt zwei deutschen Offizieren Transit-Visa, ermordet sie und bittet Rick um Aufbewahrung der Unterlagen. Der gesuchte Widerstandskämpfer Victor Laszlo und seine Frau Ilsa kommen nach Casablanca und brauchen Visa für ihre Flucht nach Amerika. Das Treffen beider Hauptprotagonisten – Rick und Laszlo – findet in *Rick's Café* statt. Schnell stellt sich heraus, dass Ilsa nicht nur die Frau des weltbekannten Untergrundkämpfers ist, sondern auch die ehemalige Geliebte Ricks, die ihn in Paris vor mehreren Jahren

---

[119] «Wenn die Devise eines Gesetzlosen war ‹Ich weiß nicht, was das Gesetz sagt, aber ich weiß sehr wohl, was richtig und was falsch ist›, dann war die des offiziellen Helden ‹Wir halten uns an das Gesetz, nicht an die Regeln des einzelnen Individuums› oder ‹Niemand kann sich über das Gesetz stellen›.» In: Ray 1985, S. 62.

[120] Lawrence 2003, S. 15ff, 249.

[121] Katharine Hepburn spielt in BRINGING UP BABY (1938) von Howard Hawks Susan, einen reichen und kapriziösen Freigeist, der Chaos verbreitet. Der häusliche und bald heiratende (also anständige) Paläontologe Dexter, dargestellt von Cary Grant, steht Susan (dem «gesetzlosen» Gegner) gegenüber. Normalität wird hier ausnahmsweise nicht von der Frau, sondern vom Mann präsentiert.

plötzlich verließ. Während die Erinnerungen an die leidenschaftliche Affäre Rick in seiner Trauer festhalten, versucht Laszlo vergeblich, ein Transit-Visum zu besorgen. Jemand rät ihm, es bei Rick zu versuchen, aber weder Geld noch Ilsas Drohung mit der Pistole wirken auf den verletzten Rick. Erst als die Frau gesteht, etwas für ihn zu empfinden, setzt sich die Verhandlung in Gang.

Der Amerikaner Rick als ‹gesetzloser› Einzelgänger und der Europäer Victor als ‹anständiger› Politiker und treuer Ehemann stehen im Mittelpunkt der Geschichte. Beide lieben die gleiche Frau, die nicht nur im Plot, sondern tatsächlich im Filmbild zwischen ihnen steht[122] und alle Entscheidungen der Männer beeinflusst. Mit dieser Geschichte wird versucht, die politische Idee zu bestärken, dass Amerika am Krieg ohne den Verlust eigener Autonomie teilnehmen kann. Auf der Filmebene wird dieser Konflikt von Hollywood mithilfe der Archetypen (eines amerikanischen Freigeist und seines europäischen Opponenten) gezeigt. Aus Propagandafilm wird Melodram und die Ideologie versteckt sich hinter dem privaten Konflikt, dem Liebesdreieck ‹Rick-Ilsa-Victor›.[123]

Wird Rick Victor helfen? Wird er bei Ilsa bleiben? In anderen Filmen dürfte man neugierig raten, was zum Schluss geschieht, doch nicht in Hollywood. Der Charakter von Rick wird nach den typischen Mustern eines Westernhelden, also eines romantischen Gesetzlosen, gezeigt. Er ist amerikanischer Herkunft, ein Einzelgänger und vertraut niemandem außer sich selbst. Keiner kennt seine Geheimnisse. Er strahlt jedoch Kompetenz und Selbstsicherheit über Geheimnisse der anderen aus. Es ist unklar, woher er kommt und warum er sich in Casablanca aufhält.[124] Rick möchte sich keiner Moral verpflichten und für niemanden einsetzen. Als Ilsa über politische Ideen ihres Ehemanns spricht, antwortet ihr Rick, dass er nur eigene Interessen verfolgte.[125]

Für einen Freigeist existiert eine Frau hauptsächlich zu sexueller Unterhaltung. Sie repräsentiert für ihn Haus und Stabilität, welche er nicht braucht, weil sie seine Unabhängigkeit gefährden. Auch Rick zeigt Frauen wenig Respekt. Auf die Frage seiner ehemaligen Freundin Yvonne, wo er die letzte Nacht verbracht habe, antwortet er gleichgültig, dass er sich nicht mehr daran erinnere. Auf die Nachfrage, ob sie Rick am gleichen Abend sähe, sagt er, dass er seine Pläne nie so weit im Voraus mache.[126] Seine Selbstbezogenheit drückt sich in seiner Sprechweise aus: Er fängt Sätze in «Ich-Form» an. Auch seine Liebe zu Ilsa hält ihn nicht fest. Er hilft ihr zwar, aus Casablanca zu fliehen,

---

122 Beim ersten Treffen sitzt Ilsa zwischen Rick und Victor und trennt beide Protagonisten im Bild voneinander. Weitere Szenen werden entweder auf ähnliche Weise oder jeweils mit Ilsa und einem der beiden Protagonisten gruppiert.

123 Ray 1985, S.92.

124 Auf die Frage des lokalen Polizeichefs Renault, was Rick nach Casablanca gebracht habe, antwortet er, es sei seine Gesundheit: Er kam hierher wegen der Heilwasserquellen. Als der erstaunte Polizist widerspricht, dass es in Casablanca keine Quellen gebe, sondern nur die Wüste, pariert Rick, er sei falsch informiert.

125 Vgl. «I'm not fighting for anything anymore except myself.» («Ich kämpfe für niemanden und nichts außer mir selbst»).

126 Vgl. «I never make plans that far ahead» («Ich plane nie so weit im Voraus»).

setzt die Frau aber in das Flugzeug zu ihrem Ehemann und entscheidet sich selbst für seine Unabhängigkeit.

Sein Gegner, Victor Laszlo, ist ein Mann der klaren Prinzipien. Er ist ein vorbildhafter Ehemann, der nicht nur seine Frau liebt, sondern ihr absoluten Respekt zeigt. Er schafft es, ihre Affäre mit Rick zu verstehen, denn als Ilsa sich in Rick verliebte, wusste sie nicht, ob Victor noch am Leben war. Laszlo glaubt an seine politischen Ideen und Aktivitäten, an die kollektive europäische Bewegung und den anschließenden Sieg. Sein Idealismus steht im deutlichen Kontrast zum Zynismus von Rick.

Wenn man Rick Blaine mit einem typischen Westernheld vergleicht, versteht man die Herkunft des eleganten Barbesitzers. Der klassische Western ist in seiner narrativen Struktur und Form festgelegt. Im Mittelpunkt steht ein etwas naiver und kräftiger Cowboy (Einzelgänger und Freigeist, der seine Entscheidungen mit physischen Mitteln erkämpft) und sein Gegner (beispielsweise ein korrupter Sheriff). Zwischen die beiden mischt sich oft eine Frau. Um sie wird mit Fäusten und Gewehr gekämpft. Zwischen den wichtigen Episoden der Haupthandlung vertreiben sich beide Charaktere ihre Zeit in einer Kleinstadt oder im Dorf mit einer übersichtlichen Zahl von Einwohnern bei typischen Aktivitäten, wie Kartenspiel, Barbesuchen oder Reiten und Erkunden von Landschaften. Oft kommen Handlungsdramatisierungen in Form eines Banküberfalls oder Zerstörung einer Indianersiedlung hinzu:

> «The Westerner is par excellence a man of leisure. Even when he wears the badge of a marshal or, more rarely, owns a ranch, he appears to be unemployed. We see him standing at a bar, or playing poker – a game that expresses perfectly his talent for remaining relaxed in the midst of tension – or perhaps camping out on the plains on some extraordinary errands. If he does own a ranch, it is in the background; we are not actually aware that he owns anything except his horse, his guns, and the one worn suit of clothing which is likely to remain, unchanged all through the movie. It comes as a surprise to see him take money from his saddlebags. As a rule, we do not even know where he sleeps at night and don't think of asking. Yet it never occurs to us that he is a poor man […].»[127]

Alle Aktionen sollen dem Zweck der Bildung einer neuen zivilisierten und gesetzestreuen Gesellschaft dienen, die allerdings durch Gewalt geschaffen wird.

In CASABLANCA gibt es keinen echten Cowboy, sondern sein Abbild in der Gestalt des zivilisierten Dandys Rick, der genau der Beschreibung eines wilden Westernhelds unterliegt. Er besitzt eine Bar, wir sehen ihn jedoch nie bei der Arbeit. Gelegentlich unterschreibt er die Schecks oder mischt sich bei Streitereien im Lokal ein. Sein Geschäft läuft nicht gut, und er möchte es schließen, weiß aber nicht genau wann («in zwei,

---

[127] «Der Westernheld ist der Freizeitmann schlechthin. Selbst wenn er die Abzeichen eines Polizeichefs trägt, oder, was noch seltener ist, eine eigene Ranch besitzt, scheint er arbeitslos zu sein. Wir sehen ihn an der Bar stehen oder Poker spielen – ein Spiel, das sein Talent perfekt spiegelt, sich mitten in der Gefahr zu entspannen – oder wir sehen ihn im Freien zelten, während er einen ungewöhnlichen Auftrag erledigt. Falls er doch eine Ranch besitzt, tritt diese in den Hintergrund, denn uns ist nicht klar, ob er außer seinem Pferd, seinem Gewehr und seiner abgenutzten Kleidung, die er durch den ganzen Film hindurch unverändert trägt, noch etwas anderes besitzt. Man ist überrascht, wenn man sieht, wie er Geld aus seiner Satteltasche zieht. In der Regel wissen wir nicht einmal, wo er nachts schläft und denken auch nicht daran, danach zu fragen. Dennoch wird bei uns nie der Eindruckt erweckt, dass er ein armer Mann sei.» In: Ray 1985, S. 101.

vielleicht drei Wochen»), und es scheint ihn nicht besonders zu interessieren, weil er nicht an Geldmangel leidet. Er könnte ein moderner Robin Hood oder ein Jesse James sein. So wie diese Helden beraubt Rick die Reichen beim Manipulieren der Casinoroulettes, um die armen Flüchtlinge mit Geld für ein Visum zu unterstützen. Während Laszlo seine Taten mit offizieller Moral und dem Glauben an das Gesetz begründet, nimmt Rick sein Schicksal in die eigenen Hände und entscheidet intuitiv, was ‹richtig› und ‹falsch› ist. Dabei handelt er unlogisch: Er möchte Victor helfen, aber nicht, weil er an seine Aktivitäten glaubt, sondern weil Ilsa gesteht, für ihn etwas zu empfinden. Er begibt sich in mehrere gesetzlose Aktionen: Er betrügt die französische Polizei, verschweigt den wahren Mörder der deutschen Offiziere, versteckt Papiere und lügt über seine Pläne, Casablanca zu verlassen. Zum Schluss erschießt er Major Strasser, weil dieser sich gegen seine Ziele – Victor und Ilsa zu retten – durchsetzen wollte.

In seiner Analyse der thematischen Struktur des *Westerns* findet der Filmwissenschaftler Jim Kitses die Gegenbegriffe, die diese Struktur beschreiben. Für den *Western* sind die Vergleiche zweier Gesellschaftsarten wichtig – einer, die sich auf die Wildnis beruft (also US-Gesellschaft außerhalb der industriellen Entwicklung), und der anderen, die mit Zivilisation verbunden ist. Mit der Gesellschaft der ‹freien Cowboys› assoziiert Kitses «Individuum, Freiheit, Ehre, Selbsterkenntnis, Anstand, Beachtung eigener Interessen». Die «zivilisierte Gesellschaft» beruht auf «Einschränkung» der Freiheit, «Illusion, Kompromissen» beim Leben in einer Gemeinde und «Verantwortung» für sich und die anderen.[128]

Obwohl Rick und Victor verschieden sind, stellen sie zwei Seiten einer Ideologie dar, die jedoch mit der Zeit ihre Veränderung erlebt: Je weiter die US-Filmgeschichte von ihrem Ursprung – dem amerikanischen *Western* – wegrückt, desto mehr begibt sich der gesetzlose Antiheld auf die Seite seines Gegners. Bereits bei Rick können wir die ersten Anzeichen dieses Wandels nachvollziehen. Am Anfang des Filmes sehen wir Rick bitter, verlassen und misstrauisch. Nach dem Treffen mit Ilsa zeigt er sich emotionsfähig und bereit zu kooperieren. Die Bereitschaft zum Gemeinsinn ist bei Rick schon vorhanden aber noch nicht ausgeprägt. Auch die Frau bleibt noch in ihren Klischees gefangen. Sie zeigt Unsicherheit und Demut dem Mann und ihrem Schicksal gegenüber, beispielsweise überlässt Ilsa Rick die Entscheidung, ob sie bei ihm oder ihrem Ehemann bleibt. Wenn jedoch Ilsa nicht die schwankende Position annehmen würde, könnten die beiden Männercharaktere nicht in dieser Form existieren, und dem Zuschauer wird es nicht gelingen, sich dem Dilemma zwischen Gesetz oder Gesetzlosigkeit zu entziehen.

Nach Kriegsende kündigen sich die neuen narrativen Tendenzen an, die zur Veränderung der Themen führen.

---

[128] «‹Natur› (Western) wird nach Jim Kitses mit solchen Begriffen wie ‹Reinheit, Empirismus, Pragmatismus, Brutalität und Wildheit› verbunden, ‹Kultur› (Zivilisation) dagegen mit ‹Korruption, Wissen, Legalität, Idealismus, Menschlichkeit›. Die gleichen Paare bilden ‹West› und ‹Ost›: ‹Westen› mit Stichworten ‹Amerika, Grenze, Gleichberechtigung, Landwirtschaftlichkeit, Tradition, Vergangenheit› und ‹Osten› mit ‹Europa, Klassen, Industrialismus, Veränderung, Zukunft›.» In: Neal 2000, S. 135.

6. Hollywood im Umbruch: Wandlungen der Themen und Archetypen

Am Ende des Zweiten Weltkrieges erreichten Amerika und Hollywood ihren Höhepunkt an Macht und Einfluss. Die USA haben den Krieg mit minimalem Schaden gewonnen. Während Europa in Ruinen liegt, überwindet Amerika ökonomische Krisen und Depressionszeit und zeigt seine Stärke auch im Besitz von Atomwaffen. Die Menschen haben genug Mittel und Zeit für die Unterhaltung, das Geschäft von Hollywood blüht und die statistischen Zahlen sprechen für sich: Das Jahr 1946 gehört zu den ertragreichsten in der amerikanischen Kinoindustrie und die einheimischen Filme spielten 1,7 Billionen Dollar an den Kinokassen ein.[129]

Neben dem finanziellen Gewinn wuchsen auch die Erwartungen des Publikums an das Kino. Die steigende Konkurrenz mit dem Fernsehen forderte Hollywood auf, nach neuen Überlebensstrategien zu suchen. Bei der weiteren Analyse der Geschichte Hollywoods kristallisiert sich ein klares Phänomen heraus: Die Formen und Themen der Filme mögen ausgetauscht sein, jedoch nicht ihre Strukturen. Diese bleiben seit den Zeiten der Gründung unberührt:

> «[…] Hollywood's stability may seem remarkable. In practice, that stability rested on the strategy of avoiding sudden saltations for gradual, often imperceptible modulations. Thus, Hollywood typically adopted only diluted versions of stylistic innovations, which it subsequently devitalized or discarded (the fate of most of the borrowings from the French New Wave). Historical crises […] (the Depression, World War II, the OPEC embargo), often prompted the most conservative films, as Hollywood sought to fulfil its self-appointed role as public comforter. Inevitable, therefore, most of Hollywood's ‹new› movies looked like the old ones.»[130]

In Kriegszeiten erkundete Hollywood die einheimischen und internationalen Kinomärkte. Produzenten wussten, was sich ‹gut› und ‹schlecht› verkauft. Nach dem Kriegsende wollten die Studios ihr Geld wieder sicher verdienen. Deshalb suchten sie die Themen ihrer Filme in den geprüften Quellen, beispielsweise in einem Literaturbestseller, einem bekannten Roman (THE AFRICAN QUEEN, EAST OF EDEN), einem Märchen (PETER PAN), der Bibel (THE EGYPTIAN) oder den *Broadway*-Shows (COME BACK, LITTLE SHEBA, HIGH SOCIETY). Die veränderte Gesellschaft verlangte nach einer konkreten Stellung seitens der Unterhaltungsindustrie und bekam sie in Form ‹einfacher Vermeidung der Probleme›. Ironisch spiegelte sich diese Position im Titel eines späteren Filmes von Stanley Kubrick DR. STRANGELOVE OR: HOW I LEARNED TO STOP WORRYING

---

[129] Ray 1985, S. 129.

[130] «Die Stabilität von Hollywood mag außergewöhnlich scheinen. In der Praxis beruht sie auf der Strategie der Vermeidung plötzlicher Sprünge für graduelle, oft nicht wahrnehmbare Anpassungen. Daher adaptiert Hollywood normalerweise nur verwässerte Versionen stilistischer Innovationen, die es schließlich entkräftet und verwirft (das Schicksal der meisten Anleihen der französischen *Nouvelle Vague*). Die historischen Krisen […] (Depression, Zweiter Weltkrieg, OPEC-Embargo) brachten oft die konservativsten Filme hervor, weil Hollywood sich in der selbst ernannten Rolle des Trösters der Gesellschaft zu verwirklichen sucht. Deshalb war es unvermeidbar, dass die meisten ‹neuen› Filme Hollywoods wie die alten aussahen.» In: Ray 1985, S. 29.

AND LOVE THE BOMB[131]. Darin wird der US-Militärabgeordnete Jack Ripper dargestellt, der einen Atomkrieg mit der Sowjetunion auf eigene Art und Weise meistert. Er erteilt den Angriffsbefehl, der die Menschheit auslöscht, ihn und sein kleines Team jedoch rettet. In diesem Sinne antwortet die *Traumfabrik* mit ihren hochstilisierten und konventionellen Geschichten auf die gesellschaftlichen Veränderungen. Da diese Erneuerungen unvermeidbar sind, lernt die *Traumfabrik*, sie zu umgehen und kümmert sich dabei um die eigene Rettung.

Um 1953 hörten viele Menschen auf, regelmäßig ins Kino zu gehen und blieben zu Hause vor dem Fernseher. Während im Jahre 1946 nur 8.000 US-Haushalte mit Fernsehgeräten ausgestattet waren, stieg diese Zahl auf 35 Millionen in 1956. Die Fernseherindustrie durfte jedoch die Großformatfilme erst mehrere Monate oder manchmal Jahre nach dem Start aufführen, deshalb suchten die TV-Produzenten nach anderen Lösungen, wie eigenen Produktionen, die schnell improvisierten, ökonomischen Versionen von Hollywood nacheiferten. Die Zuschauer hatten nun die Wahl zwischen Kino und TV, und die meisten entschieden sich für die Bequemlichkeit zu Hause. Jetzt mussten sie wichtige Gründe haben, um ihre Häuser zu verlassen und sich ins Kino zu begeben. Somit wurde die Unersetzlichkeit Hollywoods zum ersten Mal in Frage gestellt. Das homogene Filmauditorium wurde aufgelöst. Hollywood musste im Kampf um die Macht neue Wege der filmischen Präsentation suchen, um einerseits die Industrie zu behalten und andererseits das immer anspruchsvollere Publikum mit Rücksicht auf gesellschaftliche Veränderungen im Land zu unterhalten.

Die bekannte Filmkritikerin und langjährige Kolumnistin des Magazins *The New Yorker* Pauline Kael brachte 1965 die erste Auflage ihres berühmten Buches *I Lost it at the Movies*. Darin beschreibt sie das Phänomen der «Zerteilung des Massenpublikums». Ihrer Meinung nach wurden die wenigen US-Kinogänger nach dem Kriegsende in zwei Gruppen – *Arthouse* und *altmodisch* – aufgeteilt. Nach Abschaffung des *Blocksystems* 1948 stellten sich die kleinen Kinotheater auf ausländische, meistens europäische, Filme um. Auf diesem Weg lernte die *Arthouse*-Gruppe ‹andere› Filme kennen und entwickelte ihre intellektuellen Ansprüche. Die *Altmodischen* suchten dagegen die gewöhnliche Unterhaltung mit üblichen Hollywoodfilmen und TV-Produktionen. Hollywood musste Diplomatie lernen: Einem intellektuellen Zuschauer etwas mehr ‹Realität› und weniger Dogmen anbieten, ohne dabei die Massen an Kinobesuchern zu verlieren. Der Prozess sah in der Praxis so aus, dass die alten Filmstrukturen mit den neuen äußeren Formen zitatweise bereichert wurden. Auf die Filmgenres bezogen bot Hollywood zwei Varianten der Filme an: Die Anfänge des heutigen *Blockbusters* für die *Altmodischen* und den *Kultfilm* für *Arthouse*.[132] Sowohl *Blockbuster* als auch *Kultfilm* waren eine formale

---

131 Ein satirischer Film von Stanley Kubrick aus dem Jahr 1964, in Deutschland bekannt unter AKA DR. SELTSAM ODER: WIE ICH LERNTE, DIE BOMBE ZU LIEBEN.

132 *Blockbuster* hieß der Film, der aufgrund seiner Popularität ein Kino für Wochen ‹blockierte› und den Wechsel seines Programms verhinderte. Dieser Film hatte wegen seiner packenden und das breite Publikum ansprechenden Handlung kommerziellen Erfolg. Der Begriff *Kultfilm* wurde umgekehrt zur Abgrenzung des Filmgeschmacks vom Massenzuschauer verwendet. Der *Kultfilm* schnitt bei seiner Aufführung meist kommerziell schlecht ab, dennoch fand er seinen treuen Zuschauer, der ihn oft über mehrere Jahrzehnte nach der Premiere immer wieder anschaute und zitierte.

Reaktion auf gesellschaftliche Veränderungen und letztlich nur zwei verschiedene Richtungen der gleichen Ideologie.

Der Film ON THE WATERFRONT von Elia Kazan aus dem Jahr 1954 zeigt, wie diese Anpassung auf der inhaltlichen und stilistischen Ebene geschah. Während das Thema des Filmes sich auf aktuelle gesellschaftliche Ereignisse wie die Gründung der Gewerkschaften mit der Korruption innerhalb der Organisationen bezieht, wurde die stilistische Abwechslung der ‹bewegten Bilder› durch Reminiszenzen aus dem italienischen *Neorealismus* und mit Außen- statt Studioaufnahmen hineingebracht, jedoch nicht wesentlich verändert. Der CASABLANCA-Effekt ließ sich auch hier erkennen. Wie im Werk von 1941 wurden auch hier die sozial-politischen Probleme hinter einer Liebesgeschichte versteckt und letztlich in eine Heldengeschichte umgewandelt. Eine korrupte Gewerkschaft der Dockarbeiter in New York entscheidet über jeden Erwerbstätigen in der Gegend. Falls jemand sich weigert, der Genossenschaft anzugehören, wird er beseitigt. Terry Malloy (Marlon Brando), ein gesetzloser Freigeist, ist einer dieser Arbeiter, der sich gegen die Gewerkschaft entscheidet. Dennoch genießt er einen besonderen Status, weil sein Bruder der Rechtsanwalt der Gesellschaft ist. Als eines Tages ein anderer Arbeiter stirbt, fühlt sich Terry daran schuldig und will seinen Fehler korrigieren. Sein Wunsch, gegen die Gewerkschaften vorzugehen, verstärkt sich, als er sich in die attraktive Schwester des Ermordeten verliebt. Sein Bruder wird aufgefordert, Terry zurück auf die Seite der Gewerkschaft zu bringen oder ihn zu töten, dennoch fällt er selbst der korrupten Gesellschaft zum Opfer. Terry, der bis dahin zögerte, die Stimme gegen die Gewerkschaft zu erheben, wird erst nach dem Tod seines Bruders aktiv und kontaktiert die Ermittlungskommission. Also braucht der gesetzlose Einzelgänger einen privaten Grund – nämlich den Mord am eigenen Bruder – um sich in die Situation einzumischen. Auch Rick Blaine in CASABLANCA hilft Ilsa und Laszlo erst zu fliehen, nachdem Ilsa ihm ihre Liebe gesteht, und nicht, weil er die Aktivitäten von Laszlo unterstützen will.

Einen anderen Versuch, seriöse Inhalte und Unterhaltung zu mischen, zeigt Alfred Hitchcock[133] in THE WRONG MAN (1956). Dem Skript liegt eine authentische Geschichte, ein Artikel aus einer Zeitung, zugrunde. Sein Protagonist, ein armer Musiker, versucht, seine Versicherung zu beleihen, um an Geld zu kommen. Er wird aber für einen Räuber gehalten, der vor einem Jahr das Büro überfallen hat. Um die Authentizität zu betonen, dreht Hitchcock seinen Film an Originalschauplätzen, im tatsächlich existierenden Haus der Räuber aus dem Zeitungsbericht, im Gerichtssaal, in dem das Verhör stattfand, und im Gefängnis, in dem der Gefangene festgehalten wurde. Der offiziellen Moral, dass harte Arbeit die sozialen Unterschiede beseitigt, stellt Hitchcock seine eigene Version entgegen: Gegen zufällige Brutalität und Ungerechtigkeit hilft nur der Zufall. Der fleißige

---

[133] Mit den Namen des Briten Alfred Hitchcock verbindet man in Hollywood zahlreiche künstlerische Experimente (wie den *Film noir* der 1950er-Jahre), die in Hollywood nicht willkommen waren. Hitchcocks Neigungen müssen wohl auf seiner intensiven Beschäftigung mit Malen und Zeichnen basieren. Beim Drehen ging der Regisseur oft finanzielle Risiken ein und zerstritt sich mit seinen Produzenten. Aus diesem Grund kehrte er Mitte der 1940er-Jahre nach England zurück und gründete 1946 die eigene Produktionsfirma *Transatlantic Pictures*, die innerhalb kurzer Zeit jedoch pleiteging. Hitchcock musste nach Hollywood zurückkehren, wo er seine weitere Tätigkeit unter Kontrolle der Studioleitung von *Paramount* fortsetzte.

Musiker wollte an seinen Verdienst kommen und wurde zufällig festgenommen. Während er jedoch in seiner Zelle betet, wird der tatsächliche Räuber beim erneuten Überfall gefasst.

In TOUCH OF EVIL (1958) von Orson Welles kommen Stil und Inhalt in einer widersprüchlichen Form zusammen. Die «Vertreter des Gesetzes», wie Sheriff Hank Quinlan, handeln als «gesetzlose» Bürger und benutzen zweifelhafte Ermittlungsmethoden. Die anderen, wie Mike Vargas, werden im Überlebenskampf zum Lügen gezwungen. Die Handlung nimmt konfuse Züge an, indem sie nicht mehr nachvollziehbar aufgebaut, jedoch in traditioneller Form eines *Happyends* gelöst wird. Die Intentionen von Welles stehen somit im Widerspruch zu dem tatsächlichen Effekt der Geschichte, sie tragen zur Entwicklung der künstlerischen Ästhetik eines *Film noir*[134] bei. Während die *Noir*-Stimmung in den Filmen der 1940er-Jahre wie THE MALTESE FALCON (1941) oder THE GLASS KEY (1942) ungewollt entstand, wurde sie in der Nachkriegszeit prominent nachgemacht. Man experimentierte bewusst mit bizarren Schauplätzen, typischen Protagonisten der früheren Gangsterfilme wie dem kriminellen Detektiv, der *Femme fatale*. Man testete Beleuchtung und diagonale Formate der Bilder, tiefe Kameraperspektiven und extreme Nahaufnahmen. Die Entwicklung dieser künstlerischen Richtung stand in direkter Verbindung mit der Produktion der ‹preiswerten› B-Movies. Da diese Filme – hauptsächlich im Genre eines Thrillers – mit nur wenig Geld gedreht und meistens ohne Ausführungen gebucht wurden, versuchten die Filmschaffenden, sich mit stilistischen und inhaltlichen Experimenten von ihrer teuren Konkurrenz der A-Klasse abzutrennen.

«[…] the *noir films* represented an eruption into the American cinema's main tradition of values, emotions, anxieties, and behaviour systematically suppressed by Classic Hollywood. Almost every Classic Hollywood genre had its noir version, which at once parodied and subverted the ideological basis of the original. Noir «screwball comedies» (THE POSTMAN ALWAYS RINGS TWICE, DOUBLE INDEMNITY, THE LADY FROM SHANGHAI), exposed the standard love triangle as the obvious occasion for murder. Noir westerns (JOHNNY GUITAR, THE FAR COUNTRY) suggested that the outlaw hero's reluctance derived from the fear of his own capacity for violence. […] Noir musicals (IT'S ALWAYS FAIR WEATHER) flirted with portraying song and dance as inappropriate to post war America, or (A STAR IS BORN) went backstage to reveal the costs of success.»[135]

---

[134] Der Begriff *Film noir* wurde 1946 durch den französischen Filmkritiker Nino Frank geprägt. Als Mitte der 1940er-Jahre die französischen Filmkritiker die amerikanischen Filme der Kriegszeit sahen, bemerkten sie in diesen Werken die neue Stimmung von Pessimismus und Finsternis. Diese äußerte sich stilistisch in Verwendung schwacher Beleuchtung (*Low-Key*) und harter Lichtkontraste. Es waren meistens Kriminalfilme, oft Literaturverfilmungen von Autoren wie Ernest Hemingway, Dashiell Hammett, Raymond Chandler, James M. Cain mit einem Detektiv als Hauptprotagonisten. In der Nachkriegszeit wurde der *Film noir* prominent in den Werken einiger Regisseure wie Hitchcock. Es gibt zahlreiche Diskussionen darüber, ob man *Film noir* als Filmgenre definiert (vgl. Krutnik 1991). Dennoch sehen die meisten Wissenschaftler (Durgnat 1970, Schrader 1972) darin eine Stimmung, die einheitliche stilistische Ausdrücke aufweist.

[135] «*Film noir* repräsentiert einen Eingriff in den Hauptstrom der wichtigen amerikanischen Kinotradition, in seine Werte, Emotionen, Ängste und sein Verhalten, die bis dahin von Hollywood systematisch unterdrückt worden waren. Fast jedes Genre des *klassischen*

Die filmischen Experimente in Hollywood sowie die politisch-gesellschaftlichen Veränderungen der Gesellschaft waren nicht mehr zu steuern. Falls die *Traumfabrik* überleben wollte, war die schnelle Reaktion der Studios gefragt. Hollywood hatte jedoch ein wenig Zeit, um eigene Positionen zu festigen, weil das breite Publikum sich noch nicht umgestellt hatte und oftmals in den optimistischen Themen der Vorkriegsjahre seinen Trost suchte. Aus diesem Grund fanden Hitchcocks Filme und ähnliche Experimente bei der Mehrzahl des damaligen Publikums nicht viel Anerkennung. Sie wurden jedoch mit Begeisterung vom *Arthouse*-Publikum (im Sinne von Pauline Kael) aufgenommen. Die ersten Zeilen der *Boxoffices* besetzten weiterhin die *Blockbuster*: 1948 EASTER PARADE und WHEN MY BABY SMILES AT ME; 1951 AN AMERICAN IN PARIS und THE GREAT CARUSO; 1953 PETER PAN; 1957 PAL JOEY, APRIL LOVE und LOVE ME TENDER.[136] In diesen Werken zeigte man gewöhnliche Archetypen – Frauen, die ihr Glück in der Partnerschaft finden, Einzelgänger, die in Richtung Gesellschaft und Familie durch Abschied von ihrer romantischen Gesetzlosigkeit rücken. Aus Rick Blaine (CASABLANCA, 1942) wird George Bailey (IT'S A WONDERFUL LIFE, 1946) oder Senator Stoddard (THE MAN WHO SHOT LIBERTY VALANCE, 1962). Obwohl die letzten zwei Filme fast zwanzig Jahre voneinander entfernt liegen, präsentieren sie unverändert optimistisch die alten und konstant gebliebenen Formen des Hollywoodkinos. Sie stellen jedoch eine Differenz zwischen den Absichten der Filmemacher und den tatsächlichen Wirkungen ihrer Filme dar, die sich im Schaffen solcher Charaktere wie George Bailey äußert.

Der Film von Frank Capra IT'S A WONDERFUL LIFE erzählt die Geschichte des Protagonisten George Bailey im Alter von 12 bis 38 Jahren in einer historischen Periode von 1919, gleich nach dem Ersten Weltkrieg, bis Weihnachten 1945. Trotz der Zeitbestimmung ignoriert Capra sämtliche sozialen und geschichtlichen Veränderungen der Gesellschaft und platziert seine Story in einer Kleinstadt namens *Bedford Falls*, dabei wird die Nostalgie eines kleinen, unveränderten Ortes betont, der wie ein Universum nach dem Motto «nicht wie es wirklich war, sondern wie es sein sollte» kreiert wird. Kurz vor dem Heiligen Abend 1945 geschieht etwas Furchtbares mit George Bailey und seiner Firma *Building and Loan*. Sein Onkel muss einen Geldbetrag von 8.000 Dollar einzahlen, verliert aber versehentlich das Geld in der Bank vor den Augen des korrupten und hinterhältigen Bürgers Potter. Letzterer behält das Geld für sich, und die Firma von George wird vom Bankrott bedroht. George will sich das Leben nehmen, obwohl zu Hause seine liebevolle Frau und vier Kinder auf ihn warten und er für die ganze Stadt ein vorbildhafter Bürger ist und viele Freunde hat. Nun steht er auf einer Brücke und überlegt, ins kalte Wasser zu springen, als ein alter Mann ihn überholt und vor seiner

---

Hollywoods hat seine Version in *Noir*, welche die ideologische Grundlage des Originals parodierte und ins Subversive zog. Die *Screwball Comedy* in *Noir* (THE POSTMAN ALWAYS RINGS TWICE, DOUBLE INDEMNITY, THE LADY FROM SHANGHAI) entlarvt das übliche Liebesdreieck als Gelegenheit für den Mord. Der *Western* in *Noir* (JOHNNY GUITAR, THE FAR COUNTRY) behauptet, dass der Widerwille des Gesetzlosen in seiner Angst vor der eigenen Gewaltbereitschaft liegt. Musikfilme in Noir (IT'S ALWAYS FAIR WEATHER) flirten mit dem Porträtieren von Lied und Tanz als unanständige Themen des Nachkrieges Amerikas oder (A STAR IS BORN) zeigen das Geschehen hinter den Kulissen, um die Kosten des Erfolges zu enthüllen.» In: Ray 1985, S. 165.

[136] Ray, S. 165.

Nase ins Wasser eintaucht. Als George den Ruf nach Hilfe hört, springt er dem Mann hinterher und rettet ihn. Der Alte entpuppt sich als sein heiliger Engel, der vom Himmel geschickt wurde, den verzweifelten Protagonisten zu retten. George ist darüber nicht froh. Er möchte zurück zur Brücke und verdammt den Tag seiner Geburt. Plötzlich entscheidet der Engel, seinem verärgerten Schützling zu zeigen, wie die Welt ohne George wäre. Käme George nicht zur Welt, hätte er seinen kleinen Bruder Harry nicht retten können. Der Junge wäre mit neun Jahren gestorben. Dank George wurde Harry groß und half als Kriegsheld seinen Kameraden und der Heimat. Mit elf Jahren arbeitete George bei einem Apotheker. Als eines Tages der alte Mann eine traurige Nachricht über den Tod seines Sohnes bekam, mischte er aus Versehen Gift in ein Medikament. Falls George dieses nicht rechtzeitig bemerkt hätte, hätte der kleine Patient die giftige Tablette geschluckt und sein ehemaliger Chef wäre im Gefängnis gelandet. Seine Frau Mary wäre ohne George eine alte Jungfer, und seine vier Kinder hätten nie existiert. Das Mädchen Violett, dem George mit Geld half, ginge als Tänzerin in einem billigen Striplokal unter. Und die ganze Stadt sähe jetzt nicht so freundlich und friedlich aus, wenn George nicht lebte. Die Stadt hieße nicht *Bedford Falls,* sondern *Pottersville.* Sie würde dem bösen Potter gehören und von Räuberei, Verbrechen und Tod beherrscht. George berührt zutiefst das Unglück der geliebten Stadt. Er freut sich, am Leben geblieben zu sein, um weiter seinen Mitbürgern zu helfen. Hastig läuft er zurück nach Hause, wo auf ihn eine Überraschung wartet. Seine Frau Mary hat alle seine Freunde benachrichtigt, und sie haben etwas Geld gesammelt. In der letzen Szene zeigt Capra ein *Happyend* – einen breit lächelnden Protagonisten im Kreis seiner Familie und Freunde.

Die *Backstory* von George Bailey, die in den ersten Szenen von Capra sorgfältig inszeniert wurde, lässt eine Kleinigkeit offen: Die Differenz zwischen den Zielen und Wünschen der Hauptfigur, und so scheint die finale Auflösung des persönlichen Schicksals von Bailey etwas gekünstelt. Als kleiner Junge wollte George (wie jeder Gesetzlose) die Stadt verlassen, weil seine Träume nicht zur provinziellen Mentalität von *Bedford Falls* passten. Jedes Mal, wenn er aus der Stadt weggehen wollte, geschah ein Unglück, das George in der Gegend hielt. Kurz vor seiner Abreise nach Europa starb sein Vater. Drei Monate später – als George sich ins *College* einschreiben wollte und bereits auf dem Weg zum Bahnhof war – wurde er ungewollt zum Chef von *Building and Loan* ernannt. Hätte George die Stelle nicht angenommen, hätte dies sein Gegner Potter gemacht und die Bürger der Stadt ruiniert. Die Arbeit langweilte George. Er wartete nur auf die Rückkehr seines Bruders, der die Position übernehmen sollte. Doch Harry heiratete weit weg von zu Hause und blieb in der Firma seines Schwiegervaters. Mary wollte George nie haben, weil Heirat für einen Gesetzlosen die Einschränkung seiner Freiheit bedeutet. Mary liebte George und hoffte auf einen Antrag seinerseits. Als George sie nach einer langen Trennung besuchte, kam es zu einer Auseinandersetzung. Er gestand dem Mädchen, es nicht heiraten wollen.[137] Am nächsten Tag stand George mit Mary vor dem Altar. Schon bald waren seine Kinder geboren. Sein abenteuerlicher Charakter und seine Wünsche nach Flucht wurden immer durch Zufälle gehemmt. Nun

---

[137] Vgl. «I don't want to get married [...] ever [...] to anyone [...] I want to do what I want to do» («Ich will nicht heiraten [...] niemals [...] niemanden [...] Ich will machen, was ich will»).

musste George ein aufgezwungenes Leben führen, was er nicht wollte, mit einer Frau, die er nie zu heiraten beabsichtigte.

In der Gestalt von George Bailey zeigt Hollywood dem Zuschauer den alten Rick aus CASABLANCA viele Jahre später, nachdem er seine Wildheit abgelegt und sich in die existierende Gesellschaft integriert hat. Er handelt nicht mehr nach eigenen Wünschen und Vorstellungen, sondern nach denen der Gesellschaft. Somit enttäuscht er seine Mitbürger nicht, bleibt aber selbst frustriert. Capra zeigt in seinem Film – wenn auch ungeplant – die Differenz zwischen der Hollywoodideologie und ihrer tatsächlichen Wirkung. Je mehr der Regisseur die alten Werte Hollywoods dramatisiert, desto mehr wächst die Dissonanz zwischen seinen Absichten und den sichtbaren Ergebnissen. Der Protagonist bleibt gegen seinen Willen in der Stadt und bei seiner Familie. Er muss jedoch überzeugt werden, dass sein jetziges Leben die richtige Wahl war. Diese Bestätigung kommt von einem märchenhaften Charakter – seinem Schutzengel. In der filmischen Handlung gibt es eine Anspielung darauf, dass die abenteuerlichen Träume von Bailey den Fantasien von Tom Sawyer, dem Protagonisten aus dem Buch von Mark Twain, ähneln. Am Ende des Filmes bekommt George ein Geschenk von seinem Engel, das Buch über die Abenteuer von Tom Sawyer. Der Engel pflegt seinem Schützling zu sagen, dass diese Träume nur in seiner Kinderfantasie existiert haben. Nun ist Bailey erwachsen und muss sich von seinen Kindheitsillusionen verabschieden, wie es auch der Protagonist von Twain tat. Im wahren Leben würde ein Mensch mit Frust auf den Abschied von seinen Träumen reagieren, im Film Capras werden nicht die Reaktionen der Menschen, sondern die der idealisierten Archetypen gezeigt. Nach der Vorstellung von Hollywood hat George seinen Traum längst erreicht, nur in einer anderen Form: Er führt ein ‹geregeltes und nützliches› Leben als der in die Gesellschaft integrierte Bürger, Freund, Ehemann und Vater. Die Werte der *klassischen* Filme der Nachkriegszeit werden dem neuen ideologischen Trend angepasst, indem die Häuslichkeit über Abenteuerlust und Gemeinschaft über Interessen einzelner Individuen steht.[138] Capra prüft diese Gegensätze und lässt seinen Protagonisten mit Gewalt gegen die Werte seines gesetzlosen Vorgängers Rick Blaine wie Abenteuer, Individualismus und Unabhängigkeit zugunsten des Alltags entscheiden. Der Schluss wird damit begründet, dass ein verantwortungsvolles Familienleben in der Gemeinde in sich gleiche Abenteuer, Heldentum und Erfolg birgt.

Die Gründung der ersten Filmstudios steuerte die spontanen Experimente mit den ‹bewegten Bildern› in die Richtung eines reglementierten Geschäftes. Man öffnete die Produktionsstätten, berechnete das Budget und entwickelte Pläne für die Herstellung der Filme. Anfang des 20. Jahrhunderts führte Hollywood eine neue ‹Industrieart› in die Handelslisten ein, die als gewinnreiche Unterhaltungsindustrie bekannt wurde. Sie unterschied sich von anderen Geschäftsarten dadurch, dass sie Spaß und Glamour verkaufte und die Konsumenten mit einem raffinierten, speziell dafür entwickelten Apparat aus Filmstars, Presseagenten und Marketingmitarbeitern an sich zog. Die Filmproduktion nach festen Regeln führte nicht nur zur Industrialisierung des Mediums, sondern auch zu ungeplanten künstlerischen und technischen Experimenten. Man führte

---

[138] Ray 1985, S. 183.

beispielsweise den Ton in den Film ein, weil man in den Zeiten der Finanzkrise dadurch die Chance zum Überleben sah. Man suchte nach einer prägnanten medialen Sprache, um die Produktionen einzukalkulieren oder sich vor der Konkurrenz des Fernsehens zu schützen. Das Ergebnis spiegelte sich in der Vielfalt der *Filmgenres* und der Entstehung des *Film noir* wider. Die Hollywoodideologie wurde der amerikanischen Politik unterlegt, die *Traumfabrik* kümmerte sich jedoch um eigene Angelegenheiten. Diese bestanden hauptsächlich aus Überlebenssorgen. Die dabei entwickelten Strategien führten zur originellen Interpretationen der gesellschaftlichen Ereignisse, ausgedrückt in der Sprache ‹der Liebe› und gesprochen von archetypischen Charakteren. Jedes Mal, wenn Hollywood eine Gefahr drohte – sei es Wirtschaftskrise, Kontrolle seitens der Regierung und die starke Präsenz des europäischen Kinos – schaffte es die *Traumfabrik*, nicht nur zu überleben, sondern auch zu gewinnen. Während der Wirtschaftskrise wurde Unterstützung von den Banken geholt, die Einflüsse der europäischen Filmemacher rechtzeitig adaptiert und der lokalen Situation angepasst. Die Geschichte Hollywoods und somit die Kinogeschichte befand sich im ständigen Wandel zwischen Tradition (Hollywood) und Innovation (Abweichung von Hollywood), wobei jede Art der Entwicklung unter der Obhut der konservativen Leitung Hollywoods stattfand.

V

BARTON FINK und die *Traumfabrik*:
Reflexion der Geschichte

Das Hollywood der 1940er-Jahre wurde zum Thema von BARTON FINK. Im Untertitel der ersten Filmeinstellung steht das genauere Datum, 1941, das im Grunde nach den berühmten 1930er- und 1940er-Jahren den Anfang der tiefen Krisenperiode bezeichnet. Man könnte widersprechen, dass auch in dieser Zeit eine Reihe filmischer Highlights wie THE PHILADELPHIA STORY (1940), CITIZEN KANE (1941), HOW GREEN WAS MY VALLEY (1941) und CASABLANCA (1942) gedreht wurden. Wenn man dennoch diese Filme auf 1940 datiert, liegen ihre Traditionen und ihr Glanz in den berühmten Vorkriegsjahren. In diesem Sinne erwartet man von Joel und Ethan Coen geschichtliche Rückblicke auf die ruhmreichen Zeiten der *Studioära* in BARTON FINK. Die Brüder erschaffen jedoch ihr eigenes Universum und zeigen eine eigenartige Version von Hollywood.

1. Neuer Blick auf Hollywood und seine Bewohner

Obwohl Los Angeles und Hollywood die Orte der filmischen Handlung von BARTON FINK sind,[139] sieht der Zuschauer kaum etwas von der legendären Gegend, den sonnigen Boulevards der Westküste mit ihren Einwohnern, die auf den Straßen flanieren. Er erfährt nichts vom Reichtum der Hollywoodmagnaten und vom Glanz der Filmstars. Wie wenig die Hollywoodvision der Brüder Coen von dem hat, was man gewöhnlich die «Fabrik der Träume» nennt, erkennt man beim Lesen des bekannten Buches von Otto Friedrich *Markt der schönen Lügen*, in dem er über die glorreichen Zeiten Hollywoods berichtet:

> «Geld lockt Geschäft – und Geschäftsleute, Männer mit Talent zu Verführung, Bedrohung und Täuschung in jeder Kombination. Als immer mehr Geld in Hollywood und in ganz Los Angeles zusammenströmte, zeigte die Stadt zunehmend das verführerische Glitzern der Netzstadt, und wie in Mahagonny war alles erlaubt.»
> *(Friedrich 1988, S. 41)*

Statt Mahagonny und dem verführerischen Glitzern der Netzstadt steht das klaustrophobische Hotel *Earle* mit dem heruntergekommenen Zimmer von Barton Fink im Mittelpunkt der Erzählung. Die Rezeptionshalle ist zwar exotisch dekoriert, dennoch sieht ihre Einrichtung veraltet aus. Kein fein gekleidetes Publikum füllt diese Räume. Sie stehen menschenleer. Man sieht nur zwei Mitarbeiter im Dienst, den Rezeptionsjungen Chet und den Fahrstuhlfahrer Pete. Chet erscheint zum ersten Mal aus einem Ausschnitt im Boden. Er ähnelt mit seiner fahlen Gesichtsfarbe und mit den von Schuhwachs schmutzigen Fingern dem Teufel aus der Hölle. Sein Kollege Pete sitzt – ähnlich einem

---

[139] Nur die ersten sechs Minuten des 116-minütigen Filmes zeigen einen anderen Ort – New York.

Geist – unbeweglich im Aufzug und schläft bereits beim Aussprechen der Etagennummer. Die gleiche Leblosigkeit herrscht in den Hotelzimmern. Als Fink auf seinem abgenutzten Arbeitstisch ein Stück Papier mit dem Logo des Hotels findet, liegt darauf ein zerbrochener Bleistift ohne Mine. Fink hebt den Stift auf. Er hinterlässt einen weißen Fleck auf dem von der Sonne vergilbten Papier. Man glaubt sofort, dass dieses Zimmer lange nicht bewohnt war.

Etwas mehr vom Hollywoodglanz zeigt das Büro und die Villa des Filmmoguls Lipnick. Die Arbeitsräume sind schick mit *Art déco*-Möbeln, Bildern und Kunstobjekten eingerichtet. Von einem guten Geschmack des Besitzers kann man jedoch nicht sprechen, vor allem wenn man die Gartendekoration seiner Villa anschaut. Hier stehen kitschige Skulpturen *à la* griechischer Antike. Schicke schwarzweiße Fotografien mit Szenen aus den Filmen und Schauspielerportraits schmücken das Büro des Produzenten Geisler. Dieser Glamour wirkt jedoch wie eine Karikatur spätestens beim Anblick seiner Sekretärin, mit manikürten Nägeln, jedoch ungepflegt blondierter Frisur und einem abwesenden Blick. Sie interessiert sich so wenig für ihre Arbeit, dass sie trotz mehrfacher Ermahnungen ihres Chefs seinen richtigen Namen nicht aussprechen kann. Die Brüder Coen bedienen sich in ihrer Fantasie über die *Traumfabrik* aus dem Fundus des historischen Hollywoods. Die Bewohner ihres Universums wählen sie aus wahren Charakteren der damaligen Filmindustrie. So geschickt sie in ihrer Verfremdung sind, so wenig fällt zunächst auf, aus welchen Quellen sie ihre Inspirationen schöpfen. Für einen Hollywoodkenner steht jedoch die siebzig Jahre alte Geschichte vor Augen

Viele Protagonisten in BARTON FINK haben ihre Prototypen in Hollywood. Barton Fink scheint dem jüdischen Dramatiker Clifford Odets[140] nachgeahmt zu sein. Bevor Clifford Odets nach Hollywood kam, war er ein sozial engagierter Linker und Mitglied der progressiven künstlerischen Bewegung in New York, die sich zum *Group Theater*[141] zusammenschloss. Als man Barton Fink zum ersten Mal hinter den Kulissen der Theateraufführung beobachtet, spricht er sein Stück den Schauspielern nach.

Die Inhalte bestätigen, dass Fink, wie sein Prototyp, an der *linken* Bewegung teilnimmt. Seine Ideen zur Gründung eines neuen Volkstheaters geben ironisch die Ideale des *Group Theaters* wieder:

---

[140] Clifford Odets (1906-1963), Sohn jüdischer Einwanderer, war ein Bühnen- und Drehbuchautor sowie ein Schauspieler. 1931 schloss er sich einer neuen Theaterbewegung, dem *Group Theater*, und 1934 der kommunistischen Partei an. Seine ersten Bühnenstücke – *Waiting for lefty, Awake and sing, Till the day I die* – sorgten mit ihrem sozialen Inhalt für Erfolg. Dennoch ist ihm der Durchbruch erst 1937 mit *Golden Boy* gelungen. Das Stück wurde 250 Mal aufgeführt und zwei Jahre später verfilmt. Zu dem Zeitpunkt war Odets bereits als Drehbuchautor in Hollywood tätig.

[141] Das *Group Theater* ist eine in New York 1931 von Cheryl Crawford, Lee Strasberg und Harold Clurman gegründete Theatergruppe. Ihre Mitglieder waren Anhänger der Theatertheorien von Konstantin Stanislawski und einer «naturalistischen» Spielweise. Sie wollten ein Theater ohne Stars schaffen, dafür lebten sie teilweise in Kommunen – Regisseure, Schauspieler, Produzenten – und bereiteten zusammen ihre Stücke vor.

1 Ansichten des Hotels: Rezeptionshalle

2 Chet kommt aus «seinem Büro» heraus

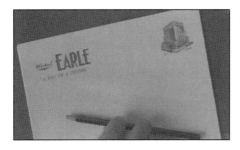

3 Hotel «für einen Tag oder für immer»

4 Zimmer Finks

«[...] I see the choir, and
I know they're dressed in rags!
But we're part of that choir, both of us [...]
The sun's coming up, kid.
They'll be hawking the fish down on
Fulton Street [...]
Take that ruined choir. Make it sing!»[142]

Bei der Gestaltung seiner Charaktere verwendet Fink seine persönlichen Erfahrungen und autobiografische Züge, ähnlich wie Clifford Odets. Einmal beschwerte sich Odets, dass seine Herkunft sich immer wieder bei seinem Schreiben melde:

«Ich habe ein ernsthaftes Problem. Ich glaube nicht, dass ich wirklich amerikanische Charaktere entwerfe, sie geraten mir immer ein wenig jüdisch.»
(Hertzberg 1996, S.251)

Fink ist jüdischer Herkunft, wie viele seinen Kollegen und Filmemacher in Hollywood:

«[...] Studioherren, die sich noch ihrer Kindheit als mittellose Einwanderer aus Osteuropa entsannen [...] Samuel Goldwyn, geborener Shmuel Gelbfisz, ehemaliger Handschuhverkäufer aus Lodz; Joseph Schenck aus Rybinsk, Russland, Gründer und Präsident der *20th Century-Fox*, und sein jüngerer Bruder Nick, Präsident der *Loew's Inc.*; Lewis Selznick, geborener Zeleznik, einst Juwelenhändler in Kiew; ‹Onkel Karl› Laemmle, Gründer der *Universal*, Geschäftsführer eines Bekleidungsladens in Laupheim, Deutschland; Adolph Zukor, Kopf der *Paramount*, ein Kürschner aus Ricse, Ungarn – sie waren die legendären Herren Hollywoods.»
(Friedrich 1988, S. 34f.)

---

142   «[...] Ich sehe den Chor und
Ich weiß, dass sie alle Lumpen tragen!
Aber wir sind Teil des Chores, wir beide [...]
Die Sonne geht auf, Junge.
In der Fulton Street werden sie bald Fisch verkaufen [...]
Bring diesen verfallenen Chor zum Singen!»
In: Coen / Coen 2002, S. 399f.

Als diese Filmemacher nach Amerika kamen, trugen sie unaussprechliche Namen, die sie später änderten.[143] Der Studiochef Jack Lipnick[144] deutet beim ersten Treffen an, dass er eine gemeinsame Herkunft mit Fink habe, schließlich komme er auch aus New York, beziehungsweise aus Minsk. An seiner Figur haben die Brüder Coen reale Anekdoten gebunden, die ihren Ursprung in den Gestalten der berühmten Studiochefs Jack Warner und Louis Mayer haben. Jack Warner ließ sich, wie im Film Jack Lipnick, während des Zweiten Weltkrieges nach dem Angriff auf Pearl Harbor 1941 von der Kostümabteilung eine Militäruniform geben, um seinen Patriotismus zu demonstrieren und gleichzeitig noch mehr Macht als ‹Oberbefehlshaber› zu zeigen. Der andere Studioleiter, Louis B. Mayer, wurde auch wie Lipnick in Minsk geboren. Ähnlich wie der Protagonist von Joel und Ethan Coen konnte er keine Drehbücher lesen. Er ließ sie sich erzählen:

> «Mayer las keine Drehbücher oder Szenarios und noch viel weniger Bücher. Wenn also ein Stoff offiziell zu begutachten war, wurde er für ihn von einer Scheherazade namens Kate Corbaley vorgetragen; sie wurde dafür bezahlt, ihm Geschichten zu erzählen, so wie seine Mutter es früher in New Brunswick getan hatte.»
> *(Friedrich 1988, S.37)*

Der Produzent Geisler spricht mit Fink über Lipnick:

> Geisler: «He wants you to tell him all about it tomorrow.»
>
> Fink: «I can't write anything by tomorrow.»
>
> Geisler: «Who said write? Jesus, Jack can't read.
> You gotta tell it to him –
> Tell him something for Christsake.»[145]

Auch Lipnick selbst gibt zu:

> «I had Lou read your script for me.»[146]

Der Schriftsteller William Faulkner[147] aus dem amerikanischen Süden dürfte für die Figur ‹des feinsten Romanautors› W.P. Mayhew Modell gestanden haben.[148] Mit seinen

---

[143] An dieser Tatsache hat sich bis heute nichts geändert. Viele zeitgenössische Filmemacher haben ihre Vorfahren in Osteuropa. Mike Nichols – der Regisseur von WHO'S AFRAID OF VIRGINIA WOOLF?, THE GRADUATE, WORKING GIRL – hieß Michael Igor Peschkowsky und hatte einen aus Russland stammenden Vater. Woody Allen trug ursprünglich den Namen Allen Stewart Konigsberg. Die Brüder Coen ändern ihre Namen nicht und erinnerten sich oft an ihre traditionelle Ausbildung und ihren jüdisch-orthodoxen Großvater.

[144] Sein Vorname «Jack» wurde ihm als Andenken an Jack Warner, dem Studioleiter von *Warner Bros.*, gegeben. Der Nachname Lipnick erinnert an den Produzenten Lewis J. Selznick (1907-1933).

[145]

Geisler:	«[…] Er möchte, dass Du ihm Morgen alles darüber erzählst.»
Fink:	«Ich kann bis Morgen nichts fertig schreiben.»
Geisler:	«Wer hat gesagt schreiben? Gott, Jack kann nicht lesen! Du muss ihm was erzählen, irgendetwas, um Himmels willen.»

[146] «[…] Ich habe Lou Ihr Skript für mich lesen lassen.»

nach hinten gekämmten grauen Haaren und dem Schnurrbart sieht Mayhew Faulkner sehr ähnlich. Auch sein Südstaatenakzent und die Neigung zu Alkohol wurden von der realen Person des Schriftstellers übernommen. Wie sein filmischer Prototyp unterhielt Faulkner eine langjährige Beziehung zu einer Sekretärin namens Meta Carpenter, die bei dem Regisseur Howard Hawks arbeitete.[149] Wie Meta für Faulkner sorgte und versuchte, ihn zu Entziehungskuren zu motivieren, bemitleidete Audrey ihren alkoholisierten Liebhaber wegen seiner Unfähigkeit zu schreiben. Auf der Tür von Mayhew steht «Slave Ship», der Titel des Films von Tay Garnett aus dem Jahr 1937 mit Wallace Beery als Seemann. Das Drehbuch basiert auf einem Buch von William Faulkner.

Die auffälligen Parallelen verbinden nicht nur Faulkner mit Mayhew, sondern ihn mit Barton Fink. Wie Fink zog Faulkner in Hollywood ein Hotel dem *Writer's Building* vor. Er mochte nicht ins Kino gehen. Im Gespräch mit Lipnick behauptet Fink:

«[…] I don't go the the pictures much, Mr. Lipnick.»[150]

Das erste Projekt von Faulkner in Hollywood – ähnlich wie bei Fink – war ein Catcher-Film[151] mit Wallace Beery.

2. Dunkle Seiten eines Traums: Das Schriftstellerschicksal

«Die am schlechtesten organisierten Studioarbeiter waren die Autoren. Sie hielten sich gern für kreativ und unabhängig. Sie waren auch die Verletzlichsten im Wettbewerb mit jedem jungen Zeitungsmann oder Schriftsteller, der nach dem Hollywooderfolg strebte. Die Produzenten holten sich solche Novizen als ‹Jungautoren›, das literarische Äquivalent des Starlets, für fünfunddreißig Dollar die Woche oder noch weniger, oder sie forderten sie auf, Drehbücher auf Verdacht zu schreiben. Ein Studio, das Republic, erwarb sich einen gewissen Ruhm, weil es einen Tag vor dem Erntedankfest seine sämtlichen Autoren entließ, um sie am Freitag ohne Bezahlung für den Feiertag wieder einstellen zu können.»
(Friedrich 1988, S. 122)

So beschreibt Otto Friedrich den bitteren Umgang mit den Autoren in Hollywood. Die Brüder Coen setzten sich in BARTON FINK mit dem tragischen Schicksal des Schriftstellers und seiner persönlichen Schreibblockade auseinander. Die Autoren Barton Fink und Bill Mayhew sind zwei Vertreter dieses Kreises. Der erste, verträumt und naiv, wird vom

---

[147] William Cuthbert Faulkner (1897-1962), amerikanischer Schriftsteller aus Mississippi, schrieb Romane und Kurzgeschichten. Die bekanntesten davon waren *The Sound and the Fury* (1929), *Sanctuary* (1931), *Light in August* (1932), *Absalom, Absalom!* (1936), *Requiem for a nun* (1951). Einige seiner Werke wurden verfilmt. 1932 zog Faulkner nach Hollywood und arbeitete als Drehbuchautor u.a. für Howard Hawks, der die Filme zu seinen Drehbüchern von Raymond Chandlers THE BIG SLEEP und Ernest Hemingways *To Have and Have Not* verfilmte. 1949 bekam er den Nobelpreis für Literatur.

[148] Kilzer / Rogall 1998, S. 79.

[149] Die biografischen Details sowie die Beschreibung seiner Beziehung zu Meta Carpenter sind in Wilde / Borsten (1976) zu finden.

[150] «[…] Ich gehe nicht viel ins Kino, Herr Lipnick.» In: Coen / Coen 2002, S. 414.

[151] Der Film hieß FLESH (1932), gedreht von John Ford. In der Rolle des Ringers spielte Wallace Beery.

anspruchsvollen New Yorker *Broadway*-Theater nach Hollywood geholt, um hier die ‹dialoglosen› Drehbücher über die «Männer in Trikots» zu verfassen. Der andere, bereits desillusioniert, ist dem Alkohol zum Opfer gefallen.

Das berühmte Schriftstellerhaus (*Writer's Building*), das Autorendomizil des *Warner-Bros.*-Studios in Burbank, findet eine ziemlich genaue Darstellung im Film. Dieses Gebäude sieht wie ein Bienenstock aus, so dass man sich nicht wundert, dass die dort lebenden berühmten Romanciers zu ausgebrannten und resignierten Alkoholikern wie Mayhew werden. Wie die Autoren in Hollywood arbeiten und wie die Studioleitung mit ihnen umgeht, zeigen die Aussagen von Lipnick. Zuerst erweist Lipnick dem Autor scheinbaren Respekt, um ihn danach zu vernichten:

> Vorher: «[…] The writer is king here at *Capitol Pictures*
> [...] This man creates for a living!»
> Nachher: «[…] We don't live or die by what you scribble, Fink
> [...] You are a goddam write-off.»[152]

Der Studiochef steht seinen Autoren gleichgültig gegenüber. Sie sind für ihn austauschbar und jeder von ihnen kann das «Barton Fink feeling»[153] wiedergeben. Deshalb betrachtet Lipnick seine Angestellten ausschließlich als Objekte seiner kommerziellen Interessen und geht davon aus, dass auch Fink den Erfolg seiner Arbeit ausschließlich in den finanziellen Vorteilen sieht:

> *(Lipnick zu Fink)*
> «[…] Take a look at you paycheck at the end of every week –
> That's what we think of the writer.»[154]

Die Meinung von Lipnick spiegelt sich mittlerweile in der Vorstellung der Autoren selbst: Mayhew lässt seine Sekretärin die Drehbücher verfassen, was zeigt, dass seine Kreativität austauschbar ist. Seine Schecks unterschreibt er dennoch selbst:

> *(Geisler über Mayhew)*
> «Souse! Souse! He manages to write his name
> On the back of his paycheck every week!»[155]

Der Prototyp von Lipnick Jack Warner scheute sich seiner rüden Offenheit nicht, als er die Autoren «Tölpel mit *Underwoods*» (Körte/Seeßlen 2000, S. 130) nannte. Wenn Fink seine Schreibmaschine im Hotel auspackt und sie liebevoll streichelt, sehen wir die gleiche Marke.

---

152   Vorher: «[…] Der Autor ist der König bei *Capitol Pictures*
                 [...] Dieser Mann verdient sein Lebensunterhalt mit Kunst.»
        Nachher: «[…] Wir leben nicht von Ihrem Gekritzel und werden davon nicht sterben, Fink.
                 [...] Sie sind abgeschrieben.»
                 In: Coen / Coen 2002, S. 414, 483, 519.
153   Ebd., S. 416.
154   «Schauen Sie Ihren Gehaltsscheck am Ende jeder Woche an.
        Das ist, was wir von unseren Autoren halten.» In: Ebd., S. 414.
155   «Säufer, Säufer! Er schafft es trotzdem aufs Neue, seinen Namen
        Unter den Gehaltsscheck zu setzen!» In: Ebd., S. 460.

Mayhew schenkt Fink sein Buch über den König Nebuchadnezzar und unterzeichnet es mit folgenden Zeilen: «May this little entertainment direct you in your sojourn among the philistines».[156] Die Ironie der Brüder Coen spiegelt sich nicht nur im Inhalt dieser Notiz, in der die Hollywoodschaffenden als Philister bezeichnet werden, sondern auch im Titel des Buches von Mayhew. König Nebuchadnezzar zerstörte Jerusalem. Seine Herrschaft führte die Juden in Gefangenschaft, so wie die Macht des Studioleiters Fink in ‹sein Gefängnis› drängt.

Direkt nach der Bekanntschaft versucht Lipnick ‹diplomatisch› mit Fink umzugehen, damit der frischgebackene Drehbuchautor besonders viel Mühe in seine Arbeit für *Capitol Pictures* investiert. Den Produzent Geisler kümmert es bereits beim ersten Treffen viel zu wenig, ob Fink seine Meinung über ihn und andere Autoren kennt:

> *(zu Lou am Telefon, in Anwesenheit von Fink)*
> «[…] I got a writer here, Fink, all screwy […].»
>
> *(zu Fink)*
> «[…] It's just a B picture
> […] They'll book it without even screening it […].»
> «[…] Writers come and go; we always need Indians.»[157]

Die letzte Aussage könnten die Brüder Coen einer Geschichte über Harry Cohn, Leiter des *Columbia-Pictures*-Studios abgelauscht haben. Der Regisseur Richard Quine wollte einen Schauspieler jüdischer Abstammung in seinem Film engagieren. Harry Cohn antwortete dem Regisseur, der Akteur sehe «viel zu jüdisch» aus und fügte dazu:

> «Around this studio the only Jews
> We put into pictures play Indians!»[158]

Obwohl die Vertreter Hollywoods Fink für einen «Tölpel» halten, zweifelt er selbst weder an sich noch an der Bedeutung seiner Arbeit. Zu Lipnick sagt er, sein Drehbuch sei «the best work I've done». In der USO-Tanzhalle ruft er zu den sich vergnügenden und ihn auslachenden Matrosen: «I'm a writer, you monsters! I create!» und zu Garland Stanford am Telefon sagt er: «It's about what I'm writing, Garland. It's really […] I think it's really big».[159] Die Tragödie von Fink besteht nicht nur darin, dass er von Hollywood missachtet wird. Fink ist auch nicht in der Lage, seine reale Situation einzuschätzen und übersieht die Tatsache, kein talentierter Schriftsteller zu sein. Er beschäftigt sich mit den Ideen eines Volkstheaters, dennoch interessiert er sich nicht für den ‹einfachen› Mann, dem er seine Werke widmen will. Seine Arbeiten zeigen, wie wenig Kreativität in ihm

---

[156] «Mag diese kleine Unterhaltung dich während deines Aufenthalts unter den Philistern leiten.» In: Coen / Coen 2002, S. 445.

[157] «[…] Ich habe hier einen Schriftsteller, Fink, total übergeschnappt […] Das ist nur *B-movie* […] ich setze ihn aufs Budget, er schafft's nicht ins Kino […] Schriftsteller kommen und gehen, wir brauchen immer Indianer.» In: Ebd., S. 428f.

[158] «Die einzigen Juden, die wir in diesem Studio beschäftigen, spielen Indianer.» In: Desser / Friedman 2004, S. 1.

[159] «Das beste Werk, das ich je geschrieben habe» – «Ich bin Schriftsteller, ihr Monster! Ich schöpfe!» – «Es ist darüber, was ich gerade schreibe, Garland. Es ist wirklich […] Ich glaube, wirklich groß!» In: Coen / Coen, S. 517, 503, 500.

steck. Ob für Bühnenstück oder Film, seine Geschichten drehen sich um die gleichen Orte und Personen. *Bare Ruined Choirs* endet mit der Zeile «We'll hear from that kid. And I don't mean a postcard».[160] Den gleichen Schluss hat sein Drehbuch: In der 91. Minute des Filmes erkennt man das von Fink getippte Wort am Ende seines Manuskripts «postcard». Zwei Minuten später hört man den Polizisten Mastrionotti beim Vorlesen seines Drehbuches:

> «We'll be hearing from that crazy wrestler.
> And I don't mean a postcard.»[161]

Fink überschätzt seine Arbeit hoffnungslos. In Wirklichkeit ist er unfähig, etwas Neues zu schaffen. Während er nun – seinen Aussagen nach – die bedeutendste Arbeit seines ganzen Lebens schreibt, planen die Hollywoodfilmemacher ein *B-Movie* daraus zu machen, das nicht zur *Gruppe A* eines Jahresprogramms gehören und im Rahmen des *Blindsystems* ohne Präsentation gebucht werden sollte.

Mit der Gestalt von Fink setzen die Brüder die Geschichten über die Schriftstellerschicksale fort, die in Hollywood untergehen. Diese Tradition kennt man bereits aus den Filmen der 1950er-Jahre wie IN A LONELY PLACE von Nicolas Ray und SUNSET BOULEVARD von Billy Wilder. Das Thema eines schreibenden Kreativen enthält nicht viel Spannung für eine Leinwanddarstellung: Seine Tätigkeit ist auf einsames und oft monotones Schreiben limitiert. Der Schriftsteller befindet sich in ständiger Versuchung, sein Denken zu Papier zu bringen. Deshalb setzen die Filmemacher diese Geschichte in Aktion um, versuchen sie in einen spannenden Kontext zu bringen, indem sie den Autor und seine Arbeit durch die Prismen seiner Werke darstellen. Die Schriftsteller werden beim Erschaffen ihrer Charaktere gezeigt (SWIMMING POOL, 2003), mit Problemen, wie Alkohol (BELOVED INFIDEL, 1959), Schreibblockade (BARTON FINK, 1991), Persönlichkeits- und Identitätsverlust (ADAPTATION, 2002) konfrontiert oder sie gehen durch ihre gezwungene Einsamkeit und Unsicherheit psychisch unter (THE SHINING, 1980). Im Kampf mit ihren eigenen Konflikten werden die Autoren oft zu Kritikern der sozialen und gesellschaftlichen Werte, vor allem im Universum Hollywoods. Denn hier entsteht die nachvollziehbare Kontroverse: Der Autor geht aus finanziellen Gründen nach Hollywood. Dadurch wird er nicht mehr in seinem früheren intellektuellen Milieu geschätzt. In Hollywood, einer Konsumentenwelt, wird er wiederum kaum akzeptiert, weil er aus einem ‹fremden› Umfeld kommt und mit seinen Ansprüchen die Bedürfnisse des unterhaltungssüchtigen Publikums überstrapaziert. So wachsen seine Probleme zur persönlichen Tragödie, wenn es um einen talentierten Schriftsteller geht. Er findet keinen Ausweg mehr aus seiner Situation und entscheidet, sein Leben zu beenden, wie es in der Gestalt von Joseph Gillis aus SUNSET BOULEVARD geschah. Anderseits wird diese persönliche Tragödie künstlich aufgeblasen, wenn der Schriftsteller kein echter Kreativer ist und gerne den gesellschaftlichen Schriftstellerstatus genießen möchte, wie es an Beispiel von Barton Fink der Brüder Coen gezeigt wurde.

---

[160] «Von diesem Kid werden wir noch hören. Und ich rede nicht nur von einer Postkarte.» In: Coen / Coen 2002, S. 400.

[161] «Wir werden noch von diesem verrückten Ringer hören
Und ich meine nicht eine Postkarte.» In: Ebd., S. 504.

Im Vergleich zum Protagonisten der Coen-Brüder, dem New Yorker Bühnenautor Barton Fink, kommt Joseph Gillis aus SUNSET BOULEVARD nach Hollywood aus einem ‹regulären› Job als Bürokraft in der Provinz. Er hat Talent zum Schreiben und die Intelligenz, sich gegebenen Umständen schnell anzupassen. Am Anfang des Filmes sieht man Gillis während einer Schreibblockade. Diese kommt nicht von der Unfähigkeit seines Handwerkes oder aufgrund seiner Abneigung gegen die Spielregeln der Kinoindustrie. Ganz im Gegenteil hat sich Gillis in Hollywood gut eingelebt und gehört zu den renommierten Autoren bei *Paramount Pictures*. Die Unfähigkeit zum Schreiben kommt «von der Hungersnot». Seine Lebensbedingungen lassen ihm keine Zeit für kreative Einfälle und zwingen ihn ständig zur Suche nach Überlebensmaßnahmen: Er hat kein Geld, um die Miete und die Raten für sein Auto zu zahlen.

Wie Fink arbeitet Gillis an einem Skript über einen Sportler, einen Baseballspieler. Im Vergleich zu Fink kennt er sich jedoch in Hollywood gut aus und weiß, welche Schauspieler und Regisseure für den Film in Frage kommen. Trotzdem ist das Hollywoodumfeld gegenüber Gillis unberechenbar und gleichgültig. Seine Kollegen weisen jedoch ein gewisses Intelligenzniveau im Vergleich zu den Vertretern der *Traumfabrik* in BARTON FINK aus. Der Produzent Sheldrake, den Gillis trifft, um sein Drehbuch zu besprechen, wirkt kultiviert und belesen im Vergleich zu Ben Geisler. Das Büro von Sheldrake ist geschmackvoll eingerichtet. An Drehbücherstapeln und Bühnendekorationen auf seinem Tisch und den Regalen sieht man, dass er kreativ arbeitet und sich tatsächlich mit seinen Projekten auseinandersetzt. Er zeigt ausgesprochen höfliche Manieren, benutzt keine vulgären Ausdrücke, entschuldigt sich für Unannehmlichkeiten und wird von Gillis als «gewandt» geschätzt. Sicherlich haben sich die Zeiten geändert: Die Szenen in BARTON FINK werden auf circa acht Jahre früher datiert, als die in SUNSET BOULEVARD. Innerhalb dieser Periode könnte Hollywood sich verändert haben. Dennoch, die Version der *Traumfabrik* von Joel und Ethan Coen ist eine Reflexion der Geschichte fünfzig Jahre später, während Billy Wilder noch selbst zur Zeit der von ihm gefilmten Generation gehörte.

Die Brüder Coen haben die Filmhandlung in den 1940er-Jahren platziert, reflektieren jedoch die Lebensformen und die Sitten Hollywoods aus der Zeit seiner Gründung, genauer aus den 1920ern und 1930ern. Die Gestalten der Hollywoodmagnaten in BARTON FINK sind so übertrieben dargestellt, dass man sie auch nicht in der Gründungszeit findet: Lipnick und Geisler vermitteln nicht den Eindruck, Lebewesen zu sein: Keine menschlichen Facetten, kein Nachdenken und keine Zweifel verziehen ihre Gesichter. Sie sind übertrieben laut, grob und unberechenbar. Sie sehen wie von Cartoonisten gezeichnete Figuren aus. Die Nebendarsteller spitzen die satirischen Züge der Hauptfiguren noch weiter zu. Die Sekretärin von Geisler mit ihrem unbewegten Faltengesicht, den halbgeschlossenen Augen und schnell tippenden Fingern erinnert an einen Roboter.

Die Grenzen zwischen zwei Lebenswelten – New York und Los Angeles – werden in SUNSET BOULEVARD klar definiert. Als die Assistentin Sheldrakes, Betty Schaefer, ihre Meinung über die Drehbücher äußert, wird sie vom Produzenten gewarnt, sie drücke sich im Jargon eines New Yorker Kritikers aus:

«Careful! Those are dirty words!
You sound like a bunch of New York critics.»[162]

In BARTON FINK lädt Lipnick den Schriftsteller nach Hollywood ein, weil die Zeitungen in New York (wie *The New York Herald Tribune*) über seine Erfolge berichtet haben. Einige inhaltliche Parallelen zeigen die Unterschiede zwischen Fink und Gillis. Joseph Gillis ist eine Person, die den Luxus Hollywoods gern in Anspruch nimmt. Er möchte ein schickes Auto fahren, deshalb versucht er, der Gefahr zu entgehen, seinen verschuldeten Wagen zu verlieren. Er zeigt die Bedürfnisse eines ‹realen› Menschen, der mit ernsthafter Ehrlichkeit nach Hollywood wegen Geld, Reichtum und Ruhm kommt. Fink interessieren weder Geld noch Bequemlichkeit. Er hört gleichgültig zu, als der Filmmogul ihm von guten Unterkünften in der Gegend erzählt. In Hollywood sucht Fink nach einem Ort, der «wenig von Hollywood» hat. Er ist nicht bereit, sich von seinem «intellektuellen» New Yorker Milieu zu verabschieden. Anders Gillis. Als sein Agent Joe Morino den unter seiner Vormundschaft stehenden Autor zum Schreiben motivieren will, sagt er ihm:

«Don't you know?
The finest thing in the world
Have been written on an empty stomach?»[163]

Während Morino sich gerne schick kleidet, luxuriöse Sportarten wie Golf treibt und seine Bequemlichkeit genießt, die ihm die Autoren ermöglichen, erzählt er Gillis über das physische Leiden als Normalzustand für einen Kreativen. Er lacht seinen Protegé aus, indem er ihm sagt, Gillis solle für bessere Inspiration in Armut und Hunger leben. Dieser bemerkt sofort seine Verspottung und streitet mit ihm. Er weiß genau, wo er als Schriftsteller steht und übertreibt nicht mit seinem Status. Als die Schauspielerin Norma Desmond sich über die modernen Hollywoodzeiten aufregt, antwortet Gillis bescheiden, er sei «nur ein Schriftsteller». Solche Einschätzungen seiner Tätigkeit sind fremd für Fink. Er kann sich in seiner Eitelkeit kaum realistisch einschätzen und merkt nicht einmal, wie lächerlich er sich mit seinen Ideen des kreativen Schreibens in der Hollywoodwelt macht, vor allem, wenn er behauptet, Schöpferkraft käme vom inneren Schmerz:

«[…] I've always found that writing
Comes from a great inner pain.»[164]

In SUNSET BOULEVARD gibt es nicht nur den erfahrenen und vom Leben gezeichneten Gillis, sondern auch die vom Handwerk begeisterte Anfängerin Betty Schaefer. Sie möchte Drehbuchautorin werden. Ihr Enthusiasmus spiegelt sich in ihrem Wunsch, lebendige Geschichten für *Motion Pictures* zu schreiben, wider:

---

162   «Vorsicht! Dies sind schmutzige Wörter!
     Du klingst wie ein Haufen New Yorker Kritiker».
  Dialoge aus SUNSET BOULEVARD wurden folgender Quelle entnommen: SUNSET BOULEVARD ©
  2002 *Paramount Pictures*, 110 Min.

163   «Weißt du nicht, dass die feinsten Sachen der Welt
     Mit leerem Magen geschrieben worden sind?»

164   «[…] Ich habe immer wieder festgestellt, dass das Schreiben
     Vom großen inneren Schmerz kommt.» In: Coen / Coen 2002, S. 446.

«I just think pictures should
Say a little something.»[165]

Ihre Aussagen sind vergleichbar mit Ansichten Finks:

«I try to make a difference [...]
I tried to show you something beautiful.»[166]

Betty tut etwas dafür, indem sie beim Produktionsstudio arbeitet und gleichzeitig ihre eigenen Drehbücher verfasst. Als sie einmal denkt, das Thema ihres nächsten Drehbuches gefunden zu haben, überredet sie Gillis, ihr beim Schreiben und Entwickeln der Geschichte zu helfen. Fink zieht Gespräche dem Schreiben vor.

Die Rolle des unberechenbaren Hollywoods spiegelt sich in den Gestalten von Jack Lipnick und Ben Geisler in BARTON FINK und Norma Desmond in SUNSET BOULEVARD. Norma machte ihre Karriere als Stummfilmstar. Wie viele Schauspieler ihrer Generation hasst sie den Tonfilm, der ihre glänzende Karriere ruinierte. Früher reichte das Spiel ihrer Gesichtsmimik, um die Filminhalte zu kommunizieren. Jetzt gehören Dialoge zur wichtigen Attraktion der Darstellung. Daher schreibt Norma das Übel der Veränderungen den Drehbuchautoren zu. Beim ersten Treffen sagt Norma zu Gillis, dass dank der nutzlosen Arbeit der Schriftsteller die Zeit der großen Filme vorbei sei:

«Writing words, words!
You've made a rope of words and
Strangled this business.»[167]

Fink bekam 1.000 Dollar in der Woche von *Capitol Pictures*. Gillis verdiente in seinen besten Zeiten nur 500 Dollar. Dennoch nennt Hollywood ihm noch nicht endgültig ‹seinen Preis›. In der Gestalt von Norma Desmond beschenkt Hollywood ihn mit teuren Anzügen und Accessoires. Dafür muss er nur seine Freiheit, Kreativität und sich selbst aufgeben. Norma kauft Gillis schicke Kleidung, macht teure Geschenke, gibt ihm aber kein bares Geld, auch nicht für seine Arbeit, die Korrekturen ihrer Skripte. Sie kann ihre Freude fast nicht unterdrücken, als sein Auto, das Mittel seiner Flucht, von Gläubigern abgeschleppt wird. Nun bleibt Gillis endgültig in ihrer Macht. Auch Fink verkauft seine Freiheit. Er und der Inhalt seines Kopfes gehören *Capitol Pictures*. Gillis überlegt, seine Schriftstellertätigkeit ganz aufzugeben. Fink schreibt weiter, dennoch bleibt sein Werk nutzlos und das Studio will nichts davon produzieren. Wie Gillis bleibt Fink ein Gefangener in Hollywood. Die Schriftsteller versuchen, ihrem tragischen Schicksal auf unterschiedliche Art und Weise zu entgehen. Letztlich schafft es keiner von ihnen zu überleben: Mayhew betrinkt sich, Fink zieht sich in seine Traumwelt zurück und Gillis wählt den Tod.

---

[165]   «Ich denke nur, Filme sollten ein bisschen was aussagen.»
[166]   «Ich versuche, etwas zu verändern [...]
           Ich habe versucht, Ihnen etwas Schönes zu zeigen.»
           In: Coen / Coen 2002, S. 519.
[167]   «Wörter schreiben, Wörter schreiben!
           Ihr habt einen Strick aus Wörtern gedreht
           Und dieses Geschäft erdrosselt.»

3. Ein Remake der *Traumfabrik* der 1940er-Jahre

Die Brüder Coen zeigen die Hollywoodwelt in BARTON FINK nicht in ihrer gewöhnlichen Pracht. Ihr Hollywood ist salopp in der Bekleidung, grob in der Aussprache und oberflächlich kumpelhaft in menschlichen Beziehungen. Man glaubt, die Hollywoodmagnaten zeigen ihr Mitgefühl ihren Mitarbeitern gegenüber (Lipnick über Lou: «we keep him around, he's got a family. Poor schmuck»[168]). Der Eindruck vergeht spätestens dann, wenn Lipnick seinen Assistenten entlässt («you're fired, you understand me? Get out of my sight»[169]). Sie leiten die Firmen, sind dafür kaum ausgebildet (Lipnick über Kinotechnik «[...] The point is, I run this dump and I don't know the technical mumbo-jumbo [...]»[170]). Während die Angestellten sich um gute Manieren bemühen, zeigen ihre Chefs keinen Anstand. Sie schimpfen und schreien (Lipnick: «[...] I'm bigger, and meaner [...] And I don't mean my dick's bigger than yours [...]»; «You lousy kike sonofabitch! [...]»; Geisler sagt über Lipnick zu Fink «fat-assed sonofabitch» und zu Lou «[...] tell Lipnick he can kiss my dimpled ass [...]»).[171]

Das Leben Hollywoods sieht nach den Coen-Brüdern wie eine Show aus. Und den ersten Unterhaltungskünstler finden wir in der Gestalt von Lipnick. Sein Erfolg basiert auf seinem Talent zum unberechenbar lauten, selbstsicheren und provokativen Spiel. «I've got horse sense, goddammit. Showmanship»[172], sagt er über sich. Mit seinen launischen Anfällen sieht er wie ein Schauspieler aus, der seine Rollen probt und dafür seine Outfits ständig wechselt (mal zivil, mal militärisch). Dennoch erreicht sein Unterhaltungstalent den Höhepunkt während des Gesprächs mit Fink am Pool, als er – in der Rolle eines angeblich großzügigen und rücksichtsvollen Chefs – seinen Assistenten feuert, sich in einen Bademantel gekleidet vor Fink kniet und seinen Schuh küsst. Die Tatsache, dass er mit jedem Monolog eine Show veranstaltet, bestätigt sich, als beim nächsten Gespräch Fink in sein Büro kommt und dort den gefeuerten Lou sieht.

Die Brüder Coen gönnen ihrem Zuschauer nicht viele Szenen, in denen man einen Eindruck vom Hollywood der 1940er-Jahre gewinnt. Zunächst geht es ihnen um einen Autor und seine Schreibblockade. Deshalb schließen sie Fink in einem verdunkelten, sparsam eingerichteten Hotelzimmer ein, in dem er den größten Teil der filmischen Handlung verbringt. Die Aufenthaltsräume Finks zeigen keine für diese Epoche prägnanten stilistischen Formen. Ob Bett, Stühle oder Arbeitstisch – alle Möbelstücke sind hoffungslos veraltet und tragen das Siegel der Niedergeschlagenheit. Als man das

---

[168] «[...] Wir beschäftigen ihn hier, er hat eine Familie. Armer Trottel.» In: Coen / Coen 2002, S. 415.

[169] «[...] Du bist gefeuert, verstehst Du? Geh mir aus den Augen [...].» In: Ebd., S. 484.

[170] «[...] Tatsache ist, ich leite diese Bude und ich kenne mich mit dem technischen Hokuspokus nicht aus.» In: Ebd., S. 415.

[171] «[...] Ich bin größer und gemeiner [...] Und ich meine nicht, dass mein Schwanz größer als deiner ist [...] Du widerlicher Jude, Hurensohn [...] Hurensohn mit dem fetten Arsch [...] sag Lipnick, er kann mich mal an meinem faltigen Arsch lecken [...].» In: Ebd., S. 415, 483, 428f.

[172] «Ich habe gesunden Menschenverstand, verdammter Mist. Selbstdarstellung!» In: Ebd., S. 415.

Zimmer von Fink in der zwölften Minute des Filmes erblickt, wird der Raum mit dem Licht aus zwei geöffneten Fenstern erleuchtet, dennoch erlaubt das Spiel von Licht und Schatten nicht den genaueren Blick auf die Einrichtungsdetails. Die gemusterten Gegenstände, Tapeten, Teppiche und Textildecken fügen insgesamt eine gewisse Lebendigkeit ins Bild ein, sind zeitlich aber schwer zu definieren. Die Eingangsräume des Hotels, ähnlich wie das Zimmer von Fink, werden mit gedämpftem Licht präsentiert. Man erkennt einige Tisch-, Steh- und Deckenleuchten im Stil des *Art déco*, veraltete Möbelstücke wie bunte Sessel, die in der großen Vorhalle stehen, oder märchenhaft wirkende Pflanzen in riesigen Töpfen, die sich bis zur Decke ausbreiten.

Es gibt nur wenige Orte im Universum der Brüder Coen, die uns ihre Hollywoodversion zeigen. Diese sind das Hotel *Earle* mit Eingangshalle, Rezeption, Korridor und Zimmer, die Büros von Lipnick und Geisler, das Café *New York*, in dem Geisler mit Fink speist, der Garten im Haus von Lipnick und die USO-Tanzhalle. Die *Art déco*-Einrichtung des Büros von Lipnick mit niedrigen und abgerundeten Sesselkanten, ‹stromlinienförmigen› Flächen der Schränke, mit dem Spiel der kontrastreichen Holzbarben von Dunkelbraun bis zum aufgehellten Ocker stehen für den luxuriösen Lebensstil des Hollywoodmagnaten.

Je mehr man in der Hierarchie Hollywoods absteigt, desto bescheidener werden die Arbeitsräume der Produzenten. Im Büro von Geisler sieht man wenig vom Luxus seines Bosses. Diese Einrichtung trägt eklektische Züge: Die dunkelroten Sessel im Wartezimmer sind funktional modern. Der Möbelstil mischt *Art déco* mit der sachlichen Ästhetik des *Funktionalismus*. Die Lampen stehen nicht wie bei seinem Chef auf wunderlichen bronzenen Sockeln und sind nicht von gläsernen Schirmen bedeckt, sondern sind aus einfachem Metall. Er richtet sein Büro mit Stahlrohrstühlen und einem Sofa ein, die in ihrer Funktionalität mit dem nüchternen Lebensstil von Geisler in Einklang stehen. Der Produzent muss für sein Brot schwer arbeiten und kann sich den Luxus seines Bosses nicht leisten.

5-6 Hollywooduniversum der Brüder-Coen: USO-Halle (links), Café New York (rechts)

Das Kostümdesign im Film entspricht dem Stil der 1940er-Jahre:[173] Die Männer tragen drei- und zweiteilige Anzüge, in Nussbraun und gestreiftem Schwarz, pastellfarbene Hemden, gemusterte Krawatten und andere Kleidungsstücke in Hellbraun, Ocker und Weiß als Ausdruck für besonderen Luxus (erstes Outfit von Lipnick, Charlie auf seinem Foto). Frauen ziehen bevorzugt streng taillierte Jacketts mit drei klassischen Knöpfen, gepolsterten Schultern und angenähten Taschen an, enge oder glockenartige Röcke und obligatorische Nylonstrümpfe mit Naht. Die Sekretärin von Mayhew, Audrey, zeigt sich immer mit ihren hochgekämmten Locken und perfekt betonten roten Lippen. Man sieht sie nie ohne Hut und Handschuhe, denn erst diese Accessoires machten entsprechend der damaligen Kleidungsetikette die Frau ausgehfein. Weil die Frauen ihre Hüte oft als eine Dekoration tragen, behalten sie diese meistens auch in Innenräumen auf, wie bei der Szene im Café *New York*.

Im Laufe des Filmes stellt man sich immer wieder die Frage, wie viel Wert die Brüder Coen auf die genaue Darstellung der damaligen Zeit legen. Als Drehbuchautoren verfassen sie ihre Geschichten selbst. Dabei lassen sie sich freie Hand, ihre Charaktere nach eigenen Vorstellungen zu gestalten, auch wenn sie die damaligen Zeiten nicht historisch genau wiedergeben. Schließlich ist die getreue Wiedergabe der Zeitgeschichte keine Voraussetzung für einen Spielfilm, der auf einer Erfindung beruht. Die visuelle Darstellung der Zeit wird außerdem von anderen Mitarbeitern wie Set- und Kostümdesignern unterstützt, die die Filmemacher beim Erschaffen ihres Universums konsultieren. Wenn man sich jedoch an die präzise Arbeitsweise der Coen-Brüder erinnert und auch daran, wie ungerne sie die Kontrolle über eigene Produktionen anderen überlassen, kann man davon ausgehen, dass sie auch beim technischen Gestalten ihrer filmischen Werke ihre Autorität einsetzen.

7 Studiochef in seinem luxuriösen Büro

8 Eingangstür im Büro Lipnicks

9 Vorzimmer im Büro von Geisler
mit seiner ‹abwesenden› Sekretärin

10 In diesem Raum herrschen
‹Sachlichkeit und Funktionalismus›

---

173 Über Modetrends in den 1940er-Jahren siehe Mendes / Haye 1999, S. 104ff.

11–13 Hutträger: Barton Fink, Detektive Deutsch und Mastrionotti, Charlie

Richten wir unsere Aufmerksamkeit auf die Verwendung der historischen Kostüme, genauer gesagt auf ein scheinbar unbedeutendes Accessoire der Bekleidung – den Hut.

In der damaligen Gesellschaft wird dem Hut besondere Bedeutung beigemessen. Die Militärkräfte und Polizisten in CASABLANCA behalten ihre Hüte als Teil ihrer Uniform auf der Straße und als Symbol ihrer Macht in Innenräumen auf. Die männlichen Protagonisten verlassen die Häuser nicht, ohne ihre Hüte aufzusetzen. Der Trend hält bis in die 1960er-Jahre an. In THE APARTMENT (1960) von Billy Wilder trägt der kleine Angestellte Baxter, gespielt von Jack Lemmon, eine unprätentiöse Kopfbedeckung, bis er befördert wird. Als erstes kauft er sich einen neuen Hut. Seine attraktive Kollegin Fran, dargestellt von Shirley MacLaine, hält Baxter für einen wohlerzogenen Mann. Sie bemerkt, dass er beim Gespräch mit ihr immer seinen Hut absetzt im Vergleich zu Abteilungsleitern, die sich um Etikette wenig bemühen und nur ihre Macht demonstrieren wollen.

Als die Brüder Coen ihr Drehbuch zu BARTON FINK schrieben, drehten sie MILLER'S CROSSING. In diesem Film beschäftigen sich die Brüder sehr intensiv mit diesem scheinbar ‹unbedeutenden› Zubehör. Der Hut von Tom Reagan wächst in MILLER'S CROSSING zu einem eigenständigen Filmprotagonisten, der einen Soloauftritt bereits im Vorspann des Filmes hat. Im Laufe der ganzen Geschichte wird dieses Accessoire ständig präsentiert: Der Hut fliegt, wird aufgesetzt und abgenommen. Er wird zum Thema der Dialoge. Ohne Hut zu sein, bedeutet für Tom, seine Männlichkeit zu verlieren.

14-17 Hut-Intermezzo in MILLER'S CROSSING

In BARTON FINK sieht man dieses Accessoire gelegentlich auch, aber nicht sehr oft, obwohl in den 1940er-Jahren der Hut ein wichtiges Element der Bekleidung und ein

Symbol der Herrschaft und Hoheit war. Im Vergleich zu weiblichen Protagonisten tragen ihre männlichen Kollegen jedoch selten einen Hut. Man sieht Charlie gelegentlich in einem weißen Outfit mit weißem Hut. Barton Fink kommt im Hotel *Earle* mit Hut an. Die zwei Polizisten lassen ihre Hüte in den Räumlichkeiten auf und zeigen ihrem Gesprächspartner somit ihre Verachtung. Beim zweiten Treffen mit Fink warten Mastrionotti und Deutsch auf den Schriftsteller in seinem Hotelzimmer.

Ihre Hüte haben sie auf und nehmen diese während der ganzen Szene nicht ab. In der USO-Szene haben Matrosen die Kopfbedeckung als Teil der Uniformen. Die Musiker brauchen ihre Kappen als Ergänzung zu ihren Unterhaltungsuniformen, wie Lipnick eine Blume im Knopfloch. Warum zeigt sich keine Person aus der ‹mächtigen› Hollywoodwelt förmlich im Hut? Man denkt, die Hollywoodschaffenden halten sich alle mehr oder weniger in ihren Privaträumen – zu Hause oder im eigenen Büro – auf, also brauchen sie die Etikette nicht zu beachten. Lipnick verzichtet jedoch auf seinen Hut auch in der Rolle des Oberkommandeurs am Ende des Filmes. Man kann behaupten, dass es sich dabei um Produktionsfehler handelt, die reichlich in Film zu finden sind.[174] Mastrionotti und Deutsch zeigen sich jedoch konsequent in ihrer Kopfbedeckung, wenn sie Fink ihre Ungeduld und Überheblichkeit präsentieren wollen. Anhand dieser Beispiele lässt sich bemerken, dass die Brüder Coen dem historischen Detail dann treu bleiben, wenn sie es für passend halten. Ansonsten wird es in ihrer Handlung formal eingesetzt. Ob Hut oder Uniform, diesen Mitteln der Darstellung wird die Funktion einer *visuellen Attraktion* oder eines Effektelements überlassen.

4. Die Hollywoodideologie und ihre Auswirkung

Die Brüder Coen nehmen in Barton Fink gegenüber der *Traumfabrik* eine ironische Stellung ein. Doch wie viele andere Amerikaner sind sie mit dem Hollywoodtraum groß geworden. Dieser Einfluss ist in ihrem Werk kaum zu übersehen. Joel und Ethan zeigen sich gerne sozialkritisch, dennoch genieren sie sich, Szenen der Sexualität, Sinnlichkeit und Erotik darzustellen, ganz im Sinne des *klassischen* Hollywoods. Außer wenigen jammerndem Stöhnen aus der Nachbarschaft, einer spielerischen Abbildung der Frau im Bikini auf der Rückseite der Krawatte von Charlie und einer verwirrenden Szene mit Kanalisationsrohren während der Liebesszene zwischen Audrey und Fink gehen die Brüder nicht weiter. Sie zeigen keinen Liebesakt. In den Zeiten des *klassischen* Hollywoods wird der höchste Ausdruck menschlicher Liebe hauptsächlich durch zärtliches Streicheln oder einen Abschlusskuss – *Hollywoodkuss* – präsentiert. Die *Traumfabrik* hat kein Problem damit, ihre Filme auf einzelne Charaktere zu fokussieren,

---

[174] In Barton Fink gibt es einige Produktions- beziehungsweise *Continuity*-Fehler. Es fehlen beispielsweise die Knöpfe und Bänder bei der Militäruniform von Lipnick. Seine Auszeichnungen wurden in den USA erst nach 1941 vergeben. Die Stockwerke im Hotel *Earle* werden nicht immer korrekt gezählt, wenn man das Zimmer von Fink sucht. Als Charlie mit Ohrenschmerzen zu Fink kommt, zeigt er dem Schriftsteller zuerst eine betroffene Seite, die in der nächsten Aufnahme gewechselt wird. Als Charlie Fink aus seiner Gefangenschaft befreit, bricht das Bettgitter. Vom Bett fällt eine Kugel mit dem Eisenstab, der in der nächsten Szene nicht mehr zu sehen ist.

dennoch wirken sie nicht allzu menschlich und zeigen keine ‹echten› Liebesgefühle. Als Ende der 1940er-Jahre Billy Wilder sein Drehbuch zu SUNSET BOULEVARD fertigstellte, stand der fast zwanzigjährige Altersunterschied zwischen Desmond und Gillis zur Debatte. Der Autor wurde gezwungen, sein Drehbuch mehrmals für Zensurbehörden umzuschreiben. An dieser Situation hat sich auch in späteren Jahren wenig geändert. Im Jahre 1964 in MY FAIR LADY bleibt unerklärt, welche Art von Beziehung Professor Higgins zu Eliza führt, als er sie nach ihrer Flucht wieder zu sich nach Hause holt. Wird er zu ihrem Ersatzvater oder zum Liebhaber?

Die strengen Zensurgesetze aus den 1930er- und 1960er-Jahren – bekannt als *Production Code*[175] – verboten die Darstellungen von Gewalt und Sexualität. Die Zensur zeigte besondere Strenge im Bezug auf Sexualitätsdarstellungen. Eine gelungene Beziehung zwischen Mann und Frau beschränkte sich auf Ehe und Familie. Die Geschlechter durften nicht im Bett gezeigt werden. Nacktheit blieb selbstverständlich komplett ausgeschlossen. Küsse waren nicht leidenschaftlich und konnten nicht den Zeitraum von drei Sekunden überschreiten. Die Liebesszene zwischen Audrey und Fink wurde – mehr als zwanzig Jahre nach der Aufhebung des *Codes* – auch nicht gezeigt. Wir sehen nur, wie Audrey im Zimmer von Fink mitten in der Nacht auftaucht, wie sie sich auf das Bett von Fink setzt und ihn mit mütterlicher Zärtlichkeit streichelt. Fink tut so, als ob er nicht weiß, was er damit anfangen soll. Er dreht sich widerwillig zu Audrey und lässt sich verführen. Obwohl die Brüder uns einen Blick ins Bad gönnen, und die Kamerafahrt durch die Kanalisationsrohre der Darstellung der Liebe Originalität verleiht, bleiben die erotischen Züge der Szene in ihrer Unschuld aus den *klassischen* Zeiten Hollywoods ausgespart.

Da die Brüder einen Film über die 1940er-Jahre drehten, könnten sie den Szeneninhalt – die Verführungsnacht von Fink – den damaligen Sitten angepasst haben. Dennoch zeigen sie auch in ihren anderen Filmen, die sie zeitlich später lokalisierten, keine eindeutige Darstellung der Liebe. In THE BIG LEBOWSKI begleitet die Zeugung des Nachwuchses von Jeff und Maude eine kurze Szene der Nacktheit der jungen Frau. In der Liebeskomödie INTOLERABLE CRUELTY beschränkt sich die Sexualität des verliebten Pärchens Marylin und Miles auf nur wenige Küsse. Ein *Hollywoodkuss* fehlt auch zum Schluss.

‹Gewalt› zeigen die Brüder Coen im Gegensatz zur ‹Liebe› viel öfter, wobei auch hier die strengen Regeln des *Codes* nicht verletzt werden. Dem Gesetz zufolge sollte Gewalt nicht in einer expliziten Aktion mit aufklärenden Details dargestellt werden:

---

[175] *Production Codes* wurden zuerst als freiwillige Selbstzensur der US-Filmindustrie entwickelt, galten jedoch im Jahr 1934 als obligatorisch für jeden Film. Mit dieser Zensur wurden Ethik und Moral der Filmindustrie überwacht, vor allem bei der Darstellungen von Gewalt und Sexualität. *Production Codes* beeinflussten das amerikanische Kino bis zur Aufhebung des Gesetzes im Jahre 1968.

«Methods of crime shall not be explicitly presented; the technique of murder must be presented in a way that will not inspire imitation.»[176]

So zeigen die Regisseure die *Nahaufnahmen* des blutigen Betts von Fink und das erstarrte Gesicht von Audrey und leiten uns – ohne eine Aufklärung über den seltsamen Mord – gleich zur nächsten Szene – Besuch von Charlie – weiter. Charlie will die Leiche der unglücklichen Sekretärin entsorgen. Die Darstellung des Prozesses beschränkt sich nur auf wenige kurze Einstellungen, als Fink ihn in der Türöffnung aus dem Bad beobachtet.

Den bedeutenden Einfluss des *klassischen* Hollywoods beobachtet man in BARTON FINK bei der Darstellung der Charaktere, die sehr den *hollywoodschen* Prototypen, sogenannten Archetypen, ähneln. Charlie erinnert an einen wilden Westernheld, der sich gegen Zivilisation und intellektuelles Leben wehrt und dabei alles auf seinem Weg zerstört. Zu einem anderen ‹Vertreter der Wildnis› wird Lipnick. Der Studioleiter wehrt sich auch gegen Intellekt und bevorzugt physische Aktion mit menschlichem Drama:

«[…] The audience wants to see action […]
[…] Big movies […] about big men, in tights –
Both physically and mentally.
But especially physically.» [177]

Zur Apotheose dieser Wildnis gehört die Rückkehr von Charlie ins Hotel *Earle*. Im Gang holt Charlie sein Gewehr und sorgt für ‹Tod und Verwüstung›. Sein Aufstand begleitet er mit den Worten «I show you life of the mind»[178,] die er aus vollem Hals schreit, während er dem Polizisten Deutsch nachjagt. Zum Gegner dieser Wildnis und einem ‹Vertreter der Zivilisation› gehört Fink. Er stammt von der amerikanischen Ostküste, dem kulturellen Zentrum – New York – und wurde nach Kalifornien, also Richtung Westen, ‹zur Eroberung› der Wildnis versetzt. Seine Versuche, die neue Welt zu kultivieren, scheitern spätestens dann, wenn Fink versucht, mit seinem neuen Werk «etwas Schönes zu zeigen».

In BARTON FINK erzählen die Coen-Brüder die Geschichte eines Autors, der in den 1940er-Jahren nach Hollywood geht. Während sie versuchen, Kostüme, Szenenhintergründe und Sitten ‹zeitgetreu› zu präsentieren, kommen sie dabei zu einem anderen Ergebnis. In ihrer übertriebenen Stilisierung entfernen sie sich von der damaligen Zeit, um ihr eigenes Universum zu erschaffen, in dem die historischen Einzelheiten zur *formal-visuellen Attraktion* und die Darstellung der legendären *Traumfabrik* zum Alptraum wachsen. Die extreme Passivität der Erzählsituation, zu welcher die Darstellung eines Schriftstellers und seiner Schreibblockade gehören, wird durch die Gegenüberstellung der zwei Welten – Hollywood und innere Welt des Autors

---

[176] «Die Gewalthandlungen sollten nicht explizit dargestellt werden, die Ausführung des Mordes sollte auf eine Weise präsentiert werden, dass sie keinen Wunsch zur Nachahmung erzeugt.» Nach *Production Code*. In: *Reclams Sachlexikon des Filmes* 2002, S. 468.

[177] «[…] Das Publikum möchte Action sehen […]
[…] Große Filme […] über große Männer in Trikots –
Sowohl körperlich als auch geistig.
Aber besonders körperlich.» In: Coen / Coen 2002, S. 518.

[178] «Ich werde es euch zeigen, was es heißt, das geistige Leben zu führen!» In: Ebd., S. 510.

– aufgelöst. In der Tradition der Schriftstellerfilme heben sich die Brüder in ihrer übertrieben satirischen Darstellung des filmischen Mekka von ihren Vorgängen ab. Dennoch zeigen sie ihre grundlegende Treue, wenn auch formal, gegenüber der Hollywoodideologie.

Die wichtigen Regeln der filmischen Gestaltung wurden in den Zeiten der *Studioära* entwickelt. Jeder Geschichte lag eine narrative Erzählung zugrunde. Jeder Protagonist machte eine Entwicklung durch, die ihn veränderte. Bis heute bleiben die Filmemacher dieser Tradition treu. Die Motivation und Ziele der Charaktere werden durch ihre Biografien, traumatischen Kindheitserlebnisse oder vergangenen Liebesbeziehungen verdeutlicht, die schließlich dem Zuschauer erklären, warum diese Protagonisten ihren Weg wählen. In GOODFELLAS (1990) zeigt der Regisseur Martin Scorsese den Gangster Henry Hill. Der Zuschauer erfährt, wie Hill seine Kindheit und Jugend verbracht hat und was ihn in seinem Berufsleben beschäftigte. Dadurch begründet Scorsese den von Hill gewählten Lebensweg.

Barton Fink ist keine typische Figur des amerikanischen Filmes. Der Schriftsteller ist wegen seiner geistigen Nöte besorgt. Dennoch kann der Zuschauer nicht nachvollziehen, wie diese entstanden sind. Wir kennen sowohl seine Kindheit als auch wichtige Etappen seines Lebens nicht. Im Laufe des Filmes fragt man sich, wer Barton Fink ist, wie er aus seinem Teufelskreis, den ehrgeizigen Plänen um die Zukunft des Theaters, seiner eigenen Zukunft und seinem Potenzial als Schriftsteller kommt. Nicht nur die Vergangenheit, auch seine Zukunft bleibt ungewiss, weil im Film die Geschichte keine klare Auflösung findet und weil man keine Veränderung an Fink beobachtet.

VI

Die Erzählkonventionen der *Traumfabrik*

Eine junge Dame im Abendkleid steigt am frühen Morgen aus einem New Yorker Taxi auf der *Fifth Avenue* aus. Sie hält einen Kaffeebecher und eine Papiertüte mit Gebäck in der Hand. Ihr Essen verspeist sie vor dem Schaufenster des berühmten Juwelierladens *Tiffany*. In knapp fünf Minuten wissen wir, dass die Frau Holly Golightly heißt und sich von wohlhabenden Männern aushalten lässt. Innerhalb der nächsten acht Minuten werden die Informationen über die Protagonistin erweitert. Man erfährt, dass sie vergesslich ist und ihre Wohnungsschlüssel ständig verliert. Deshalb weckt sie ihren Nachbarn am frühen Morgen auf. In der sechsten Minute des Filmes wird Holly überraschend selbst in ihrem Schlaf gestört. Ein Mann klingelt nun an ihrer Tür. Er wird sich später als Paul Varjak, ein Schriftsteller, der in das Haus einzieht, vorstellen. Auch er hat seinen Schlüssel vergessen und versucht, sich bei Holly verlegen zu entschuldigen. Doch das Partygirl, das selbst jede Nacht ihre Nachbarn aus dem Schlaf reißt, hört abwesend seine Rechtfertigungen an. Paul fragt nach dem Telefon, woraufhin er in ihre Wohnung eingeladen wird. Weil Holly ihr Apartment nur sparsam eingerichtet hat, glaubt er, sie sei auch erst seit Kurzem hier. Paul ist überrascht, als Holly ihm gesteht, bereits ein Jahr hier zu wohnen. Sein Staunen setzt sich fort, als er beobachtet, wie Holly ihre Schuhe aus dem Kühlschrank holt und ein Champagnerglas mit Milch füllt. Ihr Kater benutzt bei seinem Sprung zum oberen Regal die Schulter des Gastes, woraufhin Paul sich erkundigt, ob alles in Ordnung sei. Hier fängt Holly an, zu sprechen:

> «Sure. Sure, he's o.k.
> Aren't you, cat? Poor old cat […]
> Poor slob without a name.
> I don't have the right to give him one.
> We don't belong to each other.
> We just took up one day.»[179]

Paul wird neugieriger und Holly setzt ihren chaotischen Monolog fort:

> «I don't want to own anything,
> Until I find a place where
> Me and things go together.
> I am not sure where that is,
> But I know what it's like.
> It's like Tiffany's […].»[180]

---

[179] «Sicher. Sicher ist er in Ordnung.
Nicht wahr, Kater? Armer alter Kater […]
Armes Vieh ohne Namen.
Ich habe kein Recht, ihm einen Namen zu geben.
Wir gehören nicht zusammen.
Wir sind uns eines Tages über den Weg gelaufen.»

[180] «Ich möchte so lange nichts besitzen
Bis ich einen Platz finde, wo
Ich und die Sachen zusammengehören.

Paul vergisst schnell das Ziel seines Besuchs. Holly erzählt weiter:

«[…] You know those days
When you get the mean reds? […]
Or it's been raining too long.
You're just sad, that's all […].
Suddenly you're afraid
And you don't know what you're afraid of […].
When I get it, what does any good
Is to jump into a cab
And go to *Tiffany's*
Calms me down right away […].
Nothing very bad could happen to you there
If I could find a real-life place
That made me feels like *Tiffany's*, then […]
Then I'd buy some furniture and give the cat a name.»[181]

Plötzlich schaut Holly ihren Gast verlegen an:

«I'm sorry. You wanted something.»[182]

So werden in den ersten zehn Minuten des legendären Hollywoodklassikers von Blake Edwards[183] BREAKFAST AT TIFFANY'S der Ort der Handlung (New York, *Uptown*, in der Nähe des *Central Park*) und die zwei Protagonisten – Holly und Paul – vorgestellt.

In SUNSET BOULEVARD, gedreht 1950 von Billy Wilder[184], wird der Ort des filmischen Geschehens selbst zu einem Charakter:[185]

181

Ich bin mir nicht sicher, wo das ist
Aber ich weiß, wie das aussieht
Wie bei *Tiffany*.»
«[…] Kennen Sie diese Tage,
wenn Sie Angst bekommen? […]
Oder es hat zu lang geregnet.
Sie sind einfach traurig, das ist alles. […]
Plötzlich haben Sie Angst
Und wissen nicht wovor.
Wenn mir das passiert,
Dann hilft nur eins:
In ein Taxi einzusteigen
Und zu *Tiffany* zu fahren
Beruhigt mich sofort […].
Nichts Schlimmes kann einem dort passieren.
Wenn ich einen Ort finde
Wo ich mich wie bei *Tiffany* fühle, dann
Dann kaufe ich mir Möbel und gebe dem Kater einen Namen.»

182 «Entschuldigung. Sie wollten etwas?»

183 Blake Edwards (1922–2010) stammte aus einer bekannten Familie von US-Filmschaffenden. Er wurde hauptsächlich durch seine Komödien und Spielfilme aus der PINK-PANTHER-Reihe bekannt.

184 Billy Wilder (1906–2002), eigentlich Samuel Wilder, einer der bekanntesten Drehbuchautoren, Regisseure und Filmproduzenten in Hollywood insbesondere in den 1940er- und 1960er-Jahren. Er wurde mehrmals für den *Oscar* nominiert und gewann den Preis für die Filme THE LOST WEEKEND (1945), SUNSET BOULEVARD (1950) und THE APARTMENT (1960).

185 Falls keine Quellen angegeben, wurden die Dialoge aus Filmen übernommen.

«This is Sunset Boulevard, Los Angeles, California.
It's about five o'clock in the morning.
That's the Homicide Squad, complete
With detectives and newspaper men.»[186]

Jede narrative Story eines Hollywoodfilmes bewegt sich in ähnlichen Mustern, die bereits in der Stummfilmzeit festgelegt und in der *klassischen Studioära* weiterentwickelt wurden. Dieses Schema ist bis heute aktuell. Hinter jedem Experiment steht eine Norm. So bleibt das *klassische* Hollywoodkino zentraler Ausgangspunkt für Traditionen und Experimente. Auch wenn BARTON FINK der Gebrüder Coen nicht den Stil der Hollywoodklassiker auszustrahlen vermag, liegen dieser Geschichte ähnliche Erzählmuster zugrunde. Was verbindet BREAKFAST AT TIFFANY'S und BARTON FINK, MY FAIR LADY und WORKING GIRL? Was unterscheidet diese Filme? Auf diese Fragen wird im nachfolgenden Kapitel eingegangen.

1. *Reise des Helden* als Grundlage der filmischen Erzählstruktur

Filmwissenschaftler, Dramaturgen und Drehbuchautoren sprechen vom Modell der *Reise des Helden*[187], das dem *klassischen* Hollywoodfilm zugrunde liegt und bereits im ersten Stadium des Filmprozesses, im Drehbuch, festgehalten wird. Vereinfacht erklärt man die *Reise des Helden* als eine Bewegung des Protagonisten von einem Zustand in einen anderen. Ausgangspunkt der *Reise* ist die gewohnte Umgebung, die der Held, zum Abenteuer gerufen, verlässt. Während seiner *Reise* besteht der Protagonist *Prüfungen* und überschreitet *Schwellen*. Nach einem dramaturgischen Höhepunkt, einer *Kulmination*, kehrt der Held in seine *vertraute* Welt zurück und landet somit am Ende seiner *Reise*.[188]

---

[186]   «[…] Hier ist der Sunset Boulevard, Los Angeles, Kalifornien.
Es ist ungefähr fünf Uhr früh.
Das ist die Mordkommission, mit allem, was dazu gehört:
Kriminalbeamte und Journalisten.»

[187] Der Begriff *Heldenreise* stammt ursprünglich aus der Philologie. Der russische Begründer der strukturalistischen Folkloristik Wladimir Propp (1895-1970) untersuchte Inhalte verschiedener Märchen und kam zu dem Schluss, dass sie eine unveränderte Handlungsstruktur aus kontinuierlichen Teilen, sogenannten *Narratemen* nachweisen. Der amerikanische Mythenforscher Joseph Campbell (1904-1987) prägte den Begriff Heldenfahrt, der einen enormen Einfluss auf die Literaturwissenschaft hatte. Ein anderer amerikanischer Wissenschaftler und Leiter der Abteilung für Stoffentwicklung beim Filmstudio *Fox*, Christopher Vogler, übernahm den Begriff von Campbell und etablierte ihn als Heldenreise in die Erzählstruktur des Filmes. Bei weiteren Untersuchungen berufe ich mich außerdem auf die Arbeiten von US-Drehbuchautor Syd Field (1998) sowie der Professorin der HFF München Michaela Krützen (2004).

[188] Vgl. Vogler 1992.

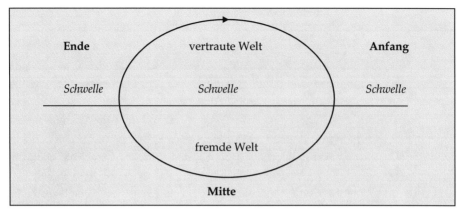

18 Schaubild 1

Im dargestellten Modell[189] ist die *Reise* als Kreis[190] aufgebaut und durch eine horizontale Linie aufgeteilt. Die Linie bezeichnet die sogenannte *Schwelle*, die der Held zweimal im Laufe des Filmes überschreitet: Am Anfang seiner *Reise* und kurz vor der Rückkehr. Die obere Hälfte des Kreises steht für *vertraute*, die untere für *fremde* Welt. Nach Bordwell[191] stellt das Modell der *Heldenreise* einen narrativen Prototyp dar, der den zeitlichen Aufbau des Filmes vorzeichnet und außerdem veranschaulicht, wie die Handlung aufgebaut wird. *Reisen* können kurz oder lang sein, ohne oder mit räumlicher Veränderung. Die Personen können im Traum *verreisen*, wie Peter Pan ins *Nimmerland* im gleichnamigen Film (2003). Die *Reise* erfüllt zwei wichtige Funktionen: Sie motiviert den Protagonisten, ein bestimmtes Ziel zu erfüllen, oder bewegt ihn zur Lösung eines Konflikts. Jede *Reise* hat einen wichtigen Grund, einen Anstoß und einen Zweck. Manchmal träumt der Protagonist von Erfolg, Reichtum, glänzender Karriere oder er möchte nur ein eigenes Haus bauen und ein Spiel gewinnen. Es kann aber sein, dass Charaktere verletzt sind und einen Weg in die Normalität suchen. Manche von ihnen zeigen gewisse Mängel, wie extreme Schüchternheit oder Abhängigkeit, die sie auf dem Weg zum Ziel aufhalten und die im Verlauf der Geschichte bewältigt werden. Der amerikanische Autor mehrerer Romane und Drehbücher, Christopher Keane, erklärt, wie man einen attraktiven Protagonisten kreiert:

---

[189] Vgl. Krützen 2004, S. 71.

[190] Der US-Filmwissenschaftler Edward Branigan stellt sein narratives Schema als Hexagon dar, das auf den Theorien der New Yorker Literaturwissenschaftlerin Mary Louise Pratt aufgebaut ist. Der Handlungsablauf erfolgt im Uhrzeigersinn, wobei die Reise über die sechs Stationen wie «abstract», «exposition», «initiating event», «goal», «complicating action» und «resolution» geht (vgl. Branigan 1992, S. 17f.). Alle Reisestationen sind miteinander durch Linien verbunden, die über die Mitte des Hexagons laufen. Im Vergleich zum Kreismodell von Krützen trägt das Modell von Branigan keinen hierarchischen Charakter, weil verschiedene Stationen der Reise bei ihm gleich wichtig sind. Das Hexagon von Branigan lässt die Heldenreise in seiner progressiven Ausrichtung – vom Prolog bis zum Epilog – schlechter nachvollziehen als das Kreismodell von Krützen.

[191] Bordwell 1989, S. 188.

«Stellen Sie Ihre Figur auf die Probe. Lassen Sie sie nie in Ruhe. Herausforderungen bringen ihre Stärken und Schwächen ans Licht, vor allem jene, von deren Existenz sie noch nichts gewusst hat. Und diese Erkenntnis bewirkt eine Veränderung in Form des Sich-Selbst-Bewusstwerdens [...]. Die Aufgabe des Autors besteht darin, diese Herausforderungen so schwierig wie nur möglich zu gestalten, so dass die Figur buchstäblich aus ihrer Fassade herausbricht.»

(Keane 1998, S. 72)

Der Ausgangspunkt der *Reise* des Protagonisten liegt in einer sogenannten *Backstorywound*, einer Verletzung aus seiner Vergangenheit. Krützen unterscheidet verschiedene Arten von *Backstorywounds*, die im *klassischen* Hollywoodfilm zur Geltung kommen. Diese sind Tod, Trennung und Versagen.[192] Die Vergangenheit der Person kann den Zeitraum von der Geburt bis zum Anfang der Handlung umfassen. In dieser Zeit sollte ein auffälliges Ereignis stattfinden, das den Ursprung des Existenzkonfliktes der Protagonisten darstellt und ihr weiteres Leben beeinflusst.

Holly Golightly erzählt Paul in BREAKFAST AT TIFFANY'S von ihrer Angst. Etwas stimmt nicht in ihrem Leben. Dieses gewisse ‹Etwas› hängt mit ihrer Vorgeschichte, ihrer Herkunft oder einem Kindheitserlebnis zusammen und treibt sie zum teuren Juwelierladen, in dem sie sich und ihre Schmerzen zu verstecken versucht. Sie wirkt offen und extrovertiert, indem sie ihre Sorgen einem unbekannten Gast anvertraut. In der Tat ist sie verschlossen, künstlich und mit gesundem Menschenverstand nicht zu begreifen. In der 18. Minute sagt sie zu Paul:

«I suppose you think
I'm very brazen [...]
It's useful being top banana.»[193]

Ihre *Backstorywound* wird im Laufe des Filmes in kleinen Portionen dargestellt: In ihren Gesprächen mit Paul und durch die Kommentare ihrer Bekannten, die schließlich erklären, warum Holly auf ihre *Reise* ging. In der 28. Minute erzählt der Hollywoodproduzent O.J., wie er das Mädchen in der Provinz entdeckte und sie als Schauspielerin zu etablieren versuchte. Von ihrem Ex-Mann Doc erfahren wir in der 45. Minute des Filmes, dass der Name von Pauls Nachbarin nicht Holly Golightly, sondern Lula Mae Barnes ist, dass sie im Alter von 14 einen alten, verwitweten Mann mit drei Kindern heiratete und später von ihm weglief. Doc erzählt dem Schriftsteller, wie das verwaiste, arme und ungebildete Mädchen vor ihrer Hochzeit im fernen Texas lebte und mit ihrem Bruder Fred Lebensmittel stahl:

«When I married Lula Mae,
 She was going on 14 [...]
I caught them
Stealing milk and turkey eggs.
They'd been living
With some mean, no-account people
About 100 miles east of Tulip.»[194]

---

[192] Krützen 2004, S. 42.

[193]   «Sie halten mich sicher für unverschämt [...]
            Es ist ganz nützlich, wenn man überall
            Für verrückt gehalten wird.»

Da Holly in ihrer Kindheit an Armut litt, möchte sie nun nie wieder arm sein. Zur Apotheose des Reichtums gehört für sie der luxuriöse Juwelierladen *Tiffany*, wo sie sich beim Anblick der kostbaren Diamanten sofort beruhigt. Mit ihrer Tätigkeit als *Callgirl* glaubt sie sich selbst und ihrem Bruder zum Überleben zu verhelfen.

Die Drehbuchberater Syd Field und Christoper Keane empfehlen Berufsanfängern, noch bevor diese mit dem Drehbuchschreiben anfangen, vollständige Biografien der Protagonisten zu entwickeln.[195] Die Beschreibungen sollen bis ins Detail gehen – vom Aussehen (Alter, Haar- und Augenfarbe, Behinderungen) bis zur Ausbildung und Beziehungen – auch wenn diese Informationen nicht im Film vorkommen. Diese Methode soll dem Drehbuchautor nämlich helfen, ein vollständiges Bild seiner Charaktere zu entwickeln, um sie wie deren Sorgen und Taten ‹realistisch› darzustellen. Obwohl diese Empfehlungen erst in den letzten zwanzig Jahren zusammengefasst wurden, existierten ähnliche Regeln bereits im Hollywood der 1920er- und 1940er-Jahre. Nur damals standen *Archetypen* – bereits beschriebene und festgelegte Charaktere – im Mittelpunkt der Handlung, die sich je nach Genre, Ideologie und nach den kommerziellen Vorgaben änderten.

Die vier wichtigen Aspekte der dramaturgischen Charakterbildung im Film (von den Zeiten des *klassischen* Hollywood bis heute)[196] beinhalten das dramatische Ziel der Hauptfigur, ihren Standpunkt sowie ihre Einstellung und Veränderung.[197] Das *dramatische Ziel* kristallisiert sich aus der vollständigen Biografie heraus und wird von der Vergangenheit beeinflusst. Für einen biografischen Umriss empfiehlt Field zu erklären, wie der Protagonist seine Welt betrachtet (*Standpunkt*), was sein geistiges Umfeld umfasst und mit welcher *Einstellung* er an die Geschehnisse herangeht. Die *Veränderung* des Helden gehört dann zum Inhalt der filmischen Handlung.

Folgt man Syd Fields Anweisungen[198], sollte die *Backstory* möglichst viele Informationen über die Hauptfigur geben, ihr Leben bis zum Beginn der Erzählung

---

194   «Als ich Lula Mae heiratete
                 War sie 14 […]
                 Ich habe sie beim Stehlen von Milch und Puteneiern erwischt.
                 Sie lebten mit irgendwelchen
                 Gemeinen nichtsnutzigen Leuten,
                 Circa 100 Meilen östlich von Tulip.»

195 Vgl. Field 1998, Keane 1998.

196 Im Vergleich zu amerikanischen Drehbuchautoren, die ihre Geschichten um die Charaktere bilden, widmen sich ihre europäischen Kollegen überwiegend einer Idee. Ihre Protagonisten entfalten sich bereits vor dem Zuschauer. Wenn es sich im Film europäischer Produktion um die Liebe handelt, dann untersuchen die Filmemacher das Phänomen der Liebe, zeigen Bilder und Stimmungen. Amerikaner dagegen definieren das Thema vorwiegend über ihre Charaktere. Am Anfang des Filmes legen sie fest, welche Vergangenheit die verliebten Protagonisten hatten, in welcher Beziehung sie zueinander standen, wie sie davor gelebt haben, wie die Beziehungen zwischen ihren Eltern waren, oder ob sie eine unglückliche Liebeserfahrung hinter sich gebracht haben. Sie setzen Ziele der Charaktere im Voraus fest. Ihre Protagonisten werden von einem klaren Wunsch getrieben, etwas Konkretes und Nachvollziehbares zu erreichen.

197 Field 1998, S. 192.

198 Ebd., S. 76.

beschreiben. Da der Zuschauer diese Informationen erst im Laufe des Filmes in Erfahrung bringt, unterscheidet man im Erzählmodell zwei Ereignisverläufe – *Plot* und *Story*.[199] Der *Plot* beschäftigt sich mit dem Zusammenfügen der Geschehnisse, mit Ablauf der Geschichte nach Regeln des *linearen* Erzählmusters. Die *Story* ergibt sich aus der ganzen Handlung des Filmes und wird oft in *nicht-linearer* Form dargestellt. Sie ist die geistige Anordnung des chronologisch und kausal verbundenen Stoffs.[200]

Die Vergangenheit wird oft in *nicht-linearer* Form dargestellt: Verbal, durch Dialoge, oder visuell mit Einfügen der Rückblenden (*Flashback*) in Form einer Szene oder durch ein Objekt, beispielsweise eine Fotografie. Als Doc Golightly in BREAKFAST AT TIFFANY'S Hollys Geschichte ihrem Nachbarn Paul erzählt, zeigt er ein schwarzweißes Foto seiner Familie. Wir sehen ihn, vier Kinder, die 14-jährige Holly und ihren Bruder Fred. Die Einstellung dauert vier Sekunden und lässt den Zuschauer den Inhalt des Bildes genau nachvollziehen. Im Haus von Norma Desmond in SUNSET BOULEVARD schmücken Fotografien aus ihrer Vergangenheit überall die Wände und Tische, aber am lebendigsten wird die Erinnerung, als Norma in der 32. Minute Gillis die Filme mit ihrer Teilnahme zeigt.

Die Darstellung der Vergangenheit der Protagonisten hat mehrere Funktionen. Zum einen erläutert es ihr Verhalten und ihre Motivationen. Zum anderen werden dadurch zwei narrative Erzählwelten gebildet: Eine *vertraute* (Kindheit, Elternhaus, erste Liebe, gewöhnliche Umgebung, eine Arbeitsstelle) und eine *fremde* (Erwachsen werden, Mutterschaft, Einsamkeit durch Verlassen des Partners, Umzug). Um Probleme zu lösen oder Ziele zu erreichen, muss der Protagonist seine *vertraute* Welt verlassen und in eine *fremde* eintreten. Die innerhalb der filmischen Zeit liegende *Backstory* erleichtert diesen Vergleich.

Eine *klassische* Erzähldramaturgie mit Konfliktbildung und *Reisen* der Protagonisten zwischen *zwei Welten* kommt deutlich in sogenannten ‹Geschichten von Aschenputtel› zum Vorschein, die in Hollywood bis heute mit großem Erfolg verarbeitet werden. Ihre Handlung dreht sich um eine arme, sympathische Kreatur, die unter schweren Lebensbedingungen leidet. Sie passt nicht zu ihrem sozialen Umfeld, wird aber von anderen nicht akzeptiert. Ein adliger Prinz, wohlhabender Beschützer, muss ins Spiel kommen und die Person retten.[201]

1954 verfilmt Billy Wilder ein Theaterstück von Samuel A. Taylor namens SABRINA mit Audrey Hepburn, Humphrey Bogart und William Holden in den Hauptrollen. Die Geschichte erzählt von einer Chauffeurstochter namens Sabrina Fairchild, die in der

---

[199] Grundsätzliche Unterschiede zwischen *Geschichte* (*Story*) und *Handlung* (*Plot*) wurden von Aristoteles im sechsten Kapitel der «Poetik» beschrieben. Die Story wird zu einer Aktion, in der die Handlung ihre ausgewählten Einheiten, die in der Geschichte vorkommen, ausmacht. In: Aristoteles 1982, S. 21. Der russische Literaturwissenschaftler und Schriftsteller Juri Tynjanow spricht über *Sujet* (*Plot*) und *Fabula* (*Geschichte*). Unter Sujet versteht er die «Summe der Fabula und der aktiven Interaktionen verschiedener stilistischer Massen», wobei Fabula als Hintergrund der Handlung vorgegeben und durch diese Handlung nachvollziehbar gemacht wird. In: Tynjanow 1977, S. 324f.

[200] Bordwell / Staiger / Thompson 1985, S. 12.

[201] In späteren Versionen dieser Geschichte, beispielsweise aus den 1970er- und 1980er-Jahren, finden die betroffenen Personen oft die Kräfte für die eigene Rettung in sich selbst.

luxuriösen Villa der Familie Larrabee auf Long Island in der Umgebung von New York aufwächst. Seit ihrer Kindheit ist sie in den jüngeren der beiden Brüder Larrabee, David, verliebt. Der reiche und unbekümmerte Playboy David, mehrfach verheiratet und geschieden, sucht im Leben nur sein Vergnügen. Sabrina weiß, dass sie bei David keine Chance hat. Sie ist das Aschenputtel, das zur Erfüllung ihres Traumes eine schnelle Verwandlung benötigt. Sabrina fährt nach Paris, um dort an einem Kochkurs teilzunehmen. Einige Zeit später kommt sie nach Amerika als Dame der Gesellschaft mit ausgewählten Manieren und schöner Garderobe zurück. Endlich genießt sie die Aufmerksamkeit von David. Leider muss David die Ehe mit einer wohlhabenden Dame schließen, deren Vater Geschäfte mit der Larrabee-Familie betreibt. Somit scheint Sabrinas Traum von kurzer Dauer. In diesem Moment kommt der ältere Bruder Linus ins Spiel. Eigentlich muss Linus nur David von Sabrina fernhalten. Weil er sich für Familiengeschäfte und nicht für menschliche Gefühle interessiert, gelingt ihm dies sehr gut, allerdings mit etwas unerwartetem Erfolg: Er verliebt sich selbst in das schöne Mädchen und geht mit ihr nach Paris. Am Anfang des Filmes befindet sich Sabrina in ihrer *vertrauten* Welt – im großen Haus der Larrabees unter Obhut ihres Vaters. Ihre Angewohnheit, David von einem Baum aus zu beobachten, findet bald ein Ende, denn schließlich muss sie erwachsen werden, neue Perspektiven suchen und nicht nur ihrer unglücklichen Liebe nachtrauern. In Paris betritt Sabrina eine *fremde* Welt. Sie verwandelt sich von ‹einem hässlichen Entlein› in ‹einen graziösen Schwan›. Obwohl Sabrina ins Ausland reist, bringt diese Reise nach Paris sie David näher. Als sie aus Paris zurückkehrt, hält sie sich nicht mehr in der Garage ihres Vaters, sondern in den Privaträumen der Larrabees auf.

In einer ähnlichen Geschichte – MY FAIR LADY (1964) – dem Werk des gleichen Regisseurs, erneut mit Audrey Hepburn in der Hauptrolle, handelt es sich um die junge Blumenverkäuferin Eliza Doolittle, die in *Covent Garden* in London ihre Ware verkauft. Eines Abends trifft sie dort den Sprachwissenschaftler Higgins, der nach einer Aufführung aus dem Theater hinausgeht und entsetzt ihrer Aussprache lauscht. Higgins ist nämlich der Meinung, dass der Erfolg eines Menschen hauptsächlich vom gewählten Gebrauch der Sprache abhängt. Könnte Eliza besser Englisch sprechen, würde sie jetzt nicht auf der Straße, sondern in einem Laden ihre Blumen verkaufen. Er findet ihren Dialekt so hoffnungslos abscheulich, dass er mit seinem Freund Colonel Pickering eine Wette abschließt. Er will dem Mädchen eine gewählte Ausdrucksweise beizubringen und sie danach in den *Buckingham Palace* zu einem Diplomatenball mitnehmen. Dort soll Eliza ihre erlernte Sprache unter Beweis stellen. So zieht Eliza von den Straßen der Londoner Unterwelt und ihrem alkoholabhängigen, arbeitsunfähigen Vater weg, ins Haus von Professor Higgins. Binnen weniger Monate kann sie sich gewählt ausdrücken und geschickt kleiden. Beim Ball im *Buckingham Palace* wird das Mädchen von einem ungarischen Sprachforscher für eine Prinzessin gehalten. Sie tanzt mit dem Prinzen und gewinnt die Aufmerksamkeit der königlichen Familie. Als Eliza erfährt, dass der Professor sie nur für seine Experimente benutzt hat, läuft sie von ihm weg. Noch einmal kehrt sie in ihre *alte* Welt zurück, um zu verstehen, dass diese Welt für sie endgültig *fremd* geworden ist. Von ihrer alten Umgebung wird sie weder erkannt noch akzeptiert.

Als sie versucht, ihre Hände wie in alten Zeiten an einem Straßenfeuer zu wärmen, spricht sie ein näherstehender Mann an:

> «Can I get you a taxi?
> A lady shouldn't be walkin' alone […]
> Around London this hour of the morning.»[202]

Zum Schluss kehrt Eliza zum Professor in *seine* Welt zurück, die nun für sie *vertraut* geworden ist.

WORKING GIRL (1988) von Mike Nichols und PRETTY WOMAN (1990) von Garry Marschall zeigen moderne Interpretationen der *Aschenputtelgeschichte*, wobei beide Werke das gleiche thematische Paradigma wie die frühen Hollywoodklassiker aufweisen. In WORKING GIRL möchte sich die dreißigjährige Tess McGill in der geschäftstüchtigen New Yorker Finanzwelt etablieren. Dafür hat sie nicht die nötigen Beziehungen und keine elitäre Ausbildung wie die der *Harvard University*, nur den Abschluss einer Abendschule und ihren Ehrgeiz. Anstatt der strebsamen Mitarbeiterin zu helfen, versuchen ihre Bosse, sie nur auszunutzen. Zum Schluss verkuppeln sie Tess noch mit einem Devisenhändler. In der Tat sieht die junge Frau am Anfang des Filmes mit ihren wilden, toupierten Haaren und dem billigen Schmuck wie eine Prostituierte aus. Nach einer von ihr selbst provozierten Kündigung fängt sie als Sekretärin in der Abteilung von Katherine Parker an. Parker bringt ihr im Schnellkurs einige Stil- und Anstandsregeln bei, motiviert die naive Sekretärin, ihre Geschäftsideen mit ihr zu teilen, was sie später schamlos ausnutzt. Als Tess erfährt, dass die Chefin eine ihrer Ideen für die eigene ausgibt, wird sie gezwungen, ihre *vertraute* Welt zu verlassen und das Projekt selbst zu leiten. Während ihre Chefin nach einem Skiunfall mit gebrochenen Knochen im Ausland liegt, zieht Tess in das luxuriöse Haus und das Büro Parkers ein, schlüpft in ihre Kleider, verpasst sich eine seriöse Frisur und besucht in ihrem Namen Gesellschaftsempfänge. Mit dieser Veränderung gelingt es Tess letztendlich, ihr Ziel zu erreichen.

Nachdem Vivian Ward in PRETTY WOMAN eine unglückliche Jugendliebe (ihre *Backstorywound*) in der amerikanischen Provinz hinter sich gelassen hat, stellt sie nun ihre schönen Beine auf der bekannten Liebesmeile *Hollywood Boulevard* in Los Angeles zur Schau. Ihre für die Handlung relevante *Reise* tritt sie in der zwölften Minute des Filmes an, als sie einem verwirrten Gentleman im luxuriösen Sportwagen den Weg zeigt. Für ihre Auskunft verlangt sie Geld. Der Mann, entsetzt und neugierig über solche Frechheit, verspricht ihr das Geld und lädt sie später in sein Zimmer ein. Mit dem Einsteigen in seinen Wagen verlässt Vivian ihre *vertraute* Welt und begibt sich in seine. Sie ist noch Touristin hier. Die entscheidende Umwandlung kommt erst, als dieser Finanzmogul namens Edward Lewis sie als weibliche Begleitung für eine Woche engagiert und für ihre luxuriöse Garderobe sorgt. Bald muss Edward seine Geschäfte in Los Angeles beenden, nach New York fliegen und Vivian verlassen. Durch ihre Verwandlung ist Vivian jedoch nicht mehr das alte unbeholfene Mädchen in billigen Perücken und Lackschuhen, das für

---

[202]   «Kann ich Ihnen ein Taxi rufen?
          Eine Dame sollte nicht allein […]
          Zu dieser Morgenstunde in London herumspazieren.»

ein paar Dollar auf der Straße steht, sondern eine selbstbewusste und gepflegte Dame. Sie findet für sich keinen Platz mehr in ihrer *alten* Welt. Die Rettung des Aschenputtels kommt noch rechtzeitig zum Filmschluss. Bereits als kleines Mädchen hat sich Vivian vorgestellt, wie der Tag ihrer Erlösung aussehen wird:

> «When I was a little girl,
> My mother locked me in the attic when
> I was bad, which was pretty often.
> I'd stare out the window up there
> And make believe I was a princess trapped
> In the tower by the wicked queen.
> Then suddenly a knight
> On a white horse [...] would ride up.
> Rescue me from the tower, and then
> We'd ride off [...].»[203]

Das *Happyend* sieht dann wie ihre Kindheitsvorstellung aus: Vor dem billigen Wohnhaus des *Hollywood Boulevard,* mit der musikalischen Begleitung von «La Traviata» Giuseppe Verdis, parkt eine schwarze Limousine ein. In ihrer Dachöffnung steht Edward, festlich gekleidet, mit einem Blumenstrauß in der Hand. Sein Schirm schwingt wie ein Schwert. Edward klettert die Feuerleiter zum obersten Stock hoch und hält um die Hand von Vivian an. Ein *Kiss off*[204] schließt die Szene ab.

Die *Aschenputtelgeschichte* wird in Hollywood vielfältig umgesetzt. Zu armen rettungsbedürftigen Kreaturen gehören nicht nur Frauen, sondern auch Männer. Im Schwimmbad einer luxuriösen Villa in SUNSET BOULEVARD (1950) liegt der Körper eines ermordeten Mannes. Seine Stimme stellt ihn aus dem Jenseits vor:

> «Nobody important, really
> Just a movie writer with a couple of ‹B› pictures
> To his credit. The poor dope.
> He always wanted a pool.
> Well, in the end he got himself a pool
> Only the price turned out to be a little high [...].»[205]

---

[203]   «Als ich klein war,
         Sperrte mich meine Mutter auf dem Dachboden ein,
         Wenn ich böse war, was ziemlich oft vorkam.
         Ich schaute dort aus dem Fenster
         Und glaubte, eine Prinzessin zu sein, die
         Von einer bösen Königin gefangen gehalten wird.
         Plötzlich würde dann ein Ritter
         Auf einem weißen Pferd [...] angaloppiert kommen,
         Mich aus dem Turm retten und wir würden davonreiten [...].»

[204] Ein Kuss am Ende des Filmes gehört zum beliebtesten Abschluss in Melodramen, Dramen oder Liebeskomödien Hollywoods. Mit einem *Kiss off* schließt beispielsweise BREAKFAST AT TIFFANY'S ab.

[205]   «Niemand wirklich von Bedeutung,
         Nur ein Drehbuchschreiber mit ein paar *B-Movies,*
         Die zu seinem Verdienst gehören. Der arme Trottel.
         Er wollte immer ein Schwimmbad haben.
         Zum Schluss hat er eines bekommen.
         Nur der Preis erwies sich als etwas zu hoch [...].»

Obwohl die *Reise des Helden* in der Vergangenheit stattfand und nun vom ‹toten› Protagonisten erzählt wird,[206] bleibt der Verlauf der *Reise* gleich. In den ersten Szenen wird der Zuschauer in die Handlung eingeführt. Hier wird auch die Geschichte der Hauptfigur erläutert. Der Mann war ein Drehbuchautor («niemand wirklich von Bedeutung»), der nach Hollywood auf der Suche nach Erfolg und Reichtum kam («er wollte immer ein Schwimmbad haben»). Er hieß Joseph Gillis. Zu seiner *Backstorywound* gehören Informationen, die uns anvertrauen, dass Gillis kurz vor seinem Umzug nach Hollywood in Ohio lebte und dort einen langweiligen Job hinter einem Kopiertisch bei *The Dayton Evening Post* für 35 Dollar in der Woche hatte. Nun in Hollywood sitzt er in einem sparsam eingerichteten Apartment. Geldnot, Hunger und nicht bezahlte Raten für sein Auto treiben ihn auf die Suche nach finanziellen Quellen. Obwohl er seinen Produzenten und Agenten besucht und mit Freunden telefoniert, wird er nicht fündig. Auf dem Weg nach Hause versucht er der Verfolgung durch die Gläubiger zu entkommen, bis ihm ein Autoreifen platzt. Er begibt sich auf eine einsame Straße und versteckt sein Auto in einer verlassenen Garage. Aus Neugier erforscht er das vor ihm liegende Gelände. Sein Blick fällt auf eine Villa im prächtigen Stil der 1920er-Jahre. Zuerst glaubt Gillis, die Villa sei unbewohnt, bis eine herrschsüchtige Stimme ihn ins Haus ruft. Sie gehört dem einmal berühmten Hollywoodstar aus der *Stummfilmära*, Norma Desmond. Norma hält Gillis für den Bestatter ihres verstorbenen Schimpansen. Als sie erfährt, einen Drehbuchautor vor sich zu haben, engagiert sie Gillis für die Korrekturen ihres eigenen Drehbuches. Nun findet die Verwandlung von Gillis («a younger man who is not doing too well») mithilfe von Norma Desmond («an older woman who is well-to-do»)[207] statt. Die *Reise* des Drehbuchautors zwischen *zwei Welten* verläuft ähnlich wie bei Eliza und Vivian: Gillis tritt in die *fremde* Welt von Norma ein und verwandelt sich in einen von ihm einst erträumten eleganten Mann, umgeben von Luxus und Reichtum. Danach steht er jedoch vor dem Dilemma einer undenkbaren Rückkehr zu seinem alten Zustand der Armut und der Unmöglichkeit, in der neu erschaffenen Welt nutzlos und ohne eine kreative Aufgabe zu leben. Für den zwischen zwei Welten schwebenden Gillis scheint der Tod als Lösung seiner Probleme ein *Happyend* und gleichzeitig das Ende seiner *Reise* zu sein.

Es gibt zwei *Reisearten* der Protagonisten: *innere* und *äußere*. Die *äußere Reise* zeigt physische Bewegungen der Person, beispielsweise einen Umzug von einem Ort zum anderen, die *innere* schließt Interaktionen des Geistes, persönliche Veränderungen ein. Sie ist mit psychologischen Konflikten und ihren Auflösungen verbunden. Zur äußeren Reise von Vivian in PRETTY WOMAN gehört ihr Umzug vom *Hollywood Boulevard* nach *Beverly Hills*. Ihr Eintritt in die Welt von Edward sowie ihre Anpassungsfähigkeit und schließlich der Wunsch, in dieser Welt zu bleiben, gehören zu ihrer inneren Reise. Durch

---

[206] In CITIZEN KANE (1941) fängt die Geschichte mit dem Tod des Protagonisten an. Seine Vergangenheit wird zum Gegenstand der filmischen Handlung. Sowohl in CITIZEN KANE als auch in SUNSET BOULEVARD widmet man die ersten Einstellungen der *Backstorywound* den Hauptfiguren: Dem Drama eines Waisenjungen im ersten Film und der Schriftstellertragödie im zweiten.

[207] Zitate aus einem Filmdialog zwischen Gillis und Betty: «eine ältere, wohlhabende Dame» und «ein junger Mann, der in Schwierigkeiten steckt».

eine unglückliche Jugendliebe kam sie verletzbar und empfindlich nach Hollywood und landete auf der Straße. Dennoch war sie dieser Umgebung fremd. Dies bestätigt auch ihre Freundin Kit De Luca:

> «You sure don't fit in down on
> The Boulevard, lookin' like you do.
> Not that you ever did anyway [...]
> I knew you were too complicated
> To be a whore.»[208]

Vivian war nie mit ihrem Schicksal als Prostituierte einverstanden, sie versprach sich dadurch nur finanzielle Vorteile. Mit dem Auftauchen von Edward spitzte sich ihr Konflikt noch mehr zu. Edward wurde zu ihrem Ausweg aus der gegebenen Situation, wenn auch nur vorläufig. Durch ihrer Veränderungen scheint Vivian wieder in der Lage zu sein, vernünftige Entscheidungen über ihr Leben zu treffen: *Hollywood Boulevard* zu verlassen, nach Hause zu fahren und ein Studium zu absolvieren.

Holly Golightly in BREAKFAST AT TIFFANY'S geht ausschließlich auf eine *innere Reise*. Ihre vergangenen Umzüge gehören nicht zur filmischen Handlung, sondern zu ihrer *Backstory*. Die kleine Wohnung im New Yorker *Uptown* und der Juwelierladen *Tiffany* sind dem Mädchen *vertraut*. Als Paul in ihr Leben eintritt, wird er zum treuen Freund, vor dem sie sich emotional öffnet. Sie lädt Paul nach *Sing Sing* zu Onkel Sally ein, spricht mit ihm über ihre Affären und nimmt ihn mit, als sie ihren ehemaligen Mann aus New York zu verabschieden versucht. Die unmittelbare Nähe als Nachbarn ermöglicht beiden einen intensiven Austausch und gegenseitige Gesellschaft, die zu einer Liebe wächst. Dennoch hält sich Holly für immun gegenüber einer Liebesbeziehung. Sie redet sich ein, ein anderes Ziel zu verfolgen. Mit finanziellem Wohlstand verspricht sie sich, ihre Probleme zu lösen und ihre Ängste zu bewältigen. Durch mehrere Stationen ihrer *Reise* findet in ihr eine Veränderung statt, die sie und Paul vereint. In der letzten Sequenz definiert Paul ihr inneres Problem und motiviert sie zur Selbstbefreiung:

> «People do fall in love
> People do belong to each other,
> Because that's the only chance
> Anybody's got for real happiness.
>
> You call yourself a free spirit [...]
> You're terrified somebody's
> Going to stick you in a cage.
> Well, baby, you're already in that cage.
> You build it yourself [...].
> It's wherever you go [...],
> You just end up running into yourself.»[209]

---

[208]   «So wie du aussiehst, gehörst Du sicher nicht
         Auf den Boulevard.
         Nicht, dass du es je tatest [...].
         Ich wusste, dass Du zu kompliziert warst, um
         Eine Hure zu sein.»

[209]   «Menschen verlieben sich,
         Sie gehören zusammen,

Jede *Reise* hat ein festgelegtes thematisches Muster, das aus der Dramaturgie übernommene konventionelle Schema, nach dem die Geschichten gestaltet wurden. Vereinfacht sieht sie folgendermaßen aus:[210]

Anfang
ERSTER AKT
Exposition (Setup)

Mitte
ZWEITER AKT
Konfrontation

Ende
DRITTER AKT
Auflösung

19 Schaubild 2

Die Handlung besteht aus drei Akten: Anfang, Mitte und Ende. Im ersten Akt findet traditionell eine Vorstellung der Hauptfigur statt. Ihre Ziele werden formuliert und Konflikte vorgezeichnet, der Ort und der Zeitraum der Handlung festgelegt. Die Hauptfigur tritt die *Reise* an, indem sie sich von ihrer *vertrauten* Welt trennt. Der *Reiseeintritt* wird durch ein wichtiges Ereignis *ausgelöst*, beispielsweise einen Fehler (Edward Lewis verirrt sich mit dem Auto in PRETTY WOMAN), einen Auftrag (Barton Fink soll ein Drehbuch in Hollywood schreiben in BARTON FINK), einen Zufall (Tess McGill wird ihre Idee gestohlen in WORKING GIRL). Im zweiten Akt – dem Hauptteil der Handlung – wird gezeigt, wie der Protagonist seine *Prüfungen* erteilt bekommt, wie er sein Ziel verfolgt und wie er seine Mängel überwindet. Zum Schluss werden alle Konflikte aufgelöst und Ziele erreicht. In der *Poetik der Prosa* erklärt Tzvetan Todorov[211], dass die Erzählung eine begründete Transformation sei, die fünf Phasen durchlaufe. In der ersten Phase bewahre sie das Gleichgewicht, in der zweiten Phase ereigne sich die Störung. Diese werde im dritten Teil erkannt und im vierten Teil korrigiert. In der fünften Phase werde das Gleichgewicht der ersten Phase wiederhergestellt. Die Phasen der Erzählung seien miteinander verbunden. In jeder Sequenz werde eine Frage gestellt und eine andere beantwortet:

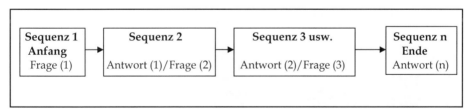

Sequenz 1
Anfang
Frage (1)

Sequenz 2
Antwort (1)/Frage (2)

Sequenz 3 usw.
Antwort (2)/Frage (3)

Sequenz n
Ende
Antwort (n)

20 Schaubild 3

Weil das die einzige Chance ist,
Glücklich zu werden.
Du nennst dich freier Geist […].
Und zitterst vor Angst, dass jemand dich
In einen Käfig steckt.
Kindchen, du sitzt schon lange drin.
Und gebaut hast du ihn dir selbst.
Es ist egal, wohin du gehst,
Überall wirst du dir selbst begegnen.»

[210] Vgl. Field 1998, S. 41.
[211] Todorov 1977, S. 111.

Die Abfolge der Fragen und Antworten trägt in diesem Schema einen *linearen* Charakter, wobei sie auch *kausal* aufgebaut werden kann. Im Vorspann von BREAKFAST AT TIFFANY'S beobachtet man, wie eine Frau am frühen Morgen aus dem Taxi aussteigt. Wenn man sich die Frage stellt, warum sie sich zu dieser frühen Zeit auf der Straße aufhält, bekommt man in der darauffolgenden Sequenz eine Antwort: Holly verbrachte ihre Zeit auf einer Party und kehrt zur frühen Morgenstunde nach Hause zurück. Zu dieser Szene könnte man auch eine *kausale* Frage stellen: «Warum hält sie sich vor dem Juwelierladen *Tiffany* auf?» Die Antwort auf diese Frage erfolgt erst später, im Gespräch zwischen ihr und Paul.

Der russische Regisseur und Filmtheoretiker Wsewolod Pudowkin spricht über einen *beweglich-kontinuierlichen* Charakter der filmischen Erzählung. Er versteht jeden Filmausschnitt nur als einen Teil der ganzen Geschichte, einen ‹gegenwärtigen› Zustand der momentanen Filmerzählung, die ihre Wurzeln in der Vergangenheit und ihre Auflösung in der Zukunft hat.[212] Dieses Modell zeigt den möglichen Aufbau der Handlung, unterscheidet aber nicht zwischen primären und sekundären Fragen, also zwischen den Fragen, die vorläufig einen Teil der Handlung weitertreiben, und den anderen, die einen wesentlichen Einfluss auf die ganze Story ausüben.

Wenn wir davon ausgehen, dass die Erzählung aus einer *linearen* Kette von Ereignissen besteht, dann klärt sich der Aufbau von SUNSET BOULEVARD folgendermaßen auf: Gillis wird verfolgt. Er muss entweder sein Auto abgeben oder seine Raten fürs Fahrzeug zahlen. Durch Zufall – Platzen seines Reifen – findet er eine Garage in einem scheinbar unbewohnten Haus und versteckt dort sein Auto. Das Haus wird jedoch von einer reichen Dame bewohnt, die zufälligerweise im Filmgeschäft tätig war. Zu diesem Zeitpunkt braucht sie einen Drehbuchautor für Korrekturen ihres Skriptes. Da Gillis nicht in seine Wohnung zurückkehren kann – dort warten nur die Gerichtsvollzieher auf ihn – bleibt er bei Norma. Die Handlung kann auf diese Art und Weise unendlich weitergehen.

Wie würde eine Erzählung aufgebaut, wenn die Abfolge der Fragen und Antworten keinen *linearen*, sondern *kausalen* Charakter trüge, wenn die Frage nicht in der darauffolgenden Sequenz, sondern zu einem späteren Zeitpunkt oder gar nicht zu beantworten wäre? Der amerikanische Wissenschaftler Noël Carroll reflektiert theoretische Aufsätze von Pudowkin. Ähnlich wie der russische Regisseur baut Carroll seine Erklärung auf einem Wechselspiel zwischen Fragen und Antworten auf.[213] Die Filmsequenzen tragen bei ihm jedoch verschiedene Funktionen, die aus Benennungen wie *establishing, questioning, answering, sustaining, fulfilling* ersichtlich sind. Die Sequenz *Questioning* schließt Fragen ein, *Answering* gibt die Antworten. Obwohl die Teile der filmischen Handlung nach Carroll verschiedene Bedeutungsebenen und Spannungsfelder bilden und der Aufbau einer Erzählung dadurch logisch aussieht, widerspricht seine Theorie dem dramaturgischen *3-Akt-Modell*. Alle Sequenzen scheinen nach ihm gleichwertig zu sein, während man im *3-Akt-Modell* zwischen *Ausgangspunkt*,

---

[212] Albersmeier 2001, S. 84.
[213] Carroll 1988, S. 171.

Kulmination und *Auflösung* unterscheidet. Carroll trennt außerdem nicht zwischen den wesentlichen Fragen, die die ganze Handlung beeinflussen, und anderen, die bloß in die nächste Sequenz führen. Ob sich Holly mit Paul nach ihrem Streit in Breakfast at Tiffany's verträgt, erfahren wir gleich in der nächsten Filmsequenz: Sie lädt ihren Nachbarn zur Party ein. Ob sie sich ineinander verlieben, erfahren wir nicht aus der nächstfolgenden beziehungsweise *answering*-Sequenz, sondern aus dem größten Teil der filmischen Handlung.

2. Stationen der *Reise*

Während Carroll die Filmsequenzen gleichwertig behandelt, behaupten Vogler und Field, dass die Erzählung hierarchisch aufgebaut sei. Sie sprechen über die *auslösenden* Momente («call to adventure», Vogler 1992, S. 117) als Ausgangspunkt,[214] die die Protagonisten schließlich auf ihre *Reisen* mit typischen *Reisestationen* (*Trennung - Prüfung - Auflösung*) schickten. Die *Trennung* verstehe sich als ein Abschied des Helden von seiner *vertrauten* Welt. In der *fremden* Welt warteten Konfrontationen auf ihn, die seine Belastbarkeit *überprüfen*. Bei der Ankunft beziehungsweise dem Ende der *Reise* würden Konflikte *aufgelöst* und Fragen beantwortet. Wie heißen die *Reisestationen* und wie werden sie herauskristallisiert?

Als Tess in Working Girl ihre Arbeitsstelle verliert, erwartet der Zuschauer eine Antwort auf die Frage, wie die junge Frau ihr Beschäftigungsproblem löst. Tatsächlich findet sie bald wieder einen neuen Job unter der Leitung von Katherine Parker. Das Problem wird zwar gelöst, dennoch gehört es nicht zum entscheidenden in der Handlung. Ihre wichtigste *Reise* an die Spitzenposition der Geschäftswelt fängt noch nicht an. Der *auslösende* Moment kommt erst mit der Aufdeckung der Lüge von Katherine. Als Tess erfährt, dass die Chefin ihre Geschäftsidee als ihre eigene ausgibt, um sich in der Folge die mögliche Beförderung zu beschaffen und einen Mann zu gewinnen, verabschiedet sie sich vom ‹alten› Leben. Unglückliche Ereignisse wie Betrug durch ihren Freund mit einer anderen Frau motivieren Tess noch zusätzlich zu ihrer endgültigen Veränderung.

Die *Trennung* ist oft eine schmerzvolle Erfahrung für Protagonisten, die nicht leicht stattfindet, da viele Protagonisten selten freiwillig auf ihre *Reisen* gehen. Die meisten erkennen ihre Schwächen nicht selbst und sie lassen sich oft von anderen Charakteren leiten. In diesem Zusammenhang spricht man von der Figur eines Mentors, der den Protagonisten bei seiner *Reise* unterstützt und seinen *auslösenden* Moment vorbereitet. In Breakfast at Tiffany's wird die Rolle des Mentors zwischen Onkel Sally und dem Produzenten O.J. aufgeteilt. Beide stehen Holly mit Rat und Tat zur Seite. Onkel Sally zeigt der jungen Dame Paul als ihren möglichen Partner. Auch O.J. erfüllt die gleiche Funktion und kommt zu Hilfe, als Holly festgenommen wird. Nicht jeder Mentor spielt eine positive Rolle. Manchmal werden diese Personen berufen, nur um eine Veränderung

---

[214] Michaela Krützen verwendet den Begriff *initialer Auslöser*. Dabei betont die Wissenschaftlerin die Notwendigkeit mehrerer *Auslöser* als Anstoß für die Reise. In: Krützen 2004, S. 154.

zu provozieren und ihre ‹Schützlinge› zu verlassen. Katherine Parker in WORKING GIRL wird von Tess mit Nachdruck als ‹Mentorin› genannt («it's like she wants to be my mentor, which is exactly what I needed»[215]). Sie nutzt diese Rolle zu ihren Gunsten aus, erfüllt dabei jedoch die wichtige Funktion, indem sie ihr Mentée auf die *Reise* schickt.

Nachdem die Protagonisten ihr Ziel erkennen, erhalten sie die *Warnungen*, die oft vom Umkreis ausgesprochen werden. Cyn warnt Tess vor den Folgen ihrer Verwandlung in WORKING GIRL:

> «Sometimes I sing and dance
> Around the house in my underwear.
> It doesn't make me Madonna.
> Never will.»[216]

Manchmal vermittelt man eine *Warnung* durch eine Situation oder einen Gegenstand. Als Tess sich aus der Garderobe ihrer Chefin bedient, fällt ihr Blick auf das Kleidungsetikett. Das Kleid kostet 5.000 Dollar. Diese teure Garderobe kann sich eine bescheidende Sekretärin nicht leisten, deshalb verliert Tess kurz ihren Mut. Sie verarbeitet jedoch ihre eigene Unsicherheit mit einem Beruhigungsmittel und entscheidet sich, ihren Weg fortzusetzen. Die Unbekümmertheit von Vivian, Tess, Eliza oder Holly weist vielleicht auf ihre Mängel hin, verhilft ihnen jedoch beim *Reiseeintritt*. Wäre Eliza Doolittle nicht so unerzogen und naiv, würde sie nicht in ihren schmutzigen Lumpen im Haus von Professor Higgins auftauchen, hätte ihre *Reise* nie stattgefunden.

Viele Nebencharaktere wie Cyn (WORKING GIRL) oder Kit (PRETTY WOMEN) erkennen ihre Mängel oft nicht und sind – im Gegensatz zu den Hauptfiguren – nicht fähig, diese zu bewältigen. Kit bleibt in PRETTY WOMEN auf der Straße. Cyn behält in WORKING GIRL ihren bescheidenen Angestelltenjob und heiratet einen alten Freund aus dem gleichen Milieu. Max in SUNSET BOULEVARD dient weiterhin seiner Herrin anstatt seinem wirklichen Beruf nachzugehen. Er versteht das Streben von Gillis nach Freiheit und kreativer Arbeit nicht, während der Schriftsteller bereits seinen sicheren Platz im Herzen von Norma und seinen finanziellen Wohlstand gefunden hat.

Thomas Schlesinger und Keith Cunningham haben ein System von *need vs. mode* (*Bedürfnis* vs. *Verhalten*) in *die Heldenreise* integriert.[217] Die Drehbuchautoren unterscheiden zwischen dem Bedürfnis der Hauptfigur und ihrem tatsächlichen Verhalten. Am Anfang des Filmes glauben die Protagonisten demnach, etwas Bestimmtes zu wollen. Im Laufe der Handlung stellten sie fest, dass ihre Ziele andere Dimension haben. Sie entwickelten andere *Bedürfnisse*, die sie zum neuen Ziel führten. Holly (BREAKFAST AT TIFFANY'S) denkt, ihr Glück liege in einer Hochzeit mit einem reichen Mann. Im Laufe des Filmes muss sie jedoch feststellen, dass sie sich nach Liebe sehnt. Eliza Doolittle (MY FAIR LADY) möchte als Floristin in einem Blumenladen

---

[215] «Es ist so, als ob sie mein Mentor sein möchte, und genau das brauche ich.»

[216]　　　　　 «Manchmal singe ich und tanze
　　　　　　　 In meiner Unterwäsche durch das Haus.
　　　　　　　 Deshalb bin ich noch lange nicht Madonna
　　　　　　　 Und werde es nie sein.»

[217] Krützen 2004, S. 142f.

arbeiten. Nach dem Ballbesuch im königlichen Palast möchte sie nicht mehr als Verkäuferin arbeiten, sondern in dieser gehobenen Gesellschaft bleiben. Gillis (SUNSET BOULEVARD) glaubt, er käme wegen des Reichtums nach Hollywood. Als er jedoch sein erträumtes Luxusleben genießt, vermisst er seine Arbeit. Im Laufe der *Reisen* lernen Protagonisten ihre neuen Bedürfnisse zu unterscheiden:

> «I want fairytale.»
> *(Vivian in PRETTY WOMAN)*

> «I'm not gonna spend the rest of my life
> Working my ass off and getting nowhere
> Just because I followed rules that
> I had nothing to do with setting up […].»
> *(Tess in WORKING GIRL)*

> «I don't mind you swearing at me […].
> But I won't be passed over!»
> *(Eliza in MY FAIR LADY)*[218]

Der Zustand der Personen verändert sich im Handlungsablauf:[219]

Vivian	Eliza	Gillis
niveaulos / stilvoll	**ungebildet / gebildet**	**arm / reich**
(Anfang / Ende)	*(Anfang / Ende)*	*(Anfang / Ende)*

21 Schaubild 4

Die Nebencharaktere definieren die Funktionen von *mode* und *need* noch näher für die Hauptfiguren. Der Rechtsanwalt Stuckey fordert seinen Vorgesetzten Edward Lewis in PRETTY WOMAN auf, eine in Schwierigkeiten geratene Firma zu vernichten. Je mehr Druck Stuckey auf seinen Chef ausübt, desto mehr zögert Edward, diesen Weg zu gehen. Als Stuckey Edward mit Vivian beobachtet, äußert er sich respektlos über seine Begleiterin in der Hoffnung, Edward zu seiner gewöhnlichen Einstellung Frauen gegenüber zurückzubringen. Er stößt jedoch auf Wut von Edward, verliert ihn als seinen Partner und bringt die beiden Liebenden näher zusammen.

---

[218]
> «Ich möchte ein Märchen.»
> *(Vivian in PRETTY WOMAN).*

> «Ich will nicht den Rest meines Lebens damit verbringen,
> Mir den Arsch aufzureißen und nichts zu erreichen
> Nur weil ich die Regeln befolgt habe,
> Die ich nicht aufgestellt habe […].»
> *(Tess in WORKING GIRL)*

> «Ich habe nichts dagegen, wenn Sie mich beschimpfen.
> Aber ich will nicht weitergereicht werden!»
> *(Eliza in MY FAIR LADY)*

[219] Vgl. Krützen 2004, S. 147.

Nachdem die Hauptfigur die *Reise* antritt, landet sie in der Welt der Abenteuer und bekommt *Prüfungen* auferlegt. Die erste *Prüfung* ist ein Test über die Belastbarkeit der Charaktere. Es wird kontrolliert, ob sie das Potenzial für weitere Proben haben und erfolgreich ans Ziel kommen. Vivian (PRETTY WOMAN) schafft es, in einem luxuriösen Geschäft von *Beverly Hills* ein Kleid selbst zu kaufen, bevor sie Edward zur Hilfe holt. Als sie sich auf ihr erstes förmliches Abendessen mit Edward und seinen Geschäftspartnern vorbereitet, übt sie die nötigen Anstandsregeln ein. Während des Dinners vergisst sie jedoch die Reihenfolge des Bestecks und rätselt über einige Speisen. Sie hinterlässt trotzdem einen positiven Eindruck und zeigt sich in der Lage, die Hindernisse zu überwinden und den ganzen Weg ihrer Verwandlung zu gehen. Eliza Doolittle fällt beim gesellschaftlichen Empfang in *Ascot* fast durch, bekommt aber noch eine Chance, die große *Prüfung* im *Buckingham Palace* zu bestehen. Weil die filmische Zeit begrenzt ist, intensivieren sich die *Proben* mit der Zeit. Die Helden bekommen Fristen (*deadlines*), um ihre Probleme zu lösen.[220] Tess (WORKING GIRL) muss ihr Geschäft bis zur Rückkehr von Katherine erledigen. Vivian (PRETTY WOMEN) hat eine Woche, um Edward für sich zu gewinnen. Die ersten Tests enden oft im Fiasko. Die Charaktere werden jedoch im ständigen Kampf auf verschiedenen Etappen zu ihren Zielen gezeigt. Gegen Ende des zweiten Aktes und kurz vor dem Schluss erleben die Protagonisten die größte Verzweiflung oder *Verzögerung*. Vivian in PRETTY WOMEN schafft es, vom wählerischen Edward geliebt zu werden: Obwohl er Los Angeles verlässt, möchte er sie wiedersehen. Davon hätte sie am Anfang ihrer *Reise* noch nicht geträumt. Zum Schluss entwickelt sie jedoch weitere Wünsche. Sie will von Edward nicht mehr ausgehalten werden, sondern ihn als Partner gewinnen. Da der reiche Geschäftsmann sich dafür nicht entscheiden kann, verlässt ihn Vivian in der 99. Minute des 119-minütigen Filmes, ihre Ankunft ans Ziel wird *verspätet*. Sie kehrt in ihre *alte* Welt zurück, besucht Kit in ihrer gemeinsamen Wohnung, um die Unmöglichkeit ihrer Rückkehr noch mal zu überprüfen. Nachdem Eliza (MY FAIR LADY) von der Wette erfährt, sieht sie erneut *Garden Square* und wird von seinen Bewohnern nicht mehr erkannt. Ihr Ziel – bei Higgins zu bleiben – wird kurz *verzögert*, zum Schluss jedoch erreicht. Auch Vivian bleibt bei Edward. Nur weiß sie davon noch nichts, als sie ihn verlässt. Durch diesen Rücktritt – scheinbare *Verzögerung* – wird der Protagonist in seiner Entscheidung gestärkt. Das Erreichen des Ziels wird beschleunigt.

Während der *Prüfungsphase* nimmt die Erzählung verschiedene *Wendepunkte* (*Plot Points*) ein, die das Geschehen in die nötige Richtung lenken. Diese *Wendepunkte* sind im Drehbuch festgelegt. Syd Field setzt den *ersten Wendepunkt* am Ende des ersten Akts etwa in der 20. Minute des Filmes fest. Nach dem *Wendepunkt I* – als die Hauptfigur sich von ihrer *vertrauten* Welt trennt – beginnt der zweite Akt, der diese Änderung begründet. Dazwischen liegt die *Kulmination* (ungefähr um die 60. Minute), die zwei Akte verbindet. Der Wendepunkt II (80. bis zur 90. Minute) führt die Geschichte zum letzten Akt.

Bei der Analyse des Filmes THELMA & LOUISE stellt Krützen fest, dass die von Field vorgeschlagenen *Wendepunkte* (vor allem *Wendepunkt II*) nicht den tatsächlichen

---

[220] Bordwell / Staiger / Thompson 1985, S. 44.

Wendungen entsprechen, sondern seine Theorien begründen.[221] Seinem Modell zufolge setzt Field den zweiten Wendepunkt in THELMA & LOUISE zwischen der 85. und 90. Minute an, auf den aus dem Film gestrichenen Dialog, in dem Thelma über ihre Freiheitseinschränkungen in der Ehe berichtet. Nach Krützen stellt diese Szene keinen Anlass für eine *Wendung* dar. Die Wissenschaftlerin bestimmt den zweiten *Wendepunkt* neu und setzt ihn auf die 100. Minute, auf ein Gespräch zwischen Louise und dem Polizisten an, nachdem die beiden Frauen ihre Rückkehr für unmöglich halten und sich zur endgültigen Flucht vor der Polizei entscheiden. Krützen schließt daraus, dass die entscheidenden Höhepunkte nicht nach dem von Field fixierten Schema, sondern figurenorientiert zu belegen sind. Dennoch legt sie in ihrem eigenen Modell[222] zur Dramaturgie des *klassischen* Hollywoodfilmes die zweite *Wendung* auch vor dem dritten Akt fest.

Obwohl Field nach Meinung von Krützen den *Wendepunkt* des Filmes 15 Minuten früher platziert, erfüllt sein Drehbuchschema eine andere Funktion. Sie bezieht sich weniger auf einzelne Filme, sondern verschlüsselt das Drehbuchmuster und wird zur Schreibhilfe für Berufsanfänger. Ob sich alle Filmschaffenden an den Vorschlägen von Field orientieren, bleibt ihnen überlassen. Die meisten halten sich jedoch daran, weil diese Anweisungen in Hollywood mehrfach auf Erfolg geprüft wurden. Die Bedeutung des Werkes von Field liegt auch noch darin, dass er den Prozess des Filmdrehens aus der handwerklichen Sicht betrachtet und nicht als spontanen kreativen Einfall beschreibt.[223]

Im Modell von Field sind drei Akte, *Plot Point* I und II und der *Midpoint* der Handlung integriert. Nach Field enthält die Handlung mehrere *Plot Points*[224], aber nur die zwei *Plot Points* und ein zentraler *Wendepunkt* (circa auf der 60. Seite des Drehbuches) verändern wesentlich den Lauf der Handlung. Krützen vergleicht den Begriff *Midpoint* mit dem ‹tragischen Moment› aus der Theatertheorie von Gustav Freytag, in der es um die schematischen Darstellungen der Dramatechniken geht.[225] Obwohl Field und seine amerikanischen Kollegen sich beim Drehbuchschreiben auch auf *klassische* Techniken des Dramas berufen, bedeutet dies nicht, dass Field seine Begriffe nach dem Verständnis des Dramas von Freytag erklärt. Sein *Midpoint* – in der genaueren Übersetzung «mittlerer

---

[221] Krützen 2004, S. 108ff.

[222] Ebd., S. 270.

[223] Es gibt immer wieder junge und vom Film begeisterte Talente, die zu den berühmten Filmfestspielen in Cannes kommen, sich für Workshops eines weltbekannten Regisseurs einschreiben und erwarten, von diesem Filmemacher (im Jahre 2007 war es beispielsweise Martin Scorsese, der den Workshop leitete, ein Jahr später Quentin Tarantino) über seine vertraulichsten Tricks beim Drehen der Filme zu hören. Jener Regisseur wird beinahe müde zu wiederholen, dass seine Arbeit aus alltäglichen Aufgaben besteht, wie die Kamera anzuschalten, das Format anzupassen und die Filmcrew zu organisieren, und keine besonderen Tricks beinhaltet. Wenn auch diese Regisseure übertreiben, weil ihre Tätigkeit aus mehr als bloßem An- und Ausschalten der Kamera besteht, möchten sie – ähnlich wie Field – betonen, dass auch Filme drehen zum Handwerk gehört und nicht durch kreative Einfälle entsteht.

[224] *Plot Point* ist ein in die Handlung «eingehaktes» Ereignis, der diese in eine neue Richtung lenkt. Krützen spricht hierbei über einen *Wendepunkt*.

[225] Ebd., S. 116.

Punkt» – muss nicht «zentrale Wende» heißen, sondern – wie Field dies auch selbst erklärt – «einen ruhigen Moment oder eine aktive, dramatische Sequenz» (Field 1998, S. 47). Dieser Punkt wird aus praktischer Sicht eingeführt, um einem ermüdeten Drehbuchverfasser, der sich «im Irrgarten der eigenen Schöpfung» verliert, die Struktur in seine Arbeit zu bringen, «eine Verbindung zwischen zwei Akten zu schaffen» (Ebd., S. 47).

Es gibt verschiedene Handlungsstränge im Film, mindestens zwei davon gehören zu den wichtigsten: Liebesgeschichte und Berufsleben. Für jeden Handlungsstrang können eigene *Wendepunkte* eingesetzt werden, die oft miteinander verknüpft sind. Die Erfolge von Tess McGill (WORKING GIRL) bei der Fusion der Firma *Trask* mit dem Radiosender *Metro* sind eng mit ihrem Privatleben verbunden, ihrer Sympathie zu Jack Trainer. Tess trifft Trainer zum gleichen Zeitpunkt, als sie ihr Leben komplett verändern will. Jack soll ihr helfen, ihre Geschäftsidee durchzusetzen. Zuerst treffen sie sich bei einem Abendempfang und durch Zufall endet ihre flüchtige Bekanntschaft in der Wohnung von Trainer. Der Geschäftsmann wird auf die attraktive Blondine aufmerksam, bleibt dennoch auf Distanz. Erst nachdem beide eine mühsame und für das Geschäft wichtige Besprechung mit dem mächtigen Oren Trask organisieren, verbringen sie die erste Liebesnacht miteinander. Zum Schluss des Filmes wird die persönliche Neigung von Jack der jungen Frau helfen, Gerechtigkeit über das Geschäft herzustellen, nachdem sie von Katherine erwischt und beseitigt wird. In den beruflichen Schwankungen von Tess spielt nicht nur Trainer eine wichtige Rolle. Auch ihr Partner Mick beeinflusst die beruflichen Entscheidungen von Tess: Der Betrug von Mick wurde zum letzten Hindernis, das ihre *Reise* aufzuhalten drohte. Mick spielt eine bedeutende Rolle auch in der zweiten Hälfte des Filmes, als beide schon getrennt sind. Nachdem Tess ihre zweite Kündigung erhält, muss sie noch an der Hochzeit ihrer besten Freundin Cyn teilnehmen. Dort trifft sie Mick wieder. Sein Erfolg im Geschäft und eine neue Beziehung kontrastieren mit der beruflichen Niederlage von Tess. Die Dimension seines Glücks zeigt Tess jedoch, wie weit sie sich beruflich und privat von dieser Welt entfernt hat und wie unmöglich ihre Rückkehr in ihre *alte* Welt zu sein scheint. Am Ende des Filmes wird Tess für ihren Fleiß belohnt. Sie bekommt eine führende Position bei Oren Trask und einen neuen Lebenspartner, Jack Trainer. Beide ziehen zusammen. Die Handlungsstränge, Liebe und Beruf, die in diesem Film eng miteinander korrelieren, werden zum Schluss gleichzeitig aufgelöst.

In der Regel besteht der letzte Akt der filmischen Erzählung aus der entscheidenden *Prüfung* mit der letzten *Wendung*. Die Protagonisten erleben bereits erwähnte *Niederlagen*. Eine kurze Ruhephase wechselt noch einmal in die Aktion. Die Person ergreift die Initiative und bekommt einen *Energieschub*[226] aus eigenem Willen oder durch Druck von außen. Die *Reise* mit ihren *Stationen* haben den Protagonisten nun gestärkt. Er hat seine Lektionen gelernt und kann mit der schwierigen Situation umgehen. Das Ende des Filmes wird je nach Genre gestaltet. In einem Actionfilm sehen wir die letzte Verfolgungsjagd oder eine Kampfszene. Ein Melodrama zeigt, wie die Darstellerin ein letztes Mal ihren Geliebten verlässt. In einem Frauenfilm gehört die Gründung einer

---

226 Krützen 2004, S. 237.

Familie oder zumindest der Gewinn eines richtigen Partners zum *Happyend*, im Western die wiedergefundene Unabhängigkeit eines Cowboys, der in die unendlichen Landschaften hinein reitet. Ein gelungener Schluss muss die Geschichte auf möglichst positive Art auflösen:

> «Bei der Abblende oder beim Verlassen des Kinos wollen wir satt und zufrieden sein, so als würden wir uns nach einem guten Essen vom Tisch erheben. Dieses Gefühl der Zufriedenheit muss vorhanden sein, damit der Schluss effektiv funktioniert. Und natürlich muss er glaubwürdig sein.»
>
> *(Field 1998, S. 349)*

Manche Protagonisten kehren in ihre alte Welt zurück, die anderen landen nur am Ende ihrer Reise. Holly in BREAKFAST AT TIFFANY'S hat ihre gewöhnliche Umgebung physisch auch nicht verlassen, sie ging auf innere Reise und ihre Umwandlung war durch die Liebe zu Paul emotionaler Art. Das *Kiss off* am Ende des Filmes lässt uns vermuten, dass beide Protagonisten sich weiterhin in New York aufhalten werden, aber unter anderen Voraussetzungen – glücklich und verliebt. Das *Kiss off* in PRETTY WOMAN lässt uns glauben, dass Edward Lewis in New York mit dem neuen Job und der neuen Freundin ankommt. Die Reise von Gillis in SUNSET BOULEVARD wird mit seiner symbolischen Ankunft abgeschlossen: Seine Leiche liegt in einem von ihm immer ersehnten Schwimmbad. Der Tragikkomödie zufolge endet die Geschichte mit einem Verlust. Dem Protagonisten des *klassischen* Hollywoodfilms gelingt es immer, die zu lösende Aufgabe in einer finalen Auseinandersetzung zu bewältigen und je nach Sujet in die gewohnte Welt als Held zurückzukehren oder aber sich endgültig von ihr zu trennen.

Am Anfang und am Ende der filmischen Erzählung zeigt Hollywood seine besonderen Vorlieben für Konventionen: Der Verfolger geht auf die Jagd, sogar wenn seine Kräfte dafür nicht mehr reichen, Liebe wird auf unmögliche Art und Weise gerettet und Konflikte überraschend aufgelöst. Das Medium Film erlaubt dem Filmemacher die Freiheit, über seine Charaktere zu entscheiden. Würde Edward Lewis im realen Leben eine Prostituierte in seine teure Hotelsuite in *Beverly Hills* schleppen? Ginge Vivian in ihrem üppigen Outfit auf der luxuriösen Meile einkaufen? Liefe Gillis trotz der Drohungen seiner Geliebten mit einer auf ihn gerichteten Pistole sorglos weg? Vielleicht würde er im realen Leben versuchen, die Gefahr abzuwenden, Norma nicht nach einer Beziehungseskalation, sondern in einer ruhigen Minute verlassen. Warum benehmen sich die Charaktere auf diese Art und Weise? Als Alfred Hitchcock einmal gefragt wurde, warum seine Protagonisten so unlogisch handeln, warum sie nicht einfach zur Polizei gingen, sondern sich mit ihrer Verzögerung gefährden und glaubten, die Situation allein lösen zu können, antwortete er:

> «Then the movie will be over.»[227]

Seine Antwort bestätigt, wie weit die filmischen Charaktere in ihren Handlungen von der Lebensrealität entfernt sind. Die Filme Hollywoods folgen nicht der lebensweltlichen, sondern einer narrativen Logik der Dramaturgie. Deshalb schließen sie – auch wenn es uns unmöglich scheint – mit einem *Happyend*. Man kann zu Recht widersprechen, dass es

---

[227] «Dann wird der Film zu Ende sein.» In: Krützen (2004), S. 35f.

doch auch Filme gibt, die kein *Happyend* haben, oder dass nicht jede glückliche *Auflösung* ein positives Ereignis darstellt. Wie glücklich bleibt Rick ohne Ilsa in CASABLANCA? Warum sollte der Schluss von SUNSET BOULEVARD zur gelungenen Entlassung zählen? Die Antwort lautet, dass auch der Tod als Lösung gewählt werden kann, wenn die Person dadurch von einem ‹unlösbaren› Konflikt erlöst wird. Der Entscheidung von Thelma und Louise zum Selbstmord im gleichnamigen Film kann nachgetrauert werden, darin liegt jedoch der Sieg beider Frauen. Sie haben den ‹freien› Tod über die freiwillige Verhaftung, Niederlage und Gefangenschaft gewählt. Für den gesetzlosen Helden Rick in CASABLANCA würde seine Bindung zu Ilsa die Einschränkung seiner Freiheit bedeuten. Im Sinne von *mode* versus *need* glaubt er, die Liebe der Frau zu brauchen (*Wunsch*), zum Schluss stellt er dennoch fest, dass sein *Bedürfnis* mit seinem freien, ungebundenen Leben zusammenhängt. In diesem Kontext bedeuten manche, vom Zuschauer als unglücklich eingeschätzte Ereignisse doch noch ein *Happyend*. Nicht jeder Handlungsstrang muss zum Schluss abgeschlossen sein, aber es muss der Eindruck entstehen, dass dies geschieht:

> «Entscheidend für das klassische Hollywoodkino ist nicht, welche Auflösung ein Film anbietet, sondern dass er eine Auflösung anbietet.»
> *(Krützen 2004, S.256)*

Bei der *Auflösung* unterscheidet man zwischen «der Geschlossenheit einer Geschichte» und «dem geschlossenen Diskurs» (Krützen 2004, S. 256f.), wobei die meisten Filmemacher versuchen, beide *Auflösungen* zum Schluss zu vereinen. Das Finale von PRETTY WOMAN zeigt alle Konflikte gelöst und die erwünschte Paarbildung abgeschlossen. Auch Gillis in SUNSET BOULEVARD braucht nicht mehr über seine Lebensberufung zu rätseln. Die Träume seiner Partnerin Norma, wieder im Film zu spielen und vor der Kamera zu stehen, gehen, wenn auch auf satirische Art und Weise, in Erfüllung. Obwohl die letzten sie filmenden Kameras nicht von den *Paramount Studios*, sondern vom Nachrichtendienst sind und über ihre Festnahme berichten, glaubt die verrückte Dame, wieder ins Filmgeschäft zurückgekehrt zu sein und die Rolle der Salome in ihrem Schloss zu spielen.

Manche Geschichten bilden die Ausnahmen, indem sie bei einer geschlossenen Handlung einen offenen Diskurs lassen. Mike Nichols schließt WORKING GIRL mit der beruflichen Beförderung von Tess ab. In der Schlusseinstellung zoomt die Kamera jedoch vom neuen Büro der Protagonistin auf das ganze Gebäude der Firma aus. Man weiß, dass die erfolgreichsten Manager immer die oberen Etagen besetzen. Die Lage des Fensters von Tess zeigt, dass sie noch weit von einer Topposition entfernt ist. Hier deutet Nichols symbolisch auf zukünftige Kämpfe trotz des vorläufigen *Happyends* hin.

Die Dramaturgie der filmischen Erzählung sieht somit folgendermaßen aus:[228]

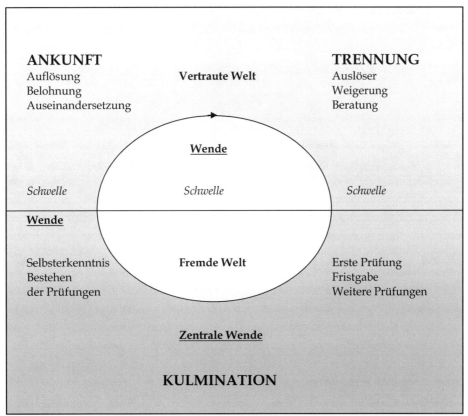

22 Schaubild 5

Dem Aufbau des *klassischen* Hollywoodfilmes liegt ein festgelegtes Modell der *Reise des Helden* zugrunde. Diese *Reise* verläuft in ihren üblichen Stationen wie *Trennung – Prüfung – Ankunft* und wird mit dem konventionellen Ziel begründet, die wesentlichen Veränderungen der Gestalt oder des Lebens der Protagonisten darzustellen. Da man von einem Hollywoodfilm eine glückliche *Auflösung* erwartet, erlebt die Hauptfigur eine positive Entwicklung von einer mangelhaft-unsicheren zu der starken und glücklichen Person; von einer, die ihren Wünschen nachzuspüren versucht, zu der anderen, die ihre Bedürfnisse kennt. Die *Reise* wird mit Informationen über die Vergangenheit und Andeutungen über die Zukunft versetzt, wobei die wichtigen Ereignisse wie positive Veränderung des Protagonisten innerhalb der filmischen Handlung geschehen. Über mehrere Jahrzehnte hatte Hollywood auf diesen konventionellen Aufbau der filmischen Handlung gesetzt und seinen Erfolg mehrfach bestätigt. Da der Film zum visuellen Medium gehört, wird nicht auf eine verbale Vollständigkeit Wert gelegt, sondern darauf, wie die dramaturgischen Nuancen in ‹bewegte Bilder› umgesetzt werden.

---

[228] Vgl. Krützen 2004, S. 270.

3. Der Aufbau der visuellen Reihe

Die visuelle Struktur des *klassischen* Hollywoodfilmes wird wie seine Dramaturgie im Voraus bestimmt:

> «Ein essenzieller Teil der Kunst des Drehbuchschreibens besteht darin, Orte zu finden oder zu erschaffen, an denen Schweigen besser als Reden funktioniert; eine visuelle Arena, ein Bild zu finden, das die Geschichte erzählt.»
> *(Field 1998, S.77)*

Am Anfang der Erzählung werden in jedem *klassischen* Film Ort und Zeit bestimmt und die Protagonisten vorgestellt. Die ersten Einstellungsgrößen sind oft *extreme Totale* und *Totale*. Durch sie wird die Objektivität der Szene, die Übersicht über das ganze Geschehen und ein abstrahierender Blick auf die Figur erreicht. Die Einführung in die filmische Handlung findet oft bereits im Vorspann oder kurz davor statt, wenn die Titel noch laufen und der Zuschauer bereits die ersten Filmszenen sieht. In BREAKFAST AT TIFFANY'S wird während des Vorspannes die *Fifth Avenue* in New York am frühen Morgen mit leicht glühenden Laternen gezeigt. Aus dem Bild heraus fährt ein Taxi. Die erste Einstellungsgröße – *Supertotale* – dauert 18 Sekunden und wird leicht aus der Untersicht gezeigt. In CASABLANCA sieht man im Vorspann die Karte von Afrika mit Ortsbezeichnungen, vor allem mit der Route von Paris nach Casablanca. Somit verbindet der Regisseur die *Backstory* der Protagonisten, die sich in der französischen Hauptstadt zutrug, mit den Ereignissen, die in der eigentlichen Handlung geschehen. In MY FAIR LADY läuft der Vorspann drei Minuten lang vor einem Hintergrund mit Standfotografien von Passionsblumen. Danach sehen wir eine Blume in Detailaufnahme mit 14-sekündigem Kameraschwenk auf die noble Gesellschaft im Theater. Die Damen tragen blumige, bunte Kleider. In der vierten Minute wird die *andere* Welt – Londoner *Covent Garden Square* in *totaler* Einstellung vorgestellt. Nach einer Exposition mit Einführung von Ort, Zeit und Personen im Sinne von Aristoteles, wird der Spannungsbogen mit Konflikten und Komplikationen aufgebaut.

Oft bleibt die filmische Handlung an einen bestimmten Ort gebunden. In BREAKFAST AT TIFFANY'S verlaufen die wesentlichen Ereignisse im Wohnhaus von Holly und Paul. In SUNSET BOULEVARD bleibt Gillis bei Norma Desmond, auch wenn sie kurze Ausflüge in die Stadt, zu Bekannten oder ins *Paramount* Studio unternehmen. Sie kehren immer wieder in die Villa zurück. Zum Bezeichnen der filmischen Zeit wird die Parallelmontage (*crosscutting*) verwendet.[229] Mithilfe dieser Technik können mehrere Episoden zum gleichen Zeitpunkt gezeigt werden. Indem man von einer Szene auf eine andere umschaltet, beschleunigt man die Handlung.

---

[229] Bordwell / Staiger / Thompson 1985, S. 42.

23-25 MY FAIR LADY (1964)   **26-28** BREAKFAST AT TIFFANY'S (1961)

Die ersten Einstellungen von PRETTY WOMAN sind ein gelungenes Beispiel dafür. Zuerst sehen wir Edward Lewis, der die Party seines Anwaltes verlässt. Danach schwenkt die Kamera zu Vivian, die sich für ihre Nachtschicht vorbereitet und die Liebesmeile betritt. In Kürze treffen sich beide bereits auf dem *Hollywood Boulevard* und der Zuschauer weiß, wie es dazu kam. Mit Parallelmontage wurde auch der vorläufige Abschied zwischen Vivian und Edward zum Filmschluss montiert. Vivian verlässt das Hotel und wird mit der Limousine nach Hause gefahren. Ihre Emotionen und Trauer wegen der Trennung sind von ihrem Gesicht abzulesen. In dem Moment wird auf Edward geschnitten, der sein Büro verlässt. Edward erinnert sich an Vivian und ihre Vorliebe, barfuß zu laufen. In Gedanken an sie fährt er in den Park und macht es ihr nach.

Die *Story* wird selten innerhalb der filmischen Handlung realisiert. Edward Branigan spricht hierbei über die *filmische Zeit* (*time of a screen*) und den *Zeitraum der Geschichte* (*time of a story world*).[230] Die Geschichte beansprucht eine andere Zeit als die filmische Erzählung, weil ihr Anfang sich meist außerhalb der Handlung befindet und oft mit den schmerzhaften Ereignissen oder besonderen Erinnerungen der Protagonisten zusammenhängt. Zur Wiedergabe dieser Zeit werden *Flashback* und *Flashforward* benutzt. Mit *Flashback* lassen sich Ereignisse aus der Vergangenheit herstellen. Mit *Flashforward*

---

[230] Branigan 1992, S. 33.

können wir in die Zukunft schauen. In SUNSET BOULEVARD wird die ganze Handlung aus *Flashback* von einem toten Mann erzählt.

Jede Sequenz – eine logische Handlungseinheit – besteht aus kleineren Einzelszenen, die wiederum in diverse Einstellungen gegliedert sind. Es gibt zwei Wege, eine Szene aufzubauen. Entweder zeigt man den Ort des Geschehens aus einer Panoramaperspektive und man taucht in das Bild ein – von *Totale* bis *Nah* –, in mehreren kleinen Einstellungen oder in einer langen, die durch Kamerabewegung entsteht. Man führt die Kamera nah an Personen und Einrichtung heran, bis sie sich auf ein Gesicht, ein wichtiges Detail oder eine bedeutsame Bewegung konzentriert. Wenn man den zweiten Weg geht, beginnt man mit einem wichtigen Detail, um weiter aus dem Bild bis zu *totaler* Einstellung heraus zu zoomen. Der erste Weg ist üblich für *klassisches* Hollywood, den zweiten gehen oft experimentierfreudige Filmemacher.

Die Handlungseinheiten sind ähnlich wie die gesamte Handlung aufgebaut: Man führt in eine Szene ein, danach folgt die Entwicklung des Konfliktes, der mit einer Auflösung schließt. Üblicherweise enthält eine Sequenz zwischen 12 und 30 Einzelszenen und hat eine Länge von etwa fünf Minuten. Auch die aristotelischen Regeln für Kontinuität von Ort, Zeit, Handlung werden eingehalten, die Personen und die Umgebung jeweils zügig vorgestellt und die Handlung vorangetrieben, wobei jeweils mindestens ein Handlungsstrang beendet und ein anderer Strang geöffnet wird. Damit überschneiden sich je Sequenz mindestens zwei Handlungsstränge, die bis zum Schluss offen bleiben und erst dann aufgelöst werden. Jede einzelne Sequenz stellt eine kurze dramaturgische Einheit mit Einleitung, Steigerung, Höhepunkt und Schluss dar, wobei jede dieser kleinen Einheiten auf das Finale verweist.

Die oberste Maxime von Hollywood heißt *continuity* – eine Führung der visuellen Inhalte zu einem kontinuierlichen Stil. Alle Elemente des Bildes sind im *klassischen* Hollywoodfilm harmonisch miteinander verbunden, jede Einstellung einheitlich aufgebaut und farblich abgestimmt. 1965 erhielt die Filmcrew von MY FAIR LADY acht *Oscars* unter anderem für den besten Film, besten Schnitt, bestes Set-, Farb- und Kostümdesign. Jede Einstellung des Filmes ist in ihrer farblichen Harmonie ein Beispiel maximaler Pracht des *Continuity*-Stils. Die Szenen auf dem Londoner Theaterplatz stellen in grünlich-grauen Farben das Treiben der Londoner Unterwelt (Abb. 30) dar. Die Farben hellen sich mit Blau, Rosa und Lila in der 22. Minute des Filmes auf, als der Platz sich am frühen Morgen mit Lieferanten frischer Blumen füllt (Abb. 31). Diese Töne sind noch blass im Vergleich zu den Farben der Blumen und der bunten Kleidung der *High Society* im Foyer des Theaters. Im Haus von Professor Higgins intensiviert sich der Ton mit tiefem, warmen Braun und Beige (Abb. 32).

29 *Covent Garden* nach der Theateraufführung

30 *Covent Garden* am späten Abend

31 *Covent Garden* am frühen Morgen

Als Eliza das Arbeitsstudio des Professors in der 25. Minute betritt, wird die Szene mit zwei bunten Flecken ergänzt: Mit intensivem Weiß und orangenem Rosa, wobei Weiß für Elizas saubere Schürze und Rosa für die Farbe ihrer Hutfedern steht (Abb. 33). Beide Töne befinden sich im deutlichen Kontrast zu dem gesamten Kolorit der Einrichtung. Dies ist inhaltlich bedingt.

Eliza ist ein ungebildetes Mädchen, ein Fremdelement aus *anderer* Welt, das im deutlichen Kontrast zum belesenen Professor Higgins steht. Die auffallenden Farben ihres Hutes deuten auf ihre Geschmacklosigkeit hin, die weiße Schürze auf ihre Mühe, sich für den Empfang vorzubereiten. Als Diener des Professors das Mädchen zum Baden und Umziehen in die obere Etage schleppen, beobachten wir das gleiche Farben-Kontrast-Spiel. Die Räume in hellen Tönen kontrastieren mit den dunklen Kleidern des Mädchens. (Abb. 34)

Eliza muss zwei wichtige *Prüfungen* im Film bestehen – beim Pferderennen in *Ascot* und im *Buckingham Palace*. Dabei soll sie zeigen, dass sie von einer Blumenverkäuferin zur Dame der Gesellschaft geworden ist. Beide Szenen werden mit besonderer Sorgfalt gestaltet. Die Dekorationen heben sich von den restlichen Darstellungen ab. Sie sind intensiv in den Tönen und scharf in der Abbildung. In der 77. Minute sieht man festlich angezogene Damen in weißen Kleidern mit schwarzem Muster und großen Hüten und Herren in grauen Anzügen und Zylindern (Abb. 35-37). In der 82. Minute erscheint Eliza mit Colonel Pickering. Der Colonel trägt einen grauen Anzug, Eliza ein weißes Kleid mit schwarzem Muster und einen großen Hut. Im Unterschied zu den anderen Damen schmücken sie noch zusätzlich rote Blumen, was sie als Hauptfigur von den Nebendarstellern visuell hervorhebt. Professor Higgins ist dafür bekannt, dass er nicht an den in seiner Gesellschaft verbreiteten Anstandsregeln festhält. Deshalb trägt er in *Ascot* im Kontrast zu anderen Herren einen hellbraunen Anzug mit einem dunkelroten Tuch, so dass sein Outfit seiner Mutter unangenehm auffällt. Für die Szene im *Buckingham Palace* wird die gleiche Kostüm-, Farb- und Set-Perfektion geschaffen, nur ist die Farbpalette diesmal nicht schwarz-weiß, sondern zart-cremig, in Anlehnung an den ‹blumigen› Vorspann des Filmes. Die Damen flanieren in leichten, tüllartigen Kleidern mit silbernem Zubehör, die Herren in schwarzen Smokings und festlichen weißen Hemden. Die zwei *narrativen* Welten der Erzählung sind in diesen Beispielen visuell durch Farben und die besonders sorgfältige Organisation des Sets betont. Die schmutzigen Londoner Straßen stehen im deutlichen Kontrast der gemütlichen Bibliothek von Higgins und dem schneeweißen Schlafzimmer von Eliza; die luxuriös-weiße Umgebung des *Ascot*-Rennens unterscheidet sich von den noblen cremigen Räumen des *Buckingham*-Palastes.

Das Apartment von Holly in BREAKFAST AT TIFFANY'S erlebt während der filmischen Handlung die gleiche Transformation wie seine Besitzerin. Die kalten grau-bläulichen Farben der Wohnung kontrastieren in der sechsten Minute – als Holly noch als Callgirl lebt – mit dem warmen gelb-roten Kolorit ihrer Einrichtung in der 89. Minute. Die Möbel, Blumendekoration und Tischdecken verleihen Gemütlichkeit, die mit der fröhlichen Nachricht über das Glück von Holly zusammenhängt. *Continuity*-Stil bedeutet nicht nur die farbige Harmonie von *Mise-en-scène*, sondern auch eingestellte Bildschärfe und

32 Arbeitszimmer von Professor Higgins

33 Eliza zu Besuch beim Professor

34 Elizas Zimmer im Hause von Higgins

Beleuchtung. Mit dem Grad der Schärfe moduliert man Teile der Einstellung, wobei man die prägnantesten Ausschnitte in die Mitte und in den Umkreis der zentralen Achse setzt, während die unwichtigen Details unscharf am Bildrand bleiben. Im *klassischen* Hollywood drehte man im Studio mit der professionellen *Drei-Punkt*-Beleuchtung (*three point light*), die sich aus drei Lichtquellen wie *Führungslicht (key light), Aufhelllicht (fill light)* und *Gegenlicht (back light)* zusammensetzt. Die *dreifache* Beleuchtung balancierte Schatten und Kontraste und bildete – ähnlich wie in der Landschaftsmalerei des Klassizismus – eine Drei-Planen-Komposition. Im Vordergrund herrschten die Silhouetten und Umrisse.

Der Mittelgrund wurde großzügig aufgebaut und mit dem Licht betont. Der Hintergrund blieb unauffällig und verschwommen im Vergleich zur gesamten Komposition. Die Szenen wurden ohne starke Kontraste, grelles Licht der Scheinwerfer oder Flackern dargestellt, sofern die Arten der Beleuchtung nicht mit Inhalten der filmischen Handlung begründet wurden.[231] Man drehte mit ausgewogener Verteilung von Hell/Dunkel oder auch mit *High-Key*-Beleuchtung[232], also mit einer Hauptlichtquelle und weiteren Nebenstrahlern. Die Szenen blieben dadurch einheitlich: Sie hatten keine auffälligen Schatten und strahlten gleichmäßig intensive Farben aus, die oft mit der manuellen Kolorierung in der Postproduktionsphase erreicht wurden.

Continuity editing bezog sich auf den beschworenen Zusammenhang des Plots, auf die Orientierung des Zuschauers innerhalb von Zeit und Raum und bedeutete technisch perfekten, unauffälligen Schnitt.

> «The components of the invisible style gathered around cinema's two fundamental means: *Mise-en-scène* and editing. In *Mise-en-scène* [...] evolved [...] the principal of ‹centring›. Lighting, focus, camera angle, framing, set design, costuming, and camera distance all worked to keep [...] the main object of interest in the foreground and centre of the frame [...].»[233]

Die Positionierung der Objekte und Personen, ihre Bewegung und Blickrichtung wurden nach dem Prinzip *centred framing* bestimmt.[234] Die Darsteller befanden sich in der Mitte der Inszenierung. Wenn einer der Charaktere doch noch am Rande des Geschehens blieb oder, was noch seltener vorkam, mit dem Rücken zum Zuschauer stand, dann wies der Regisseur auf seine sekundäre Rolle für die Szene hin. Für die erstmalige Präsentation der Helden nutzte man in der Regel eine *(halb-)nahe* Einstellung und frontale Sicht. Die Inhalte der Szene präsentierte man symmetrisch auf die

---

[231] Bei einem Thriller verwendete man kontrastreiche Beleuchtung, um Spannung zu erzeugen. Für Melodramen wählte man einheitliches Licht.

[232] Erst der *Film noir* experimentiert mit der sogenannten *Low-Key*-Beleuchtung.

[233] «Bei den Komponenten dieses unauffälligen Stils handelte es sich im Wesentlichen um die beiden fundamentalen Mittel des Kinos: die *Mise-en-scène* (Inszenierung) und den Schnitt. Bei der Inszenierung [...] bildete sich [...] das Prinzip der ‹Zentrierung› heraus.
Mit Lichtsetzung, Bildschärfe, Kameraausrichtung, Bildeinstellung, Ausstattung, Kostüm und Kameraentfernung wurde das bevorzuge Objekt im Bildvordergrund und Zentrum des Bildfeldes gehalten [...].» In: Ray 1985, S. 38.

[234] Vgl. Bordwell / Staiger / Thompson 1985, S. 50.

35-36 *Ascot*-Pferderennen (My Fair Lady, 1964)

Gesamtachse verteilt. Sowohl Personen als auch Einrichtung sollten so attraktiv wie möglich, also von der besseren Seite gezeigt werden. Dieser Methode wurde sich übertrieben in My Fair Lady bedient, beispielsweise in der Szene des Pferderennens.

In der 68. Minute sieht der Zuschauer in *halbnahen* Einstellungen Damen und Herren, aufgestellt in imposanten Posen. Sie bleiben für fünf Sekunden erstarrt. Die nächste Reihe der Darsteller bleibt für sechs Sekunden in *Halbtotale* unbeweglich. Gleich danach wiederholt sich die Szene in *totaler* Einstellung, die uns den ganzen Hof mit stehenden Personen präsentiert. Die Kamera zoomt aus und wechselt drei Einstellungsgrößen mit vorsätzlichem *centred framing*. Bei der Filmausstattung von My Fair Lady wirkte der berühmte Modefotograf Cecil Beaton mit. Beaton setzte weniger auf die Ironie des *narrativen* Hollywoodstils. Er war gewohnt, mit dem fotografischen Standbild zu arbeiten und sah in seiner Strategie einen originellen Weg, *Mise-en-scène* aufzubauen. Eine andere Szene aus dem gleichem Film zeigt Eliza, die Professor Higgins um Sprachunterricht bittet. Das Gespräch verläuft in Anwesenheit von zwei weiteren Personen, Colonel Pickering und Haushälterin Frau Pearce. Alle Figuren nehmen während der Szene in der 31. Minute maximal präsentable Posen ein, damit der Zuschauer sie bequem beobachten kann. Obwohl Eliza das Gespräch mit Higgins und dem Colonel führt, dreht sie sich nicht explizit zu den beiden Herren, sondern sitzt fast frontal zum Zuschauer. Hinter ihr steht Frau Pearce und neben ihr befindet sich auch ein zum Zuschauer gedrehter Higgins. Die Figur von Colonel Pickering ist *halbnah* etwas von hinten, jedoch im sichtbaren Profil aufgenommen. Man findet hier keine ungewöhnlichen Kameraperspektiven oder Experimente mit Blickwinkeln. Keine Gegenstände der Einrichtung versperren den Blick auf die Szene. Als Higgins in der 32. Minute hinter dem Tisch steht, deckt die Tischlampe seinen Körper nicht ab, sondern befindet sich genau zwischen ihm und dem Colonel. Somit entstehen keine sich überkreuzenden Linien und halbverdeckten Formen: Alles wird den Zuschauern klar und deutlich präsentiert. Diese Darbietung der Inhalte geht in diesem Werk mit seinem berühmten Bühnenbildner Cecil Beaton auf theatralischen Szenenaufbau zurück.

Im späteren Beispiel aus dem *klassischen* Hollywood – Pretty Woman – beobachten wir eine ähnliche Entwicklung. In der 60. Minute des Filmes sitzt Vivian in einem Laden mit dem zur Kamera ausgerichteten Körper, wobei hinter der Kamera auch ihr Begleiter Edward Lewis steht. Als sie in der 62. Minute in ihrer neuen Garderobe zu tanzen anfängt, präsentiert sie sich *halbfrontal* dem Zuschauer, obwohl der Spiegel sich seitlich von ihr befindet. Die Verkäuferinnen bilden einen Halbkreis um sie, um ihre Figur nicht vor uns zu verdecken. Im Hotelzimmer, kurz vor dem Ausflug in die Oper in der 77. Minute, möchte Edward seine Liebhaberin mit einem Geschenk überraschen. In der Realität würden wir erwarten, dass Vivian sich dabei zu Edward dreht, im Film bleibt sie frontal zu uns stehen und dreht nur ihren Kopf zum Protagonisten.

Die Kamerafahrten wurden in Hollywood grundsätzlich ruhig gehalten, bei maximaler Schwenkung bis zu 180 Grad.[235] Während der Handlung blieb die Kamera

---

[235] Die sogenannte 180°-Regel gehört zum Kontinuitätsprinzip und ermöglicht Orientierung der Zuschauer. Da sich der Film anfangs stark am Theater orientierte, bestimmte man mit der

38-39 Präsentation der Hauptdarstellerin in PRETTY WOMAN (1990)

auf Augenhöhe der Darsteller und erreichte dadurch das Ideal der ‹Natürlichkeit›. Die Einstellung bot harmonische Übersicht über das filmische Geschehen und orientierte sich an den Sehgewohnheiten eines ‹normalen› Menschen, wobei man auch für diese Einstellungen die attraktivsten Sichten wählte: Bei Personen waren es immer die Posen etwas schräg von vorne oder von hinten und fast frontal. Die Verwendung verschiedener Kameraperspektiven steuerte – ähnlich wie die Beleuchtung und Regulierung der Bildschärfe – den Blick der Zuschauer. Die beliebtesten Einstellungen des *klassischen* Hollywoodfilmes waren *Halbtotale* und *Close-up*. Die Bildperspektive *Halbtotale* (auch *amerikanische Totale*) brachte den Zuschauer nah genug an die filmische Handlung, aber auch mit gewisser Distanz, um Protagonisten noch in ihrer Umgebung betrachten zu können. *Close-ups* (*Großaufnahmen*) fokussierten den Zuschauerblick auf das Notwendigste, setzten Überlegungen ins Bild und stellten Fragen an das Publikum. Vor allem die Großaufnahmen der menschlichen Gesichter galten als Paradigma des filmischen Ausdrucks, das Hollywood oft genug ausbeutete.

Die Schnitte des *klassischen* Filmes waren unsichtbar, sanft und elegant. Sie dienten der Kontinuität der Geschichte, folgten immer einem ruhigen Moment der filmischen Handlung und wurden inhaltlich motiviert, das heißt, nur wenn eine Szene abgeschlossen war und man zur anderen wechselte, setzte man den Schnitt dazwischen. Beim Szenenwechsel bevorzugte man *Überblenden* und *Rückblenden*, seltener einen *harten* Schnitt. Die durchschnittliche Schnittlänge (ASL) betrug in der Regel elf bis 38 Sekunden.

3. Das Ende im Spielfilm: Visuelle Techniken

Der Spielfilm hat eine geschlossene Struktur, mit einem Anfang und einem Ende. Diese Ausgewogenheit unterscheidet filmische Erzählung von der Realität. Am Anfang der Erzählung bemüht man sich, Informationen über Protagonisten und Handlungsorte zu geben sowie ihre Konflikte anzusprechen. Zum Schluss sucht man nach Antworten auf gestellte Fragen. In der Regel wird die Geschichte gleich nach ihrer Auflösung abgeschlossen. Das Finale zeigt Reaktionen der Protagonisten, nachdem sie ihre Ziele

---

180°-Regel die Situation zwischen dem Publikum und der Bühne. Die Kamera nahm dabei eine ‹beobachtende› Position an der Seite eines imaginäres Zuschauers ein, während die Protagonisten sich auf der gegenüberliegenden Seite befanden, um die fiktive Linie zwischen dem ‹Erfüllungsort› und dem ‹Arbeitsplatz› nicht zu überstreiten.

erreicht und ihre Wünsche erfüllt haben.[236] Zum Filmschluss kommt man in Hollywood nicht nur mit literarischen Mitteln, sondern auch mithilfe der visuellen Techniken. Zu den gebräuchlichsten gehören die Reduktion der *Diegese* und das *ikonografische Verfahren.*[237]

Bei der *Diegese* reduziert man das Licht von Schwarz auf Weiß oder umgekehrt. Diesen Effekt erzeugt man mit verschiedenen Schärfestufen und Farbtönen, indem man dem Bild nach und nach Schärfe und Farbe entzieht. Einen Sonderfall bildet das Verfahren *Freeze-Frame*: Das Einfrieren einer Bewegung und die Reduktion eines bewegten Bildes zu einem Standbild. Das langsame *Abblenden* – Nachlassen von Licht und Verlust der Sichtbarkeit – mit anschließendem Nachspann gehört auch zu den klassischen Mitteln im Hollywoodfilm. 1946 nutzte Frank Capra in IT'S A WONDERFUL LIFE eine *Abblende* im Nachspann. Mit der Zeit fügte man in die letzten Einstellungen zusätzliche symbolische Andeutungen ein, die ein Teil des *ikonografischen Verfahrens* wurden. Zum *ikonografischen Verfahren* gehört beispielsweise Distanzierung des Bildinhaltes im Wechsel der Kameraperspektive von *Halbnah* auf *Totale*. Die Darstellung wird zu einer Abstraktion verfremdet. Die letzten Einstellungen von WORKING GIRL zeigen das Bürofenster von Tess, während sie mit ihrer Freundin telefoniert. Die Kamera zoomt langsam aus dem Bild von *Halb-* in die *Extreme Totale* so, dass der Zuschauer bald das ganze Gebäude betrachtet, während das bekannte Fenster unter vielen anderen verloren geht.

Zu weiteren ikonografischen Verfahren gehören Symbolisierung und Rahmung. Das symbolische Schließen der Tür oder des Vorhangs signalisiert dem Zuschauer den Abschluss der Handlung. Zu anderer Symbolisierung gehört das *Kiss off* in SABRINA oder in BREAKFAST AT TIFFANY'S. Die Rahmung hängt mit filmischer Wiederholung zusammen. Sie läuft zwar über die ganze Handlung hindurch, findet oft am Ende des Filmes besonderen Gebrauch:

> «The classical film from beginning to end is constantly repeating itself because it is resolving itself. This is why its beginning often reflects its end in a final emphasis.»[238]

Die Wiederholungen (*planting & pay off*) gehören zu einer der wichtigen Kategorien der Filmsprache. Bei *planting* (Bepflanzung) werden gleiche Bilder, Gegenstände oder Inhalte in die filmische Handlung integriert und am Ende «geerntet» (*pay off*). Nach Bordwell sollten die wesentlichen Informationen und Motive mindestens drei oder vier Mal zu unterschiedlichen Zeiten vorkommen:

> «[...] a significant motif or informational bit should be shown or mentioned at three or four distinct moments [...]. The Hollywood slogan is to state every fact three times, once for the smart viewer, once for the average viewer, and once for slow Joe in the back row.»[239]

---

[236] Bordwell / Staiger / Thompson 1985, S. 36.

[237] Vgl. Christen 2002, S. 58ff. Bei allgemeinen Beschreibungen beziehe ich mich auf das Buch von Bordwell / Staiger / Thompson 1985.

[238] «Von Anfang bis Ende wiederholt sich der *klassische* Film, weil er sich selbst aufklärt. Aus diesem Grund reflektiert sein Anfang oft sein Ende in der finalen Phase.» In: Rosen 1986, S. 66.

Mindestens drei Mal kommentiert man die wichtigen Ereignisse und erwähnt bedeutende Charaktere im Leben von Holly in BREAKFAST AT TIFFANY'S. Wegen ihres Bruders Fred und der Möglichkeit, ihn zu unterstützen, entscheidet sich Holly, ihr Leben mit einem reichen Mann abzusichern. Obwohl Fred selbst nur ein einziges Mal auf dem Foto zu sehen ist, spricht man von ihm mindestens dreimal. Zum ersten Mal erwähnt Holly ihren Bruder, als sie ihren Nachbarn Paul am frühen Morgen besucht. Zum zweiten Mal hören wir über Fred, als Doc eine Nachricht über seine Rückkehr aus der Armee übermittelt. Mit dieser Information wird eine *Deadline* gesetzt: Holly muss ihr Leben möglichst schnell in Ordnung bringen, um ihren Bruder empfangen zu können. Als sie den reichen und attraktiven Jose findet, bekommen wir zum dritten Mal von Fred zu hören. Er ist mit einem Lastwagen verunglückt. Onkel Sally verbringt seine Tage in *Sing Sing*. Mit dem Gefängnis werden mindestens drei Ereignisse im Film verbunden: Als Holly sich in Anwesenheit von Paul auf den Besuch im Gefängnis vorbereitet, als beide gemeinsam Onkel Sally in *Sing Sing* besuchen und als sie am Ende des Filmes wegen dieser Reise festgenommen werden. Die Wiederholungen werden gleichmäßig in der filmischen Handlung verteilt. Den Juwelierladen *Tiffany* stellt man zum ersten Mal im Vorspann vor. Während ihres gemeinsamen Ausfluges in die Stadt gehen Holly und Paul zu *Tiffany* (circa in der Filmmitte). Von *Tiffany's* holt Paul den Ring für Holly, den er ihr am Ende des Filmes schenkt. Auf technischer Ebene arbeitet man auch gerne mit Wiederholungen. Man fügt identische Handlungseinheiten in den Gesamtablauf ein, wiederholt die gleichen Szenen und Einstellungen mit ähnlichen Kameraperspektiven und Beleuchtung, wobei zumindest eine von sechs Einstellungen sich selbst innerhalb einer Szene wiederholt. Diese letzte Methode fokussiert die Aufmerksamkeit weg von einem Schnitt auf die gesamte Erzählung in ihrem kontinuierlichen Ablauf.[240]

Im modernen Film verwenden die Filmemacher zusammen mit Symbolen und Wiederholungen ein Verfahren der *Selbstreflektivität*. Nach dieser Methode wird der inhaltliche Schluss etwas früher als das ‹physische› Ende des Filmes angesetzt. In PRETTY WOMAN küsst Edward seine Geliebte, bevor der Film endet. Danach lässt der Regisseur noch einige Einstellungen laufen. In der letzten Einstellung taucht ein Mann auf, der bereits am Anfang des Filmes zu sehen war. Damals kommentierte er den Tod einer Prostituierten, jetzt ruft er laut «Keep on dreaming. This is Hollywood»[241] und deutet auf die glückliche *Auflösung* der Geschichte von Edward und Vivian hin. Zum Schluss sehen wir keine übliche *Abblende*. Die Szene wird mit schwarzem Hintergrund – von rechts nach links – langsam gedeckt.

Die Popularität des Hollywoodkinos liegt in seiner Faszination über die Filmerzählungen, die neben der Konstruktion von zwei *narrativen* Welten, zielorientierten Protagonisten auf ihren *Reisen*, das Primat der visuellen Darstellung

---

[239] «[...] ein wichtiges Motiv oder eine informative Einheit sollten an drei oder vier verschiedenen Momenten gezeigt oder erwähnt werden [...]. Die Devise Hollywoods besagt, jeden Fakt dreimal zu konstatieren, einmal für den klugen Zuschauer, ein weiteres Mal für den durchschnittlichen und noch einmal für den Mann mit der langen Leitung in der letzten Reihe.» In: Bordwell / Staiger / Thompson 1985, S. 31.

[240] Ebd., S. 58.

[241] «Träum weiter. Das ist Hollywood!»

40-42
Das *Ende* von PRETTY WOMAN (links); Schlusseinstellung in WORKING GIRL (Mitte); *Kiss off* in BREAKFAST AT TIFFANY'S (rechts)

anführt. Hollywood erzählt seine Geschichten auf direkte Art und Weise, mit klar strukturierten Bildern, die alle Erklärungen und Deutungen in sich haben. Das *Continuity*-Verfahren richtet sich auf eine gelungene Darstellung der Geschichte und bleibt bis heute wegweisend für viele Regisseure, die weniger mit dem Medium experimentieren, sondern mehr dem breiten Publikum Geschichten erzählen.

VII

Die Besonderheiten der Erzählung in BARTON FINK

Wenn man über BARTON FINK im Zusammenhang mit BREAKFAST AT TIFFANY'S, MY FAIR LADY oder SUNSET BOULEVARD spricht, stellt man zuerst keine Gemeinsamkeiten zwischen dem Werk der Brüder Coen und den Filmen aus den 1950er- und 1960er-Jahren fest. Auch die Hollywoodfilme aus den 1980er- und 1990er-Jahren wie WORKING GIRL und PRETTY WOMAN scheinen mit dem Schriftstellerdrama nichts zu tun zu haben. Dennoch bleibt BARTON FINK ein amerikanischer Film, der den Erzählkonventionen Hollywoods treu bleibt. Seine Filmemacher zählen ebenfalls zu den amerikanischen Regisseuren, das bedeutet, dass sie ihren ersten Unterricht in der Filmgeschichte von Hollywood erteilt bekommen haben. Barton Fink ist wie jeder andere Protagonist des *klassischen* Hollywoodfilmes *verreist*. Er übertritt die Schwelle, betritt die Abenteuerwelt, in der seine Fähigkeiten unter Beweis gestellt werden. In der *fremden* Welt bekommt Fink seine *Prüfungen* erteilt und landet am Ende seiner *Reise*. Es stellt sich nun die Frage, wie sie verläuft.

1. Wer ist Fink?

Im Gegensatz zu Holly Golightly (BREAKFAST AT TIFFANY'S) und Joseph Gillis (SUNSET BOULEVARD) wissen wir wenig über Barton Fink. Seine Vergangenheit bleibt uns bis zum Ende des Filmes verborgen. Man weiß nichts über seine Kindheit und Freundschaften, seine Vorlieben und Gewohnheiten. Die wenigen von den Coen-Brüdern gegebenen Informationen beziehen sich ausschließlich auf die filmische Handlung und lassen viele Fragen offen. Man kann annehmen, dass Fink aus Brooklyn («My folks live in Brooklyn»)[242] stammt. In einem Gespräch mit Charlie erwähnt er, dass seine Eltern Sam und Lillian Fink sowie Onkel Maury in der *Fulton Street*[243] leben. Aus der gleichen Konversation mit dem Nachbar lässt sich vermuten, dass die Familie von Fink aus einfachen Verhältnissen kommt. Barton empfiehlt Charlie, seine Eltern in New York aufzusuchen, wenn er ein warmes Essen brauche. Sie kochen also zu Hause und gehen nicht gerne aus.

> «New York can be pretty cruel to strangers, Charlie.
> If you need a home-cooked meal you just look up
> Sam und Lillian Fink.
> They live on Fulton Street with my uncle Maury.»[244]

---

[242] «Meine Eltern leben in Brooklyn.»

[243] In der 103. Minute nennt Fink seine genaue Adresse: 85 Fulton Street.

[244] «New York kann zu Fremden grausam sein, Charlie.
Wenn du mal was Anständiges essen willst, schau bei
Sam und Lillian Fink vorbei.
Sie wohnen in der Fulton Straße

Über die örtlichen Vorlieben Finks erfährt man aus seinen Skripten. Die Handlung seines Bühnenstücks und des Drehbuches findet immer in der *Lower East Side* statt. *Lower East Manhattan* wurde bis einschließlich der 1960er-Jahre als Immigrantenviertel in der New Yorker *Downtown* bekannt, das Anfang des letzten Jahrhunderts hauptsächlich Osteuropäer jüdischer Abstammung bewohnten. Diese Informationen können auf die Herkunft von Fink, seiner jüdischen Abstammung aus Osteuropa hinweisen, die im Film mehrfach angesprochen wird. Lipnick sagt zu Fink:

> «I'm from New York myself –
> Well, Minsk if you wanna go way back [...].»[245]

Bei der ersten Begegnung mit den zwei Polizisten wird Fink gefragt:

> «Fink. That's a Jewish name, isn't it?»[246]

Diese Informationen über den Protagonisten helfen jedoch wenig bei der Rekonstruktion seines früheren Lebens. Sein privater Status bleibt dem Zuschauer unbekannt. Als Charlie fragt, ob Fink verheiratet ist oder eine Freundin hat, antwortet Barton:

> «I guess it's something about my work.
> I get so worked up over it,
> I don't know; I don't really have
> A lot of attention left over [...].»[247]

Einmal sieht man Fink in New York mit den Produzenten Derek und zwei Bewunderern seiner Kunst – Richard St. Claire und Poppy Carnahan. Beide gehören nicht zu seinem Freundeskreis, sonst hätte sich Fink bei Garland nicht beschwert, mit diesen Menschen allein gelassen zu werden («Jesus, Garland, you left me alone with those people?»)[248]. In New York sehen wir Fink mit seinem Agenten Garland Stanford. Es gibt jedoch keine Hinweise auf persönliche oder freundschaftliche Kontakte zwischen ihm und Fink. Die enge Beziehung baut Fink zu seinem Zimmernachbarn Charlie auf. Dieser Protagonist scheint jedoch von Fink erträumt zu sein.

Die Zukunft von Fink ist genauso ungewiss wie seine Vergangenheit. Der einzige Hinweis darauf kommt von Lipnick:

> «[...] You're under contract
> And you're gotta stay that way.
> Anything you write

---

245   Mit meinem Onkel Maury.» In: Coen / Coen 2002, S. 456.
«Ich bin auch aus New York – nun ja,
Minsk, wenn man noch weiter zurückgehen will [...].»
In: Coen / Coen 2002, S. 415.

246 «Fink. Das ist ein jüdischer Name, nicht wahr?» In: Ebd., S. 496.

247   «Das muss an meiner Arbeit liegen
Sie nimmt mich völlig ein,
Ich weiß nicht; mir bleibt
Kaum Aufmerksamkeit übrig [...].» In: Ebd., S. 439.

248 «Gott, Garland, du lässt mich mit diesen Leuten allein?» In: Ebd., S. 404.

Will be the property of *Capitol Pictures*.
And *Capitol Pictures* will not
Produce anything you write […].»

«[…] I want you in town, Fink
And out of my sight […].»[249]

Der Film beschränkt sich auf die Ereignisse der Gegenwart. Wie jeder andere Protagonist im *klassischen* Hollywoodkino hat Fink eine *Verletzung* (*Backstorywound*). Sie liegt vermutlich in seiner Überzeugung, eine besondere Mission als Schriftsteller erfüllen zu müssen.

«[...] I can't start listening to the critics,
And I can't kid myself about my own work.
A writer writes from his gut,
And his gut tells him what's good
And what's [...] merely adequate.»[250]

Was er auch versucht, in Hollywood zu zeigen:

«[...] I think it's the best work I've done.
[...] I tried to show you something beautiful.»[251]

Woher die Idee eines ‹lebendigen› Volkstheaters kam, werden wir aus dem Film nicht erfahren. Nach Regeln des *klassischen* Hollywoodkinos soll Fink Mängel aufzeigen.

Diese sind Verträumtheit und Unangepasstheit an seine Umwelt. Während der Schriftsteller seine geistig anspruchsvollen Ideen zur Erschaffung eines *neuen Theaters* seinem Agenten in der achten Minute mitzuteilen versucht, taucht im Hintergrund ein goldenes Kassengerät auf, das auf die merkantilen Ziele von Garland hinweist. Zwei Sekunden später sieht man an Felsen brechende Wellen der Westküste und den Protagonisten, der sich im Hotel registriert. Der Abstand zwischen den idealistischen Träumen des Schriftstellers und dem wahren Leben ist groß. Je naiver Fink am Anfang des Filmes klingt, desto mehr hat man die Hoffnung auf sein Erwachen und seine Veränderung zum Schluss. Auf diese Spannung baut filmische Handlung auf.

---

[249]   «Du stehst unter Vertrag und wirst es weiterhin sein.
Alles, was du schreibst, gehört *Capitol Pictures*.
Und *Capitol Pictures* wird nichts davon verfilmen.
Bleib in der Stadt, Fink, und mir aus der Augen.»
In: Coen / Coen 2002, S. 519.

[250]   «Ich kann nicht anfangen, auf Kritiker zu hören
Und mich selbst über meine Arbeit belügen.»
Ein Schriftsteller schreibt aus dem Bauch,
Und sein Bauch sagt ihm, was gut ist
Und was [...] nur mäßig.» In: Ebd., S. 403f.

[251]   «[...] Ich glaube, das ist das beste Werk, was ich je schrieb.
[...] Ich wollte Ihnen etwas Schönes zeigen.» In: Ebd., S. 517ff.

2. *Fremde* Welt und *Prüfungsverlauf*

In der dritten Sequenz übertritt Fink die Schwelle und fängt seine *Reise* nach Hollywood an. Innerhalb kürzester Zeit[252] werden zwei *narrative* Welten aufgebaut: Eine *vertraute* in New York und eine *fremde* in Los Angeles. In New York hat Fink seine Familie und einen Kreis von Menschen, die seine Ideen mit ihm teilen («There's a few people in New York, hopefully our number are growing»)[253]. Dort genießt er die ersten Erfolge am *Broadway*. Als er den Ort verlässt, an dem er verwurzelt ist, begibt er sich in die *unbekannte* Welt Hollywoods. Alles scheint hier fremd zu sein. Die Menschen sind laut und aufdringlich. Sein Chef belästigt Fink mit Umarmungen und vorgespielter Freundschaft. Der Produzent Geisler geniert sich nicht, seine Meinung bereits beim ersten Treffen rücksichtslos auszusprechen. Der Nachbar Charlie kommt ohne Einladung in sein Zimmer und macht es sich mit einem Drink auf dem Bett bequem. In der *fremden* Welt treiben Instinkte Menschen. Das schöpferische Leben («life of mind») interessiert das kalkulierte Hollywoodmilieu wenig. Lipnick kann nicht lesen, gehört jedoch zu den erfolgreichsten Produzenten in Hollywood. Der feine Romancier Mayhew kann nicht schreiben, lässt seine Sekretärin die Romane für ihn verfassen.

Im Vergleich zu Holly Golightly (BREAKFAST AT TIFFANY'S), die sich freiwillig von Ort zu Ort bewegt, oder Joseph Gillis (SUNSET BOULEVARD), der seine *Reise* durch Zufall antritt, wird Fink gegen seinen Willen von seinem Agenten auf die *Reise* geschickt. Der weise und erfahrene Garland kennt die Eitelkeit des Schriftstellers und nutzt seine Schwäche aus, um sein Geld zu verdienen. Dem narrativen Schema – dem *Reisemodell* – zufolge wird Fink zögern, die *Reise* anzutreten. Tatsächlich widerspricht er seinem Agenten, in New York stehe er kurz vor dem Erfolg. Garland bleibt bei der Sache und redet Fink ein, in Hollywood würden auf Fink noch mehr Anerkennung und außerdem großzügige Honorare warten. Neben dem ‹physischen› Ortswechsel von New York nach Los Angeles geht Fink auf *innere Reise*, die die Formen seines zukünftigen Skriptes und schließlich eine Traumwelt annimmt.

Die *Reisen* Finks sehen folgenderweise aus:

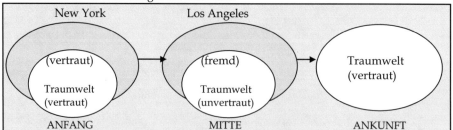

43 Schaubild 6

---

[252] Für die Darstellung der vertrauen Welt benötigen die Brüder sechseinhalb Minuten und drei Szenen.

[253] «Es gibt einige Leute in New York, hoffentlich werden wir immer mehr», sagt Fink zu Charlie in ihrem ersten Gespräch. In: Coen / Coen 2002, S. 423.

Dieses Schema zeigt zwei *narrative* Welten innerhalb des *3-Akt-Modells*. Die physische *Reise* von Fink geht von New York nach Los Angeles. Dafür stehen die großen grauen Kreise. In seinem Kopf trägt Fink zahlreiche Ideen, die ihn von seiner *vertrauten* Umgebung bereits in New York *trennen* und das ‹geistige› Leben in seiner *inneren* Welt ermöglichen. In New York findet Fink positive Bestätigung seiner Vorstellungen durch ein begeistertes Publikum, Zeitungen und sein Umfeld. In Hollywood wird seine *innere* Einstellung *geprüft*. Zuerst träumte Fink davon, seine Arbeit einem ‹einfachen Mann› zu widmen, nun – weit weg von seiner *vertrauten* Umgebung – wird Fink mit seinen Ideen konfrontiert, indem er diesen Mann persönlich trifft. Seine *innere Reise* erlebt dadurch eine unerwartete *Wendung*, die Fink allerdings übersieht. Nach Abgabe seines Drehbuches entfernt sich Fink noch weiter von der Realität. Die Reaktion von Lipnick auf sein Drehbuch führt zur endgültigen *Trennung*. Nach dem Gespräch mit dem Studioleiter begibt sich Fink zum Strand. Die Realität scheint sich mit seinem Traum zu vermischen, und der Traum wird zur letzten *Station* seiner *Reise*.

Mehrere Mentoren begleiten Fink bei seiner *Reise*. Der erste von ihnen ist sein Agent Garland. Er kennt die Stärken des Schriftstellers, deshalb gelingt es ihm, Fink vorteilhaft nach Hollywood an *Capitol Pictures* zu verkaufen. Er ist auch mit seinen Schwächen vertraut – dem Ehrgeiz und der Sehnsucht nach Anerkennung –, deshalb schafft er es auch, den Widerstand von Fink vor dem *Reiseantritt* zu überwinden. Fink ist schwach und unangepasst an die Realität des Lebens. Er ist ein Theoretiker, der seine Theorien nie in der Praxis angewendet hat. Die Funktion von Garland als seinem Mentor erschöpft sich jedoch bereits am Anfang des Filmes. Noch einmal wird Fink sich an Garland erinnern, als er ihn in der 88. Minute anruft und über seine Fortschritte im Drehbuchschreiben berichtet. Die Nachricht lässt den nüchternen Agenten jedoch kalt.

Gleich nach der Ankunft in Hollywood findet Fink seinen zweiten Mentor – den Chef von *Capitol Pictures,* Jack Lipnick. Der raffinierte Studioleiter umhüllt seinen neuen Autor mit vermeintlicher Aufmerksamkeit und Zuwendung. «Got everything you need?»[254], erkundigt sich Lipnick beim ersten Treffen. Als Zeichen seiner besonderen Sympathie zeigt er seine Gastfreundlichkeit: «[...] hell, he can stay at my place».[255] Er führt Fink in das neue Geschäft ein und tut so, als ob er ihn unter seinen Schutz stellen würde. Als sein Assistent Lou Fink an seine Pflichten dem Studio gegenüber erinnert, wird Fink von Lipnick theatralisch verteidigt:

> «You're telling this man
> This artist – what to do?!
> This man creates for a living!»[256]

---

[254] «Hast Du alles, was du brauchst?» In: Coen / Coen 2002, S. 413.

[255] «[...] was zum Teufel, er kann bei mir zu Hause bleiben.» In: Coen / Coen 2002, S. 414.

[256]   «Du sagst diesem Mann,
       Diesem Künstler, was er tun soll?!
       Dieser Mann ist schöpferisch tätig.» In: Ebd., S. 483.

Man erinnert sich an Katherine Parker in WORKING GIRL. Auch die Protagonistin von Mike Nichols verspricht ihrer Sekretärin Hilfe und weigert sich im entscheidenden Moment, diese zu leisten. Die provisorische Mentorenschaft von Lipnick endet genauso. Als Fink seine Anerkennung am meisten braucht – nach Abgabe des Drehbuches – wird er von seinem Mentor zurückgewiesen. Den dritten Mentor sucht sich Fink selbst aus und findet ihn in der Gestalt von Schriftsteller Mayhew sowie dessen Sekretärin Audrey. Beide sollen Fink Grundlagen des Drehbuchschreibens erklären. In der Tat bekommt Fink von Mayhew ein Buch geschenkt, das später sein Drehbuch beeinflussen wird. Später stellt sich jedoch heraus, dass Audrey dieses Werk, wie viele andere auch, verfasst hat. Sie eilt auch Fink zur Hilfe, als er sie vor dem entscheidenden Treffen mit dem Studiochef braucht.

Leider hat Fink kein Glück mit seinen Mentoren. Garland verlässt Fink bereits vor seiner Abreise nach Los Angeles. Mayhew zeigt sich unfähig, Unterstützung zu leisten. Lipnick erfüllt seine Funktion nur zum eigenen Vorteil. Audrey wird ermordet, noch bevor sie wesentliche Hilfe leisten kann. Nur sein Nachbar Charlie bleibt bis zum Schluss bei Fink. Charlie zeigt nötige Kampfhandgriffe zu seinem Drehbuchthema. Er führt mit Fink lange Dialoge, entsorgt die Leiche von Audrey und rettet ihn vor den Polizisten. Er ist für Fink immer da, wenn er ihn braucht, gleich, ob in der Nachbarschaft oder in seiner Schriftstellerfantasie. Die Handlung von BARTON FINK wird ähnlich wie in jedem anderen Hollywoodfilm aufgebaut. Sie besteht aus einem Anfang, einer Mitte und einem Ende. Die zeitlichen Proportionen im Sinne von Field werden jedoch nicht immer eingehalten. Im Vergleich zu *klassischen* Vorgängern[257] wirkt der Anfang des Filmes der Brüder Coen etwas beschleunigt. Nur sieben Minuten wird uns die *vertraue* Welt von Fink in New York gezeigt. In der achten Minute übertritt Fink bereits die Schwelle und findet sich in Los Angeles wieder. Dennoch übt sein Umzug allein noch keinen wesentlichen Einfluss auf seine *innere Reise* aus. Der *Auslöser* wird vorbereitet, indem wir zuerst das seltsame Ankommen von Fink im menschenleeren Hotel, dann sein erstes Treffen mit Lipnick und schließlich den Anfang seiner Schreibblockade beobachten.

Der erste *Wendepunkt* lässt sich entsprechend der Empfehlungen von Field und Vogler nachvollziehen. In etwa der 20. Minute des Filmes greift Fink zum Telefon, um sich beim Rezeptionsjungen über die Geräusche aus der Nachbarschaft zu beschweren. Eine Minute später hört man das Klopfen an seiner Tür. In der 22. Minute wird dem Zuschauer der neue Protagonist Charlie vorgestellt. In der 35. Minute des Filmes kennen wir bereits alle Protagonisten. Die Konflikte wurden ebenfalls bezeichnet. Ab jetzt wird die Ruhe der Handlung gestört und der Höhepunkt vorbereitet, der eng mit Veränderungen des psychischen Zustandes Finks zusammenhängt.

Am Anfang des Filmes haben wir eine Person kennengelernt, die nicht zuhören wollte, sondern gerne selbst sprach. Im Laufe der Handlung wird sie in eine andere

---

[257] In BREAKFAST AT TIFFANY'S darf Holly in ihrer üblichen Routine ganze 17 Minuten bleiben, danach trifft sie Paul. Bei Tess in WORKING GIRL dauert dieser Prozess 28 Minuten. Mit der Nachricht über anderweitige Abwicklung ihrer Geschäftsidee fängt die Welt an, sich für sie zu verändern. In SABRINA wird der Übergang in die *fremde* Welt mit einer viersekündigen Abblende in der 18. Minute bezeichnet.

verwandelt, die zuhören muss.[258] Mit der Zeit verliert Fink immer mehr von seiner Sicherheit und Selbstüberzeugung. Das erste Unglück bereitet ihm Charlie, der seine Abreise nach New York in der 52. Minute ankündigt. Barton trifft diese Nachricht schwer. Er muss ohne freundliche Unterstützung auskommen. In der 55. Minute beim Besuch von Geisler erlebt Fink seine zweite Enttäuschung. Fink berichtet dem Produzenten, noch nichts geschrieben zu haben. Geisler verliert die Kontrolle über sich. Er hebt seine Stimme und steigt auf den Tisch, was endgültig die Angst des Schriftstellers hervorruft. Seine Gestalt, die bis dahin noch die Reste der Normalität bewahrte, wird im psychischen Zerfall gezeigt. Die Gesichtszüge wechseln von ‹neugierig und unsicher› zu ‹ängstlich und hoffnungslos›. Die Frisur wirkt unordentlich und auf den Wangen wächst der Bart. Die Verstörung seines psychischen Zustandes spiegelt sich in seiner Zimmereinrichtung wieder, als ob das Zimmer die Veränderungen von Fink mitfühlt. Die zerknitterten Papierstücke häufen sich auf dem Arbeitstisch. Die Tapeten, die sich in der 28. Minute zum ersten Mal von der Wand trennten, hängen nun hilflos und zerrissen von den Wänden herunter. Bei der dramaturgischen Steigerung in der 95. Minute fangen sie sogar an zu rauchen und zu brennen. In der 59. Minute des Filmes ruft Fink Audrey an und bittet sie mit fast hysterischer Stimme um einen nächtlichen Besuch und Hilfe beim Schreiben. Zur endgültigen Destruktion seines Verstandes kommt es in der 66. Minute, bei der Szene, als Fink die blutige Leiche der Sekretärin in seinem Bett auffindet. Sie gehört zu der spektakulären Darstellung des Filmes, bestätigt den Verlust der Normalität von Fink weiter, nimmt allerdings keinen wesentlichen Einfluss auf seine *Reise*. Durch die intensive Präsentation könnte man glauben, dass gerade diese Szene zu den wichtigsten Handlungswendungen wird. Dennoch erfolgt die wesentliche Veränderung der Situation gerade in einer ruhigen Minute.

Die zweite *Wendung* kommt etwa in der 82. Minute, nachdem Fink Abschied von Charlie genommen und sich auf dem blutigen Bett ausgeweint hat. In diesem Moment wird er plötzlich auf die *Heilige Schrift* aufmerksam. Darin liest er die ersten Zeilen seines zukünftigen Drehbuches:

> «[…] A tenement building on
> Manhattan's Lower East Side.
> Faint traffic noise is audibile;
> As is the cry of the fischmongers.
> […] And God said, Let there be light;
> And there was light.»[259]

---

[258] Als am Ende des Filmes Fink seinen Nachbarn fragt, warum er ihn für seine tödlichen Experimente auswählte, antwortet Charlie: «Because you DON'T LISTEN!» («Weil du NICHT ZUHÖRST!»). In: Coen / Coen 2002, S. 514.

[259] «[…] Ein Mietshaus
In Manhattans *Lower East Side*.
In der Ferne hört man Verkehrslärm.
Und die Rufe der Fischhändler.»
«[…] Und Gott sagte: ‹Es werde Licht!›
Und es ward Licht.» In: Coen / Coen 2002, S. 490.

Nun weiß Fink, worüber er in seinem Drehbuch schreiben will. Die zweite *Wendung* findet – im Anklang an die *klassischen* Erzählungsmuster – zwischen der 80. und 90. Minute statt. Neben dem *3-Akt-Modell* spielt auch das Modell von *Frage & Antwort* nach Pudowkin und Carroll eine besondere Rolle für das Verständnis des Handlungsaufbaus. Nach diesem Modell werden *Grund* und *Folge* in *linear logischer* Abwechslung dargestellt und nicht im ganzen Filmablauf verteilt. Auf die Frage, ob Fink nach Los Angeles fährt, wird gleich in der nächsten Szene geantwortet. Sofort werden die Rätsel geklärt, ob Fink einen anderen Drehbuchautor konsultiert, oder ob Audrey die Einladung von Fink annimmt. Man kann sogar behaupten, dass dem Film das Modell der *Frage-Antwort* zugrunde liegt. Wenn man den Texten von Aristoteles über *Story* und *Plot* folgt und diese an BARTON FINK überprüft, dann käme man zu dem Schluss, dass es im Werk der Brüder Coen keine *Story*, sondern nur Plot gibt. Was der Zuschauer sieht, ist die filmische Handlung, die sich von Sequenz (eine Frage) bis zur nächsten (Antwort und nächste Frage) entwickelt. Während Carroll einen aktiven Zuschauer voraussetzt, der nach visuellen Kodierungen filmische Inhalte deutet, brauchen die Brüder Coen nicht nur ein aktives, sondern ein überdurchschnittlich aktives Publikum, das Wissen über die Theaterbewegung in New York der 1930er oder über die Arbeiten von Wallace Berry oder die Filme von Clifford Odets besitzt. Da dieses Publikum eine Minderheit im Vergleich zum ‹regulären› Kinogänger bildet, scheint die Frage nach der Deutung des Filminhaltes formal gelöst. Das vereinfachte *narrative* Schema nach Pudowkin oder Carroll bestätigt sich in BARTON FINK nur zum Teil. Viele Fragen, beispielsweise über die *innere Reise* Finks, bleiben offen und werden erst im Laufe der Erzählung und nicht gleich nach der Fragestellung beantwortet.

In BARTON FINK gehört das Gespräch des Schriftstellers mit seinem Agenten und der darauf folgende Umzug nach Los Angeles zum *Auslöser* der *äußeren Reise*. In der filmischen Handlung geht es hauptsächlich um seine *inneren* Interaktionen, die mit der Schreibblockade Finks anfangen, mit der Überprüfung seiner intellektuellen Ideen und seiner Berufung zusammenhängen und mit der Fertigstellung seines Drehbuches und dem Verlassen der Realität enden. Auch auf seine *innere Reise* will Fink nicht gehen. Als Charlie in seinem Zimmer auftaucht, *weigert* sich Fink, seinen Nachbar zu begrüßen, und will ihn ungerne sprechen. Charlie wie auch Garland ignorieren abwehrende Reaktionen von Fink. Bevor Fink nach Hollywood ging, hat er nicht genau bedacht, weder professionell noch psychisch für den Job in Hollywood qualifiziert zu sein. Er soll sein Geld mit dem Drehbuchschreiben verdienen und hat keine Ahnung davon. Das Hollywoodkino wurde im Allgemeinen für das Massenpublikum geschaffen, also für jenen ‹einfachen› Mann, dem Fink mit seinen Literaturwerken zu dienen versucht. Mit der Ankunft in Los Angeles wechselt Fink seinen Zuschauer – von ausgewählter Elite (Theater) zu Masse (Kino). Aus dem Kapitel über die Geschichte von Hollywood weiß man bereits, wie unterschiedlich diese beiden Felder – Theater und Kino – sind, auch wenn sie in enger Wechselwirkung zu stehen scheinen. Die meisten Bühnenstückschreiber, Theaterregisseure und Bühnenschauspieler fanden, bis auf wenige Ausnahmen, keine Verwendung im neu aufgebauten Unterhaltungsgeschäft. Auch Fink gerät schnell in eine Krise, quält sich beim Schreiben und halluziniert sein Umfeld im Hotel *Earle*, das nur auf den ersten Blick leer erscheint, jedoch in seinem Kopf mit Lebewesen gefüllt ist. Die Wände des Hotels schwitzen, die Menschen machen sich durch Stöhnen, Jammern, Kratzen, Lachen bemerkbar. Seine Fantasien besuchen Fink immer dann, wenn er mit dem Tippen seines Skripts anfängt. In diesem Moment erscheint ihm auch die Gestalt seines Nachbarn.

Charlie, dem Fink noch in New York sein Literaturwerk symbolisch widmen wollte, kümmert sich wenig um die geistigen Stoffe. Er interessiert sich für Mädchen, Kampfsport und einen Drink. Fink kann Charlie keine Unterhaltung bieten. Er trinkt kaum, kennt sich mit Sportarten nicht aus, hat weder eine Freundin noch Sehnsucht nach der Liebe. Allein bei der Frage nach dem weiblichen Geschlecht senkt er seinen Blick schamvoll zu Boden. Ironischerweise muss Fink ein Stück verfassen, das kaum Dialoge, sondern nur Action beinhaltet. Als Charlie dem schüchternen Stückeverfasser die Wrestling-Handgriffe zeigt, legt er Fink auf den Boden. Der ‹einfache› Mann ist für den Schriftsteller alles andere als ein vertrauter Bekannter, und Fink, der vor Kurzem noch angegeben hatte, die Nöte und Bedürfnisse der ‹einfachen› Menschen zu kennen, erfährt nun, wie weit entfernt er sich von dieser Welt befindet. Der ‹einfache› Mann kommt wunderbar ohne Fink zurecht, während gerade Fink ihn braucht, als geduldigen Zuhörer oder Beschützer, wenn seinem ‹geistigen Leben› physische Gewalt droht.

Um BARTON FINK wurden zahlreiche Hypothesen aufgestellt. Man rätselte, ob die Gestalt von Charlie sowie die Kriminalgeschichte von Fink von ihm erträumt wurden, oder ob Charlie – getreu der filmischen Konvention – in der Tat existierte. Netzow beschäftigte sich mit Darstellungen von Schriftstellern im Film.[260] Die Autorin beruft sich auf Studien der Literaturwissenschaftlerin Mechthild Curtius, die Interviews mit Autoren führte. In diesen Umfragen stellte Curtius fest, dass die Schriftsteller während des Schreibens ihre Gedanken visualisierten: Manche sahen Bilder, andere hörten Musik. Diese Informationen bestätigen sich, wenn man verschiedene Filme über Schriftsteller betrachtet. In SWIMMING POOL (2003) von François Ozon erträumt die Schriftstellerin Sarah Morton ihre Protagonistin Julie, während sie ihr Buch schreibt, und verbringt mit ihr abenteuerliche Ferien in Südfrankreich. In ADAPTATION (2002) von Spike Jonze möchte Charlie Kaufmann ein Drehbuch über Orchideen schreiben, verläuft sich jedoch ständig in einem abenteuerlichen Krimi und geht letztlich mit seinen Protagonisten auf die *Reise*. Wenn man dieser Hypothese zustimmt, kann der Gedanke im Bezug auf Barton Fink bestätigt werden. Die Kamera der Brüder Coen richtet sich auf den Schriftsteller, visualisiert gleichzeitig die Bilder in seinem Kopf. Durch die filmische Illusion kann der Zuschauer daran teilhaben. Es entstehen zwei Ebenen der Fiktion: Zum einen lebt die Figur in der fiktiven Realität des Filmes, zum anderen in ihren eigenen Gedanken. Als Auslöser seiner Träume dient das über seinem Schreibtisch hängende Bild einer Schönheit am Strand, das Fink in sein *Inneres* verlagert. Das Bild der Frau stellt einen ‹Traum im Traum› dar. Beim Beobachten der Frau am Meer taucht der Blick von Fink in das Bild hinein und Barton fängt an, die lockenden Geräusche des Meeres und die Möwen zu hören.

Fink wird auf die Probe gestellt werden. Er muss aus seiner Verträumtheit erwachen. Nicht umsonst wird mit ihm seitens seiner Mentoren wie mit einem Kind umgegangen.

---

[260] Netzow 2005, S. 34ff.

Garland: «Look, they love you, kid [...].»
Lipnick: «Ah, forget it, kid.»[261]

Audrey behandelt ihn als Mutter, die ihren Sohn umsorgt:

«Now that's all right, Barton.
Everything will be all right.»[262]

Fink denkt, dass seine Ideen sein Publikum in Hollywood finden. Er glaubt, über den Durchschnittsmenschen zu stehen, zu welchen für ihn nicht nur seine Zuschauer, sondern auch Richard, Poppy, Derek, Lipnick und andere zählen. Dies ist sein *Verhalten (mode)*. Mit der Zeit wird ihm aber klar, dass er in Los Angeles nicht zurechtkommt. Er braucht Hilfe, Verständnis und Anerkennung. Dies ist sein *Bedürfnis (need)*. Audrey erkennt seine wahren Wünsche:

«We all need understanding, Barton.
Even you, tonight. It's all you really need.»[263]

Mithilfe der Nebendarsteller offenbaren sich seine Bedürfnisse. Diese Charaktere leisten auch nötige Unterstützung für Fink beim Erreichen seines Ziels: Audrey motiviert ihn zum Schreiben, Charlie sensibilisiert ihn für seine Umwelt und dem ‹einfachen› Mann gegenüber, Lipnick und Geisler materialisieren seine Träume. Außerdem setzen die Nebendarsteller *Deadlines*, wie beispielsweise Lipnick und Geisler mit ihren regelmäßigen Treffen und dem Verlangen nach den Fortschritten im Schreiben.

Bevor Fink seine *Prüfungen* erteilt bekommt, wird sein Durchsetzungsvermögen mit Vergabe eines für ihn unbekannten Auftrags auf die Probe gestellt. Fink reagiert mit einer Schreibblockade, dennoch schafft er es, bis zur Hälfte der Handlung seine Schreibunfähigkeit zu verstecken. Wenn man in der 93. Minute des 116-minütigen Filmes beobachtet, wie die Welt Finks beginnt, unterzugehen, erinnert man sich an die letzte Niederlage, die der Held noch kurz vor dem Schluss erlebt. Den Anweisungen Fields zufolge sollen kurz vor dem dritten Akt neue Aufgaben gestellt und die Probleme dann endgültig gelöst werden:

«This is the time when the story's energy, which may have ebbed a little in the quiet moments of seizing the sword, is now revved up again.»[264]

Tess McGill wird in WORKING GIRL in der 88. Minute des 113-minütigen Filmes unangenehm überrascht. Ihre Chefin Katherine unterbricht die Besprechung zwischen

---

261   Garland: «Schau, sie lieben dich, Kind [...].»
         In: Coen / Coen 2002, S. 406.
         Lipnick: «Ah, vergiss es, Kid.» In: Ebd., S. 484.
262   «Jetzt ist alles in Ordnung, Barton.
         Alles wird gut.» In: Ebd., S. 468.
263   «Wir alle brauchen Verständnis,
         Auch du, heute Nacht. Das ist alles, was du wirklich brauchst.»
         In: Ebd., S. 471.
264   «Das ist der Zeitpunkt, wenn die Energie der Erzählung, die vielleicht in den ruhigen Momenten des Schwertaufsetzens etwas abgeebt ist, wieder aufgedreht wird.» In: Vogler 1992, S. 217.

Trask und *Metro* und behauptet, dass Tess ihre Geschäftsidee gestohlen habe. Tess wird zum zweiten, und man glaubt zum letzten Mal gekündigt. Nach dieser Szene folgt ein 30-sekündiger Nachklang von Trauer um den nicht realisierten Traum, dem Tess diesmal so nah stand. Die danach folgende Hochzeitsszene ihrer Freundin Cyn bestätigt ihren Misserfolg auf der privaten Ebene. Sie hat Jack nicht mehr, aber auch Mick, den sie während der Trauungszeremonie trifft, wird längst mit einer anderen Frau glücklich, während Tess ohne Job und Lebenspartner dasteht. In der 96. Minute trifft Tess Jack Trainer wieder. Plötzlich kommt Jack ihr zur Hilfe und bestätigt die Aufrichtigkeit von Tess und seine Liebe zu ihr. Tess bekommt einen *Energieschub* und die Chance, innerhalb weniger Minuten die Wahrheit aufzudecken. In der 100. Minute gratuliert Trask seiner neuen Mitarbeiterin McGill zu ihrer Beförderung, und zehn Sekunden später wird auch die glückliche *Auflösung* ihrer privaten Situation mit einem *Kiss off* bestätigt.

Bei Vivian in PRETTY WOMAN lässt ihr Traum auf sich warten und kurz vor dem Schluss erlebt sie ihre größte Niederlage. In der 100. Minute (neun Minuten vor dem Filmschluss) wird sie von Stuckey geschlagen. Sie verlässt in der 104. Minute das Hotel und Edward. In der 105. Minute wird für sie ihre ‹letzte› Limousine bestellt, die Vivian zurück zum *Hollywood Boulevard* und ihrer alten Wohnung fährt. Der Nachklang mit Parallelschnitten von Vivian zu Edward dauert circa eineinhalb Minuten. Im Vergleich zu Tess McGill, die ihre Geschäftsidee verteidigt, hat Vivian eine passive Rolle am Ende ihrer *Reise*. Ihr Glück hängt von der Entscheidung Edwards ab. In der 109. Minute bekommt Edward einen *Energieschub*. Der Hotelmanager Barney Thompson erzählt ihm, wo Vivian wohnt. In der 105. Minute wird die Szene in der Limousine wiederholt, nur tauschen die Protagonisten ihre Plätze. Edward sitzt in der Limousine und braucht noch 40 Sekunden, bis er endgültig entscheidet, Vivian zu holen. *Crosscutting* zu Vivian, die traurig den Regen aus dem Fenster ihrer kleinen Wohnung beobachtet. Die Kamera schwenkt zurück – Edward kauft Blumen. In wenigen Einstellungen sehen wir das *Happyend*. Beide Frauen, Tess und Vivian, haben sich von unsicheren, naiven Kreaturen in sichere, stilvolle und lebenserfahrene Personen verwandelt. Was geschieht mit Fink?

Obwohl Fink seine Schreibblockade überwindet, gehört er zu der Art von Helden, der seine *Prüfungen* nicht (erfolgreich) besteht. Die Eskalation der Konflikte fängt mit dem Aufstand des ‹einfachen› Mannes an und kostet ihn seinen einzigen Freund. Was Fink nicht weiß, ist, dass die Freundschaft von Charlie nur vorgespielt war. In Wahrheit stoßen die Ideen über das schöpferische Leben («Leben für den Geist») auf die Missachtung des Nachbarn. Hinter dem Rücken Finks schneidet Charlie alias Mad Mundt Köpfe (den Ursprung der intellektuellen Ideen) ab. In der 95. Minute erreicht dieser Handlungsstrang mit der Rebellion von Charlie seine Kulmination. Der ‹einfache› Mann steckt das Hotel in Brand, überfällt Polizisten mit dem nachdrücklichen Ruf «I'll show you the life of the mind»[265]. Die Hoffnung von Fink den ‹einfachen Mann› unter Kontrolle zu haben und ihm zu dienen misslingt. In der 82. Minute des Filmes erreicht der zweite Handlungsstrang über den Auftrag den Höhepunkt. Nach dem Treffen mit Lipnick, als der Schriftsteller knapp an einer Offenbarung seiner Schreibunfähigkeit vorbeiging, kann der Schriftsteller keine Ausreden mehr für seinen Chef erfinden. Fink

---

[265] «Ich werde euch das Leben für den Geist zeigen!»

findet seine Lösung in der *Heiligen Schrift*. In wenigen Einstellungen, die drei Minuten dauern, stellt er sein Drehbuch fertig. Nach Tradition des *klassischen* Filmes wird nun die Geschichte Finks aufgelöst sein.

3. Auf der Suche nach Auflösung

Am Ende des *klassischen* Hollywoodfilmes sollten alle Handlungsstränge abgeschlossen und Konflikte gelöst sein. Die Protagonisten landen verändert und gestärkt am Ende *ihrer Reise*.

> «Das Ergebnis der finalen Auseinandersetzung ist im klassischen Hollywoodkino zumeist der Triumph der Helden über ihre Widersacher. Nach einer Aufdeckung erlebt die Hauptfigur Verständnis und Zustimmung […].»
> *(Krützen 2004, S. 252)*

Barton Fink hat seine *Reise* hinter sich, dennoch bleibt sein Charakter unverändert. Im letzten Gespräch mit Fink bestätigt Lipnick, dass sein Angestellter unverändert blieb. Am Anfang ihrer Bekanntschaft wurde Fink von seinem Chef mit «Kid» angesprochen. Zum Schluss wird festgestellt, dass Fink immer noch nicht erwachsen ist:

> «*Capitol Pictures* will not produce anything you write. Not until you grow up a little.»[266]

Um die Situation richtig einzuschätzen, fehlt dem Zuschauer jedoch die nötige Information über die Vergangenheit des Protagonisten, und es gibt kaum Hinweise auf seine Zukunft. Man kann in BARTON FINK keine Situation aus der Sicht ‹vorher-nachher› konstruieren und keinen persönlichen Bezug zu Fink aufbauen. Im Hollywoodkino erleben wir mit den Protagonisten ihre Höhen und Tiefen. Mit Tess McGill aus WORKING GIRL gehen wir den Weg von ihrem ersten Job über die Stelle bei Katherine Parker bis zur Position bei *Trask* zusammen. Wir wissen, wie sie sich um ihre Beförderung bemühte oder wie ihr Freund sie betrog. Im Laufe der Handlung versteht man, warum sie sich von Jack Trainer angezogen fühlte und wie unterschiedlich sie und ihr ehemaliger Freund waren. Man erlebt, wie Tess ihr Geschäft durchzog und sich ihre Stelle verdiente. Wenn man mit Tess am Ende *ihre Reise* landet, freut man sich über ihren Erfolg. Barton Fink war für die Zuschauer zu Beginn des Filmes ein Fremder und bleibt es bis zum Schluss. Deshalb empfinden wir für ihn keine Sympathien und trauern auch nicht seinen Misserfolgen nach.

Nach dem narrativen Muster sollte für Fink zum Schluss eine möglichst positive *Auflösung* kommen, wie eine Anerkennung seiner Mühe, die mit einem Abschlussfest gefeiert wird. Das Fest findet tatsächlich in der 90. Minute statt, allerdings nicht im Namen Finks. Man sieht den Schriftsteller in der USO-Halle beim Tanzen. Statt der Anerkennung möchte ihm ein Matrose seine Tanzpartnerin entführen. Als Fink sich dagegen wehrt, wird er verprügelt. Sein Unglück ist damit nicht zu Ende. In der 93. Minute findet Fink Polizisten in seinem Zimmer, die sein Drehbuch gelangweilt lesen. Sie

---

[266] «*Capitol Pictures* wird nichts von deinem Werk produzieren. Nicht bis du etwas erwachsen wirst.» In: Coen / Coen 2002, S. 519.

übermitteln ihm die Nachricht über den Mord an Mayhew und nehmen ihn als Hauptverdächtigen fest. Auch seine Befreiung durch Charlie neun Minuten später bringt nicht die nötige Erleichterung, schließlich verliert er in diesem Moment seinen vertrauten Freund. Eine Minute später sitzt Fink im Büro von Lipnick und nach drei Minuten fällt er endgültig in Ungnade. Sein Auftrag endet im absoluten Fiasko. Der Schriftsteller wird von Hollywood verdammt und ausgestoßen.

Fink wird nach dem Gespräch mit Lipnick erstaunlicherweise nicht gefeuert und zurück nach New York geschickt, sondern er bleibt weiterhin unter Vertrag. Verbirgt diese milde Maßnahme einen kleinen Hinweis auf glückliche *Auflösung*? In der 106. Minute des Filmes sieht man Fink am Strand. Er ist in seinem üblichen braunen Anzug mit Krawatte und mit einem von Charlie erhaltenen Päckchen in der Hand zu sehen. Zuerst läuft er auf den Zuschauer zu, dann bleibt er in der Mitte der Leinwand stehen. Mit Erstaunen beobachtet er etwas auf der anderen Seite der Küste. Genau im gleichen Ablauf der Bewegung sieht man nun eine junge Frau im Bikini, die dem Schriftsteller entgegenkommt. Aus der Nähe stellt man fest, dass sie der Badenixe auf dem beim Schreibtisch Finks hängenden Bild ähnelt. Nachdem es sich Fink am Strand bequem gemacht hat, wird er von der Frau auf den Inhalt seiner Box angesprochen. Er weiß aber nicht, was drin ist und scheint sich dafür nicht weiter zu interessieren. Dagegen erkundigt er sich bei der Frau, ob sie eine Schauspielerin sei. «Don't be silly!»[267], bekommt er zur Antwort. Hier erhält Fink nochmals eine Bestätigung, dass er im Laufe seiner *Reise* nichts gelernt hat.

Hat jede Hollywoodgeschichte eine erkennbare *Auflösung*? Zu einer Ausnahme gehört aus den Zeiten des *klassischen* Hollywoods CITIZEN KANE (1941) von Orson Welles. Der Protagonist Charles Foster Kane liegt im Sterben. In der Hand hält er eine Kugel, die er mit dem Aussprechen seines letzten Wortes «Rosebud» verliert. In einer Wochenshow soll über ihn ein Nachruf vorbereitet werden. Die Reporter suchen nach Wendepunkten seiner Biografie, insbesondere nach der Bedeutung seines letzten Wortes. Es wird viel über Kane berichtet. Man erfährt, wie er durch einen Zufall Millionen erbte, wie er von seiner Mutter zur Pflege abgegeben wurde und wie er darunter litt. Was die Reporter nicht wissen, aber der Zuschauer zu sehen bekommt, wird in einer Szene verdeutlicht. Kurz vor der Abholung des Jungen ins Haus seines neuen Vormundes, griff er nach seinem Schlitten, der den Namen «Rosebud» trug. Da Kane seine letzte Erinnerung dem Objekt aus seiner Kindheit widmet, das ihn an seine *Backstorywound* und Verlassenheit erinnert, passt diese Information in die Vorstellung der Zuschauer, auch wenn das Rätsel im Ablauf des Filmes nicht unmittelbar *aufgelöst*, sondern nur angedeutet wird. Viele Filmwissenschaftler beschäftigten sich mit der Erklärung dieses Schlusses. In *Theorizing the Moving Image* teilte Noël Carroll die Meinungen in zwei Gruppen auf: Die erste behauptet, dass «Rosebud» für die Verletzung des Protagonisten steht und die Kindheitserinnerung seinen Charakter wesentlich beeinflusste. Die anderen sprechen von der Unfähigkeit von Welles, eine gelungene *Auflösung* zu finden. Nach

---

[267] «Sei nicht albern!»

Krützen spielt der Filmemacher mit der *Backstorywound* von Kane und richtet seine Erklärungen an den «filmerfahrenen» Zuschauer.[268]

Nun frägt man sich, ob die Brüder Coen BARTON FINK absichtlich *offen* gelassen haben oder mit dem Erzählungsschluss improvisierten? Vielleicht gerade wegen dieses *offenen Endes* fand der Film keine große Resonanz bei dem von Hollywood verwöhnten, amerikanischen Publikum. Vielleicht aus diesem Grund wurde der Film in Europa geschätzt, weil die Europäer an *offene* Enden und originelle *Auflösungen* gewöhnt sind.[269] Da Fink immer in der Welt seiner Fantasien zu leben bevorzugte und die Gesellschaft anderer Menschen nicht besonders genoss, könnte man in der letzten Szene am Strand nach einer *Auflösung* suchen, die uns zeigt, dass Fink in der von ihm favorisierten Welt der Illusion landete. Aus dieser Sicht würde der Film mit einem – wenn auch für Hollywood etwas untypischen – *Happyend* abgeschlossen. Es lässt sich jedoch vermuten, dass dieses *Auflösungsgeheimnis* im Spiel der Brüder mit einem ‹medienerfahrenen› Zuschauer liegt und im Aufbau der visuellen Reihe zu suchen wäre.

4. Grundformen der visuellen Reihe

Der Aufbau der visuellen Reihe von BARTON FINK verbindet Originalität und Tradition. Einerseits scheint der Film den üblichen Regeln Hollywoods zu folgen, andererseits gibt es in seiner technischen Umsetzung viele ungewöhnliche Techniken.

4.1. Die ersten Einstellungen

Am Anfang des Filmes läuft der Vorspann auf einem bräunlichen, flachen Hintergrund, der sich später ins Tapetenmuster des Hotelzimmers von BARTON FINK verwandelt. In der zweiten Minute erscheint der Untertitel «New York, 1941». Es gibt eine Reihe von Filmen[270], in denen der Ort und die Zeit der filmischen Handlung mit Text im Vorspann definiert werden. Die meisten Filmschaffenden nutzen jedoch die filmische Zeit vollständig aus, indem sie bei den textuellen Ergänzungen hinter dem Text bereits die wichtigen Filmereignisse zeigen. Bei den Brüdern Coen bleiben auch weiterhin die weißen Buchstaben auf dem braunen Hintergrund leuchten.

Die gewöhnliche Einführung in die Handlung eines Hollywoodklassikers (WORKING GIRL, SUNSET BOULEVARD, SABRINA) fängt mit einem *establishing shot* an – *(extrem) totaler* Einstellung, die sich mit *halbtotal* bis *(halb-)nah* abwechselt. Die Einführung kann auch

---

[268] Krützen 2004, S. 56.

[269] Dabei könnte man sich an dem Film LA DOLCE VITA von Federico Fellini erinnern, der ebenfalls am Strand endet. Hier kommt es zu verschiedenen kleinen Aktionen, beispielsweise dem Beobachten des toten Monsterfisches, Dialogen zwischen Marcello und Paola. Die Fragen werden gestellt, ohne beantwortet zu werden. Das offene Ende von LA DOLCE VITA gehört heute bereits zu den renommierten europäischen Klassikern aus dem Jahr 1960, obwohl in dieser Zeit seine offene Struktur für viel Aufregung seitens der Filmschaffenden und der Zuschauer sorgte.

[270] Beispielsweise GONE WITH THE WIND oder CITIZEN KANE.

anders aufgebaut werden und mit einem *Close-up* anfangen, mit einem bedeutenden Detail. Erst danach folgt die Übersicht der ganzen Szene (MY FAIR LADY).

Die Brüder Coen beginnen ihre Erzählung mit *Close-up* und fahren die Kamera aus dem Bild heraus bis zur *halbtotalen* Einstellung. Sie beschäftigen sich für 38 Sekunden mit der Konstruktion des Theatervorhangs. Der Zuschauer sieht ein Gewicht am Ende eines Seils, welches von einem Bühnenarbeiter heruntergezogen wird. Nach der Tradition des *klassischen* Kinos sollte es dabei um einen für die Handlung wichtigen Bestandteil gehen. Wenn die Erzählung von MY FAIR LADY mit einer Blume anfängt und die Kamera von einem *Close-up* der einzelnen Blume auf die *Großaufnahme* des Theaters, darin flanieren in bunten Kleidern Besucher, schwenkt und schließlich Eliza zeigt, spätestens dann versteht man die Bedeutung der Blume in der Erzählung. Eliza ist eine Blumenverkäuferin, sie hat beruflich mit Blumen zu tun. Außerdem ‹erweckt› Professor Higgins in ihr eine ‹Blume›, die von ihm sorgfältig ‹gepflegt› und beim Empfang im *Buckingham Palace* in ihrer ganzen Blüte präsentiert wird. Auch wenn das Motiv der Blume oft symbolisch in die Handlung eingeführt wird, ergibt sich daraus Sinn. Vom Zuschauer wird ein visueller Vergleich gefordert, er wird mit einem Assoziationsspiel konfrontiert. Ob die Konstruktionen eines Theatervorhangs wichtig für die Erzählung von BARTON FINK sind, lässt sich bezweifeln. Sie kommen in der Handlung nicht mehr vor. Man könnte glauben, dieses nach unten rollende Gewicht hätte etwas mit dem schweren Schicksal des Schriftstellers zu tun, dennoch bleibt diese Aussage eine Spekulation.

Den Protagonisten Barton Fink stellen die Brüder Coen in der zweiten Minute des Filmes vor, jedoch auch nicht in der üblichen *(halb-)totalen* oder *(halb-)nahen* Einstellung,[271] sondern in einer *Nahen*. Die Regeln einer *frontalen* Präsentation der Hauptfigur werden hier jedoch eingehalten. In der ersten Sequenz in New York beobachtet die Kamera Fink ausschließlich aus der *nahen* Position. Nichts lenkt die Aufmerksamkeit des Zuschauers von seiner Gestalt, seinem Gesicht und seiner Frisur ab. Durch diese Einstellungsgröße erkennt man deutlich die Mimik Finks. Man braucht Fink nicht zu hören, um zu verstehen, was er denkt. Seine Mimik verrät, dass er bei der Aufführung seines Stückes aufgeregt und unsicher ist. Seine hohen Ansprüche an sich und seine Intoleranz den anderen gegenüber werden bereits durch seine Gesichtszüge und Reaktionen verraten. Während Fink im schicken Smoking hinter der Bühne steht und die Worte seines Stückes dem Schauspieler nachspricht, taucht im Hintergrund die Figur eines Bühnenassistenten auf, der Zeitung liest und seine Zigarette raucht.

---

[271] Vgl. Vorstellungen von Holly Golightly (BREAKFAST AT TIFFANY'S) in den ersten zwei Minuten oder Sabrina (SABRINA) in den ersten vier Minuten der Filme.

In wenigen Sekunden wird er als *Off-Stimme* am Stück teilnehmen. Er steht auf, macht ein paar Geräusche und kehrt auf seinen Platz zurück. Sein lässiges, einfaches Outfit unterscheidet sich vom festlich gekleideten Fink. Seine scheinbare Unbekümmertheit, die der sensible Autor wohl persönlich nimmt, spiegelt sich sofort in Gereiztheit und Verachtung auf dem Gesicht Finks. Danach erfahren wir, dass Fink seine Werke dem «einfachen» Mann widmet, den er eigentlich nicht versteht und nicht leiden kann. Somit werden zu Beginn der Handlung die ersten Konflikte angedeutet. Der Ort der Handlung bleibt einheitlich. Nach seiner Ankunft in Los Angeles hält sich Barton die meiste Zeit in seinem Hotelzimmer auf, bis auf die Ausnahmen seiner kurzen Ausflüge zum Filmstudio oder in die Produktionsstätte. Die Räumlichkeiten des Hotels die Rezeptionshalle und die Korridore sowie das Zimmer von Fink werden nach *klassischen* Regeln mit *establishing shots* vorgestellt. Die Brüder Coen zeigen die Hoteleinrichtung in der achten Minute in *supertotaler* Einstellung und das Zimmer von Fink in der elften Minute in *totaler* Einstellung.

Das Hotel wird von außen jedoch nie gezeigt. Und dies sprengt die gewöhnlichen Darstellungstechniken der Präsentation im *klassischen* Kino. Auch die Techniken der Präsentation von Innenräumen unterscheiden sich von den Methoden im *klassischen* Hollywood.

44-48 BARTON FINK:
Die ersten Einstellungen

Hier, ähnlich wie bei der Einführungssequenz, fangen die Brüder Coen zuerst mit einem Detail an. Für 14 Sekunden friert der Blick auf einem Schild an der Zimmertür von Fink ein, erst dann wird der Raum gezeigt. Wie auch am Anfang des Filmes mit dem Theatervorhang hat dieses Schild keine besondere Bedeutung für die Handlung.

Eine andere Methode der Coen-Brüder ist die extreme Beschleunigung der Handlung. Die *klassischen* Hollywoodfilme neigen dazu, ihre Inhalte ausführlich zu präsentieren. Nach dem Gespräch mit Garland würde man Fink vielleicht beim Packen seiner Kleidung oder beim Einsteigen in das Flugzeug sehen. Bei seiner Ankunft in Kalifornien hätten wir anhand eines *klassischen* Filmes die Ansichten von Los Angeles aus der *extrem-totalen* Perspektive gesehen, beispielsweise aus der Vogelperspektive (wie New York in WORKING GIRL). Vielleicht würde der Zuschauer mitten in das bunte Treiben der Stadt in einer *totalen* Einstellung versetzt (wie in den Szenen am *Hollywood Boulevard* in PRETTY WOMAN). Nichts davon hat BARTON FINK. Nachdem der Autor seinen Agenten in New York trifft, sieht man wenige Sekunden danach die Einstellung mit dem sonnigen Strand und Ozeanwellen, die in ihre Bewegung von einem Felsen angehalten werden. Diese Darstellung wechselt ebenfalls schnell zur Rezeptionshalle des Hotels. Nun stellen wir fest, dass Garland Fink zur Reise nach Los Angeles (Ozean, Hotelrezeption) überredet hat.

Die Brüder Coen nehmen einerseits Rücksicht auf einen bewanderten Zuschauer, versuchen aber auch, ihr Publikum zu verwirren. Die Ansichten von Los Angeles, die sich auf einen einsamen Felsen mit Ozeanwellen und die verdunkelten Räume eines heruntergekommenen Hotels reduzieren, sind weit weg von den Erwartungen der Zuschauer von dem sonnigen, glamourösen Hollywood entfernt. Das *klassische* Kino setzt Aktivität der Zuschauer voraus. Dabei soll der Zuschauer unterhalten, aber nicht überfordert werden. Um Fragen oder Missverständnisse zu reduzieren, schulte Hollywood sein Publikum, bestimmte Filmkodierungen[272] zu erkennen und sie in die bereits angegebene Richtung zu deuten. Im Fall der Gebrüder Coen wird der Zuschauer aufgefordert, die Darstellung mit Inhalt selbst zu füllen. Und man könnte manchmal – wie es bei den Felsen der Fall ist – gewisse Szenen adäquat interpretieren. Man stellt aber auch fest, dass es in manchen Darstellungen wie einem Türschild oder Konstruktionen eines Vorhangs nichts zum Deuten gibt.

4.2. *Fremde* Welt, *vertraute* Welt

Beim Aufbau der *narrativen* Welten folgen die Brüder Coen allgemeinen Techniken im Sinne von Hollywood. Jedes Mal, wenn wir Lipnick oder Geisler sehen, wird die Leinwand mit hellen, sonnigen Farben überblendet. Die Welt von Fink, in der er sich mit

---

[272] Situationen und Protagonisten werden mit bestimmten Inhalten kodiert, beispielsweise steht blonde Haarfarbe bei Frauen für Unbekümmertheit, breite Muskeln bei Männern für Stärke (Protagonisten). Eine Liebeskomödie fängt mit Verwirrung an, die zum Schluss durch Ordnung ersetzt wird, sie endet in der Regel mit einem Kuss oder Heiratsantrag (Situationen).

Schreiben quält, kontrastiert mit der Hollywoodwelt durch die grün-bräunlichen Töne abgenutzter Wände des Hotels *Earle*, seiner billigen Einrichtung und halb-dunklen Beleuchtung. Während das Zimmer von Fink mit ‹schwitzenden› Decken und abfallenden Tapeten dargestellt ist, dekorieren raffinierte Möbel im *Art déco*-Stil die luxuriösen Räumlichkeiten Lipnicks. In der 13. Minute des Filmes sehen wir in der *totalen* Einstellung Lipnick in seinem Büro. Er sitzt genau in der Mitte des Bildes mit symmetrisch ausgebreiteten Armen. Seine Figur baut den Mittelpunkt der gesamten Kompositionssymmetrie auf. Seitlich von ihm befinden sich jeweils ein Schrank, ein Bild und ein Sessel. Hinter Lipnick ist eine Terrasse, die auch wie die Innenräume spiegelgleich mit Bäumen, einem Gitter, zwei Kugeln und Säulen gestaltet ist. Lipnick ist mit einem cremefarbenen Anzug und einem weißen Hemd bekleidet. Er trägt helle Schuhe sowie eine weiße Blume im Kragenspiegel. Seine Festlichkeit unterscheidet sich deutlich vom bescheidenen Outfit seiner Angestellten Fink und Lou. Diese tragen Anzüge in brauner Farbe. Man interpretiert hinein: Lipnick als Boss sieht feierlich aus, während seine Mitarbeiter, inklusive nun auch Fink, sich unauffällig kleiden. Als die Kamera sich um 180° dreht, sehen wir die andere Seite des Büros. Das Bild zeigt Fink und Lou zwischen den pompösen Statuen sitzend. Die Angestellten sind in die gleiche Kompositionssymmetrie wie ihr Chef eingefügt. Die Posen der Statuen, die sich unter den schweren Logos von *Capitol Pictures* beugen, offenbaren auf ironische Art und Weise die wahre Positionierung der Mitarbeiter auf der hierarchischen Treppe der Produktionsfirma.

Vierzehn Minuten später wird der Warteraum vor dem Büro des Produzenten Geisler und in der 54. Minute seine Arbeitsräume gezeigt. Obwohl seine Einrichtung unauffälliger ist als das Büro des Hauptbosses, gibt es auch hier eine gewisse Symmetrie in der Gestaltung. Den Sessel des Produzenten ‹umrahmen› rechts und links zwei Fenster. Hinter dem Tisch sind Buchregale zu sehen. Die Symmetrie wird in dieser Szene mit Linien akzentuiert: Mit parallelen Fensterjalousien, kariertem Teppichboden und dem gestreiften Anzug von Geisler. Dieses Büro gehört zum Raum mit der geschäftstüchtigen Unordnung. Auf dem Tisch sind Zeitungen, Papier und Ordner zu sehen. Eine unaufgeräumte Tasse zeigt, dass Geisler im Vergleich zu Lipnick keine Zeit für gemütliches Kaffeetrinken hat. Auf der Fensterbank und in den niedrigen Regalen liegen Bücher. Geisler hat keinen Assistenten, der für ihn die Skripte liest. Der Raum von Lipnick steht für Macht und Wohlstand. Das Büro von Geisler ist nur eine Arbeitsstation, eine untere Treppenstufe auf dem Weg dahin.

Die intensive Farbpalette in BARTON FINK gehört eher zur Ausnahme. Im Film arbeiten die Brüder Coen hauptsächlich mit braunen und grünlichen Tönen, die beispielsweise für die Räume des Hotel *Earle,* und mit blauen und beigen, die für das Treffen mit Lipnick stehen. Nur einige Objekte, wie das Bild im Zimmer von Fink, werden mit hellen Signalfarben betont. Insgesamt zeigen die Regisseure und Produktionsdesigner ihre Vorlieben für die monochrome Palette.

Die visuellen Parallelen sind dem Inhalt der Szenen angepasst. Wiederholungen stellen wir auf der narrativen Ebene fest. Die erste Frage, die Lipnick an Fink richtet, bezieht sich auf das durch mehrere Insektenstiche verunstaltete Gesicht des Schriftstellers. Die gleiche Frage stellt der Produzent Geisler beim Treffen mit Fink in der

40. Minute. Als Geisler sich über Finks Schreibblockade aufregt, nimmt er in der 55. Minute eine ähnliche Haltung ein, die wir bereits bei seinem Boss in den 16. und 106. Minuten gesehen haben. Er schaut auf den verängstigten Fink von oben herab, als ob er in dem Moment die ganze Verachtung Hollywoods gegenüber dem schüchternen Schriftsteller ausdrücken will. Einmal sieht man auch Fink in ähnlicher Haltung, als er Charlie in der 21. Minute des Filmes gegenüber steht. Fink blickt auf den sitzenden Charlie herab, während er über seine Arbeit im Filmgeschäft berichtet. Die *vertraute* Welt von Fink in New York wurde mit warmen, braun-rötlichen bis schwarzen und weißen Tönen gestaltet. Diese Farbszenerie wird einmal in Los Angeles wiederholt, als Geisler Fink in das Café *New York* in der 29. Minute einlädt. Die Wände sind mit Bildern stilisierter Ansichten der Stadt dekoriert.

Die Fremdartigkeit Finks, seine Unangepasstheit Hollywood gegenüber, wird durch seine Frisur, hoch aufgekämmte, lockige Haare, gezeigt. Das einzige Attribut, das Fink mit Hollywood vereint, ist das helle und sonnige Bild an der Wand seines Zimmers. Jedes Mal, wenn das Bild zu sehen ist, tut Fink so, als möchte er in das Bild hineinsteigen und ein Teil dieser Darstellung sein. Die Kamera folgt seinen Gedanken und führt uns in die Bildtiefe. Nur einmal gelingt Fink diese Aktion, als er sich zum Schluss des Filmes am gleichen Strand befindet, der auf dem Bild zu sehen ist. Endlich hat Fink etwas Gemeinsames mit Hollywood erreicht, und deshalb wird seine Umgebung nun auch mit hellen, intensiven Farben wie das Büro von Lipnick präsentiert. Die beiden Welten werden zum Schluss inhaltlich und visuell verbunden, als Fink die Frau fragt, ob sie für das Kino arbeite.

4.3. Lichtgestaltung

Im Vergleich zum *klassischen* Hollywoodkino und den mit *High-Key*-Licht beleuchteten Szenen werden die Lichtpunkte in BARTON FINK oft dezentral platziert, im Hintergrund, wo keine Handlung stattfindet. Die Eingangshalle des Hotels beleuchten zwei Lichtquellen: Schwaches Licht kommt aus dem großen Fenster hinter der Gestalt Finks; grelles Licht rechts im Vordergrund strahlt die Sessel, die Säule und den Teppichausschnitt an. Die Hauptfigur bewegt sich bescheiden im Dunkeln, um nur für eine Sekunde ans Licht zu kommen und weiter ins Dunkel zu gehen. Die weichen, rosigen Sofas strahlen umgekehrt intensives Licht aus.

Das erste Gespräch zwischen Fink und Charlie in der 20. Minute verläuft bei den zwei Lichtquellen: Bei kalt-bläulichem, kaum bemerkbaren Tageslicht, das aus beiden Fenstern kommt, und einer Lampe neben dem Bett, die den Dialog aufhellt. Für weitere Gespräche werden eine Deckenlampe vor der Tür, das Licht im Bad, die Wandlampen um den Tisch und eine Lampe auf Bartons Schreibtisch benutzt. Diese Szenen werden mit einer und mehreren Lampen bestrahlt und betonen immer nur Fragmente der Figuren und der Einrichtung. Die Kontraste zwischen beleuchteten und unbeleuchteten Fragmenten eines Bildes sind scharf.

49–54 Beleuchtung in SUNSET BOULEVARD (1950; links) und in BARTON FINK (1991; rechts)

Das unruhige Licht hält den Zuschauer in der Erwartung auf die Zuspitzung der Situation oder zumindest auf eine Überraschung, die meistens nicht passiert. Vergleichen wir die Ansichten des Zimmers von Fink mit den Innenräumen des Hauses von Norma Desmond in SUNSET BOULEVARD. Beide Einrichtungen werden mit künstlichem Licht bestrahlt. In der 17. Minute von SUNSET BOULEVARD hat Norma Desmond ihre zahlreichen Wand- und Stehleuchten an. Die Szenen werden gleichmäßig beleuchtet. Als das Gespräch zwischen Gillis und Norma in der 23. Minute am späten Abend stattfindet, strahlt das Licht von der Stehleuchte hinter der Figur von Gillis. Die Szene bleibt jedoch trotzdem frei von kontrastreichen Übergängen. Das Licht wird auf bestimmte Ausschnitte meistens nicht ohne Grund gerichtet. Als in der 24. Minute von SUNSET BOULEVARD die Lichtquelle hinter Norma stärker als die Beleuchtung ihres Gesichts scheint, wird dadurch das im Hintergrund stehende Portrait der Schauspielerin betont, das zu diesem Zeitpunkt größere Bedeutung hat als sie selbst.

Bei den Außenaufnahmen in BARTON FINK fällt das Licht auf den Protagonisten seitlich oder von hinten, wie beispielsweise in der Szene am Pool, in der zuerst die Schultern des Studiobosses beleuchtet werden. Danach kräuselt sich das Sonnenlicht im Wasser des Schwimmbeckens. Würden die Brüder Coen BREAKFAST AT TIFFANY'S drehen, beispielsweise die Szene im Laden *Tiffany* in der 60. Minute des Filmes, dann hätten sie vielleicht die Hauptlichtquelle aus den Vitrinen mit Juwelierwaren strahlen lassen und die Gesichter der Darsteller von unten beleuchtet. In der Barszene des gleichen Filmes in der 56. Minute hätten sie wohl nur das Licht der Bühne verwendet, während die Protagonisten im Halbdunkel sitzen würden. Welche Bedeutung hat dieses Spiel mit Licht und Schatten?

In der 18. Minute des Filmes sieht man Fink in der *nahen* Einstellung beim Arbeiten. Die Hauptlichtquelle kommt von der Tischleuchte, während eine andere Quelle, vermutlich die Wandleuchte vor Fink, nur seine Schulter beleuchtet. Sein Kopf befindet sich im Schatten. Wäre es wichtiger, seine Schulter anstatt des Kopfs zu beleuchten? Man könnte vermuten, dass durch die dramatische Beleuchtung seine Unfähigkeit zu denken («kein Licht im Kopf») betont wird. Der Gedanke bestätigt sich 70 Minuten später. Als der Schriftsteller seine Schreibblockade bereits überwunden und fleißig beim Schreiben sitzt, sehen wir sein Gesicht wieder im Licht. Nicht für alle Szenen findet man eine logische Erklärung für die Lichtgestaltung. Ohne Begründung bleiben solche Einstellungen, in denen die Lichtakzente auf unbedeutende Objekte gesetzt werden, wie ein Teil des Kissens (in der 14. Minute), der Hintergrund des Zimmers im Gespräch mit Charlie (in der 38. Minute) oder die halbdunklen Räume des Hotels und die mit dem Licht im Hintergrund gezeigte Verhörszene Finks (in der 84. Minute). Manche Szenen, wie der Mord an Audrey, benötigen besondere Dramatisierung der Beleuchtung, werden jedoch mit ruhigem, gleichmäßigem Licht gezeigt. Andere – wie die Jagd der Moskitos im Hotelzimmer – beinhalten keine Spannung, geschehen aber bei unruhiger Szenerie. Die Brüder verwenden *Back-* und *Low-Key*-Beleuchtung, um dramaturgische Spannung dort aufzubauen, wo es um die Schreibblockade des Schriftstellers geht, aber auch, wo es keine Spannung gibt.

4.4. *Continuity editing* nach den Brüdern Coen

Den Regeln des *continuity editing* folgen die Brüder Coen meistens dann, wenn sie die Szenen über die Studiowelt Hollywoods zeigen. Bei quälenden Episoden im Hotel befreien sie sich von diesen Konventionen. Die Dialoge mit Lipnick in der 14., 73. und 103. Minute sowie die Besprechungen mit Geisler in der 30. und 55. Minute fangen mit gewöhnlichen *(halb-)totalen* Einstellungen an, um dem Zuschauer genauere Informationen vom Ort des Geschehens und von den Protagonisten zu geben. Danach fährt die Kamera jeweils in die Bilder hinein und zeigt die Ereignisse aus der *(halb-)nahen* Perspektive. Die Bewegungen sind ruhig und ausgewogen. Sie beschränken sich meistens auf das gewöhnliche In- und Auszoomen sowie auf gelegentliche Fahrten nach rechts und links. Die Positionierung von Lipnick und Geisler, ihre Bewegungen und Blickrichtung erfolgt nach dem Prinzip *centred framing*. Die Figuren befinden sich in der Bildmitte und werden klar vorgestellt. Zu Ausnahmen kommt es vor allem bei der Präsentation Finks.

In der 89. Minute telefoniert Fink mit seinem Agenten (Abb. 55-57). Die Szene beginnt mit einem *Close-up* auf Fink. Der Protagonist steht, ungewöhnlich, mit dem Rücken zum Zuschauer. Sechs Sekunden später zeigt man Finks Zimmer in der *totalen*

Einstellung. Doch statt die Aufmerksamkeit der Zuschauer auf das Telefonat zu konzentrieren, jagen die Regisseure die Hauptfigur in die rechte Bildhälfte. Dort steht er weiterhin mit dem Rücken zum Zuschauer und verdeckt zusätzlich sein Gesicht mit der Hand. Im Vordergrund befindet sich die Bettlehne, wobei der Blick durch sie auf den mit der Tischlampe beleuchteten Arbeitsplatz fällt. Diese Einstellung bleibt für 26 Sekunden unbeweglich, bis sich Fink für 17 Sekunden zum Zuschauer dreht. Für weitere 18 Sekunden des Gespräches bleibt nur die Rückseite seines Kopfs zu sehen.

Beim Vergleich des Telefongespräches Finks mit einem aus SUNSET BOULEVARD merkt man, wie unterschiedlich die Regisseure bei ihren Filmen vorgehen. In der 46. Minute von SUNSET BOULEVARD verlässt Gillis nach einem Streit mit Norma das Haus. Er landet bei seinem Freund Artie, der gerade eine Party gibt. Weil Gillis sich Sorgen um Norma macht, greift er in der 52. Minute zum Telefonhörer. Die Szene wird aus der *halbnahen* Einstellung gezeigt (Abb. 58-60). Im Hintergrund sitzen die Gäste. Gillis – gedreht zum Zuschauer – wählt die Nummer. Die Kamera zoomt zum Protagonisten ein. Die Parallelmontage erlaubt uns, den Gesprächspartner von Gillis zu sehen – den Diener Max, auch in frontaler Position zum Zuschauer. Nach drei *crosscuttings* zwischen Gillis und Max geht das Gespräch in weniger als einer Minute zu Ende. Den gleichen Wechsel beobachtet man beim Gespräch zwischen Paul und O.J. Berman in der 94. Minute von BREAKFAST AT TIFFANY'S. In PRETTY WOMAN, einem späteren Werk, wird die Art und Weise der Darstellung etwas modernisiert, allerdings nicht wie bei den Brüdern Coen. In der zweiten Minute spricht Edward am Telefon mit seiner Freundin Jessica. Zuerst steht er *frontal* und *halbnah*. Anschließend dreht er sich mit dem Rücken zum Zuschauer. Seine Freundin wird dabei nicht gezeigt. In der 43. Minute gibt es noch ein Gespräch zwischen dem Hotelmanager Thomas und der Angestellten einer Boutique. Die Verkäuferin wird ebenfalls nicht vorgestellt. Solche Darsteller werden vorläufig in die Handlung eingeführt. Sie erfüllen ihren Zweck, begründen die Aktionen der Protagonisten und verschwinden wieder, wie die Verkäuferin in der Boutique, die Vivian zwei Minuten nach dem Gespräch mit Thomas das Kleid verkauft. Die für die Handlung wichtigen Gespräche wie zwischen Edward und Stuckey oder Edward und Vivian (Abb. 61-62) verlaufen nach den üblichen Regeln des *klassischen* Kinos mit klar aufgebauten Szenen und deutlichen Präsentationen beider Sprechenden mithilfe der *Parallelmontage*.

Zu den wichtigen Prinzipen von *continuity editing* gehören die Verwendung der ‹erzählenden› Kamera, lange Einstellungen (im Durchschnitt elf Sekunden) sowie ruhige Übergänge zwischen den Szenen, die oft durch einen eleganten Schnitt, Ab-, Aus- und *Überblende* in einer für die Dramaturgie passenden Minute erfolgen und somit die narrative Logik der Erzählung unterstützen. Wenn man die Kamerafahrten beim ersten Gespräch zwischen Paul und Holly in BREAKFAST AT TIFFANY'S beobachtet, filmt die Kamera oft aus der Standposition. Wenn sie sich jedoch bewegt, dann entsprechend dem 180°-Prinzip. Ab und zu folgt sie den Protagonisten, damit keiner von ihnen außer Acht bleibt. Als Holly ihren auf dem Boden stehenden Musikrekorder in der neunten Minute anschaltet, wird sie von der Kamera begleitet. Auch wenn sie in die Küche läuft und wieder zurück zum Sofa, können wir jede ihrer Bewegungen nachvollziehen.

In BARTON FINK macht sich die Kamera oft selbstständig und dann geraten ihre Bewegungen aus der filmischen Logik. In der 28. Minute sitzt Fink vor seiner

55-60 Telefongespräche in BARTON FINK (linke Spalte)
und SUNSET BOULEVARD (rechte Spalte)

Schreibmaschine, als er plötzlich das Geräusch der fallenden Tapeten hört. Er eilt zur
Wand, steigt auf sein Bett und klebt die Tapeten wieder an. Danach riecht er den
Klebstoff auf seinen Fingern, dreht den Kopf in die andere Richtung, als ob er etwas
anderes beobachten würde. Obwohl die Kamera noch weiter zurückfährt und wir nun
mehr vom Zimmer sehen, wird uns nicht gezeigt, was Fink beobachtet. Genau dasselbe
geschieht in der höchst spannenden Szene der ‹Leichenentsorgung› von Audrey. Als
Charlie in der 73. Minute die tote Frau aus dem Zimmer trägt, möchte man seinen
Bewegungen folgen. Doch der Zuschauer muss sich nur mit einer 2-sekündigen
Einstellung begnügen, in der man Charlie durch die offene Tür betrachtet. Die Brüder
spielen hier offensichtlich mit der *subjektiven* Kamera, die dem Blick des Schriftstellers
folgt, während er auf dem Boden im Bad sitzt und von diesem Ort das Geschehen durch
die Türöffnung beobachtet.

61-62 Edward telefoniert mit Vivian in PRETTY WOMAN (1990)

In der 49. Minute schläft Fink friedlich in seinem Zimmer. Die Kamera zeigt ihn aus der *extremen* Vogelperspektive, dann nähert sie sich schnell in halbkreisenden Bewegungen zum Schlafenden, bis sein Gesicht in der *Großaufnahme* erscheint. Fink wacht auf und versucht, eine Mücke zu töten. Sein Blick fällt suchend auf die Decke. Für vier Sekunden zeigt die *subjektive* Kamera unscharfe graue Flecken an der Decke und die gelblichen und bläulichen Schatten. Auch diese Kamera ist schwer zu erklären. In der 19. Minute schaut Fink auf die Wand, dort ist das Bild mit der Badenixe zu sehen. Nach dem kurzem Austausch der Einstellungen zwischen den Augen Finks und der Abbildung an der Wand zoomt die Kamera schließlich zum letzten Mal auf die Wand ein, jedoch nicht in die Abbildung hinein, sondern elf Sekunden lang bis zum *Close-up* auf das Tapetenmuster unter dem Bild. In einer anderen Szene der 54. Minute sehen wir, wie Fink auf dem Stuhl zurückkippt und die Decke für 28 Sekunden anschaut. Danach schwenkt die Kamera zur Decke und zoomt für 13 Sekunden auf die Stelle ein, die vorher von Fink angeschaut wurde. Gleich danach zeigt man den eingetippten Buchstaben auf dem Papier, so dass man jede Prägung und jeden Fussel erkennen kann. Die nächste Einstellung wechselt zur Schreibmaschine der Sekretärin Geislers. Die Kamera dreht sich dabei im vollen Kreis. Somit könnte man über die Rückkehr zur Welt der Normalität aus dem Jenseits des Traums von Fink sprechen. Nicht jeder Zuschauer wird jedoch den Inhalt der Bilder interpretieren wollen, und die meisten brauchen es in einem Hollywoodfilm nicht zu tun. Mit jeder Szene und Einstellung wird im *klassischen* Kino die Klarheit aufgebaut und der Eindruck über das Geschehen vermittelt. Die ruhigen Kamerafahrten überfordern den Zuschauer nicht. Es gibt auch Szenen, die sowohl gestalterischen Prinzipien der Brüder Coen als auch den Vorstellungen des *klassischen* Kinos entsprechen. In der 38. Minute ist Fink wieder bei der Befestigung von Tapeten. Als er auf sein Bett steigt, um die Wände in Ordnung zu bringen, lehnt er sich zur Wand und lauscht den seltsamen Geräuschen im Nachbarzimmer. Die Kamera zeigt seine Gestalt aus der extremen Vogelperspektive. Dem gewöhnlichen Verfahren der Brüder zufolge werden weder die Aktion Finks noch seine ungewöhnlichen Darstellungen begründet. Danach fällt sein Blick deprimiert auf die Schreibmaschine.

Die Kamera fährt zu seinem Arbeitsplatz, ehe der Protagonist in die Richtung läuft, als ob sie ihn führen wolle. Danach folgt er der Kamera und setzt sich an den

Schreibtisch. Eine ähnliche Kameraführung beobachtet man in der 30. Minute von

WORKING GIRL. Tess McGill läuft aus ihrem Haus weg, nachdem sie ihren Freund mit einer anderen Frau erwischt hat. Ihr Blick fällt auf die Bürogebäude in *Downtown* von *Manhattan*. Die Kamera setzt die Bewegung ihres Blickes in Richtung der Stadt fort. Die visuellen Techniken unterstützen die narrativen Inhalte. Tess ist von ihrem Freund enttäuscht, sie erinnert sich jedoch an etwas, das für sie mehr Bedeutung hat – ihre Karriere und gewünschte Spitzenposition in der Finanzwelt. Dieser Wunsch spiegelt sich symbolisch in den Ansichten des New Yorker Geschäftsviertels wider. Man weiß, dass auch für Fink sein Schreibtisch im Mittelpunkt seiner Existenz steht, deshalb fährt die Kamera ständig zur Arbeitsstation, nachdem Fink sich wieder mit einer anderen Beschäftigung, wie dem Kleben der Tapeten oder der Jagd der Mücken, ablenkte. Wenn ein Regisseur des *klassischen* Kinos die Szenen aus BARTON FINK, beispielsweise die Episode im Café *New York*, drehen würde, dann hätte er wahrscheinlich mit einer *totalen* Einstellung angefangen und den Ort zuerst von außen definiert. Danach würde er die Innenräume zeigen, um sich später auf den Dialog zwischen Fink und Geisler zu konzentrieren. So zeigt Billy Wilder in der 65. Minute von SUNSET BOULEVARD den Besuch des *Paramount-Pictures*-Studios.

63-66 ‹Leichenentsorgung› in BARTON FINK

159

Dem Zuschauer werden zuerst die Tore der Produktionsstätte gezeigt. Danach sieht man den Drehort von innen, den Eingang in den Studioraum und erst dann seine Fragmente. In BARTON FINK fehlt bei den meisten Szenen ein *establishing shot* und man landet mittendrin in der Handlung.

Die Übergänge von Szene zu Szene erfolgen in BARTON FINK ähnlich wie im *klassischen* Hollywoodkino durch *Ab-, Aus-* und *Überblenden*. Die Coen-Brüder benutzen oft das Verfahren von *Ein- und Auszoomen*. Als Fink über sein Werk in der 54. Minute kurz vor dem Treffen mit Geisler nachdenkt, zoomt die Kamera auf sein Gesicht und auf die weiße Wand ein, danach wieder auf Fink. Nach dem harten Schnitt sieht man einen Teil der Schreibmaschine und eingetippte Buchstaben. Danach folgt das Auszoomen auf die tippende Sekretärin Geislers. Wenn man die Aufnahmen aus BARTON FINK und einem *klassischen* Film wie BREAKFAST AT TIFFANY'S vergleicht, stellt man fest, dass die Coen-Brüder ihre Einstellungen gerne kurz halten und die *filmische* Zeit beschleunigen. Die regulären Aufnahmen in BREAKFAST AT TIFFANY'S mit Durchschnittslänge von neuneinhalb bis 14 Sekunden (das Gespräch zwischen Holly und Paul in der Stadtbücherei, Holly singt das Lied) fallen immer noch länger aus als die 8,5-sekündige Episode der Brüder Coen (Gespräch zwischen Mayhew und Fink), wobei die meisten davon die Zeit von circa drei bis fünf Sekunden nicht überschreiten.

5. Über die Schlussformen und (Un-)Wichtigkeit des filmischen Details

Die Brüder Coen lassen das Ende ihres Filmes *offen*. Der logische Abschluss erfolgt nur zum Thema Schreibblockade, allerdings fällt ihre Überwindung nicht positiv für den Protagonisten aus. Die anderen Handlungsstränge, wie beispielsweise das Schriftstellerschicksal von Fink oder seine Beziehung zu Charlie, finden keine *Auflösung*. Auch der im dritten Teil des Filmes eingeführte Thriller mit Charlie als Mörder Mundt wird nicht weiter fortgesetzt. Man erfährt nicht, wie Mayhew ums Leben gekommen ist oder wer Audrey ermordete, was in der Box versteckt ist oder ob die Eltern von Fink nach dem Besuch von Charlie noch leben. Auf der visuellen Ebene wird die Erzählung mithilfe der filmischen Symmetrie (technisch) und Wiederholung (inhaltlich) abgeschlossen.

Zu den inhaltlichen Wiederholungen gehören die zahlreichen *plantings*, die zum Schluss (oder in den letzten Filmsequenzen) «geerntet» werden. Als Fink am Anfang des Filmes über das *geistige* Leben («the life of mind») spricht und über die Unmöglichkeit, diese Lebensweise in Hollywood zu führen, bestätigen sich seine Sorgen. Es gibt kein «Leben für den Geist», und seine letzten Spuren werden vom ‹einfachen Mann› vernichtet. Die Matrosen verprügeln Fink in der 91. Minute des Filmes, als er über seine ‹schöpferische Tätigkeit› spricht. Sie schlagen Fink gegen seinen geistigen Schatzträger – den Kopf. Charlie, der seinen Opfern die Köpfe abschneidet, eröffnet das Feuer, das das intellektuelle Leben zu zerstören droht (97. Minute). In seinem wütenden Monolog in der 104. Minute spricht Lipnick über die Vorteile der Kampfszenen im Vergleich zur Nutzlosigkeit des ‹geistigen› Leidens. Diese *plantings* werden mit *pay offs* am Ende des Filmes abgeschlossen.

Manche *Wiederholungen*, die Joel und Ethan gerne in die filmische Handlung einführen, sind jedoch förmlich und haben keine weitere Bedeutung für die Erzählung. So wird Fink in seinem Zimmer von Moskitos überfallen. Sein von Insektenstichen betroffenes Gesicht zieht die Aufmerksamkeit von Lipnick (14. Minute) und Geisler (55. Minute) auf sich. Letztlich wird die Mücke auf dem toten Körper von Audrey (in der 67. Minute) im bedrohlichen *Close-up* auftauchen. Man glaubt, dieses Detail helfe, Antworten zu finden. Dann verschwinden diese Motive aus dem Film und beschäftigen die Regisseure nicht weiter. Die Brüder zeigen oft geschriebene Zettel, die die Protagonisten einander schreiben. In der zehnten Minute notiert der Rezeptionsjunge auf einem Papierstück seinen Namen (Chet) und zeigt den Zettel dem Schriftsteller. Fink bekommt in der 57. Minute Informationen über seinen zukünftigen Termin mit Lipnick. Geisler schreibt ihm die Uhrzeit und die Adresse des Studiochefs («8:15, 829 Moraga») auf. Diese Zettel erwecken den Eindruck, dass die aufgeschriebenen Inhalte für die Geschichte besonders wichtig seien, dass sie eine *Wendung* vorbereiteten. Im Laufe der Handlung bestätigt sich jedoch die Harmlosigkeit dieser Details.

Die gleiche Situation beobachten wir bei der Einführung der Fotografien. Im *klassischen* Hollywoodkino benutzte man Fotos – wie *Flashbacks* – wenn man bedeutende Ereignisse des vergangenen Lebens der Protagonisten betonen wollte. Als Doc in BREAKFAST AT TIFFANY'S Paul ein Foto zeigt, erzählt er von der Vergangenheit Hollys, von ihrer ehemaligen Familie und von ihrem oft erwähnten und geliebten Bruder, der auf dem Foto auch zu sehen ist. Wenn man die Fotos von Charlie in der 40. oder 89. Minute anschaut, verraten sie weder etwas über sein früheres Leben noch kommt es danach zu wichtigen Ereignissen.

Die symmetrischen Einstellungen, wie beispielsweise die sich an dem Felsen brechenden Wellen, sind im Gegensatz zu manchen *Wiederholungen* von großer Bedeutung für die formale Präsentation der Handlung. Als Fink seine Reise nach Hollywood in der achten Minute des Filmes antritt und in der 107. Minute unmittelbar vor der Abschlussszene beendet, tauchen diese Wellen auf. Sie stehen in ihrer präzisierten Symbolhaftigkeit für einen blitzschnellen Ortwechsel und Aufbau der *fremden* Welt. Die letzte Szene am Strand verbindet harmonisch Symmetrien und Wiederholungen. Obwohl die Brüder Coen die dramaturgischen Handlungsstränge nicht abschließen, schaffen sie es auf der visuellen Ebene. Somit findet die Erzählung zumindest formal ihren Abschluss. In dieser Szene erwecken die Brüder Coen die Badenixe, die man zum ersten Mal in der 13. Minute auf dem Bild in Finks Hotelzimmer und danach in der 19., 28., 43. und 89. Minute sieht, zum Leben. Die kurzen Einstellungen der Schlussszene werden so gestaltet, dass sie sich ständig in Bildaufbau und Schnitttempo wiederholen. Die Szene, die insgesamt zwei Minuten drei Sekunden dauert, fängt in der 107. Minute mit einer längeren Einstellung über zwölf Sekunden an und endet mit einer Einstellung der gleichen Dauer (16 Sekunden). In der *Totale* sieht man Fink am Strand. Er läuft aus dem Bild in die Richtung des Zuschauers, seine Bewegungen werden im gleichen Ablauf von der Frau wiederholt, die sich ihm von dem anderen Ende des Strandes nähert. Beide Personen bewegen sich symmetrisch zueinander. Als Fink sich auf dem Sand frontal zum Zuschauer und zur Frau hinsetzt, bilden die Linien von Strand und Bergen hinter seinem Rücken prägnante Parallelen.

67-74 (Un-)Wichtigkeit des filmischen Details in Barton Fink:
Fink tritt in sein Zimmer ein (linke Spalte); Fink beobachtet das Bild mit der
Badenixe (rechte Spalte)

Die Töne vereinen sich in braun-beiger Szenerie, das heißt, die braune Farbe des Anzugs von Fink, seine dunklen Haare, finden eine Wiederholung im Kolorit der Berge, die zusammen mit hellbraunen Untertönen des Sandes und des Päckchens eine einheitliche, farbige, *lineare* Komposition bilden. Zwei Einstellungen später setzt sich die Frau auch frontal zum Zuschauer. Ihre Elemente, blauer Himmel und das Wasser passen farblich zusammen, ähnlich wie im vorherigen Bild mit Fink. Die parallel aufgebauten Einstellungen werden vom gleichen Schnitttempo von circa drei bis sechs Sekunden unterstützt. In zehn weiteren Einstellungen führen Fink und die Frau ein kurzes Gespräch. Die letzten Einstellungen werden mit dem *harten* Schnitt auf die *Totale* unterbrochen. Beide Darsteller, gedreht mit dem Rücken zum Zuschauer, sind in die Symmetrien der Linien in *Freeze-Frame* eingeschlossen. Sie sitzen in ähnlichen Posen gegenüber der mittleren vertikalen Achse des Bildes, während im Hintergrund die Randlinien von Sand, Wellen, Meer und Himmel die Parallelen zueinander bilden. Die Darstellung friert so ein, dass die Reduktion ihrer Bewegung das Standbild im Zimmer Finks nachahmt. Mit diesen *Symmetrien* der Komposition und inhaltlichen *Wiederholungen* lösen die Brüder Coen die Dramaturgie ihres Filmes auf formal visueller Ebene auf.

Die Erzählung von Barton Fink wirft weitere Fragen auf, nachdem die eigentliche Handlung abgeschlossen zu sein scheint. Seit den 1970er-Jahren zeichnet sich in Hollywood eine Periode ab, die mit zunehmender «Sensation des Kinos», mit dem neuen

162

75-82 Letzte Einstellungen in Barton Fink (1991)

technischen Aufnahmeverfahren und dem Rückzug der Zensur zusammenhängt. Extreme *Zooms*, schnelle Schnitte, unruhige *Low-Key*-Beleuchtung und schattige Hintergründe machen die Neuigkeiten dieser Filme auf der technischen Ebene aus. Das filmische Bild wird zunehmend fragmentiert und sein Inhalt aus manchmal extremer *Nähe* gezeigt.

Eine Reihe von Filmkritikern behauptet,[273] dass das *klassische* Hollywoodkino von dem *postklassischen* abgelöst worden sei, das sich durch permanente Zitate aus der Filmgeschichte auszeichne. In diesem Zusammenhang wurden alle mehr oder weniger originellen Filme als *postmodern* bezeichnet, inklusive der Werke der Brüder Coen.

---

[273] Vgl. Distelmayer 1999 und 2002 sowie Pflaum, Buchka in Rost 1998.

163

VIII

Zur Problematik der filmischen *Postmoderne*

In den 1980er-Jahren etablierten sich im Spielfilm neue Merkmale, wie häufiges Zitieren der *klassischen* Vorbilder, fragmentierte Bildstrukturen, Gebrauch von nicht *linearen* Erzählweisen, Medienreflexion, die einerseits zur Transformation des Genres, eines im *klassischen* Hollywood entwickelten Systems der Filmvermarktung, und andererseits zur Entwicklung des sogenannten *Autorenkinos*[274] führten. Im spielerischen Umgang mit der filmischen Realität enthalten die Bilder Doppelkodierungen einer eklektischen Mischung aus den Elementen des *klassischen* Kinos und der wachsenden Medienindustrie mit ihrer schnellen Reproduzierbarkeit. Die Zitate auf Beispiele aus der Vergangenheit sollten in diesem Filmtypus vermehrt ironisch in Szene gesetzt werden.[275] Diese Neuerungen führten zu einer gewissen Verzweiflung bei den Filmkritikern, die sich bereits seit den 1950er- und 1960er-Jahren den führenden wissenschaftlichen Diskussionen[276] über das Phänomen und die Ästhetik der *Postmoderne* angeschlossen und aus dieser Sicht auch die Filme, insbesondere aus den Zeiten der 1980er und 1990er, betrachtet hatten. Als Klassiker dieser Richtung nannte man DIVA (1981) von Jean-Jacques Beineix und BLADE RUNNER (1982) von Ridley Scott.[277] Seitdem erlebt man in der Filmgeschichte eine ständige Ausbeutung des Begriffes, so dass mittlerweile alle Filme, die nach 1980 entstanden sind, als *postmodern* bezeichnet werden:

> «Die Missachtung des Begriffs ‹postmodern›, der […] als undefinierbar gilt, beruht nicht zuletzt darauf, dass das Kino der postmodernen Dekade, im Gegensatz zum neuen Klassizismus der postmodernen Architektur, keinen internationalen Stil ausgebildet hat und alle Versuche, das postmoderne Kino über einen spezifischen Stil zu definieren […] gescheitert sind. Entsprechend hat die Unschärfe des Passepartout-Begriffes ‹postmodern› dazu geführt, dass mittlerweile Filme unterschiedlichster Herkunft, Machart und Ausrichtung als postmodern gelten […].»
>
> *(Reclams Sachlexikon 2002, S. 459ff.)*

Auch wenn man von der Diskussion über die *Postmoderne* Abstand nehmen will, kommt man um sie bei der Analyse des Werkes von Joel und Ethan Coen nicht herum. Denn die Filme der Brüder werden ausschließlich mit der *postmodernen* Ästhetik in Verbindung gebracht.[278] In diesem Kapitel verfolge ich das Ziel, das Phänomen der

---

[274] Der Begriff *Autorenfilm* bedeutet in diesem Zusammenhang, dass der Regisseur (Autor) hauptsächlich selbst die grundlegenden künstlerischen Aspekte seines Filmes wie Drehbuch, Ausstattung, Kameraführung und Schnitt bestimmt.

[275] Vgl. Aufsatz *Postmoderne und Kino*, In: *Reclams Sachlexikon des Filmes* 2002, S. 458ff.

[276] Zu wichtigen Werken der *postmodernen* Debatte in Deutschland gehören: Huyssen / Scherpe 1986, Welsch 1987, Kemper 1988, Wellmer 2000.

[277] *Reclams Sachlexikon*, S. 458ff.

[278] Die Autoren der wenigen Bücher über die Coen-Brüder, die bis jetzt im deutschsprachigen Raum erschienen sind, betrachten das Werk der Regisseure fast ausschließlich im Sinne der *postmodernen* Ästhetik. Vgl. Kilzer / Rogall 1998, Körte / Seeßlen 2000.

Postmoderne und die damit verbundenen Filmtendenzen im für das Medium Film[279] relevanten Umfang zu bezeichnen und mein eigenes Verständnis dieser Diskussion und des Begriffes im Bezug auf BARTON FINK zu liefern.

Die oben genannten Filmmerkmale sind äußerst zweifelhaft unter jener Stilrichtung einzuordnen, vor allem, weil die Diskussion über die *Postmoderne* sich selbst bereits in der Fülle zahlreicher Begriffsinterpretationen verwirrt. Die Literaturwissenschaftler Andreas Huyssen und Klaus Scherpe verstehen *Postmoderne* als «kulturelle Bewegung, die sich in der zweiten Hälfte des zwanzigsten Jahrhunderts im Gegensatz zur als totalitär und funktional empfundenen Moderne setzt» (Huyssen / Scherpe 1986, S. 7). Sie lehnen sich gewiss an solche Kunstbereiche wie die Architektur an. In der Architektur finden sowohl die *Postmoderne* als auch die dem Phänomen vorausgegangene *Moderne* klare Definitionen. Aber zu welchem Zeitpunkt, bei welchen Regisseuren und in welchen Filmen sucht man nach *Moderne*? Hier scheint es mir sinnlos, über *Moderne* zu sprechen, allein schon durch die Tatsache begründet, dass man Schwierigkeiten hätte, dieses Phänomen zeitlich festzulegen und auf die Werke der Filmemacher über mehrere Kontinente einheitlich zu übertragen. Der amerikanische Politikwissenschaftler und Literaturkritiker Fredric Jameson verwendet beide Begriffe auch für den Film. Seinen Aussagen zufolge sei *Postmoderne* keine Stilrichtung, sondern eine «kulturelle Dominante»:

«Es scheint wichtig, ‹Postmoderne› nicht als Stilrichtung, sondern als kulturelle Dominante zu begreifen: eine Konzeption, die es ermöglicht, die Präsenz und die Koexistenz eines Spektrums ganz verschiedener, jedoch einer bestimmten Dominanz untergeordneter Elemente zu erfassen.»

(Huyssen / Scherpe 1986, S. 48)

Postmoderne als ausschließlich «kulturelles Phänomen» zu verstehen, wäre sicherlich einem marxistischen Politikwissenschaftler zu verzeihen. Solche wirtschaftlichen Theorien, wie der Marxismus, betrachten nämlich Kultur als einen «Überbau», welcher die realen ökonomischen Verhältnisse verdeckt. Somit dient die Bezeichnung *Postmoderne* als ein allgemein kulturelles Phänomen für alle Kunstbereiche, ganz gleich ob es sich um Architektur, Tanz, Film oder Malerei handelt.

Die Idee einer *Postmoderne* im Film hat den im Feuilleton tätigen Kritikern zugesagt. Sie konnten damit die schwer erfassbaren Tendenzen und unverschlüsselten Filminhalte erklären. Somit wurde die Diskussion über *Postmoderne* noch weiter zugespitzt. Der als Feuilletonist tätige Autor Peter Kemper verwendet für *Postmoderne* die Bezeichnung «diagnostischer Reflex» und zeigt somit die charakteristische Vorliebe der Medien für schlagzeilenartige Ausdrücke:

«[...] ‹Postmoderne› ist nicht allein eine Epoche nach der Moderne, sie ist vor allem ein diagnostischer Reflex auf das offenkundige Scheitern der ‹großen Erzählungen› (Lyotard) von Aufklärung und Emanzipation, auf die ‹Vertrauenskrise gegenüber Technik und Wissenschaft› [...].»

(Eco, In: Kemper 1988, S.7)

---

[279] Zum Thema «*Postmoderne* im Film» erschienen in Deutschland nur noch wenige Publikationen. Dazu zählen Rost / Sandbothe 1998 (weiterhin als Rost 1998) und Felix 2002.

Da der Begriff der *Postmoderne* ungenau und abstrakt ist, wird fast in jedem Buch zum Thema gleich in der Einführung von der genaueren Begriffsbestimmung Abstand genommen, egal ob es sich darin um die bildende Kunst oder um den Film handelt. Das Phänomen wird nicht genau erklärt und man möchte sich an keine Definition binden[280] und gewinnt so den Eindruck, als ob die Erfinder selbst sich nicht ganz sicher über den Gebrauch und die Anwendung der *Postmoderne* wären.

Da der Film die Möglichkeit zur schnellen Reproduktion und einen direkten Bezug zur Massenkultur bietet, steht das Medium im Diskurs um *Postmoderne* an der vordersten Stelle. Das Verschwinden der *klassischen* Erzählstruktur und die Vernachlässigung der Handlung zugunsten des Zitierens der älteren Filme und formaler Lust an Effekten, sorgten für Unruhe in wissenschaftlichen und kritischen Kreisen. Man wollte eine Ordnung schaffen, die Dinge beim Namen nennen und sie in eine Schublade stecken. Aus diesem Grund bemühte man sich um Hypothesen und Interpretationen. Bevor ich mich jedoch mit den Inhalten der *Postmoderne* im filmischen Bereich auseinandersetze, möchte ich einen historischen Abriss des allgemeinen Diskurses skizzieren.

1. Überblick über die Geschichte des Begriffs

Die ersten Erwähnungen des Begriffs führen zur Malerei des 19. Jahrhunderts. Der englische Salonkünstler und Genremaler John Watkins Chapman benutzte den Ausdruck «postmoderner Stil» zur Beschreibung der impressionistischen Werke seiner Kollegen, um somit seine Arbeiten von den neuen Tendenzen abzugrenzen.[281] Nach Welsch verwendete 1917 der deutsche Schriftsteller Rudolf Pannwitz den Begriff in seinem Werk «Die Krisis der europäischen Kultur», als er die Skripte von Nietzsche über *Moderne* und seine Endpunkte in Dekadenz und Nihilismus analysierte und aufgrund dieser Theorien eine Hypothese des «postmodernen Menschen» entwarf.[282] Der britische Historiker Arnold J. Toynbee[283] bezeichnete 1947 die «postmoderne» Phase der Kultur als eine, die mit dem Jahr 1875 begann.

Die offizielle Diskussion um *Postmoderne* fing im Bereich der Literaturwissenschaft in den USA der 1950er-Jahre an. Der amerikanische Literaturkritiker Irving Howe sprach 1959 über *Postmoderne* im Bezug auf Gegenwartsliteratur.[284] Er behauptete, dass die Literatur der Gegenwart im Unterschied zur Literatur der *Moderne*, wie zum Beispiel von Eliot, Pound, Joyce, vom Nachlassen der Innovation gekennzeichnet sei. Ab Mitte der 1960er-Jahre waren es Leslie Fiedler und Susan Sontag, die *Postmoderne* als Kluft zwischen Elite- und Massenkultur betrachteten. Mitte der 1970er-Jahre importierte Charles Jencks den Begriff nach Europa und übertrug ihn auf den Bereich der Architektur.

---

[280] Huyssen / Scherpe 1986, S. 7.

[281] Welsch 1990, S. 238.

[282] Welsch 1987, S. 12.

[283] Toynbee 1947, S. 39.

[284] Howe 1959, S. 420ff.

Ende der 1970er setzte sich die philosophische Rezeption vor allem in Frankreich in Gestalt von Jean-François Lyotard fort. Der Franzose begann, bei Aristoteles, Kant oder Nietzsche vorgeformte Denkstile und Gedankenfiguren unter dem Begriff *Postmoderne* zu sammeln und daraus eine Gegenwartsphilosophie zu entwickeln.[285] Später entnahm Umberto Eco den Begriff aus dem Konzept der *Moderne* und verallgemeinerte ihn mit gewisser Ironie zur künstlerischen Tendenz in der Nachschrift zum Roman *Der Name der Rose*:

> «Ich glaube indessen, dass ‹postmodern› keine zeitlich begrenzbare Strömung ist, sondern eine Geisteshaltung [...] Die postmoderne Antwort auf die Moderne besteht in der Einsicht und Anerkennung, dass die Vergangenheit, nachdem sie nun einmal nicht zerstört werden kann, da ihre Zerstörung zum Schweigen führt, auf neue Weise ins Auge gefasst werden muss: mit Ironie, ohne Unschuld.»
> *(Eco 1987, S. 77f.)*

Als kulturelle Bewegung setzte sich die *Postmoderne* im Gegensatz zur viel zu funktional empfundenen *Moderne* trotz aller Verwirrungen und Zweifeln in Mode, Popkultur, Kunst und Architektur durch.[286] In Amerika wurde in den frühen 1970er-Jahren der Terminus als eine Art Sammelbegriff für alle neuen kulturellen Entwicklungen benutzt. Dagegen zeigte sich in Europa diese Tendenz erst ab den späten 1970er Jahren.[287] Die *Postmoderne* wurde jedoch nur für die Architektur zum legitimen «Architekturstil» mit charakteristischen Merkmalen, wie Dekor als Reminiszenzen verschiedener Epochen und Baustile.

Als Anfang der 1980er-Jahre die *Postmoderne* sich in den USA ästhetisch und akademisch etablierte und in Frankreich die philosophische Diskussion in Gang gesetzt wurde, kam das Thema nach Deutschland und wurde vermehrt in den Zeitungen angesprochen. Im Gegensatz zu Wissenschaftlern, die ihren Diskurs um *Postmoderne* nicht zu einem einheitlichen Ergebnis bringen, üben die renommierten Filmkritiker der großen Tageszeitungen den sicheren Umgang mit dem Terminus und krönen dieses Phänomen zu einem Stil, dessen charakteristische Merkmale sie breit diskutieren. Schließlich sind sie nicht der wissenschaftlichen Genauigkeit verpflichtet. Die meisten von ihnen beteiligen sich dennoch an den Buchveröffentlichungen von Filmbiografien und Werkbesprechungen der bekannten Filmemacher und heizen den Diskurs über die fragwürdige *Postmoderne* somit weiter auf. So bezeichnete der renommierte Filmkritiker der *Süddeutschen Zeitung* Hans Günther Pflaum den Film BLUE VELVET (1986) von David Lynch als «moderne Banalität». Er fand die Bequemlichkeit des Begriffs gerade in seiner Relativität, die bloß den banalen Effektstil der Werbung übernahm:

> «Das ist ein bequemer Begriff: Wenn Filme zwar von heute sind, aber weit zurückbleiben hinter den visuellen Möglichkeiten der späten Sechziger, dann sind sie nicht altmodisch,

---

[285] Rost 1998, S. 43.

[286] Huyssen / Scherpe 1997, S. 7.

[287] Ebd., S. 13f.

sondern ‹post-modern› – und dies ist häufig nur eine verbrämende Vokabel für fixe und glatte Werbe-Ästhetik.»[288]

Ein anderer für die *Süddeutsche Zeitung* tätiger Kritiker, Peter Buchka, lieferte ähnliche Ansichten über gegenwärtige Filme:

«[…] Sie (*Postmoderne* – T.R.) begnügt sich damit, das Unvereinbare, Gegensätzliche zu einem hübschen Ensemble zusammenzustellen, um dann festzustellen, dass der Oberflächenreiz nur für den Aha-Effekt jenes Augenblicks reicht, den man bestenfalls kostbar, aber niemals ewig nennen kann […].»[289]

Und insbesondere über PULP FICTION (1994) von Tarantino:

«Wenn man schon nichts zu sagen hat, dann soll man es wenigstens brillant tun.»
(Rost 1998, S. 19)

Wenn man sich den Meinungen dieser Filmkritiker anschließt und *Postmoderne* als filmische Tendenz und sogar als eine Stilrichtung bezeichnet, wie sollte man *Postmoderne* zeitlich einordnen?

2. Erstes Missverständnis: Zeitliche Definition der *Postmoderne*

Mit *Postmoderne* (von lateinisch *post* – nach) charakterisiert man eine Ästhetik, die nach der *Moderne* kommt. Die *Moderne* (von lateinisch *modo* – eben, gleich, oder *modernus* – neu, derzeitig) bedeutet in diesem Zusammenhang eine Abgrenzung von der Vergangenheit und wird gleichzeitig als Prozess der permanenten Innovation verstanden. Für die bildende Kunst sollte dies ein Sprengen der *klassischen* Traditionen, beispielsweise Abkehr vom Mimesis-Konzept und Auseinandersetzung mit modernen Medien, bedeuten. Ein Bild wird aus seinen eigenen Formen wie Linien, Punkten, Farben, Form begreifbar und nicht als Abbild der Realität verstanden. Wie soll man beim Film den Begriff der *Postmoderne* verstehen, wenn mit der Vorsilbe *post* ein *nach*-Effekt entsteht? Dann sollte für eine *Post-Moderne* auch eine *Moderne* klar definierbar sein. Was heißt *filmische Moderne*, wenn es den Film in den Zeiten der Kulturgeschichte vor der *Moderne* noch nicht gab?

1901 begann der Film, sich als Medium zu behaupten und schwankte noch zwischen visueller Bildhaftigkeit (von der Fotografie) und Entwicklung der Erzählstrukturen (von der Bühnenkunst), versuchte allerdings beide Elemente zu verbinden: Also eine narrative

---

[288] Ankündigung eines Seminars zur *Postmoderne* im Münchner Kino *Lupe 2*, In: *Die Süddeutsche Zeitung*, Nr. 283 / Seite 46 vom 9. Dezember 1994. Unter den Filmen wurden WILD AT HEART (1990) von David Lynch, LA LUNE DANS LE CANIVEAU (1983) von Jean-Jacques Beineix und BRAZIL (1985) von Terry Gilliams genannt.

[289] Sein Artikel *Der kostbare Augenblick* in der *Süddeutschen Zeitung*, Nr. 262 / Seite 13 vom 14. November 1995 erläutert die Idee von Jean-François Lyotard über einen souveränen Film – durch den Filmkritiker als *postmodernen* bezeichnet. Nach dieser Idee, so Buchka, sollte ein Filmemacher eines souveränen Filmes «auf alle Regeln und Konventionen» pfeifen und «sich allein als einzige Autorität» anerkennen, während ein unsouveräner Film «alle Elemente und Mittel dem narrativen Zeitfluss unterordnet».

Erzählung durch die Bildreihe zu schaffen. Die Erzählstrukturen entwickelten sich vollständig in der *Studioära* (ausgenommen die Frühwerke des sowjetischen Kinos, in dem die Bildgeschichte des Filmes weiterentwickelt wurde), die mit der Einführung der Genres und des Tons in den 1930er-Jahren verfeinert wurden. Wenn man sich an den allgemeinbegrifflichen Trends festhält, kann man durchgehend von einer Modernisierung in den 1920er- und 1930er-Jahren sprechen. Dennoch wirkt diese Anpassung des Mediums an andere kulturelle Bereiche wie Architektur oder Tanz sehr willkürlich. Man kann sicherlich *Moderne* im Sinne von Innovation erwähnen. Dennoch muss man Zeit- und Orteinschränkungen in Betracht ziehen, die Entwicklungen des Kinos in Russland oder den USA oder filmische Tendenzen in Asien oder Australien, die alle auf unterschiedlichen Erfahrungen beruhen. Doch wenn man schon so frei mit Begriffen umgeht, warum sollte man nicht den *klassischen* Hollywoodfilm der 1920er- und 1940er-Jahre als *Renaissance* und die Experimente der *New-Hollywood*-Regisseure am Ende 1960er- bis 1970er-Jahre als *Moderne* bezeichnen?

Die Diskussion über die *Postmoderne* als Stilrichtung bezieht sich darauf, mit welchen Mitteln die Geschichte eines Filmes erzählt wird. In Hollywood existiert die Geschichte im geschlossenen Rahmen einer filmischen Handlung, mit dem *3-Akt-Modell* und den die *Reise* antretenden Protagonisten, die verschiedene *Prüfungen* durchlaufen, bis ihr Ziel erreicht wird. Die Bilder entsprechen den visuellen Vorstellungen der Zuschauer. Die Filmfiguren mit ihren Zielen und Funktionen sind klar definierbar. Dieses narrative Modell wird mit dem technischen Aufbau des Bildes mithilfe von Kameraperspektive, Schnitt, Farbe und Beleuchtung unterstützt und funktioniert nach dem gleichen Paradigma wie die Zentralperspektive in der Malerei. Den ‹Bruch› erlebte das Modell in Europa, beispielsweise in den Zeiten des *italienischen Neorealismus*, indem die Drehorte real wurden und die Erzählung nicht mehr abgeschlossen wurde. Diese Stilrichtung gehört trotz mehrfachem Zitieren und Nachahmen zum Phänomen der europäischen, vor allem der italienischen Kinematografie, während die meisten Filmemacher Hollywoods ihre eigenen Erzählmuster behalten.

Außer der begrifflichen Vielfalt und Unstimmigkeiten über die Bedeutung der *Postmoderne* und bereichsspezifischen Diskussionen, die separat in der Literatur, Musik, Theater oder Architektur verlaufen und im schlimmsten Fall alles zusammen vereinen, gibt es keine einheitlichen Datierungen dieser ‹Stilrichtung›. Sie erstrecken sich auf den gesamten Kulturbereich und gerade aus diesem Grund können sie nicht identisch für verschiedene Kulturbereiche sein. In der Geschichte der Architektur, die ihre Ursprünge in der neolithischen Zeit (10.000 v. Ch.) findet, datiert man die Epoche *Moderne* mit Ende des 19. Jahrhunderts, genau um 1895. Die *postmoderne* Zeit gehört entsprechend zu der zweiten Hälfte des 20. Jahrhunderts und wird sowohl stilistisch als auch zeitlich begründet. Warum werden diese Bezeichnungen auf das Medium Film übertragen, das in seinem zeitgenössischen Verständnis erst seit über hundert Jahren[290] existiert?

---

[290] Wenn man die frühen Experimente mit bewegten Bildern berücksichtigt, würde man den Beginn der Geschichte des Filmes bereits im 17. Jahrhundert mit der Erfindung der *Laterna magica* ansiedeln. In dem für diese Arbeit relevanten Umfang fängt die Filmgeschichte jedoch 1895, also mit dem Bioskop, den Brüdern Lumière und der Stummfilmzeit, an.

Nach dieser Logik könnte man behaupten, dass auch der Film seine *Antike*, *Renaissance* und *Gotik* habe. Eine solche Projektion der Begriffe auf verschiedene kulturelle Bereiche, ohne dies mit aussagekräftigen Beispielen zu unterlegen, wäre merkwürdig. Dennoch versuchen seit mehr als dreißig Jahren Filmwissenschaftler, Philosophen und Publizisten den Begriff von beispielsweise der Architektur auf den Film zu übertragen. Würden wir diesem Prinzip folgen, sähen die geschichtlichen Datierungen der Filmperioden folgendermaßen aus, zumindest, wenn man verschiedenste Quellen der Sekundärliteratur[291] dabei berücksichtigt: Die *klassische* Periode würde sich von den 1920er- bis 1940er-Jahren erstrecken (Bordwell datiert diese Periode von 1918 bis 1968[292]). Die 1960er- und 1970er-Jahren würde man *moderne* Zeiten nennen (wobei Thomas Elsaesser bereits in den 1970er-Jahren erste Anzeichen des *postmodernen* Kinos sieht). Also müssen wohl die 1980er- und 1990er-Jahre *klassische* Zeiten des *postmodernen* Kinos sein, während in der zweiten Hälfte der 1990er-Jahre einige Autoren bereits Merkmale der *zweiten Moderne* sehen.[293]

Wenn man die Definition der *Moderne* als Abgrenzung von der Vergangenheit und als einen Prozess der permanenten Innovation versteht, dann beobachtet man zwar einige Modernisierungen, beispielsweise in Hollywood Ende der 1960er- und 1970er-Jahre, bekannt als *New Hollywood,* im Vergleich zu den 1950ern und 1960ern. Dennoch hatte diese Generation der Filmemacher nicht das Ziel, sich grundsätzlich von den früheren Filmtraditionen abzugrenzen, sie wollten sich kritisch mit den alten Inhalten auseinandersetzen. In diesem Sinne versteht man die Experimente der 1980er-Jahre nicht unbedingt als *Postmoderne* eines *modernen New Hollywood.*

3. Zweites Missverständnis:
Die filmische *Postmoderne* zwischen Ästhetik und Stil

Der Diskurs um die *Postmoderne* wurde grundsätzlich von drei Positionen erarbeitet[294]: Von der Literatur- und den Humanwissenschaften, den visuellen Künsten und der Architektur. Die letzte Position beeinflusst vorwiegend die Diskussion über die filmische *Postmoderne*. In den wissenschaftlichen Aufsätzen sowie in gängigen Filmbesprechungen kann man eine unklare Verwendung des Begriffes verfolgen. Über *Postmoderne* spricht man sowohl im Sinne eines *ästhetischen Phänomens* als auch einer *Stilrichtung*. Im ästhetischen Sinne definiert man *Postmoderne* oft nach Fredric Jameson – als Bezeichnung der «postindustriellen» Gesellschaft, die sich nicht mehr mit der Erfindung und Herstellung, sondern mit der Reproduktion, dem Verbrauch der einst gewesenen Innovation beschäftigt.

---

[291] Die Hauptquellen sind unter Fußnote 318 zu finden.

[292] Vgl. Bordwell 1985 sowie Elsaesser. In: Rost 1998.

[293] Beispielsweise spricht Jürgen Felix über den Film PULP FICTION (1994) als ein Werk der *Zweiten Moderne*.

[294] Bruno 1987, S. 65ff.

In seinem Essay *Postmodernism and Consumer Society* und im später entwickelten Aufsatz *Postmodernism, or the Cultural Logic of Late Capitalism*[295] charakterisiert Jameson die *Postmoderne* als den Zustand einer *schizophrenen Zeitlichkeit* und eines räumlichen *Pastiche*. Der *schizophrene Zustand* ist nicht in der zeitlichen Kontinuität (im Sinne von *Vergangenheit – Gegenwart – Zukunft*) zu verstehen und nicht in seiner Existenz abzugrenzen, sondern nur als Gegenwart wahrzunehmen. Dies ist der Zustand einer Gesellschaft, die nur noch einen schimmernden Schein der Vergangenheit genießt und durch planmäßige Selbstzerstörung keine Zukunft in Aussicht hat:

> «Der Schizophrene macht nicht unsere Erfahrung der zeitlichen Kontinuität, sondern ist dazu verdammt, eine fortwährende Gegenwart zu leben, mit der die verschiedenen Momente seiner oder ihrer Vergangenheit kaum eine Verbindung haben und für die es keine vorstellbare Zukunft am Horizont gibt.»
> *(Foster 1983, S. 119)*

Die filmische *Postmoderne* nach Jameson bietet «eine völlig neue Bildkultur», «einen völlig neuen Typ Werbefilm» oder «ein völlig neues utopisches Reich der Sinne» bei Anwendung alter Formen.[296] Somit überträgt er seine ästhetische Theorie, wenn auch unbewusst, auf Formen, Ausdrücke der *Postmoderne* in der filmischen Praxis im Sinne einer Stilrichtung. Die *Postmoderne* ist nach ihm eine kulturelle Manifestation des Historismus in der kommerziellen Kunst, die sich in Form sogenannter *Nostalgie-Filme* (*la mode rétro*), selbstverständlich als eine Nostalgie an Hollywood gemeint, äußert. Diese Filmart ist nach ihm «der verzweifelte Versuch, sich die verlorene Vergangenheit anzueignen» und sie durch neu aufgekommene Formen der Geschichtenerzählung zu äußern, gedreht in der Form einer Geschichte der Generationen.[297] Die «historischen Inhalte» werden nicht in einer altmodischen «Repräsentation» dargestellt, sondern die Qualitäten der Vergangenheit (*pastness*) werden durch Hochglanzbilder und Modeattribute vermittelt.[298]

Als Beispiel nennt Jameson den Film BODY HEAT[299] von Lawrence Kasdan aus dem Jahr 1981. Der Film wird oft als entferntes Remake vom James M. Cains Literaturwerk *The Postman Always Rings Twice* betrachtet. Die in den ersten Szenen verwendeten ästhetischen Elemente wie *Art déco*-Schriftzüge des Vorspanns stimmen auf eine «nostalgische Rezeptionshaltung» ein. Gleichzeitig, so Jameson, werde die konnotative Bedeutung in der Besetzung der Protagonisten sichtbar. Formal wird auf den Kult eines Stars verwiesen: Der Hauptdarsteller, William Hurt, gehört zur neuen Generation der

---

[295] Vgl. Jameson *Postmodernism and Consumer Society*. In: Foster 1983, S. 111ff; Jameson *Postmoderne – zur Logik der Kultur im Spätkapitalismus*. In: Huyssen / Scherpe 1986, S. 45ff.

[296] Huyssen / Scherpe 1986, S. 45.

[297] Als Beispiel solcher Filme nennt er AMERICAN GRAFFITI (1973) von Georg Lucas. In: Huyssen / Scherpe 1986, S. 64.

[298] Rost 1998, S. 65.

[299] BODY HEAT (1981) (dt. aka KALTBLÜTIG oder EINE HEISSKALTE FRAU) ist eine Art von *Film noir*, in dem der Rechtsanwalt Ned Racine (William Hurt) eine verheiratete Frau, Matty Walker (Kathleen Turner), kennenlernt und für sie ihren vermögenden Ehemann (Richard Crenna) tötet. Am Ende hat die geschickte Matty, eigentlich Mary Ann, das Geld und genießt ihr Leben in einem einst erträumten Paradies, während Racine ins Gefängnis geht.

berühmten Schauspieler, wie Jack Nicholson oder früher Marlon Brando. Diese früheren Darsteller formen ihre Filmrollen mittels ihrer allgemein bekannten «*off-screen-*Persönlichkeit», die mit Rebellion und Nonkonformismus in Verbindung gebracht wird.[300] Ihre Zeitgenossen übernehmen die konventionellen Funktionen der «alten» Stars, aber nicht mehr «ihre Persönlichkeiten». Zu den weiteren Charakteristika des *postmodernen* Filmes nach Jameson gehört die Verweigerung jeglicher Bezüge auf die Realität. Am Beispiel von BODY HEAT wird die Realität unter der politischen, sozialen oder kulturellen Situation in den USA der 1980er-Jahre gemeint. Der Film wurde in eine Kleinstadtszenerie gesetzt, in der man nicht die Architekturfortschritte der 1970er und 1980er mit den für die Zeit typischen Hochhäusern beobachtet. Es ist auch unbestimmt, wann die filmische Handlung stattfindet. In den Set- und Kostümdekorationen wird sorgfältig jeder Hinweis auf Datierung und Einordnung auf eine bestimmte historische Epoche vermieden. Es wird alles darauf angelegt, beim Zuschauer den Eindruck zu erwecken, die Geschichte spiele in irgendwelchen «ewigen» 1930er-Jahren:

> «Die Annäherung an die Gegenwart über die Kunstsprache des Simulakrums und des Pastiche einer zum Stereotyp gemachten Vergangenheit verleiht der gegenwärtigen Realität, der ‹Offenheit› der historischen Gegenwart den Zauber und die Distanz eines schimmernden Trugbildes.»
>
> *(Rost 1998, S.66)*

Im Laufe der Diskussion über *Postmoderne* stellte sich heraus, dass dieser Begriff in verschiedenen Literaturquellen wandelnden Bedeutungen unterliegt – einmal im Rahmen einer ästhetischen Theorie, ein andernmal als Stilrichtung. Weitere Auseinandersetzungen der Wissenschaftler unterstützen dieses Missverständnis.

Auch der deutsche Philosoph Mike Sandbothe überträgt die Theorie der *Postmoderne* auf Filme. Er versucht jedoch, die Unterschiede im Verständnis des Begriffs einzuräumen, die durch wissenschaftliche Theorien und ihre Verwendungen seitens der Publizistik und Filmkritik entstehen. Nach ihm benutzen die meisten Filmkritiker den Begriff *Postmoderne* mit der Bedeutung «anything goes» (also alles, was neue Tendenzen abbildet, sei *postmodern*). Nach seiner Meinung vermischen die meisten Anhänger der Theorie vier wichtige Faktoren. Erstens betrifft der Fehler das Epochenmissverständnis, also die Behauptung, dass mit *post* in *Post-Moderne* eine radikale Verabschiedung von der Tradition und die Entwicklung völlig neuer Modelle gezeigt wird, als *Nachmoderne* im Sinne von Trans- und Antimoderne.[301] Der Widerspruch kommt von Lyotard. Er meint, dass *Postmoderne* keine neue Epoche sei, sondern sie einige neue Züge einer auf Basis und Struktur angelegten Rüstung, wenn man so möchte, ein Make-up auf einem Gesicht beinhalte:

> «Die Postmoderne ist keine neue Epoche, sondern das Redigieren einiger Charakterzüge, die die Moderne für sich in Anspruch genommen hat, vor allem aber ihrer Anmaßung, ihre Legitimation auf das Projekt zu gründen, die ganze Menschheit durch die Wissenschaft und Technik zu emanzipieren.»
>
> *(Rost 1998, S. 46)*

---

[300] Rost 1998, S. 65.

[301] Ebd., S. 44.

Zweitens missverstehe *Postmoderne* die Epoche *Moderne*. Man verwirrt sich bereits bei der Antwort auf die Frage, womit sich der Begriff *Moderne* auseinandersetze: Mit dem Umbruch des Denkens im 16. und 17. Jahrhunderts? Mit Bacon und Descartes? Mit der Neuzeit oder mit Kant und der Aufklärung der Neuzeit? Mit den Denkern des 19. Jahrhunderts wie Schopenhauer oder Nietzsche[302]? Dann hieße *Postmoderne* «Nachneuzeit», also etwas, das in den Zeiten des technischen Progresses geschieht. Nur die *Postmoderne* neigt dazu, den technischen Totalitarismus abzuwenden und zurück in die alten Sitten mit neuer Sprache zurückzukehren. Man hätte schon Schwierigkeiten, diese Richtung zeitlich einzuordnen, wenn man dies mit *Moderne* nicht einseitig tun kann, beziehungsweise wenn man über «Kultur» im Allgemeinen spricht und nicht jede ihrer Bereiche separat betrachtet. Drittens sei das Denksystem falsch. Man behauptet, *Postmoderne* sei viel zu chaotisch und kombinierbar «von allem und jedem» nach dem Prinzip «anything goes». Dennoch ist die *Postmoderne* alles andere als ein Surrogat der Stile, weil sie sich, so Sandbothe, auf «die innere Unordentlichkeit und komplexe Differenziertheit der Wirklichkeit» beziehe.[303] Viertens sei *Postmoderne* ein «kulturelles Surrogatphänomen», in dem die Menschen sich von der «nüchternen» *Moderne* erholten und sich ästhetisch austobten, doch der *Status quo* verändere sich nicht.[304]

Ausgehend von den wirtschaftlichen Theorien, wie dem Marxismus, sollte Kultur als eine elitäre Schicht der Gesellschaft verstanden werden, sie beeinflusst nicht die Gesellschaft, dennoch verdeckt sie die realen ökonomischen Verhältnisse. Im Gegensatz dazu behaupten die Neokonservativen: Kultur helfe den Menschen, die Modernisierungen auszuhalten. Wenn man von den marxistischen Theorien ausgeht, dann versteht man *Postmoderne* ausschließlich als kulturelles Phänomen, während diese Art von Denken sich auch in den biologischen Autopoiesistheorien, chemophysikalischen Selbstorganisationskonzepten oder in Computertheorien widerspiegelt.[305] Diese Missverständnisse aus den 1980er-Jahren wurden, so Sandbothe, in den letzten zwei Jahrzehnten ausgeräumt, und somit gelangte diese Diskussion auf das Niveau eines internationalen Diskurses über *Postmoderne*.[306]

Der Filmwissenschaftler Thomas Elsaesser verwendet den Terminus *Postmoderne* zwischen Ästhetik und Stil, welchen er nicht dem abstrakten und zeitlich undefinierten Kino der *Moderne* zuordnet, ihn aber in Zusammenhang mit den Einflüssen europäischer Filmemacher, wie François Truffaut oder Jean-Luc Godard, setzt. Die Franzosen wurden in Hollywood gerne zitiert, so dass diese Zitate die *Traumfabrik* in ihrem «monopolitischen» Sinne entkräfteten. Sie holten den Zuschauer der 1960er- und 1970er-Jahre zurück ins Kino, weg vom häuslichen Fernsehkonsum, nicht zuletzt dank der Veränderungen des visuellen Sprachstiles durch technische Neuerungen.

---

[302] Bei Nietzsche sehen einige Philosophen, u.a. Lyotard, Merkmale des *postmodernen* Denkens.

[303] Rost 1998, S. 50.

[304] Ebd., S. 41ff.

[305] Ebd., S. 53.

[306] Gemeint ist hier vor allem die Diskussion in den USA und Frankreich in den Kreisen von Philosophen, Literatur- und Kunstwissenschaftlern (siehe Anfang des Kapitels).

Anfangs[307] spricht Elsaesser mit der *Postmoderne* den willkürlichen Gebrauch der Genre-Stereotypen und die Wiederbelebung der *B-Movies* aus den 1950er-Jahren an, die bereits Ende der 1960er-Jahre und in den 1970er-Jahren in *New Hollywood* stattfanden. Dieser Punkt, die Anfänge der *Postmoderne* im Kino der 1970er-Jahre zu suchen, konfligiert mit der zeitlichen Definition des Phänomens und führt zu neuen Fragen. Soll es heißen, dass *moderne* Zeiten mit dem Phänomen von *New Hollywood* gleichgesetzt und darin die Merkmale der späteren *Postmoderne* entwickelt wurden? Elsaesser spricht jedoch über die Anfänge der *Postmoderne* erstmals im Horrorfilm mit seinen effektvollen Darstellungen von Gewalt und Sexualität, visuellen Doppelkodierungen, Schockeffekten, also Abweichungen von üblichen Darstellungsformen der *klassischen* Hollywoodfilme. Ihm geht es anscheinend darum, dass die *Postmoderne* der früheren Zeiten sich bereits in der Moderne entwickelt hat, und zwar in bestimmten Genres wie dem Horrorfilm, dessen Entwicklung er bis Anfang der 1990er-Jahre verfolgt. Als postmodernes Beispiel nennt er BRAM STOKER'S DRACULA (1992) von Francis Ford Coppola. Interessanterweise sieht Elsaesser die postmoderne Neigung zum historischen Zitat bereits in der Herkunft des Regisseurs. Somit verbindet er seine zwei Thesen über den Ursprung und das Vorbild der filmischen Moderne im Werk der europäischen Filmemacher, das von Amerikanern zum Teil übernommen und in ihren *postmodernen* Nostalgie-Filmen zitiert wurde:[308]

> «Als Amerikaner ist er freilich auch Teil von Amerikas europäischer Erbschaft, insofern er ein italienischer Einwanderer der zweiten Generation ist mit einer starken emotionalen und familiären Verwurzelung im südlichen Europa sowie einem geschärften Sinn für alles Vergangene, ob als Reales oder Erträumtes, und für alles Künftige, sei es als Mögliches oder ‹Erinnertes› vorgestellt.»
>
> *(Elsaesser, In: Rost 1998, S. 74)*

Allein die herkunftsbezogene Zugehörigkeit von Coppola zu Europa macht aus dem Regisseur keinen Kenner der italienischen Kultur und des Filmes und kann nicht seine Neigung, die Vergangenheit zu «nostalgieren», hervorrufen. Es sieht so aus, als ob Elsaesser eine zeitliche Orientierung des *postmodernen* Phänomens zu unternehmen versucht, indem er eine Reihe aufbaut: Von den *klassischen* Hollywoodzeiten über die

---

[307] In seinem Aufsatz *Augenweide am Auge des Malstroms? – Francis Ford Coppola inszeniert BRAM STOKER'S DRACULA als den ewig jungen Mythos Hollywood* untersucht Elsaesser das Phänomen der *Postmoderne*, welches er einerseits im Sinne der allgemeinen Debatte um *Postmoderne* zu definieren versucht, andererseits zusammen mit dem Begriff «postklassisch» zusammensetzt. In: Rost 1998, S. 63ff.

[308] Vgl. die Aussagen über Jean-Luc Godard, der in den 1960er-Jahren die *Basics* der filmischen Moderne begründen sollte, in dem er mit seinem Werk die Alternativen zu «Hollywood-Mosfilm-Cinecittà-Pinewood-Imperium» suchte: «Während jedoch in den ersten Nachkriegsjahren die amerikanische wie auch französische und deutsche Avantgarde sich in ihren Filmen um die Wiederentdeckung der formalen, experimentellen, der nicht-narrativen Traditionen der 20er Jahre bemühte […] ging es Godard um ein bewusstes Gegenkino zu Hollywood». In: Huyssen / Scherpe 1986, S. 38.

darauffolgende *Moderne* (beziehungsweise die *Postklassik*[309], wie er diese Zeit auch noch nennt) eines *New Hollywoods* zum *postmodernen* Kino der 1980er und 1990er als logische Fortsetzung der Experimente in *New Hollywood*. Dabei wird außer Acht gelassen, dass *New Hollywood* im Sinne der innovativen *Moderne* keine revolutionären Inhalte anbietet, sondern sich mit dem *klassischen* Hollywood kritisch auseinandersetzt. Deshalb sind die Behauptungen über «die Neuschriften» eines *New Hollywoods* unbegründet, zumal er in seiner eigenen Aussage zuerst über eine «Umarbeitung» und danach über eine «Neuschrift» spricht.

Er zeigt sich als durchaus vorsichtiger Wissenschaftler, der nichts direkt behauptet, sondern Hypothesen aufstellt und gleich selbst davon Abstand nimmt. Während Elsaesser über den Horrorfilm von Coppola spricht, verweist er zuerst auf den ungewöhnlichen filmischen Stil des Filmemachers, auf einen Bruch der erzählerischen Kausalität und der kohärenten diegetischen Welt zugunsten der visuellen Effekte, was an Diskussionen der *Postmoderne* erinnert. Dennoch unterbricht Elsaesser gleichzeitig seine Kommentare mit der Bemerkung, die Stilmittel des Horrorfilmes seien nicht den Konventionen einer *Postmoderne* zuzuschreiben. Sie entstünden genrespezifisch, weil bei einem Horrorfilm «ein Gefühl des Mysteriösen, des Unerwarteten, des Überraschenden, der Inkongruenz und des Schreckens» (Rost 1998, S. 78) entstehe.

Elsaesser kann sich schließlich nicht entscheiden, ob die stilistischen Besonderheiten seines Filmes etwas mit der *Postmoderne* zu tun haben. So weist er beispielsweise auf Reminiszenzen aus der Vergangenheit und der Lust am Zitat hin, die mit dem *Dracula*-Roman sowie seinen zahlreichen filmischen und literarischen Interpretationen zusammenhängen und in dieser Hinsicht den Film als «Kommentar eines Kommentars» (Rost, S. 83) deklariert. Außerdem behauptet er, dass Coppolas Dracula mit Zitaten anderer Filme gespickt wäre, davon aus 30 Filmen zum Thema «Dracula» sowie anderen Werken,[310] die in seinem Ganzen «eine Art Palimpsest von 100 Jahren Filmgeschichte» (Rost 1998, S. 85) darstellten. Gleichzeitig nimmt der Wissenschaftler Abstand von seinen Behauptungen im Sinne der *postmodernen* Ästhetik und weist auf häufiges Verwenden der visuellen Zitate in jeder Kunst des *Fin de siècle* hin. Daraus bezieht er sein Verständnis der *Postmoderne* als eines Phänomens des *Fin de siècle:*

> «Der Punkt, um den es mir geht, ist aber nicht das postmoderne Pastiche sinnlicher Decadence, oder das Zitatenspiel mit altmodischen Stilrichtungen. Wenn das *Fin de siècle* und die präraffaelitische Bildkomposition bei Coppola auftauchen, so hat das meines Erachtens einen anderen Grund. Er führt weg von der Postmoderne und erlaubt, die formalen Merkmale des postklassischen Filmstils zu charakterisieren.»
> *(Rost 1998, S. 88)*

---

[309] *Postklassisches* Kino verbindet Elsaesser mit den Regisseuren der amerikanischen Ostküste, beispielsweise aus New York, wie Scorsese, de Palma, Schrader, aber auch mit Lynch bis hin zu Spielberg, Coppola und Lucas. In: Rost 1998, S. 82.

[310] Unter anderen Filmen nennt er LA CHUTE DE LA MAISON USHER (1928) von Jean Epstein, KUMONOSU-JO (1957) von Akira Kurosawa, BARRY LYNDON (1975) von Stanley Kubrick oder HERZ AUS GLAS (1976) von Werner Herzog. Die Bemerkungen von Elsaesser sollten hier nicht besprochen, nur erwähnt werden, weil sie im Bezug auf die *postmoderne* Methode des Zitierens und nicht auf die genaue Analyse des Werks von Coppola wichtig sind.

Man muss jedoch zugeben, dass Elsaesser den Begriff *Postmoderne* mit Vorsicht verwendet und gleichzeitig die anderen Termini benutzt, manchmal zusammen und manchmal statt der alten *Moderne* und *Postmoderne*. Die Kinogeschichte Hollywoods zwischen 1918 und 1968[311], die er als *klassisch* bezeichnet, grenzt er von der anderen Periode, *post-klassisch*, Ende der 1960er und 1970er ab. Nun bleibt unklar, was mit der *Postmoderne* geschieht. Doch diese Tatsache scheint auch den Wissenschaftler nicht mehr weiter zu interessieren. Auf die Schnelle entscheidet er sich in seinem Aufsatz für einen sicheren Austausch des Begriffes der *Postmoderne* durch den Begriff *postklassisch*.

4. BLADE RUNNER (1982) und BARTON FINK (1991): Praktische Beispiele einer theoretischen Diskussion

Die Ästhetik der «postindustriellen Gesellschaft» nach Jameson wird symbolisch in BLADE RUNNER (1982), einem *Science-Fiction*-Film des amerikanischen Regisseurs Ridley Scott, rekonstruiert. Als inhaltlicher Hintergrund des Filmes dient die US-Gesellschaft im Jahre 2019. Das Leben auf der Erde, oder genau in dem als Stadtmoloch abgebildeten Los Angeles, ist unattraktiv. Die fliegenden, fahrenden und kriechenden Maschinen verstopfen die Lebenssphäre der Menschheit. Die Luft ist schmutzig und erfüllt von Dauerregen und Abgasen. Keine Tiere und Pflanzen scheinen die Erde mehr zu beleben, sondern nur die nach ihrem Vorbild reproduzierten Objekte. Die Menschen sind gezwungen, andere Lebensräume zu erkunden: Sie erforschen andere Planeten. Doch bevor sie an einem neuen Ort ankommen, landen dort die von der *Tyrell Corporation* erschaffenen Replikanten, Ersatzindividuen, die sich äußerlich kaum von echten Menschen unterscheiden. Sie sind sogar fähig, im Laufe ihres kurzen, auf vier Jahre beschränkten Lebens eigene Gefühle und Ambitionen zu entwickeln. Außer der Kurzlebigkeit haben sie im Vergleich zu Menschen keine Vergangenheit, keine Familien und keine Erinnerungen. Sie leben nur in der Gegenwart. Damit sie die Menschen nicht ersetzen können, wird ihnen unter Androhung der Todesstrafe verboten, auf der Erde zu landen.

Der Film fängt mit einer Nachricht über den Aufbruch der hoch entwickelten Replikanten der Serie *Nexus-6* auf der Erde an. Die Replikanten sollen ein Shuttle mit Menschen entführt haben, diese getötet und auf der Erde gelandet sein, mit scheinbar einem einzigen Ziel, den Schlüssel zu längerem Leben zu finden. Spezielle Polizei-Truppen, bekannt als BLADE RUNNER, sind für das Aufspüren und Vernichten dieser Wesen verantwortlich. Der bereits pensionierte Polizist Rick Deckard (Harrison Ford) wird beauftragt, die Exekutionskampagne zu leiten und die Übermenschen «in den Ruhestand zu versetzen». Auf den ersten Blick scheint dieser *Science-Fiction* keine Überraschungen in der Erzählstruktur im Sinne des *klassischen* Hollywood zu enthalten, wie man dies von einem *postmodernen* Film erwarten würde: Keine hochstilisierten Bilder, keine mit abstrakter Logik belastenden Geschichten, keine außerordentlichen Perspektiven, die man noch nicht im Film dieses Genres gesehen hätte. Die Geschichte

---

[311] Die Zeiteinteilung übernimmt Elsaesser von David Bordwell.

des Filmes durchläuft seine üblichen Phasen im aristotelischen Sinne von Anfang, Mitte und Schluss, ganz im Gegensatz zu den üblichen Behauptungen, die Handlung sei im «neuen» Kino eine Nebensache. Darin gehe es primär um Inszenierung eines Spektakels, das bis zum Äußersten getrieben werde:

> «Postmodernes Kino ist ein Kino gesteigerter Lustintensitäten, einer Lust an der Überwältigung der Sinne, einer Überwältigung, die keiner begrifflichen Logik gehorcht.»

oder:

> «Die eigentliche Handlung wird zur Nebensache und ist nicht mehr der alleinige Träger der Botschaft. Stattdessen sind es bei BLADE RUNNER die Inszenierung, die Kulisse und nicht zuletzt die Figuren, die beim Zuschauer eine Art Beklemmung hervorrufen.»
> *(Scheckenberg, In: Rost 1998, S. 121ff.)*

Die Protagonisten – eine Gruppe der Replikanten und der Polizist Deckard – werden am Anfang des Filmes vorgestellt. Ihre Ziele werden klar, wenn auch flüchtiger als in den früheren Klassikern formuliert. Alle Hauptfiguren treten ihre *Reise* an: Replikanten suchen den Genforscher und ihren Designer wegen ihrer Lebensverlängerung; der Polizist sucht die Replikanten, um sie zu vernichten. Im Laufe der *Reise* kommen die Replikanten zu dem düsteren Ergebnis, dass sich ihr Leben auch mithilfe der wissenschaftlichen Forschungen nicht verlängern lässt. Der letzte überlebende Replikant Roy zieht zum Schluss die Selbstzerstörung der Rache an den Menschen vor. Deckard, der seine *Reise* als Replikantengegner anfängt, beendet sie mit der Liebe zu einer weiblichen Gestalt, Rachael, die zu den Übermenschen gehört. Ein *Happyend* im *hollywoodschen* Sinne ist auch in dieser Geschichte vorhanden, vielleicht etwas abrupter und unvollendeter als in den Hollywoodklassikern: Am Ende werden Rick und Rachael auf ihrer Flucht gezeigt, der Schnitt folgt an der Stelle, als Rick feststellt, dass der Verfolger Rachaels seine Wohnung bereits durchsuchte und seine Geliebte am Leben ließ. Doch eine Aufklärung aus dem *off-screen* vollendet die unvollendete visuelle Reihe. Etwas bedrohlich verkündet diese *off-Stimme*, dass Rachael als Replikantin kein längeres Leben vor sich hat («It's too bad she won't live»). «Doch haben wir nicht alle ein kurzes Leben?» («But then again, who does?»), so die Fortsetzung der Aussage, und somit tendiert die *Story* noch zu einem *Happyend* mit der Schlussfolgerung, dass wir alle unsere begrenzte Zeit genießen sollten. Die filmische Handlung ist hier logisch abgeschlossen: Rick erfüllt erfolgreich seinen Auftrag und bleibt mit Rachael zusammen, um sein Lebens- und Liebesglück zu genießen.

Bei der technischen Realisierung des Projektes beobachtet man eine schnellere Bildabfolge, getrennt mit meist logischem Schnitt, sichtbaren Kamerafahrten und mystischem Licht. Dennoch würde man diese Merkmale nicht gleich mit der Spezifik der *Postmoderne*, sondern mit inhaltlicher Notwendigkeit erklären: Mit der Inszenierung der Zukunft. Außerdem schließt man beim Dreh logischerweise nicht den technischen Fortschritt aus, der sich auch im Bereich Film zeigt. Man notiert diese Eigenschaften, ohne sich dabei auf eine bestimmte Stilrichtung festzulegen.

Die *postmoderne* Ästhetik präsentiert sich in BLADE RUNNER im Zusammenhang mit dem Verständnis des «postindustriellen» Spätkapitalismus nach Jameson mit seinen

Definitionen des Zustandes als *schizophrene Zeitlichkeit* und räumliches *Pastiche*[312]. Das Jahr 2019 hat nach den Vorstellungen der Filmemacher keine klaren politischen und sozialen Strukturen, sondern präsentiert sich als Surrogat. Die Stadtarchitektur zeigt keine originellen, ungewöhnlichen Formen, sondern entwickelt die Idee des Wolkenkratzers weiter, in scheinbar einheitlichem Stil für alle Städte, ob Los Angeles, New York oder Tokio. Sie existieren zusammen mit historischen Reminiszenzen, Elementen der Vergangenheit – antiken Säulen, asiatischen und ägyptischen Mustern. Die Innenräume stellen nicht eine schlichte *Hightech*-Bequemlichkeit dar, sondern sind von dem Reichtum des Gegenständlichen bedrückend überfüllt. Die Privaträume Ricks oder des Wissenschaftlers Sebastian haben Unmengen von Gegenständen, vor allem technische Geräte. Es gibt in dieser Gesellschaft keine einheitliche Sprache, sondern nur deren äußerste *Pastiche* namens *Cityspeak*, ein zusammengesetztes Esperanto aus Japanisch, Englisch, Deutsch und Spanisch. Die Umgebung des zukünftigen Los Angeles ähnelt einer Hölle, in der die Opfer durch stickige Luft, Dauerregen, Schmutz und eigene Absonderungen langsam zerfallen. Es gibt keine einheitliche Bevölkerung. Die Volksmassen setzen sich im Film aus Einwanderern zusammen, einheitlich in ihrer Gesichtslosigkeit. Dennoch wird diese *Blade Runner*-Gesellschaft keine ultramoderne Zukunft zeigen, sondern eine *postmoderne* Version nach Jameson und seiner Theorie der «postindustriellen» Gesellschaft, welche Technologie und Abfall verbindet:

> «Der postindustrielle Verfall ist eine Folge der Beschleunigung der inneren Entwicklungszeit, die dem Postindustrialismus eigen ist. Das System funktioniert nur, wenn Abfall produziert wird. Der kontinuierliche Auswurf von Abfall ist ein indexikalisches Zeichen des gut funktionierenden Apparats […] Postindustrialimus recycelt, deswegen braucht er Abfall. Eine postmoderne Position exponiert eine solche Logik, indem sie eine Ästhetik des Recycling produziert. Die künstlerische Form stellt die Wiederkehr des Abfalls aus.»
>
> *(Felix 2002, S. 69)*

Die höchste Form der *Pastiche* spiegelt sich in der Menschenreproduktion, in den Gestalten der Replikanten, die eine buchstäbliche Umsetzung der *postmodernen* Theorien verkörpern. Ein männlicher oder weiblicher Replikant ist eine perfekte Simulation eines Menschen. Er genießt nur ein kurzes Leben und wird durch Technologien zerstört. Seine Existenz findet nur in der Gegenwart statt und kann im sogenannten *postmodernen* Zustand der *schizophrenen Zeitlichkeit* verstanden werden, die keine Vergangenheit beinhaltet und keine Zukunft beabsichtigt. Die Polizisten können Replikanten mit einem Test entziffern, der Fragen nach Emotionen und vor allem nach ihrer Vergangenheit enthält. Da Replikanten keine Vergangenheit haben, werden sie als Nicht-Menschen identifiziert und zerstört:

> «Der Replikant bestätigt eine neue Form der Zeitlichkeit, die des schizophrenen Schwindels. Dies ist die Zeitlichkeit der Postmoderne: des neuen Zeitalters der Maschine. Die industrielle Maschine war eine Produktion, die postindustrielle ist eine Reproduktion.»
>
> *(Felix 2002, S. 71f.)*

---

[312] *Pastiche* wird hier als eine Nachahmung verstanden, eine Ästhetik der Zitate, die in ihrer Re-Produktion das Original überschneidet und bis zum Äußersten getrieben wird.

Ihre Vergangenheit versuchen sie durch das Medium Fotografie zu erkunden. Rachael weiß nicht, ob sie ein Replikant ist. Um dies zu prüfen, appelliert sie an ihre angebliche Vergangenheit: Sie zeigt Rick ein Foto von sich als Kind und mit ihrer Mutter, das nie aufgenommen wurde. Der andere Replikant sammelt Fotografien aus seinem Alltag, die nur die Gegenwart des alltäglichen Daseins darstellen. Einerseits bestätigen diese Fotos die reale Existenz, andererseits werden sie später zu Erinnerung und Geschichte. Die Geschichte existiert in BLADE RUNNER im fotografischen Medium, mit seiner Hilfe wird sie festgehalten und gleichzeitig simuliert.

Das filmische Werk der Brüder Coen, darunter BARTON FINK, wird oft mit der Diskussion der *Postmoderne* zusammengebracht. Wenn Kritiker[313] über die Coen-Brüder sprechen, nennen sie die beiden Filmemacher US-Kinostilisten, die eine streng «komponierte Bildsprache mit Lust am Zitat» entwickelten und somit zu «Mystikern ohne Inhalt» («sphinxes without riddles») mutierten:

> «Jedes Bild wie ein *Déjà-vu*. Überall funkeln trademarks der Popkultur, überall blitzen legendäre Momente der Filmgeschichte auf. Doch keine Geste, keine Szene lässt sich wirklich eindeutig zuordnen.»
> *(Kilzer / Rogal 1998, S. 8)*

In zwei monografischen Büchern von Peter Körte und Georg Seeßlen und von Annette Kilzer und Stefan Rogall über die Filmemacher zitieren die Autoren Zeitungsrezensionen, in denen die Brüder mit ihrem bloßen «Zutatenkino» als im «großen Stil postmoderne Kleingeister»[314] charakterisiert werden:

> «Sie lesen in Bekanntes etwas hinein, zitieren, fintieren und jonglieren mit Anspielungen – doch immer schimmert das Alte unter dieser fadenscheinigen postmodernen Glasur durch.»
> *(Körte 1991, S. 31)*

Die am häufigsten erwähnten Merkmale der *postmodernen* Ästhetik mit ihrer Vorliebe für Zitate, Anspielungen auf die alten Zeiten und schließlich mit ihrem schimmernden *visuellen* Stil wird in diesen Besprechungen erwähnt. Dabei wird jedoch die wichtige Frage nach dem Grund und der Legitimität solcher Bezeichnungen nicht beantwortet. Die *postmoderne* Ästhetik einer «postindustriellen» Gesellschaft im Sinne von Jameson ist nicht in BARTON FINK zu finden. Zumal die dargestellte Gesellschaft im Film der Brüder Coen nicht als Zukunftsvision oder als Gegenwart mit nostalgischen Abbildungen einer Vergangenheit, sondern als Vergangenheit, also als das Hollywood vor sechzig Jahren, existiert. Reinhard Middel glaubt in seinem Aufsatz *Vom Unvermögen des Autors, postmodern ...*[315] in den visuellen Darstellungen der vergangenen Hollywoodfilme ein Anzeichen des zukünftigen Zerfalles zu finden. Seine besondere Aufmerksamkeit schenkt er der Szene, in der sich Lipnick in einer Militäruniform aus dem Zweiten Weltkrieg vor Barton Fink präsentiert, um das endgültige Urteil über das Werk

---

[313] Kilzer / Rogall 1998, S. 7 und S. 13.

[314] Ebd., 1998, S. 101; Körte / Seeßlen 2000, S. 149.

[315] Felix 2002, S. 222ff.

auszusprechen. Middel findet in diesem Fall eine Vorahnung seitens Hollywoods über seine spätere Niederlage:

> «Einmal, am Schluss des Filmes, als der Studioboss in amerikanischer Generalsuniform des Zweiten Weltkrieges wortgewaltig gegen die ‹japanische Bedrohung› zu Felde zieht, werden wir assoziativ unmittelbar in die Gegenwart der Konkurrenz von amerikanischer und japanischer Film- und Medienindustrie hinein katapultiert. Im Übrigen auch eine mehr als nur hübsche Reminiszenz daran, dass das Studiosystem den Kern seines Zerfalls schon in seiner Blütezeit in sich trug.»
> *(Felix 2002, S. 224f.)*

Kaum dachte Jack Warner über eine Niederlage seines Unternehmens nach, als er, ein ausgezeichneter Showman, sich die Requisitenuniform besorgte. Auch die Brüder Coen – mit Einfügung des historischen Details – beschäftigten sich kaum mit dem Thema der gegenwärtigen Konkurrenz der amerikanischen und japanischen Medienindustrie. Sie verwendeten die Uniform als ironische Geste zum Unterhaltungszweck, als ein satirisches Abbild der damaligen Studiositten. Die Diskussionen über den bereits eingetretenen beziehungsweise zukünftigen Verfall der *Traumfabrik* erübrigen sich, wenn man nur ein einziges Beispiel für die Widersprüchlichkeit solcher Besprechungen nennt: Während die Wissenschaft über Zerfall und Niederlage Hollywoods diskutiert, dreht James Cameron den Film TITANIC (1997), mit einem Budget von 200 Millionen Dollar. Sein Werk spielt beim Filmstart innerhalb von wenigen Tagen nur in den USA über 20 Millionen Dollar ein und gewinnt im darauffolgenden Jahr elf *Oscars*, einschließlich mehrerer Preise und Nominierungen (insgesamt über 110) im In- und Ausland.

Eingedenk dieser Überlegungen können wir behaupten, dass sich die Brüder Coen in BARTON FINK kaum mit dem Zerfall von Hollywood und noch weniger mit der Selbstzerstörung einer «postindustriellen» Gesellschaft beschäftigen, auch wenn diese etwas verzerrt und übertrieben dargestellt wird. Dennoch wird sie eher mit der Halluzination des Autors in Verbindung gebracht. Schließlich wählte der Schriftsteller selbst den Ort seiner Unterkunft, das «wenig von Hollywood» hatte. Fink entschied sich, in seiner Welt zu vereinsamen, obwohl sein Chef ihm die besseren Unterkünfte im typischen Hollywood-Ambiente empfahl. Man könnte meinen, die feine kalifornische Gesellschaft in BARTON FINK sei in der Realität so laut, künstlich und nachlässig gewesen. Dennoch ist auch das Medium Film als ein Kunstprodukt nicht der Realität verpflichtet. Ein Film ist eine künstliche Abbildung und eine konstruierte Wirklichkeit. Die Filme der Hollywoodklassiker stellten auch keine Wirklichkeit dar, sondern ihre eigenen, oft auch übertriebenen Vorstellungen von der ersehnten Realität. Dafür wurden sie nicht mit der Ästhetik der *Postmoderne* in Verbindung gebracht. Sie wurden mit der Entwicklung des *Genresystems* gekünstelt und reglementiert.

Die Protagonisten der *hollywoodschen* Gesellschaft wurden nicht zu Replikanten und Archetypen gekrönt, sondern sie sind mit Willen und Macht eines Filmemachers konstruierte Charaktere. Sie tragen zwar in sich die Glaubwürdigkeit des psychologischen Realismus, weil sie sich so benehmen, wie sich ein Mensch nach allgemeinen Erfahrungen in Wirklichkeit benimmt.[316] Tatsächlich haben sie aber nie das

---

[316] Rost 1998, S. 109.

Verhalten ‹normaler› Menschen, sondern sie haben sich den Konventionen der *Traumfabrik* angepasst: Ein Verbrecher und ein Polizist verhalten sich den typischen Erwartungen entsprechend: Einer raubt, der andere bestraft. Ein Westernheld zeigt sich nicht als Feigling im einsamen Kampf gegen die bürgerliche Gesellschaft. Es lässt sich jedoch bezweifeln, dass ein real existierender Cowboy ohne Angst und Verzweiflung lebt. Wenn man also im Hollywoodkino etwa Konventionen duldet und diese nicht gleich mit der Konvention des Zerfalls gleichsetzt, toleriert man auch die Darstellung von Hollywood bei den Brüdern Coen in ihrer Künstlichkeit, ohne sie gleich mit «postindustriellen» Darstellungen in Verbindung zu bringen.

Bei der Analyse von WILD AT HEART (1990) von David Lynch nennt Klaus Kreimeier die Dramatisierung eines Spielfilmes ein wichtiges Element, das den Film von der Wirklichkeit im dokumentarischen Sinne trenne. Sie zeige die ästhetische, subjektive Vision der Filmemacher:

> «[...] ‹Dramatisierung› heißt: Ausstellung. Die Bilder einer Ausstellung sind nicht Wirklichkeitsabbilder, sondern Kunstgegenstände, eingerahmte Gegen-Wirklichkeiten. In diesem Sinne handelt es sich bei WILD AT HEART um ausgestellte Gewalt und ausgestellte Sexualität [...].»
>
> *(Rost 1998, S. 180ff)*

Nur hebt der Autor in seiner Definition der «Dramatisierung» auf den exhibitionistischen Charakter der Filme von Lynch, den Exhibitionismus einer *postmodernen* Ästhetik ab,[317] die sich mittels der ungewöhnlichen Perspektiven, Kamera- und Lichtführungen sowie der neuen Hochglanzoberflächlichkeit der Bilder zur Schau stellt, im Sinne von «Über-Dramatisierung». So kommt der Autor zu einem formalen Schluss über allgemeine stilistische «Übertreibungen» der *Postmoderne*:

> «Es sind filmische, also künstliche Mittel, mit denen Lynch die Überwältigung produziert: Attraktionsmontage, übersteuerter Ton, dramatisierende und kontrastierende Musikeffekte, extreme Kameraperspektiven und anti-naturalistische Farbwechsel [...].»
>
> *(Kreimeier, In: Felix 2002, S. 180)*

Dennoch klingt seine Bemerkung als Widerspruch in sich: Wenn «das Kunstprodukt Film» der ästhetischen Übertreibung unterliegt, dann wird diese Überheblichkeit ihren Ursprung in der Konvention des Filmes haben und nicht in einer «postindustriellen» Ästhetik. Dann wird die Dramatisierung – je nach Epoche – zum allgemeinen Inhalt eines Filmes. Beispiele solcher Analysen der filmischen Werke nach Kreimeier zeigen, wie die Anhänger der *Postmoderne* die Beweise für die Mitwirkung dieser Ästhetik mit stilistischen Mitteln zu begründen versuchen und somit *Postmoderne* zur Stilrichtung vervollkommnen, im Gegensatz zum ästhetischen Verständnis der *kulturellen Dominante* von Jameson.

Die «postindustrielle» Ästhetik hat keinen prägnanten Ausdruck im Werk der Coen-Brüder, wie man sie bei Ridley Scott findet. In diesem Zusammenhang erinnert man sich

---

317 Vgl. Bruno über BLADE RUNNER: «Das Pastiche und der Exhibitionismus des Visuellen feiern die Dominanz der Repräsentation und die Auslöschung des Referenten in der Ära des Postindustrialismus.» In: Felix 2002, S. 70.

an die weiteren Erklärungen der filmischen *Postmoderne* nach Jameson. Jameson deklariert die *Postmoderne* nicht nur zu einem ästhetischen Phänomen, sondern verweist zusätzlich auf formale Elemente der Erschaffung der Filme, die der Bestimmung einer Stilrichtung ähneln und für zahlreiche Verwirrungen im Verständnis der Filme aus den 1980ern und 1990ern sorgen. Diese Produkte der filmischen *Postmoderne* nennt Jameson *Nostalgie-Filme*. Sie zeichnen sich durch ihre offensichtliche thematische Rückkehr zur Vergangenheit, durch die Visualisierung alter Schriften, Bilder, Themen und durch den Gebrauch früherer Ideologien in neuem Kontext aus.

> «Die Postmoderne sei […] eine kulturelle Manifestation des Historismus in der kommerziellen Kunst, die sich in Form sogenannter *Nostalgie-Filmen* (*la mode rétro*), selbstverständlich eine Nostalgie an Hollywood gemeint, äußert. Diese Filmart ist […] ‹der verzweifelte Versuch, sich die verlorene Vergangenheit anzueignen› und sie durch neu aufgekommene Formen der Geschichtserzählung zu äußern, gedreht in der Form einer Geschichte der Generationen. Die ‹historischen Inhalte› werden nicht in einer altmodischen ‹Repräsentation› dargestellt, sondern die Qualitäten der Vergangenheit (*pastness*) werden durch Hochglanzbilder und Modeattribute vermittelt.»
> *(Rost 1998, S. 65)*

Man könnte meinen, die Brüder Coen möchten in BARTON FINK auch ein Requiem der Nostalgie kreieren, indem sie ihre filmische Handlung in die nostalgische Periode der *klassischen Traumfabrik* versetzen und versuchen, sich verlorener Vergangenheit anzunähern. Einerseits verpflichtet ein solches Thema aus der Geschichte nicht automatisch dazu, *postmoderne* Tendenzen zu diagnostizieren. Andererseits wird diese Vergangenheit nicht in Hochglanzbildern und mit Modeattributen präsentiert. Man verbindet die Hauptcharaktere mit realen Hollywoodprotagonisten, dennoch lassen sich auch im Werk SUNSET BOULEVARD aus dem Jahr 1950 gleiche Tendenzen nachvollziehen. Billy Wilder ging in seiner Abbildung der authentischen Geschichte noch weiter als die Brüder Coen. Er hatte ja mehr Möglichkeiten, die noch lebenden Film- und Regiestars sich selbst spielen zu lassen. Die Anwesenheit dieser Sammel- und Realcharaktere dokumentiert aber nicht die Zugehörigkeit seines Werkes zur *postmodernen* Ästhetik.

Natürlich hat Billy Wilder den Rahmen seines ausgewählten Genres – Tragikkomödie – nicht gesprengt. Sein Film beinhaltet neben den tragischen (Tod des Drehbuchautors) auch komische Bestandteile (ewiges Leben eines bereits ‹toten› Hollywoodstars). Anders im Film der Brüder Coen, bei dem man sich nicht entscheiden kann, ob es sich um ein Drama, eine Tragödie, einen Thriller oder einen Horrorfilm handelt, weil Elemente aller dieser Genres miteinander vermischt sind. Dennoch stellt sich auch die Frage, ob diese eklektische Mischung nicht in der geschichtlichen Entwicklung des filmischen Genres liegt. Die ersten Hollywoodproduktionen hatten ja auch viel klarere Vorstellungen über Genrekonventionen. Danach wurden diese Konventionen durch ständige Entwicklung in die Richtung von Genresynkretismus gesprengt, und aus einem Genre gingen neue Genrerichtungen hervor, wie aus einem Triller Elemente des Horrors. Obwohl die Filmgenres auf einer Häufung typischer Merkmale beruhen, unterliegen sie den historischen Wandlungen und Verschiebungen, die nicht zu jeder Zeit und bei jeder Stilrichtung mit der *postmodernen* Ästhetik in Verbindung gebracht werden.

In seinem Aufsatz betont Jameson die Tatsache, dass er den Begriff der *Postmoderne* von den Architekturdebatten ableitet. Gleichzeitig spricht er über das Merkmal der *postmodernen* Ästhetik, die eine traditionelle Trennung zwischen «hoher» Kultur und sogenannter «Massen- und kommerzieller» Kultur mithilfe der Muster, Zitate aus vergangenen Stilen, des sogenannten Historismus, überwindet.[318] Der Historismus, den Jameson auch als wesentlichen Bestandteil des filmischem *Retro*-Stils nennt, sorgt bei den *postmodernen* Gebäuden in seiner entfremdeten Verwendung der Elemente historischer Stile als Gegensatz zur funktionalen *Moderne* für die Überwindung des elitären Charakters des Baus und fügt seine verfremdeten Formen ins Alltägliche ein. Ein grober Fehler wäre es, über die Überwindung der Brücke zwischen Masse und Elite im Medium Film zu sprechen, denn der Film wird nie als elitäres Medium betrachtet, sondern als Massenkunst. Somit erledigt sich das Verständnis des häufigen Zitierens der Geschichte als Versuch einer Annäherung an gewöhnliche Konsumenten. Durch das Zitieren (Historismus nach Jameson) wird umgekehrt ein anderer Effekt erreicht, nämlich die Verfremdung des filmischen Inhaltes, was für Verwirrungen beim unerfahrenen Publikum sorgt. Mit anderen Worten: Die *klassischen* Filme der *Traumfabrik* wurden für die regulären Kinobesucher näher und verständlicher als die Experimente von Lynch oder Tarantino vierzig Jahre später. Ironischerweise nähern sich die Gebrüder Coen durch häufige Reminiszenzen der filmischen und geschichtlichen Vergangenheit nicht den Massen, sondern appellieren an einen kinematografisch erfahrenen Zuschauer, eine filmische Elite:

> «Ihre Erzählweise ist [...] ganz und gar nicht trivial, sondern komplex, mitunter kompliziert und verlangt die ungeteilte Aufmerksamkeit des Zuschauers.»
> *(Kilzer / Rogall 1998, S. 22)*

Die oben genannten Merkmale eines *Nostalgie*-Filmes nach Jameson erinnern an einen der bedeutenden Hollywoodklassiker aus dem Jahr 1946 – an den Film IT'S A WONDERFUL LIFE von Frank Capra. So wie in BODY HEAT von Lawrence Kasdan verlagert Capra seine filmische Handlung in eine Kleinstadt namens *Bedford Falls* mitten im *Niemandsland*. In *Bedford Falls*, einer Märchenwelt, weit weg von der auf aggressive Realität verweisenden Stadt wie New York kreiert Capra die nostalgische Welt der Vorkriegszeiten. Wäre sein Protagonist George Bailey mit seinem Ehrgeiz, seinem unabhängigen und abenteuerlichen Charakter noch in den fünfzehn Jahre früher gedrehten Filmen gelandet, wäre auch aus ihm ein ausgezeichneter Westernheld geworden, der sich gegen alle Normen der bürgerlichen Gesellschaft mit typischem ruhigen Leben in einer kleinen Gemeinde und einem Familienleben wehrt. Der Film benutzt aber diese Reminiszenzen aus dem Western mit dem Zweck, den ungehorsamen, wilden Bailey in die vorhandene Gesellschaft zu integrieren, deren Normen für ihn wertvoll zu machen und ihn mit seiner Gemeinde zu versöhnen. Das gilt auch für den Film Capras, indem er in der Nachkriegszeit über die Vergangenheit der 1920er nostalgiert. Wie bei Billy Wilder wäre es auch hinsichtlich Capras Nostalgie äußerst

---

[318] Huyssen / Scherpe 1986, S. 46.

fragwürdig, im Appell an Vergangenheit und die Ideologie früherer Filme die Ursprünge der *Postmoderne* zu suchen.

Der Kunsthistoriker und Filmwissenschaftler David Bordwell findet die Bezeichnung *Postmoderne* unpassend, um eine Epoche oder einen mehrere künstlerische Gebiete übergreifenden Stil zu beschreiben, weil der Begriff der *Postmoderne* viel zu «verschwommen» sei. Er erklärt die Entstehung des Zusammenhangs zwischen dem Film und dem theoretischen Ansatz *Postmoderne* mit der Neigung der Filmwissenschaftler zum gezwungenen und berufsspezifischen Einordnen und Problemlösen. Sie lieben es, Ordnung im Ideenreichtum zu schaffen. Dafür benennen und konkretisieren sie die Trends. Dennoch entsprechen solche Benennungen oft nicht der tatsächlichen Situation. Noch gefährlicher ist es, dass sie sich nicht auf aktive Analysen stützen, sondern sich nur auf hypothetische Aussagen beschränken:

> «Die Verlockungen eines solchen Bezugsrahmens entsprechen dem Bedürfnis von Filmtheoretikern (und Kulturwissenschaftlern im allgemeinen) nach einem abstrakten und allgemeinen System, an dem ihre Äußerung zum speziellen Fall des einzelnen Films sich orientieren kann […] Statt nach Antworten Ausschau zu halten, isolieren Wissenschaftler oft Einzelfälle, auf die ein vorgängige Theorie ‹angewandt› werden kann. Sie projizieren ihre Leitkonstrukte auf den jeweiligen Film, Roman und Fernsehbeitrag, der dadurch ein zwingendes Beispiel für die Reichhaltigkeit der Idee wird.»
> *(Rost 1998, S. 31)*

Diese Vorgehensweise nennt Bordwell einen Forschungsansatz «von oben nach unten». Es geht dabei um die Entwicklung einer Großtheorie (beispielsweise wie der Semiotik oder der Psychoanalyse) anhand weniger prägnanter Beispiele, die diese Theorie beweisen sollen. Dennoch werden die Beispiele so ausgewählt, dass sie die Theorie in der Tat bestätigen, während viele andere Beispiele, die dagegen sprechen, außer Acht bleiben:

> «Die Axiome einer Großtheorie, die ohnehin ausgelegt sind, jeden Fall abzudecken, werden ausgewählten Beispielen übergestülpt, mit dem Effekt, scheinbar den Einzelfall zu erhellen und die Theorie zu bestätigen.»
> *(Rost 1998, S. 31f.)*

Die Theorie der *Postmoderne* ordnet Bordwell den genannten «Großtheorien» unter. Mit ihrer Hilfe wird versucht, das Unerklärliche verallgemeinert zu konkretisieren und diese bereichsübergreifend zu benutzen. Man geht bei Aussagen und Analysen unvorsichtig mit dem Inhalt um, also man geht von der Theorie anstatt der Fragestellung aus. Man bestätigt die Richtigkeit dieser Theorie anhand weniger Beispiele wie BLADE RUNNER als Prototyp des *postmodernen* Filmes. Dabei neigt man dazu, viele andere Filme, die im selben Jahr herauskamen, zu ignorieren. Die Gefahr solcher Analysen «von oben nach unten» sieht Bordwell vor allem in der Vernachlässigung der tatsächlichen Filmquellen zugunsten einiger Szenen, die als exemplarischer Beleg für *Postmoderne* dienen. Sie greifen die wenigen Beispiele auf, ohne die Gegenbeispiele zu berücksichtigen. So wie auch im Falle von BLADE RUNNER oder DIVA beobachtet man die sprunghafte Schnitttechnik, ungewöhnliche Kameraperspektiven und Bewegungen, begreift die unbedeutenden Details zugunsten der gesamten Konstruktion, bunte Szenerien, die man zu den Einflüssen aus den Musikvideos oder Werbespots zählt. Dabei berücksichtigt man kaum, dass diese unruhigen Montagen und ungewöhnlichen Bildkompositionen nicht nur mit der Entwicklung der Unterhaltungs- und Konsummedien zu erklären sind, sondern auch mit Experimenten der Vertreter der *dissoziativen*[319] Montage.

Als Beispiel für einen Vertreter dieses Denkstils («von oben nach unten») nennt Bordwell Régis Debray. In seiner Untersuchung «das Apriori des okzidentalen Auges»[320] behauptet Debray, dass jede Epoche ihre dominierende Kunst und ihr «visuelles Unbewusstes» habe. In diesem Zusammenhang gäbe es drei «Zeitalter des Blickes»: «das Zeitalter des Idols» (bis Mitte des 15. Jahrhunderts), «das Zeitalter der Kunst» (von der *Renaissance* bis Mitte des 19. Jahrhunderts) und «das Zeitalter der Simulation» (von den ersten Experimenten mit Fotografien über das Kino bis zum Video). Diesem Zeitalter entsprechen drei Arten von Zeichencodes: *Index, Ikon* und *Symbol*. Seine Beobachtung mag interessant sein, wenn er nicht alle drei Zeichensysteme auf das Medium Kino übertragen würde. Obwohl das Kino «dem Zeitalter der Simulation» zugeordnet ist, sollen nach Debray innerhalb des Mediums die zwei anderen Perioden mit typischen Zeichencodes ihren Ausdruck finden. Nach ihm behandeln die Brüder Lumière «das Kino als Ikon» in der Absicht, einen Abglanz der rohen Wirklichkeit zu vermitteln. Der Tonfilm der 1930er-Jahre wäre ein anderes Beispiel für «den Film als Ikon». Erst in der Nachkriegszeit verwenden die Autoren *Symbole* für ihre Filme. In der *Postmoderne* soll das Video mit seinen urbanen Fragmentierungen zur dominierenden Kunst werden. Debrays Konstruktion der Geschichte ignoriert alle Beispiele und Trends, wie beispielsweise, dass die Kunst vor der *Renaissance* religiös war. Er behauptet, die Lumières seien die Pioniere des Kinos, und berücksichtigt nicht das Dokumentarkino der 1930er-Jahre. Er vergisst, dass das Drehen im Studio kein Phänomen der 1930er war, und betrachtet das Medium Fernsehen als Definition des Videobildes schlechthin. So bietet Debray ein Beispiel für die Strategie des Denkens «von oben nach unten», das nach folgenden Prinzipen funktioniert:

> «Setze eine Großtheorie voraus, wähle prägnante Beispiele und ignoriere Gegenbeispiele, selbst wenn diese zahlreich sind und eindeutig zu ersteren in Widerspruch stehen.»
> *(Rost 1998, S. 37)*

Während Bordwell das Phänomen der *Postmoderne* in Bezug auf das Kino für wissenschaftlich unbegründet erklärt und die Anhänger dieser Theorie als Denker im Stil «von oben nach unten» bezeichnet, äußert er sich nicht dazu, welchen Weg er im Umgang mit den neuen Filmtendenzen gehen würde, die sich als *Postmoderne* in mehreren wissenschaftlichen Ansätzen etabliert haben.

---

[319] Zu den Vertretern der dissoziativen Montage gehört Antonioni. In seinen Filmen wie Il Grido (1957) oder L'Avventura (1960) montiert er die Handlungssequenzen oft ohne deren narrative Bedeutung zu berücksichtigen, sondern eher, um einer philosophisch begründeten Fragmentierung zu folgen, die durch Montage verursacht wird. Auch die Montageexperimente von Jean-Luc Godard weisen auf seine ungewöhnliche Vorgehensweise hin. Für seine Filme gelten Montage und *Mise-en-scène* als gleichwertige und voneinander abhängige Ausdrucksmittel.

[320] Bordwell bezieht sich auf das Werk *Vie et mort de l'image: Une histoire du regard en occident* (1992) von Régis Debray.

Die Debatte ist bis heute zu keiner für das Medium Film endgültigen und relevanten Lösung gekommen. Was ist *Postmoderne*: Stilrichtung oder Ästhetik einer Epoche? In welchem zeitlichen Rahmen bewegt sich das Ganze? Was bedeutet der Begriff? Soll *Postmoderne* Wiederbelebung oder Untergang der Traditionen bedeuten? Mittlerweile zeichnet sich eine Tendenz ab, die Filme ab der zweiten Hälfte der 1990er-Jahre mit dem Terminus *zweite Moderne*[321] zu benennen, der sich wieder nur bedingt auf das Medium Film übertragen lässt, dennoch nicht mehr Gegenstand dieser Arbeit sein kann, da der Film BARTON FINK 1991 gedreht wurde.

Abschließend lässt sich bemerken, dass sich sowohl die Filmwissenschaft als auch die Filmkritik in ihren Diskussion um die *Postmoderne* nur von wenigen prägnanten Beispielen aus Filmen und Grundbegriffen wie «Technologie», «Fragmentierung» und «Oberfläche» leiten lässt und jeweils ihre Denkweise «von oben nach unten» schematisiert, oft aus Bequemlichkeit, um komplexe Inhalte schnell und sicher einzuordnen. Die *Postmoderne* lässt sich zwar zeitlich einordnen und auch stilistisch auf das Medium Film im Sinne der Ästhetik einer «postindustriellen» Gesellschaft übertragen, kann sich aber nur auf wenige prägnante Beispiele aus dem Kino berufen und somit nicht als «filmische Dominante» («kulturelle Dominante» nach Jameson) verstanden werden. Nicht die Ästhetik der *Postmoderne* ist falsch, sondern die Tendenz, sie auf alle Bereiche der Kultur, inklusive des Mediums Film, zu übertragen.

---

[321] Der Begriff *zweite Moderne* wird als Gegenbegriff zu *Postmoderne* vorgeschlagen. In der bildenden Kunst bezog man ihn oft auf die Kunst der 1950er-Jahre, die sich mit ihrer Wiedergeburt der Moderne gegen das «Modernitätsverbot» des Dritten Reiches richtete. In: Klotz 1994, S. 195.

IX

Kino der Attraktion

1. Tom Gunnings *Kino der Attraktionen*

Joseph Gillis führt ein sorgenfreies Leben in der noblen Villa seiner reichen Liebhaberin Norma Desmond in SUNSET BOULEVARD. Beide verbringen ihre Zeit damit, die Schauspielkünste von Norma zu bewundern: Einmal schauen sie ihre Filme an, ein anderes Mal zeigt Norma ihrem Freund die *Live*-Shows in eigener Inszenierung. In der 66. Minute sieht man Norma in einem Männeranzug, mit Hut und einem Stock in der Rolle von Charlie Chaplin. Für 36 Sekunden beobachtet der Zuschauer, wie sie die Filmlegende beim Laufen, Augenzwinkern und Stockhalten nachahmt. Obwohl ein derartiger Filmausschnitt keine direkte Verbindung mit der filmischen Handlung hat, fügt Billy Wilder ihn in SUNSET BOULEVARD ein. Die Szene scheint nun mit dem Inhalt des Filmes zu harmonisieren, und noch mehr, die Handlung mit Unterhaltung zu bereichern. Tatsächlich gibt dieser Filmausschnitt weder Informationen über die *Story* noch treibt sie den *Plot* voran. Er existiert auf der ästhetischen Ebene und bereitet dem Zuschauer ein amüsantes *Attraktionsvergnügen*.

Trotz starker narrativer Ausrichtung des Inhaltes begegnet man in fast jedem Film des *klassischen* Hollywoodkinos solchen unterhaltsamen Momenten. In SUNSET BOULEVARD findet man weitere Szenen, die keinen Einfluss und keine Veränderungen auf den gesamten Verlauf der Geschichte ausüben. Als Norma nach dem Gespräch mit dem Regisseur DeMille das Studio *Paramount Pictures* verlässt, rechnet sie damit, in nächster Zeit zum Dreh des Filmes als Hauptdarstellerin eingeladen zu werden und bereitet sich auf ihre Rolle vor. Sie glaubt, ihr Äußeres verändern zu müssen und begibt sich freiwillig – als alternde 50-jährige Schauspielerin – in die Hände von Masseuren und Kosmetikern. In der 66. Minute werden die Schönheitsbehandlungen und Prozeduren in einer schnellen Schnittfolge für 53 Sekunden gezeigt. Weder diese Szenen noch ihr Inhalt üben Einfluss auf die *Reise* von Gillis, auf seine Beziehung zu Norma oder auf die gesamte filmische Handlung aus.

Nach einem emotionalen Abschied von Doc genießen Holly und Paul ihren Abend in einer New Yorker Bar in BREAKFAST AT TIFFANY'S. Während sich beide etwas betrunken an die Theke lehnen, wird im Hintergrund der Auftritt einer Striptänzerin in der 56. Minute gezeigt. Obwohl die Szene mit der Tänzerin in auffällig weiß-roter Bekleidung aus der Froschperspektive für wenige Sekunden zu sehen ist und ihre wellenartigen Tanzbewegungen die Aufmerksamkeit des Zuschauers erfordern, hat diese Einstellung keine weitere Bedeutung für den Film. Vielleicht aus diesem Grund wurde sie in einigen DVD-Versionen[322] aus dem Film geschnitten. Weitere ähnliche Szenen in BREAKFAST AT

---

[322] *Paramount Home Video* hat verschiedene Versionen von BREAKFAST AT TIFFANY'S auf DVD herausgegeben. Auf einigen von ihnen dauert der Film 115 Minuten (wie in der *Audrey Hepburn Collection*, US-Ausgabe von 2007) und entspricht somit der Originalversion. Die anderen (2003, europäische Ausgabe) wurden um jeweils eine bis fünf Minuten gekürzt. Diesen Kürzungen fiel teilweise die Szene in der Bar zum Opfer.

TIFFANY'S sind Hollys Party in der 26. Minute, in denen eine weinende und lachende Dame, die sich im Spiegel beobachtet, der über die Schulter der Gäste springende Kater oder der auf dem Kopf meditierende Mann gezeigt werden. Auch wenn man während solcher Szenen die Sitten der damaligen Gesellschaft beobachtet und dem Kreis um die Hauptdarstellerin näher rückt, hätte eine Kürzung der Szene von 12,5 Minuten auf drei Minuten keinen Einfluss auf die Handlung genommen.

Die Präsenz solcher Episoden hängt oft vom *Genre* des Filmes ab. In einem *Horrorfilm* demonstriert man genüsslich die ‹Schreckepisoden›, bei einem *Actionfilm* beobachtet man zahlreiche Verfolgungsszenen, die zwar die Handlung vorantreiben, dennoch in der Länge und den fesselnden Jagdszenen längst ihre Funktion überschreiten. In *Komödien* nennt man diese Motive *Lachepisode*, wenn der Darsteller bei Grimassen und Augenzwinkern vor der Kamera beobachtet werden kann. Die zahlreichen Gesangs- und Tanzauftritte in MY FAIR LADY weisen auf das Genre *Musical* hin. Die singenden Darsteller vertiefen die Bedeutung und emotionale Stimmung der gesprochenen Szenen. Mancher Musikliebhaber schaut gerne *Musicals* an und wird sie allein wegen musikalischer Auftritte schätzen, die jedoch nicht bei jedem Zuschauer Verständnis und Geduld finden.

Bei der Analyse des Filmes THE SILENCE OF THE LAMBS findet Michaela Krützen einige Szenen mit gleichem *Attraktions*-Inhalt. So wird in der 70. Minute des Filmes die Fluchtszene von Hannibal Lecter ausführlich dargestellt. Man bewundert nicht nur die Geschicklichkeit des alten Herrn, der in einer geschlossenen Anstalt in einer für ihn sorgsam ausgerüsteten Zelle die Flucht vorbereitet, mit nur einem Metallstift gegen zwei bewaffnete Polizisten antritt und sich schließlich befreit. Man beobachtet elf Minuten lang, wie Lecter geduldig auf sein Essen in der Zelle wartet, und während zwei Polizisten, Boyle und Pembry, bewaffnet mit Reizgas und Schlagstöcken, eintreten, knackt er seine Handschellen mithilfe eines winzigen Metallstiftes. Er bekämpft beide Polizisten mit Bissen und Schlägen und schafft es dabei, der Musik zu lauschen und zu fliehen. Die weiteren Einstellungen zeigen das von ihm angerichtete Blutbad mit dem gekreuzigten, ausgeweideten und an der Decke hängenden Boyle und dem am Boden liegenden, schwer verletzten Pembry. Obwohl der Ausbruch von Lecter in die Handlung einbezogen wird und dieser Handlungsstrang am Ende des Filmes mit einem Telefonat zwischen Lecter und Clarice seine Auflösung findet, ist dieses Motiv unbedeutend für *die Reise* von Clarice Starling.[323] Wie erklärt man diese besonderen Segmente im Film? Zu welchem Zweck werden sie eingeführt?

Zuerst sollte man die Besonderheit des Mediums Film bedenken, dessen Ursprung in der technischen Sensation der ‹bewegten Bilder› liegt. Man sollte die Aufmerksamkeit auf die filmischen Anfänge richten, auf die französischen *actualités* und die Filme der Gebrüder Lumière, die nicht den narrativen Prinzipien unterliegen. Mitte der 1980er-Jahre hat der amerikanische Wissenschaftler Tom Gunning den Begriff *Kino der Attraktionen* geprägt.[324] Bei der Analyse der Produktionen um 1906 beobachtet Gunning

---

323 Krützen 2004, S. 273ff.

324 Der Text von Tom Gunning über das «Kino der Attraktionen» wurde erstmal in *Wide Angle* (Athens, Ohio, Vol. VIII, Nr. 3 / 4) im Jahre 1986 veröffentlicht. Danach erschien sein Artikel

ein Muster des Filmaufbaus, das nicht dem üblichen Weg des *klassischen* Hollywoodkinos mit seiner ‹Versklavung› durch traditionelle Kunstformen wie Theater und Literatur entspricht, sondern mit dem Enthusiasmus für das neue Medium Film und der Strategie, «Bilder sichtbar zu machen», zusammenhängt.[325] Statt der bis dahin gewöhnlichen Aufteilung der Kinotraditionen in die *nicht-narrative* Schule der Gebrüder Lumière und die *narrative* von Georges Méliès schlägt Gunning ein anderes Konzept vor, indem er das frühe Kino vor 1907 in seiner Einheit als Kino der Attraktionen versteht. Selbst Méliès, dessen frühere Experimente die Dominanz der Erzählung und Imitation des späteren *Mise-en-scène* beinhalten und zur narrativen Tradition des *klassischen* Hollywoodkinos führen, stellte die Dominanz der Bilder statt der Erzählung fest:

> «Um das Szenario, die ‹Fabel› oder die ‹Erzählung› habe ich mich am allerwenigsten gekümmert. Ich kann nur betonen, dass das Szenario als solches *keine Bedeutung* für mich hatte, weil ich es ausschließlich als ‹Vorwand› für die ‹Mise en scène›, die ‹Trickeffekte› und für spektakuläre ‹Tableaus› verwenden wollte.»
> *(Gunning 1996, S. 26)*

Geschichtlich gehört das *Kino der Attraktionen* zu den frühen Filmanfängen. Der Prozess des Filmevorführens war in den Zeiten der Brüder Lumière bereits eine eigene *Attraktion*. Denn allein die Maschinen faszinierten die Zuschauer. In der Zeit bis 1913 trat diese Tradition durch die zunehmende «Narrativisierung» des Kinos mit seiner deutlichen Orientierung am Theater und an der Literatur in den Hintergrund. *Attraktionen* fanden sich nur teilweise in einigen *Genres* wie dem *Musical*, dem Thriller und im avantgardistischen Kino wieder.[326] Auch die Trickfilme setzten gerne auf *Attraktion*, weil ihre Geschichten den zeitlich-inhaltlichen Rahmen dafür boten. Die Elemente der *Attraktion* wurden jedoch bereits bei manchen Vorführungen der früheren Hollywoodfilme festgestellt:

> «Die in Hollywood gängige Praxis, für einen Film zu werben, indem man seine diversen *features* aufzählt – jeweils mit einem imperativen ‹See!› versehen –, zeigt das mächtige Element der Attraktion, das hier unter der Deckschicht eines narrativen Regelwerks wirksam ist.»
> *(Gunning 1996, S. 33)*

Während der Aufführungen der ersten Hollywoodfilme wurden die Szenen mit visuellem Spektakel als spannendste Teile der Handlung im Programm zeitlich hervorgehoben, sodass der Zuschauer sich auf den Attraktionsgenuss vorbereiten konnte. Ein Kinotheater in Boston stellte bei der Aufführung von BEN HUR (1925) einen Zeitplan auf, in dem die Uhrzeiten der *Attraktionssequenzen* festgehalten wurden:

> «8.35 p.m.   The Star of Bethlehem
> 8.40 p.m.   Jerusalem Restored
> 8.59 p.m.   Fall of the House of Hur

---

unter dem Titel *The Cinema of Attractions. Early Film, 1st Spectator and the Avant-Gard* im Buch von Elsaesser und Barker (1990). In dieser Arbeit wird die Version aus der vierten Ausgabe der Wiener Zeitschrift *Meteor* von 1996 zitiert.

[325] Gunning 1996, S. 25.

[326] Ebd., S. 27.

Inhaltlich wird das *Attraktionskino* so aufgebaut, dass der Plot den Spektakelsequenzen untergeordnet ist und die Filme statt einer *diegetischen* Erzählung eine *exhibitionistische* Präsentation beinhalten. So herrscht in diesem *exhibitionistischen* Kino eine *attraktive* Präsentation der Bilder statt einer Geschichte vor. Die narrative Erzählung dieser Werke wird mit Tricks, wie den musikalischen Szenen, den Zirkusvorführungen, den Grimassen, dem Blicken in die Kamera und anderen Formen des ständigen Kontakts mit dem Zuschauer unterbrochen und existiert letztlich nur formal, um die *Attraktionen* zusammenzuhalten.

Die psychologische Motivation der Protagonisten sowie die Etappen ihres Lebens und ihre Zielsetzungen interessieren den Filmschaffenden nicht. Die narrativen Elemente der *Heldenreise* – falls diese überhaupt stattfindet – werden ohne ausführliche Erklärungen präsentiert. Die technischen Tricks wie die Großaufnahmen, die im *klassischen* Hollywoodkino als Ausdruck narrativer Spannung fungierten, werden im *Spektakelkino* selbst zu einer *Attraktion*. Der Zuschauer hat eine andere Funktion bei solchen Präsentationen. Es gibt nun keinen Bedarf, die Filminhalte zu erkennen oder zu deuten: Man muss sie nur betrachten. Die ‹denkende› Funktion des Zuschauers wird auf eine ‹beobachtende› reduziert, weil die Filminhalte keine Doppelkodierungen und keine ikonografische Raffinesse in sich tragen, sondern das Publikum auf direkte Art und Weise ansprechen:

«[...] das Kino der Attraktionen [fordert] die Aufmerksamkeit des Zuschauers auf sehr direkte Weise [...], indem es die visuelle Neugier erweckt und vermittels eines aufregenden Spektakels Vergnügen bereitet – eines einmaligen Ereignisses, egal ob fiktiv oder dokumentarisch, das für sich interessant ist.»
(Gunning 1996, S. 29)

Bei der Erklärung seines Begriffes beruft sich Gunning auf die Theorien der russischen Formalisten, vor allem des Regisseurs Sergej Eisenstein, insbesondere auf sein Manuskript «Theater der Attraktionen» aus dem Jahre 1923.

2. Montagetheorien der russischen *Formalisten*

In den 1920er-Jahren begannen russische Regisseure wie Lew Kuleschow (1899–1970), Wsewolod Pudowkin (1893–1953) und Sergej Eisenstein (1898–1948) über die Möglichkeiten der filmischen Darstellung nachzudenken. Im postrevolutionären Russland[328] gab es mehrere Gründe für die plötzlich wachsende Bedeutung des Filmes, die vor allem mit der veränderten politischen Situation verbunden war. Während das

---

[327]   «20 : 35   Der Stern von Bethlehem
20 : 40   Wiederaufbau von Jerusalem
20 : 59   Sturz des Hauses von Hur
22 : 29   Letztes Abendmahl
22 : 50   Reunion.» In: Gunning, S. 33.

[328] Gemeint ist die zweite russische Revolution im Jahre 1917, bekannt auch als *Oktoberrevolution*.

Theater und die Oper zu den meistbesuchten Kunstinstitutionen der Aristokratie gehörten, suchten die *Bolshewiki*, die nach der *Oktoberrevolution* an die Macht gekommene Volkspartei, nach einer Modernisierung der traditionellen Unterhaltungsmedien und beabsichtigten außerdem eine neue – für die breite Bevölkerung verständliche – Agitationskunst zu erschaffen, das Massenpublikum für die Kunst zu begeistern und mithilfe der Kunst den Zuschauer ideologisch auszubilden. Der Film als Massenmedium passte ausgezeichnet in dieses Konzept. In der Ausgabe der renommierten russischen Zeitung *Prawda* vom 12. Juli 1924 äußerte sich der Volkskommissar Leo Trotzki über die Bedeutung des Filmes, welchen er nicht nur als sinnvolles Agitationsmittel der Massen, sondern auch als eine gelungene Volksunterhaltung – im «Gegensatz zu Kirche und Wodka» (Bulgakowa 1997, S. 64) – bezeichnete.

1924 gilt als Aufschwung des russischen Filmes: Statt der 28 Filme im Jahr 1923, drehte man jetzt in Russland 76 Filme. Die Filmproduktionen des staatlichen Studios *Goskino*[329] stiegen von fünf auf 25 Filme an.[330] Aus der Emigration kehrten bekannte Regisseure, wie Jakov Protasanow und Alexandr Chanschonkow, zurück. Viele der neuen Filmemacher besaßen keine Fachkenntnisse und keine professionelle Ausbildung im Kinobereich. 1919 wurde in Moskau die erste Filmhochschule der Welt gegründet. Somit konnte sich die russische Kinoindustrie im nach den zwei Revolutionen und dem Bürgerkrieg halbzerstörten und verhungerten Land politisch und fachlich gegen die Konkurrenz aus Amerika, genauer gesagt aus Hollywood, behaupten. Dennoch konnten die jungen russischen Filmemacher den Einflüssen der renommierten amerikanischen Kinoschule nichts entgegensetzen und nutzten sie oft als Quelle für eigene Inspirationen.

2.1. Griffiths Montage und seine Bedeutung

Die Montageexperimente der ersten russischen Regisseure wurden vor allem durch das Werk des amerikanischen Filmregisseurs David Wark Griffith (1875–1948) beeinflusst. Seine Montage setzte Griffith im Gegensatz zu den russischen Filmemachern als Mittel zur Unterstützung der filmischen Narration ein. Dabei wechselt er die Kameraperspektiven nicht nur aus räumlichen, sondern auch aus dramatischen Überlegungen heraus. Seine Methoden – Wechsel der Einstellungsgrößen, *Parallelmontage*, *Konvergenz*- und *Akzelerationsprinzip* – bestimmen den inneren Spannungsbogen des Filmes und die emotionale Einbeziehung des Publikums.

Die bekanntesten Montageexperimente, die dem Filmemacher zugeschrieben wurden, sind *Nahaufnahme* und *Parallelmontage* beziehungsweise das Parallelisieren zweier unabhängiger Handlungen. In A CORNER IN WHEAT (1909) experimentiert Griffith mit dem Wechsel zwischen zwei Szenen: Die erste Episode zeigt einen verarmten

---

[329] *Goskino* (russisch Госкино) war die allgemeine Bezeichnung für das staatliche kinematografische Komitee in Russland, gegründet 1919 durch eine Direktive Lenins über die Vereinigung der alten Kinoateliers (die bekanntesten darunter waren von Alexandr Chanschonkow und Josef Ermoliew). Die Institution wurde 2008 durch eine Anweisung von Präsident Putin abgeschafft.

[330] Bulgakowa 1997, S. 64.

Bäckerladen, der in der zweiten mit dem Luxus des reichen Weizenkönigs in Kontrast steht. Beide Szenen weisen keine simultan-chronologischen Züge auf, die Verknüpfung der mit Kontrasten spielenden Themen erfolgt im Kopf der Zuschauer. In INTOLERANCE (1916) ist es Griffith gelungen, die vier Orte der Handlung (das alte Babylon, die Stadt Jerusalem zur Zeit Jesu, das mittelalterliche Paris während der *Bartholomäusnacht* und das zeitgenössische Amerika) sinnvoll miteinander zu verbinden und dabei den emotionalen Zustand seiner Protagonisten durch kombinierte Schnitte zu zeigen. Zu einem berühmten und ständig in der Filmliteratur zitierten Moment des Filmes gehört die Darstellung einer Frau, deren arbeitsloser Mann festgenommen wird. Während die Dame mit Stolz und mit scheinbarer Ruhe auf das Urteil ihres Mannes wartet, schneidet Griffith in der nächsten Einstellung auf die nervös zusammengepressten Hände, die ihren emotionalen Zustand – trügerische Ruhe trotz innerer Nervosität – offenbaren.[331] Der Regisseur behauptete, diese Methode nicht selbst entdeckt, sondern von der literarischen Prosa übernommen zu haben:

> «Ich habe die Idee eingeführt [...], aber es war keineswegs meine eigene Idee. Ich habe sie in den Werken von Dickens gefunden. Er war immer mein Lieblingsautor gewesen, und indem ich seine Werke gelesen habe, wurde ich von der Wirksamkeit dieses Verfahrens des *switching-off* überzeugt.»
> *(Peach 1988, S.48)*

Im Film WAY DOWN EAST (1920) zeigt Griffith eine weihnachtliche Feier bei Squire Bartlett. Eine Menschenmenge strömt in sein Haus. Die Gäste tanzen und singen. Die Kamera zoomt manchmal auf einzelne Protagonisten und Gruppen, wobei die Aufmerksamkeit immer auf eine konkrete Person gerichtet wird, auf den Squire mit seiner Frau, auf ihren Sohn David im Gespräch mit Anna. Vergleicht man diese Szene mit einer anderen, dem feiernden Volk aus STATCHKA[332] von Eisenstein, versteht man, warum die Technik von Eisenstein sich von ähnlichen Methoden Griffiths unterscheidet. Griffiths Nahaufnahmen zeigen immer konkrete Personen. Aufgrund längerer Einstellungen können wir die Charaktere genau identifizieren. Auch die Darstellungsweise und der Blickwinkel sind so ausgewählt, dass man diese Personen bequem beobachten kann. Die Kamera «klärt auf und führt in Details» ein. Griffith will uns einzelne Protagonisten und ihre Stimmungen zeigen. Eisenstein präsentiert uns Massen. Seine Kamera verweilt nie länger als ein paar Sekunden auf einer Person und auch hier hebt sie diese nicht von der Volksmasse ab, sondern verallgemeinert die Darstellung. Eisenstein ist es wichtig, die gesamte Stimmung der Szene wiederzugeben. Einzelne Menschen interessieren ihn nicht. Der Blickwinkel der Kamera Eisensteins befindet sich immer im Wandel. Selten beobachten wir eine einzige Person *(halb)total* oder auch *nah* in ihrer Ganzheit. Manchmal schneidet Eisenstein den halben Kopf weg (Mutter mit dem toten Sohn in BRONENOSEZ POTEMKIN[333]), oder er zeigt uns nicht die Menschen, sondern nur ihre tanzenden Füße (Volksfest in STATCHKA).

---

[331] Eisenstein 2000, S. 12.

[332] STATCHKA oder STREIK (russisch СТАЧКА) ist der erste Film von Eisenstein.

[333] BRONENOSEZ POTEMKIN (russisch БРОНЕНОСЕЦ ПОТЁМКИН) heißt auf Deutsch PANZERKREUZER POTEMKIN.

Obwohl die russischen Regisseure die Montagetechniken Griffiths entlehnen, interpretieren sie diese auf ihre eigene Art und Weise. Griffith konzentriert sich hauptsächlich auf die filmische Handlung und benutzt seine technischen Experimente als erklärende Hilfsmittel für seine Erzählungen. Die russischen Regisseure wollten im Gegensatz den Zuschauer mit dieser Technik überraschen, aufwecken und zum revolutionären Mitdenken auffordern. Während Griffith einheitliche Teile eines Objektes oder einer Person zeigt und somit die allgemeine Stimmung seiner Einstellung aufbaut, kombinieren Russen ihre Einstellungen mit verfremdeten Objekten und Personen und versuchen, neue Bedeutungsebenen zu erschaffen. Der Prozess der Filmgestaltung wird im Russland der 1920er-Jahre komplett umgestellt. Das Drehen des Filmes wird theoretisiert und gewinnt den Status einer wissenschaftlichen Disziplin.

2.2. Kuleschow-Effekt

1920 begann der Regisseur Lew Kuleschow an der Filmhochschule in Moskau zu unterrichten. Zu seiner Klasse gehörte Wsewolod Pudowkin, und Sergej Eisenstein besuchte seine Seminare als fakultativer Gast. Kuleschow glaubte, mit dem Film nicht nur zu experimentieren, sondern auch, ihn zur Wissenschaft emporzuheben und die kreativen Abläufe des Filmdrehens mathematisch kalkulieren zu können. Er war der erste Filmemacher, der systematisch filmische Experimente[334] mit Montage führte. Zwei wichtige Schlussfolgerungen resultieren aus seinen Ergebnissen. Zum einen erfand der Regisseur eine neue Funktion des Schauspielers, zum anderen betrachtete er die Montage als *Wesen des Films*.

Für Schauspieler verwendete er den Begriff des Modells (russisch *натурщик*). Ein Akteur sei kein eigenständiger Darsteller, sondern ein Objekt, ein «technisches Werk», das sich zum mechanischen Teilnehmer der Handlung entwickelt. Der neue Schauspieler sollte ein spezielles Training von Emotion und Motorik absolvieren. Er sollte üben, seinen Gesichtsausdruck und seine Bewegung zu automatisieren, und im Laufe des Filmes durch die Montagekünste des Filmemachers in einen Kontext gestellt werden, in dem er durch seine eingeübte Mimik und Gestik die gewünschten Emotionen dem Zuschauer vermittelt, wobei er selbst emotionslos bleiben sollte.

Bei den Filmaufnahmen legte Kuleschow wenig Wert darauf, wie die Einstellungen aufgenommen, sondern mehr wie sie geschnitten wurden. Mit seinem sogenannten *Kuleschow-Effekt* erklärte er das Wesen des Filmes nicht in einer Abfolge einzelner Einstellungen und ihrer Komposition, sondern darin, wie die Einstellungen miteinander

---

[334] Insgesamt sind vier Experimente von Kuleschow und seinen Schülern bekannt. Im ersten Experiment «Schöpferische Geografie» experimentiert er mit *Mise-en-scène*. Die Hintergründe wechseln sich sprunghaft ab, während die gleichen Protagonisten mit ihrem Schauspiel einen Eindruck erzeugen, am gleichen Ort zu sein. Im zweiten Experiment namens «Die ideale Frau» wird im Gegenteil zum ersten die Ortseinheit eingehalten, jedoch die Gestalt der Schauspielerin aus den verschiedenen Frauen zusammengesetzt. Die weiteren Experimente sind unter *Kuleschow-Effekt* bekannt. Sie spielen mit den Metaphern und *cross-cuttings*. Alle Experimente wurden auf dem leicht entzündlichen Nitrofilm gedreht und sind daher der Forschung nur in Form einer Beschreibung zugänglich. In: Beller 1993, S. 157ff.

verbunden sind. Zur Bestätigung seiner Theorie schnitt Kuleschow im vierten Experiment drei identische Großaufnahmen des Schauspielers Iwan Mosschuchin aus seinen Filmen und setzte diese mit jeweils unterschiedlichen Einstellungen wieder zusammen. In der ersten Einstellung kombinierte er das Gesicht des Schauspielers zusammen mit einem Teller Suppe, in der zweiten mit einem Sarg und einer Frauenleiche und in der dritten mit einem spielenden kleinen Mädchen. Die montierten Filmteile wurden dem Publikum vorgeführt. Die Ergebnisse der Umfrage waren faszinierend. Der in Experimenten unerfahrene Zuschauer dachte, der Schauspieler reagiere auf die parallel montierten Objekte mit unterschiedlichen Emotionen wie Hunger, Trauer oder Zuneigung. In der Tat blieb das Gesicht des Schauspielers ausdruckslos und unbeweglich. Die Reaktionen wurden ausschließlich durch die Montage vorgetäuscht.[335] Aus diesem Experiment folgerte Kuleschow, dass die Montagevariationen die Wirkung eines Filmes vorherbestimmen können und die gewünschten Wahrnehmungen des Zuschauers sich in die nötige Richtung steuern lassen:

«Не так важно содержание кусков само по себе, как важно соединение двух кусков разных содержаний и способ их соединения и чередования.»[336]

Diese Schussfolgerung beeinflusste die Erkenntnisse von Pudowkin, die er in seinem Buch *Über die Filmtechnik* aus dem Jahr 1929 zusammenfasste. Nach Pudowkin wird ein Film nicht gedreht, sondern aus dem vorgegebenen *Rohmaterial* konstruiert. Diese «Rohsegmente» vergleicht er mit den Wörtern einer Sprache. Ein Wort an sich ist ein statischer Begriff ohne innere Gestalt und Bedeutung. Im Zusammenhang mit anderen Worten wird es zu einer lebendigen Form konzipiert.[337] Daher bedeutet die Montage:

«[…] das eigentliche schöpferische Moment, kraft dessen aus den leblosen Fotografien (den einzelnen Filmbildchen) die lebendige filmische Einheit geschaffen wird.»
(Pudowkin, In: Albersmeier 2001, S. 71f.)

Pudowkin behauptete, dass filmische Wirklichkeit erst mit der sogenannten *konstruktiven* Montage entstehe, wobei die gedrehten Einstellungen das *Rohmaterial* hierfür darstellten. Als Beispiel dient die Aufnahme einer Explosion in KONEZ SANKT-PETERBURGA (1927)[338]. Für die Szene ließ man eine Menge Dynamit im Boden vergraben und anschließend sprengen. Die Aktion war jedoch nach Meinung des Regisseurs eine «langweilige Angelegenheit» mit ausdruckslosen Bildern. Dann gestaltete Pudowkin diese Szene mithilfe der neu entwickelten Montagesprache. Er filmte einen Flammenwerfer mit dichten Rauchschwaden, montierte diese Aufnahme mit Abbildungen eines Magnesiumblitzes im schnellen Hell-Dunkel-Tempo und fügte die Bilder eines Flusses dazwischen. Nun war die Bombenexplosion – ohne die realistische Darstellung einer Katastrophe – leinwandreif. Das gleiche Prinzip nutzte der Regisseur

---

[335] Beller 1993, S. 21.

[336] «Der Inhalt der Fragmente (Einstellungen) selbst ist nicht so wichtig, sondern wie man die Fragmente verschiedenen Inhaltes miteinander kombiniert.» In: Eisenstein 2000, S. 15.

[337] Pudowkin 1928, In: Albersmeier 2001, S. 71.

[338] DAS ENDE VON SANKT PETERSBURG (russisch КОНЕЦ САНКТ-ПЕТЕРБУРГА).

für die Verfilmung der Szenen mit Menschen. Die Darsteller waren für ihn – ähnlich wie für Kuleschow – nur «Rohmaterial».[339] Die Charaktere erschienen in der Handlung, erfüllten ihren Zweck und verschwanden.

Die filmische Erzählung wurde nach Pudowkin kontinuierlich aufgebaut. Obwohl der Regisseur über eine sinnvolle Verbindung der Einstellungen sprach, waren alle Bilder für ihn gleichwertige Bedeutungsträger – keine primären und sekundären Einstellungen, sondern alle Teile einer Kette, die sich auf einen Faden reihen und «sinnvoll-formal» (eines nach dem anderen) miteinander verbunden sind:

> «Zwei Teilstücke können, wenn eines von ihnen nicht in irgendeinem Sinne oder von irgendeiner Seite her die unmittelbare Fortsetzung des anderen darstellt, nicht zusammengeklebt werden.»
>
> *(Pudowkin, In: Albersmeier 2001, S. 76)*

Es ist anzumerken, dass in der Erzählung des *klassischen* Hollywoodkinos die Szenen und Einstellungen verschiedene Intentionen haben und weniger einer Kette, sondern einer Pyramide oder einer Spirale ähneln. Die Spitze dieser Pyramide steht für Handlungskulmination, eine Steigerung der Dramatik nach dem Prinzip der Spirale. Pudowkin betrachtet die unterschiedlichen Einstellungsgrößen aus der Sicht der menschlichen Wahrnehmung. Jeder Mensch nimmt die Realität seiner Umwelt mit unterschiedlicher Konzentration wahr: Wichtige Informationen werden hervorgehoben, andere bloß überblickt. Nach diesem Prinzip fügt Pudowkin die Einstellungen eines Filmes zusammen: Von *Nah- und Detailaufnahme* (für wichtige Ereignisse) bis *Totale* (um dem Zuschauer einen Überblick zu verschaffen). Viele Erkenntnisse Pudowkins korrelieren mit den Montageideen Griffiths. So findet man das Prinzip seiner *konstruktiven* Montage bereits in Griffiths Filmen wieder. Im Falle von Griffith werden diese Veränderungen mittels Montage in Bezug auf die narrative Kontinuität verstanden, während sie bei Pudowkin außer der Kontinuität einer Geschichte eine sinnbildende Funktion umfassen, die nicht zum Zweck der Steigerung der Dramatik eingesetzt wird, sondern um die Aufmerksamkeit des Zuschauers auf wichtige Einzelheiten des Geschehens zu fokussieren. Diese *konstruktive* Montage funktionierte bei *Nah-* und *Detailaufnahmen*, die die ganzen Szenen in Pudowkins Filmen ausmachten und unter dem Einfluss des *Kuleschow-Effekts* standen.

Die Gestalt eines künstlerisch tätigen, kreativen Filmemachers wurde von Kuleschow und seinem Schülerkreis in Frage gestellt. Man entwickelte ein neues *Filmgenre* – einen *proletarischen Massenfilm*, der in seiner Gestaltung den Regeln der jüngst erschaffenen «Wissenschaft» folgte und in seiner Intention von politischer Agitation erfüllt war. Sein Konzept distanzierte sich vom kommerziellen Hollywoodkino in den USA und vom Kunstfilm[340] in Europa. Die Theorien und Experimente der russischen Regisseure bezogen sich auf die technischen Eigenschaften des Mediums Film, die sich in

---

[339] Pudowkin 1928, In: Albersmeier 2001, S. 72.

[340] 1919 drehte der deutsche Regisseur Robert Wienes sein berühmtes Werk DAS KABINETT DES DR. CALIGARI. Seine düster gemalten Kulissen, verzerrten Perspektiven und stilisierte Schauspielkunst gaben den Ton für die weiteren Imitationsversuche an, die als expressionistische Filme bekannt wurden.

verschiedenen Konzepten der Montage und Besonderheiten der Bildkomposition widerspiegelten. Nach den russischen Formalisten sollte die Montage nicht den Handlungsablauf und die Abbildung der Realität unterstützen. Sie wurde zum Zweck der politisch-ideologischen Erziehung des Zuschauers und der Veränderung der Gesellschaft eingesetzt. Trotz der vielen Gemeinsamkeiten in den Montagemethoden teilten sich die russischen Regisseure in zwei Gruppen auf: Die Anhänger von Kuleschow, die aus kinematografischen Kreisen stammten, und Eisenstein, der über einen Umweg vom Theater zum Kino gekommen ist.

2.1. Eisensteins *Theater der Attraktionen*

Sergej Eisenstein führte seine ersten Montageexperimente im Theater aus. Im Mai 1923 veröffentlichte er in *LEF*, der Zeitschrift der *Linken Front*, sein Manifest anlässlich der Inszenierung des Theaterstücks *Eine Dummheit macht auch der Gescheiteste*[341] des russischen Dramatikers des 19. Jahrhunderts Aleksandr Ostrowski im Moskauer *Proletkult*.[342] Mittels des Theaters wollte Eisenstein einen Arbeiter gewiss nicht zum raffinierten Intellektuellen ausbilden, auch nicht die sprachliche Geschicklichkeit oder die psychologisierenden Lebensdarstellungen zeigen, sondern ihn mit der visuellen Macht der Bilder verführen. Die Bilder konnten dem kürzlich zur Macht gekommenen und kaum gebildeten russischen Bürger die revolutionären Ideen eher als verbales Philosophieren auf der Bühne näher bringen. In diesem Zusammenhang prägte Eisenstein den Begriff *Theater der Attraktionen*, eines Theaters mit der neuen Form der *Attraktionsmontage*,[343] die zum ersten ästhetischen Montagekonzept von Eisenstein wird.

Eisenstein unterscheidet zwei Typen des Theaters: *ein abbildend-erzählendes* und *das Agitationstheater der Attraktionen*. Im Gegensatz zum realistischen, *abbildend-erzählenden* Theater von Konstantin Stanislawski[344], mit den klassischen Formen des dramaturgischen Aufbaus und den Akteuren, die ihre Handlungen durch intensives Erleben der Rollen, durch das Einbeziehen eigener Erinnerungen gestalten, stellt *das*

---

[341] Auch bekannt als *Klugsein schützt vor Torheit nicht* (russisch *На всякого мудреца довольно простоты*) aus dem Jahr 1868.

[342] *Proletkult*, eine Abkürzung aus dem Russischen, steht für proletarische Kultur (russisch пролетарская культура), für eine kulturrevolutionäre Bewegung in den Zeiten der russischen *Oktoberrevolution* und für die neue «Massenkunst». Im Zusammenhang mit der Tätigkeit Eisensteins am Theater bezeichnete man mit *Proletkult* ein neues Arbeitertheater in Moskau.

[343] Als Textquelle für das Manuskript *Theater der Attraktionen* dient die Publikation von Albersmeier (1979), insbesondere die Seiten 46-57. Der Text von Eisenstein wird weiterhin unter Eisenstein (1923) zitiert.

[344] Als Gründer des *Moskauer Künstlertheaters MXAT* (russisch Московский художественный meamp) entwickelte Stanislawski (1863-1938) die neuen Strategien der theatralischen Darstellungen. Bei den Inszenierungen wollte er sich von gewohnten Rollenklischees distanzieren, indem er jeden Schauspieler zur eigenständigen Reflexion seiner Rolle, zur Formung des Charakters, wie «im realen Leben», aufforderte. Dafür setzte Stanislawski lange Probezeiten durch. Seine Methoden fasste er im Werk *Die Arbeit des Schauspielers an sich selbst* (russisch *Работа актера над собой*) zusammen.

Theater der Attraktionen eine Abschaffung der narrativen Erzählung zugunsten der formal visuellen Aufführung dar. Dies ist ein Theater, in dem «das Gefesseltsein durch die edle Gesinnung des Helden (das psychologische Moment) aufhört und das Moment seiner Anmut als Person beginnt (d.h. seine erotische Wirkung)» (Eisenstein 1923, S. 60). Die Körpersprache eines Schauspielers dominiert über seine geistige Reflexion der Rolle – ähnlich wie bei Charlie Chaplin, dessen *Attraktivität*, nach der Meinung Eisensteins, nicht in der psychologischen Vertiefung seiner Charaktere, sondern in der eingeübten spezifischen Mechanik seiner Bewegungen liegt. Tatsächlich bestanden die Filme von Chaplin nicht nur aus *attraktiven* Tricks und unterhaltsamen Varietévorführungen, sondern auch aus einer *klassischen* Erzählung mit Anfang, Mitte und Schluss. Doch Eisenstein richtete seine Aufmerksamkeit auf die Unterhaltungsszenen der Filme des britischen Komikers.

Das Konzept der *Attraktionsmontage* Eisensteins setzt «das aggressive Moment» der Wirkung voraus – ein in die Handlung eingebautes Schockelement, ein *Anziehungsmoment* – das Eisenstein zuerst den populären Formen der Unterhaltung wie Zirkus, Musikvarieté, aber auch dem französischen *Grand-Guignol*-Theater[345] entnimmt. Unter *Attraktion* versteht Eisenstein:

> «[…] jedes aggressive Moment des Theaters, d.h. jedes seiner Elemente, das den Zuschauer einer Entwicklung auf die Sinne oder Psyche aussetzt, die experimentell überprüft und mathematisch berechnet ist auf bestimmte emotionelle Erschütterungen des Aufnehmenden. Diese stellen in ihrer Gesamtheit ihrerseits einzig und allein die Bedingung dafür dar, dass die ideale Seite des Gezeigten, die eigentliche ideologische Schlussfolgerung, aufgenommen wird.»
> *(Eisenstein 1923, S. 60)*

Zur Überprüfung seiner Kriterien nimmt Eisenstein das erfolgreichste und in Russland oft inszenierte Theaterstück von Ostrowski als Vorlage für seine Experimente. Er strukturiert das Sujet nach seiner Vorstellung um und beabsichtigt dabei, die ‹bürgerliche› Institution des Theaters von ihrer traditionellen Darstellungsform zu befreien. So wird die Inszenierung der Komödie aus dem 19. Jahrhundert in der neu konzipierten Version permanent durch Couplets und Tänze, durch eine Filmpräsentation, Drahtseilakte und Degenkämpfe unterbrochen. Durch diese Aufführung prägte Eisenstein das Phänomen der *Attraktion,* ausgehend von ihrer Wirkung auf den Zuschauer. Nach ihm sollten Theaterstücke durch ausgewählte Kombinationen der visuellen und tonalen Kulminationen beziehungsweise *Attraktionen* gebildet werden, die ein erfahrener Dramaturg mithilfe der Montage (genannt *Montage der Attraktionen*) und zu dem Zweck der «Formung des Zuschauers in einer gewünschten Richtung (Gestimmtheit)» (Eisenstein 1923, S. 59) zusammenstellt. Der Tradition der narrativen Erzählung mit ihrer Suche nach Auflösung und «Aufdeckung der Absicht des Dramatikers» stellte Eisenstein ein künstlerisches Verfahren der «freien Montage», «das System der Attraktionen» entgegen, das die vorgegebenen *Sujet*-Szenen zugunsten der

---

[345] *Théâtre du Grand Guignol* (auch als *Theater des Schreckens* bekannt) wurde 1897 von dem Regisseur Oscar Metenier in Paris gegründet. Bei den Inszenierungen legte man Wert auf visuelle und akustische Spezialeffekte der detaillierten Darstellungen von Mord- und Gewaltszenen.

«abbildenden Stücke» ignoriert.[346] Man darf den Künstler jedoch nicht missverstehen. Eine Theateraufführung sollte nach ihm keine Sammlung sinnloser und aneinandergereihter Aktionen sein. Das *Sujet* hat Eisenstein nie völlig verneint, er wollte jedoch die Aufmerksamkeit des Publikums in eine andere Richtung lenken, nicht auf die handlungsspezifischen Elemente, wie den Lebensweg des Protagonisten und die Lösung seiner Probleme, sondern auf «Akzessorisches, Schmückendes» (Eisenstein, S. 62), nicht auf den Inhalt, sondern auf seine Darstellungsart.

Die Ideen des sowjetischen Regisseurs setzten die Romantik der zweiten russischen Revolution fort und hingen mit der allgemeinen «Revolutionierung» der Künste in Russland Ende der 1910er und Anfang der 1920er-Jahre zusammen. Wollte man diese Methoden und Überlegungen Eisensteins auf die Filmpraxis Hollywoods übertragen, hieße es beispielsweise für den Film MY FAIR LADY, sich weniger auf die Erfolge und Misserfolge Elizas in der englischen Phonetik zu konzentrieren, als die zahlreichen Varietészenen mit Tanz und Gesang hervorzuheben und durch sie die Handlung wahrzunehmen. Nach Eisenstein würde man in diesem Film weniger Aufmerksamkeit auf die narrativen Segmente richten, dafür mehr auf die Ballszenen.

Bevor Eisenstein zum Filmregisseur wurde, konzipierte er einige wichtige Theaterinszenierungen am *Proletkult* mit ungewöhnlichen *Attraktionen*, die sein kinematografisches Frühwerk beeinflussten. Zwei davon sollte man hier erwähnen. Es sind Aufführungen der Stücke des russischen Schriftstellers Sergej Tretjakow *Ты слышишь, Москва?!* (*Hörst du, Moskau?!*, 1923) und *Противогазы* (*Gasmasken*, 1924). Im ersten Stück fügt Eisenstein die blutigen Elemente des *Grand Guignol Theater* ein, das zweite spielt vor Ort, im Moskauer Gaswerk am Kurskij-Bahnhof. Die Schauspieler tragen bei der Vorführung echte Arbeitskleidung. Die Vorstellung begleiten Fabriksirenen und Niethämmer des Gaswerks. Das Publikum reagierte jedoch nicht, wie erwartet, mit Begeisterung, sondern mit Verwirrung. Die Uraufführung von *Gasmasken* besuchten so wenige Zuschauer, dass man die weiteren geplanten Präsentationen absagen musste. Von diesem Moment an suchte Eisenstein nach weiteren Herausforderungen, zum Beispiel im Film.

Seine Theaterexperimente und die dabei verwendeten ungewöhnlichen Mittel, wie akrobatische Tricks, sorgen auch heute noch für zahlreiche Diskussionen. Vielleicht aus diesem Grund stellen die englischsprachigen Filmwissenschaftler, wie Tom Gunning, Eisensteins Begriff der *Attraktion* ausschließlich in Zusammenhang mit Fahrgeschäften und Zirkustricks. So ordnet Gunning den Begriff der *Attraktion* der Sensation eines Rummelplatzes zu und kommt zu folgenden Schlussfolgerungen:

> «[...] Dennoch ist der Kontext wichtig, innerhalb dessen Eisenstein diesen Terminus wählte: Damals wie heute gehörte die ‹Attraktion› begrifflich zum Rummelplatz, und sowohl Eisenstein als auch sein Freund Sergej Jutkewitsch verbanden damit vor allem ihre Lieblingsattraktion auf dem Rummelplatz – die Achterbahn, oder wie sie damals in Russland genannt wurde, die ‹Amerikanischen Berge›.»
> *(Gunning 1996, S. 30)*

---

[346] Eisenstein 1923, S. 59ff.

Bereits in seinem Text gibt der russische Theoretiker einen klärenden Hinweis zum Verständnis von *Attraktion* mit Blick auf den Zirkus:

> «Die Attraktion hat nichts mit einem Kunststück oder Trick zu tun. Ein Trick […], eine vollendete Leistung innerhalb einer bestimmten Meisterschaft (hauptsächlich Akrobatik), ist nur eine von vielen Formen der Attraktionen in ihrer entsprechenden Darbietungsweise […]. In seiner terminologischen Bedeutung steht der Begriff […] in direktem Gegensatz zur Attraktion, die ausschließlich auf etwas Relativem basiert, nämlich Reaktion des Zuschauers.»
>
> *(Eisenstein 1923, S. 61)*

Gunning liefert eine einseitige Interpretation des Begriffes. Seine Schlussfolgerungen über *Attraktion* beruhen scheinbar auf einer Erzählung von Sergej Jutkewitsch, einem Freund von Eisenstein, über die Entstehung des Begriffs. Jutkewitsch erinnert sich, wie er im Herbst 1922 zusammen mit Eisenstein an einem Theaterstück arbeitete und wie sich die beiden öfter mit Achterbahnfahrten amüsierten. Eines Tages war Jutkewitsch allein im Freizeitpark unterwegs und kam danach ‹erhitzt› zum Freund. Seine Aufregung und gute Laune entgingen Eisenstein nicht. Er erkundigte sich nach dem Grund. Zu bemerken ist, dass gerade in dieser Zeit Eisenstein nach einem passenden Begriff, einer Maßeinheit für seine Experimente, suchte. Nachdem er erfuhr, dass die Aufregung Jutkewitschs von der Achterbahnfahrt kam, rief er: «Послушай, это идея. Не назвать ли нашу работу *сценическим аттракционом*?».[347]

Obwohl diese Erzählung oft im Zusammenhang mit der Entstehung des *Attraktionsbegriffes* zitiert wird, ist sie nicht die einzig passende Erklärung. Ein halbes Jahr früher, am 16. Mai 1922, las man den Begriff *Attraktion* bereits in den Vorlesungsunterlagen der experimentellen Theatergruppe unter der Leitung des Regisseurs Wsewolod Meyerhold, dessen Studio Eisenstein besuchte. Die Hypothese – Eisenstein übernahm den Begriff von Meyerhold – ist glaubwürdiger als die Erzählung von Jutkewitsch. Zum einen, weil der Begriff in den Konspekten von Eisenstein früher auftaucht, zum anderen weil er bei der Schreibweise von *Attraktion* («атракцiонъ» statt «атракцион») die alten orthografischen Regeln der russischen Sprache verwendete. In gleicher Form benutzte diesen Begriff Meyerhold.[348] Von Meyerhold übernahm Eisenstein auch das Prinzip des Aufbaus eines Theaterstückes – bekannt unter dem Terminus «Kinofizierung». «Kinofizierung» bedeutete eine Auflösung des traditionellen Dramaflusses in kleine eigenständige Episoden, die weder durch eine chronologische Handlung noch durch die Einheit von Zeit und Raum verbunden waren. Daher konnte man die Erzählung jederzeit durch *Attraktionen* unterbrechen, ohne ihren Fluss zu beeinträchtigen.

Obwohl Eisenstein den Einfluss seiner Faszination von Zirkus und Varieté auf seine Theaterinszenierungen nicht bestritt, wies er jedoch deutlich darauf hin, dass die akrobatischen Elemente nur zu einer der vielen Methoden seiner *Attraktionen* gehören. Er baute sein Verständnis der *Attraktion* nicht auf das englische Substantiv «attraction»

---

[347] «Hör mal, das ist eine Idee! Warum nennen wir nicht unsere Arbeit szenische Attraktion?» In: Zabrodin 2005, S. 160f.

[348] Ebd., S. 161.

(englisch Zugnummer, Reiz), sondern auf das lateinische Verb «adtrahere» (lateinisch «an sich ziehen»).[349] Mit anderen Worten, Eisenstein verstand unter *Attraktion* keinen Trick, sondern einen Prozess einer «an-sich-ziehenden» Wirkung der Darstellung.

Möglicherweise entstanden weitere Verwirrungen über die Verwendung von Zirkus- und Varietétricks seitens Gunning dadurch, dass Eisenstein im Theaterstück von Ostrowski viele dieser Elemente eingebaut hatte. Wenn man jedoch das Manuskript Eisensteins mit der Auflistung der *Attraktionselemente* weiter erforscht, findet man andere Beispiele, die Eisenstein auch als *Attraktionen* bezeichnete, darunter Farbkontraste der Kleidung einer Sängerin, den Monolog eines Hauptdarstellers, den Dialekt eines Schauspielers, aber auch ungewöhnliche Aktionen, wie das Anzünden eines Feuerwerkskörpers unter der Zuschauerbestuhlung.

Gunning übernimmt das *Attraktion*-Konzept von Eisenstein und entideologisiert es. Für den Russen trug die *Attraktion* ideologische Züge einer revolutionären Romantik. Es ging ihm um die Ausbildung und Aufklärung der Volksmassen durch die neuen Kunstkonzepte. Auch Gunning manifestiert die *Attraktion* als eine Ideologie, jedoch im Zusammenhang mit der modernen Konsumgesellschaft und Unterhaltungsindustrie, die ihre Produkte *attraktiv* beziehungsweise *zum Kauf anregend* für den Zuschauer gestaltet.

Trotz der beachtlichen Bedeutung der Erkenntnisse Gunnings sollte man kritisch anmerken, dass der amerikanische Filmwissenschaftler seinen Aufsatz und den Begriff des *Kinos der Attraktionen* auf Eisensteins Werk über das *Theater der Attraktionen* aus dem Jahr 1923 aufbaut. Heute weiß man, dass Eisenstein ein Jahr später ein anderes Werk über die *Montage der Kino-Attraktionen* verfasste. In seinem Artikel erwähnt Gunning dieses Manuskript nicht. Die wichtigen Punkte über die *Attraktionsmontage* im Film beruhen jedoch auf Eisensteins theoretischen Aufsätzen aus dem Jahr 1924.

2.4. Eisensteins *Montage der Kino-Attraktionen*

1923 rief *Proletkult* eine neue Organisation namens *Proletkino* aus, mit eigener Zeitschrift und einer kleinen Filmproduktion. Auf deren Programm standen die Ideen der *Linken Front* über eine besondere Funktion des Filmes, eines neuen Agitationsfilmes, nämlich dem Weltproletariat den Aufstand, die Solidarität und die Kampfbereitschaft beizubringen. Der 25-jährige Eisenstein war als Angestellter von *Proletkult* dabei. Im Vergleich zum *Goskino* war *Proletkino* jedoch zu jung und besaß keine ähnliche Erfahrung wie das renommierte russische Filmstudio. In dieser Zeit suchte der Direktor von *Goskino* Boris Michin nach neuen Talenten. Und Eisenstein, der bereits für seine exzentrischen Theaterinszenierungen bekannt war, kam ihm dabei gelegen. Das *Goskino* zeigte sich allerdings skeptisch gegenüber seiner Kandidatur: Nicht nur kam der Junge aus dem Theater und zählte noch zu den Angestellten von *Proletkult*, auch vom Film verstand er nach Aussagen der Kommission nichts. Als Bestätigung des Misstrauens schrieb Eisenstein sein erstes Drehbuch und fügte genüsslich zahlreiche *Guignol*-Episoden in sein Skript ein, beispielsweise die von einem von einer Maschine halbierten Arbeiter oder ein

---

[349] Eisenstein 2000, S. 14.

in der Suppe schwimmendes Ochsenauge.[350] Das Studio forderte die Absetzung des Kandidaten. Michin zeigte sich jedoch hartnäckig und nahm den jungen Regisseur in Schutz. Er schlug vor, den ersten Film Eisensteins einem Team anzuvertrauen. In den Produktionsakten wurden vier Personen – Pletnjow, Eisenstein, Alexandrow und Krawtschunowksi – erwähnt, wobei sie sich hauptsächlich am Drehbuch beteiligten, die Regie führte jedoch Eisenstein. Michin bot einen weiteren Kompromiss an, den Film als eine Koproduktion zwischen *Goskino* und *Proletkult* anzukündigen. So kam STATCHKA Anfang 1925 auf die große Leinwand.

Der Film erzählt von einem Arbeiteraufstand in einer Industriestadt der russischen Provinz. Während politisch bewusste Arbeiter einen Streik in der Fabrik vorbereiten, begeht ein von der Fabrikleitung zu Unrecht eines Diebstahles beschuldigter Monteur Selbstmord. Diese Tat dient der sofortigen Auflösung des Streiks, der im chronologischen Ablauf gezeigt wird: Erste Tage, Arbeitsruhe, Verhandlungen zwischen Arbeitern und Fabrikaktionären, Provokation der Arbeiter und Massenmord der Streikenden. Der Schluss des Filmes wird unerwartet mit dem Zwischentitel «Vergiss nicht, Proletarier!» aufgelöst. Obwohl Eisenstein in seinem ersten Kinoversuch noch nicht sicher mit dem Medium umging und viel mehr Filmmaterial verwendete, als ihm vom Studio zur Verfügung gestellt wurde, schaffte er es, eine originell gelöste und dynamische Darstellung zu liefern.

Die Inszenierung zeigt viele Bezüge zu den Werken der russischen Konstruktivisten mit ihrer Fragmentierung, Diskontinuität und Deformation.[351] Der erste Film von Eisenstein steht unter deutlichem Einfluss seiner theatralischen Inszenierungen. Der formale Aufbau der Filmszenen – unterteilt in kleine separate Episoden – erinnert an die Ästhetik der *Kinofizierung* von Meyerhold. Auch die Ideen seines revolutionären Theaters, vor allem wenn es um einen nach dem *biomechanischen* Prinzip geschulten Darsteller[352] geht, finden sich in STATCHKA wieder. An der Filmproduktion arbeitete Eisenstein mit seinen alten Kollegen[353] vom Theater und übertrug auf sein Erstlingswerk die wichtigen *Attraktionen* aus seinen Theaterexperimenten. Den Einfluss der *clownesken Attraktion* aus der Ostrowskij-Aufführung sieht man in der Filmszene, als die Arbeiter

---

[350] Bulgakowa 1997, S. 64f.

[351] Zu dieser Zeit trat Eisenstein aus der *LEF* aus und unterschrieb das Manifest der neuen Gruppe *Oktober*. Die Gruppe bestand aus konstruktivistisch orientierten Kreativen. Dieses Umfeld prägte nun die Ästhetik des Regisseurs. Die wichtige Behauptung der Konstruktivisten hieß, Kunst sei keine Nachahmung und Wiedergabe des realen Lebens. Sie sollte eine neue Organisation der Lebensweise, Gefühle und Gedanken der Arbeiter erschaffen. In: *Kinematograph,* Nr. 8, 1992, S. 58.

[352] Wsewolod Meyerhold entwickelte eine Methode der körperlichen Ausbildung der Schauspieler, die er «Biomechanik» nannte. Damit meinte er, dass der Schauspieler seine Emotionen ausschließlich «biomechanisch» mithilfe physischer Bewegungen und Mimik ausdrücken sollte. Wenn der Darsteller bestimmte Posen einnehmen würde, folgten Zuschauerreaktionen dann automatisch.

[353] An STATCHKA arbeitete der Regisseur mit den gleichen Personen, die an der Theaterinszenierung *Eine Dummheit macht auch der Gescheiteste* (1923) beteiligt waren. Man nannte sie die «eisernen Fünf», zu welchen Schtrauch, Alexandrow, Gomorow, Ljowschin und Antonow gehörten, später große Schauspieler und bekannte Regisseure des sowjetischen Kinos.

den Prokuristen mit einem Schubkarren in die Jauchegrube befördern. Die *Attraktionen* des Gräueltheaters *Grand Guignol* aus *Hörst du, Moskau?!* sind insbesondere in der Darstellung des Blutbades von Kosaken oder der Schlachtszenen der Rinder – Abschlussszenen des Filmes – sichtbar. Die industriellen Motive – wie ein wiederkehrendes Radmotiv oder die Fabrikszenen – kommen aus *Gasmasken*.[354]

Seine Erfahrungen mit dem neuen Medium gibt der Regisseur in verschiedenen Manuskripten wieder. Eines davon, bekannt als begleitender Aufsatz zum ersten Film, heißt *Montage der Kino-Attraktionen* von 1924. Obwohl Eisenstein die Bedeutung der *Montage der Attraktionen* bereits in seinem Artikel aus dem Jahr 1923 angesprochen hat, wendete er sich endgültig diesem ästhetischen Konzept in den Werken über die Filmmontage zu. Sein Manuskript über die *Montage der Kino-Attraktionen* sollte zum ersten Mal im *kugelförmigen Buch*[355] Ende der 1920er-Jahre veröffentlicht werden. Die Idee wurde jedoch nie realisiert. Einige Teile des Buches wurden verstreut in verschiedenen Zeitschriften publiziert, andere blieben in der Schublade, darunter auch der oben genannte Aufsatz. 1966 fand man im russischen Staatsarchiv (CGALI)[356] einen nicht betitelten Artikel Eisensteins, datiert auf 1924, der später als Text über die *Montage der Kino-Attraktionen* bekannt wurde.[357] Dieses Manifest erklärt das technische Verfahren und die Aufbaumethoden von STATCHKA (1925).

Der Film besteht aus frei assoziierten und in rascher Folge wechselnden Bildern, die beim Zuschauer den Effekt eines intensiven Mitfühlens auslösen sollen. Zu den radikalsten Stoffverknüpfungen gehören beispielsweise die parallel montierten Einstellungsfolgen der «Schlacht der Rinder» in der 67. Minute und «die Massenvernichtung der streikenden Arbeiter» in der 68. Minute, bei denen seine Ideen über die *Montage der Kino-Attraktionen* besonders zur Geltung kommen. Ein anderes Beispiel findet sich in der 38. Minute des Filmes. Darin besprechen die vier Aktionäre der streikenden Fabrik die Forderungen der Arbeiter. Ein Kompagnon holt eine Zitrone hervor und presst deren Saft aus. Sein Nachbar befiehlt dem Diener, die Schale der ausgepressten Frucht wegzuwerfen. Parallel zu dieser Szene werden die Versammlungen der Arbeiter gezeigt, deren Sinnlosigkeit und der anstehende Misserfolg bereits in der Szene mit der Zitrone angedeutet werden. Die Kapitalisten haben vor, die Streikenden zu entkräften. Zwar verlieren sie durch dieses Abwarten Zeit und Aufträge, doch letztendlich büßen dafür die Arbeiter, so die Schlussszenen des Filmes. Diese ungewöhnlichen Parallelen sollten beim Publikum Wut und Entsetzen über die kaltblütigen Geldmagnaten hervorrufen.

---

[354] *Kinematograph*, Nr. 8, 1992, S. 52.

[355] Nach den Vorstellungen von Eisenstein würde dieses «kugelförmige» Buch, das seine frühen Manuskripte über Montagemethoden einschließt, die Zweidimensionalität eines Druckerzeugnisses, eines regulären Buches, sprengen. Die Aufsätze sollten nicht nacheinander, sondern gleichzeitig, synchron und «gegenseitig durchdringend» – wie eine sich drehende Kugel – gelesen und rezipiert werden.

[356] CGALI (russisch ЦГАЛИ – Центральный государственный архив литературы и искусства) steht für die Abkürzung des *Zentralen Staatlichen Archivs für Kunst und Literatur* in Sankt Petersburg.

[357] Eisenstein 1985, S. 6.

Die Anwendung der *Montage der Attraktionen* bezeichnet Eisenstein als Kunst des Vergleichs, eine Kunst, die vor allem im Film funktioniert. Dabei geht es ihm primär um die formalen Aspekte des visuellen Filmaufbaus:

«Применение метода монтажа аттракционов (сопоставления актов) к кино еще более приемлемо, чем к театру; ибо это искусство, которое я бы назвал ‹искусством сопоставлений›, в силу своего показа не фактов, а условных (фото) отображений [...].»[358]

Seine Idee über die *Attraktionsmontage* schließt das Konzept Pudowkins über «Kontrast» und «Symbolismus» im Film ein. Die *Kontrastmontage* stellt nach Pudowkin Bilder gegenüber, die widersprechende Kontexte beinhalten. *Symbolismus* dient zur Vermittlung einer abstrakten Idee und ist eng mit dem Begriff des Gleichnisses verknüpft. Als Beispiel dienen hierzu die Szenen mit der «Ermordung von Streikenden» und der «Schlachtung der Tiere» in STATCHKA. In seinem Aufsatz über «Montage der Kino-Attraktionen» schreibt Eisenstein, dass seine Methode des Vergleichs nicht wie die Techniken der *Parallelmontage* oder *Wiederholung* im *hollywoodschen* Sinne funktionieren. Die *Parallelmontage* verwendet man im *klassischen* Hollywoodkino meistens zur besseren Aufklärung der Geschichte. Die *Wiederholungen* dienen dem dramatischen Prinzip der Handlung, indem die ersten Einstellungen eine Idee ergeben, die durch ständiges Wiederholen vertieft wird und den Zuschauer zum Erraten von Inhalten motiviert:

«Монтаж аттракционов и его прием сопоставления ‹просим не смешивать› с обычным монтажем параллелизмов изложенния темы где сперва (зрители) отгадывают, в чем дело, после чего уже ‹головно› увлекаются темой.»[359]

Attraktionen lassen Emotionen steigern. Ein visuell prägnanter und geschickt montierter Vergleich des schlanken Beines einer Balletttänzerin mit einem in Fesseln gelegten Fuß eines Gefangenen[360] wird nach Meinung von Eisenstein mehr Resonanz beim Zuschauer finden als eine aufwendige Erzählung.[361] Im Theater erreicht man diese visuellen Kontraste durch «physische Gewaltausübung», die sich direkt vor dem Publikum abspielt. Ein Film wird auf die Leinwand projiziert, die Handlung ist somit nicht wie im Theater direkt erlebbar. Unter dem Begriff der *Kinoattraktion* wird eine psychologische Aktion verstanden, die als *assoziative* Reflexion seitens der Zuschauer auf

---

[358] «Die Verwendung der *Attraktionsmontage* (des Vergleiches der Einstellungen) findet im Film noch mehr Ausdruck als im Theater, weil das Kino die Kunst des Vergleiches ist, aufgrund seiner Präsentation nicht der Fakten, sondern der bedingten (Foto-)Darstellungen [...].» In: Eisenstein 1985, S. 11.

[359] «Die *Montage der Attraktionen* und seine Vergleichstechniken ‹bitten wir nicht zu verwechseln›, mit der Parallelmontage oder den Wiederholungen der Erzählung [...] wo der Zuschauer zuerst über die Sachen rätselt und erst danach sich ‹intellektuell› für den Inhalt begeistert.» In: Ebd., S. 11f.

[360] Dieses Beispiel entnimmt Eisenstein dem historischen Film aus dem Jahre 1923 DWOREZ I KREPOST (russisch ДВОРЕЦ И КРЕПОСТЬ – Schloss und Festung) von Alexandr Iwanowskji. Die Montage des Filmes basiert auf einem Vergleich der Episoden: Das Winterpalais und die Peter-und-Paul-Festung in Sankt Petersburg, tanzende Gäste, Ballettaufführungen und die bestraften Gefangenen.

[361] Ebd., S. 13.

die Darstellung erfolgt. Je geschickter ein Regisseur ist und je gekonnter er seine Montage durchführt, desto leichter fällt es ihm, das Publikum zu steuern:

«Подлинно современный кинематограф – это такой кинематограф, где все определяется интеллектуальной активностью зрителя, сам зритель является ‹режиссером› экранного изображения, а создатели фильма должны лишь представить ему некий материал, показать ‹в неприкосновенном виде› нечто такое, что он сам будет интерпретировать.»[362]

Da Eisenstein die meiste Zeit über Formen und Techniken der Darstellung spricht und sich kaum für die eigentliche Filmerzählung interessiert, stellt sich in diesem Zusammenhang die Frage nach der Notwendigkeit eines Drehbuches. Nach Eisenstein sei jede Art des Drehbuches ‹erzählerisch› und daher in ihrer klassischen Form überflüssig, außer den Drehbüchern, die Montagearten auflisten.[363] In Hollywood gehört die Handlung zum Gegenstand eines Filmes. Bei Eisenstein wird sie durch Form ersetzt. Auch der russische Theoretiker und Literaturwissenschaftler Viktor Schklowski bestätigt, dass Eisenstein statt Inhalt in seinem Drehbuch eine Montageliste, formale Beschreibung seiner Einstellungen, lieferte.[364] Das Drehbuch von STATCHKA war gerade zehn Seiten lang, wobei der Prolog vier Seiten – also etwa die Hälfte des Skriptes – umfasste. Die Zukunft des Mediums sah Eisenstein in der Reduzierung der Funktion des Drehbuches bis zu seiner endgültigen Abschaffung.[365]

Im Manuskript über die *Montage der Kino-Attraktionen* wendet sich Eisenstein ausführlich der Rolle eines Darstellers zu, die er ähnlich wie seine beiden Lehrer Kuleschow und Meyerhold betrachtet. Auch er ernennt einen Schauspieler zum *biomechanischen* Modell (натурщик) und sieht seine Funktion in einer technisch geschickten Interaktion: Also nicht in der emotionalen Vermittlung des Charakters, sondern in seiner Fähigkeit zur Nachahmung der physischen Bewegungen, welche die richtigen Assoziationen beim Zuschauer hervorrufen:

«‹Оскал зубов› может иметь множество функций, в зависимости от того, в какую систему погрузить этот мотив. Актеру не нужно быть эмоциональным, а нужно правильно иммитировать движения, чтобы вызвать заданную смысловую трактовку, в этом ему помогает режиссер, который ‹ставит› действие в нужный контекст.»[366]

---

[362] Interpretation der *assoziativen* Methode von Eisenstein seitens des sowjetischen Wissenschaftler I. Weißfeld: «Ein tatsächlich moderner Kinematograph wird durch intellektuelle Aktivität des Zuschauers bestimmt, wobei der Zuschauer selbst zum ‹Regisseur› der Leinwanddarstellung wird und die Filmemacher sollen ihm einen bestimmten Stoff zur Verfügung stellen, etwas in ‹einer unberührten Version› anbieten, das er selbst zu interpretieren anfängt.» In: Eisenstein 1985, 88ff.

[363] In moderner Filmsprache würde man dazu *Storyboards* sagen. Eisenstein hat zahlreiche *Storyboards* selbst angefertigt, die auch eine Auflistung seiner wichtigen Attraktionen beinhalten.

[364] Schklowski 1986, S. 149.

[365] Eisenstein 1985, S. 16.

[366] «‹Zähne fletschen› kann mehrere Funktionen haben, je nachdem in welches System dieses Motiv zu platzieren ist. Ein Schauspieler braucht nicht emotional zu sein, sondern soll die Bewegungen richtig imitieren und dadurch angegebene inhaltliche Deutung beim Zuschauer

Der Zuschauer reagiert mimetisch auf die Bewegungen der Darsteller. Die Wirkung, erreicht durch Aktionssynchronismus, ist momentan und direkt. Die *Attraktionsmontage* ist allerdings schwer anzuwenden, wenn es in der Erzählung um die Entwicklung der einzelnen Charaktere geht, weil solche Handlung mit zu vielen psychologischen Zügen belastet ist. Zum Glück setzt Eisenstein seine Akzente nicht auf einzelne Individuen, sondern auf ‹Massen› beziehungsweise ‹Massenprotagonisten›, die nicht ein subjektives Ethos, sondern ein kollektiv wirksames Wertesystem verkörpern.

Weil Eisenstein mit seinen Montageexperimenten bereits im Theater anfing, glaubt man, dass ausschließlich seine theatralischen Inszenierungen die ersten Filme beeinflusst haben. Es gibt jedoch einige Beispiele, die zeigen, dass er umgekehrt seine theatralischen Spektakel im Filmformat gesehen hat. 1923 bei der Inszenierung von Ostrowskji versucht Eisenstein, die Einheitlichkeit der Szene durch eine Art ‹filmischer› Montage zu zerstören. Er zeigt zwei Gespräche: Mamiljukow-Proliwnoj ermutigt im ersten Dialog Glumow, sich mehr um seine Frau Kleopatra zu kümmern, im zweiten setzt Glumow die Empfehlung um und spricht mit Kleopatra. Anstatt beide Szenen aufeinander folgen zu lassen, verschachtelt Eisenstein sie ineinander. Das Gespräch zwischen Mamiljukow-Proliwnoj und Glumow geschieht vor der Bühne, während Kleopatra auf ihren Gatten im Hintergrund wartet. Glumow ist gezwungen, zwischen beiden Personen und zwischen den beiden Orten, an denen die Gespräche stattgefunden haben, hin und her zu laufen.[367] Dadurch kann die Szene seitens der Zuschauer nicht ernst genommen werden. Während Glumow mit einer Person spricht, steht der andere Darsteller mit dem wartenden Gesichtsausdruck da und wird vom Zuschauer belächelt. Im Film bekommt Eisenstein jedoch freie Hand für seine zahlreichen Experimente und kann seine Szenen beliebig kombinieren. Im Film geht er weiter. Er ‹zerstückelt› Darsteller und Objekte, setzt sie ‹in kleine Teile› als effektvolle Nahaufnahmen zusammen. Die Handlung löst er beinahe komplett aus räumlichen und zeitlichen Zusammenhängen. Das einzige, was im Film für ihn noch zählt, ist die momentane und geschickt ausgewählte Aufnahme, eine Einstellung, die in schnell ablaufenden Abfolgen eine «an-sich-ziehende» Reflexion der Zuschauer erzeugt.

Die Übergröße des Bildes auf der Leinwand übt eine besondere Wirkung auf den Zuschauer aus. So wird die Darstellung selbst zu einer *Attraktion* und zieht noch mehr Aufmerksamkeit auf sich. Während die technischen Innovationen die traditionellen Formen einer Theaterinszenierung sprengen, kann man im Film mithilfe der Technik die nötigen Fragmentierungen und Deformationen erreichen. Schließlich ging es Eisenstein nicht darum, Lebensrealität auf der Leinwand zu erschaffen, sondern diese auf die erkennbaren Sinnbilder zu reduzieren. Diese Symbole und die dadurch erzeugten Assoziationen helfen beim ‹Lesen› der Filmszenen.

Aus seinem ersten Manuskript über *das Theater der Attraktionen* übernimmt Eisenstein einige Ideen für das Medium Film, darunter die *biomechanische* Ästhetik als Vorlage für Schauspielerei, den Handlungsaufbau in der Form von frei assoziierten, geschlossenen Episoden und die *Attraktionssequenzen* mit unerwarteten und nicht immer zum Inhalt

---

hervorrufen. Der Regisseur hilft dem Schauspieler, indem er seine Bewegungen in den richtigen Kontext setzt.» In: Eisenstein 1985, S. 27.

367 *Kinematograph*, Nr. 8, 1992, S. 52.

gehörigen Elementen. Der wesentliche Unterschied seines *Attraktionskonzeptes* für das Kino besteht jedoch darin, die *Attraktion* nicht mehr als eine ungewöhnliche Aktion (akrobatische Tricks, Schreckelemente) oder ein dominierendes Element der Szene (farbig, lautstark) zu verstehen, sondern als ein Vergleich der Einstellungen mit ungewöhnlichen Inhalten, die im Kopf der Zuschauer einen besonderen Sinn ergeben. Der Zuschauer wird dabei nicht – wie Gunning beschreibt – auf einen ‹Beobachter› reduziert, der eine mechanische Reaktion auf ein visuelles Kinospektakel zeigt, sondern umgekehrt zu einem ‹mitdenkenden› Teilnehmer hervorgehoben. Darin liegt das Wesensmerkmal zwischen dem *Theater* und dem *Kino der Attraktionen*. Bei weiterer Entwicklungen seiner Montagekonzepte legt Eisenstein mehr Wert auf intellektuelle Reflexion seiner Bilder und auf das Erraten seiner Absichten seitens der Zuschauer. Je weiter er seine Filmtechniken entwickelt, desto weniger interessiert er sich für eine direkte emotionale Zuschauerwirkung, sondern mehr für eine *assoziativ-intellektuelle* Reflexion. Der Begriff *Attraktion* bleibt auch weiterhin in seinen Experimenten erhalten.

2.5. *Intellektuelle Montage der Kino-Attraktionen*

Die *Attraktionsmontage* wird Ende der 1920er-Jahre[368] von Eisenstein durch die *intellektuelle Montage* abgelöst. Die wesentlichen Punkte seiner *Montage der Attraktionen* bleiben auch im Spätwerk erhalten. Die Thesen über die Montagearten wiederholen sich von einem Film zum nächsten. In der Praxis realisiert Eisenstein seine theoretischen Erkenntnisse nicht konsequent. Daher ist es besser, von einer *intellektuellen Attraktionsmontage* zu sprechen.

Nicht nur inhaltlich verbundene, sondern auch beliebige Objekte lassen sich nach Eisenstein aneinanderfügen. Auch wenn sie statisch sind, werden sie zu einer beweglichen Darstellung dank der Montagekunst umgesetzt. So zeigt Eisenstein in STATCHKA die Gestalt einer Person und eines Affen. Mithilfe der Montage setzt er sie in zwei nacheinander folgenden Einstellungen zusammen. Dadurch wird der Person ein neues Image erteilt. Diese Assoziation – gewonnen durch das Zusammenfügen zweier abstrakter Gestalten – gehört zum frühen Vorbild der *intellektuellen* Montage. Die spätere Version dieser Montage setzt jedoch weniger auf einen emotionalen Vergleich (Mensch und Affe), sondern vielmehr auf eine *intellektuelle* Wirkung (Löwen aus BRONENOSEZ POTEMKIN) auf den Zuschauer, der durch das Filmmedium zu neuen Erkenntnissen kommt und zugleich zum politischen Handeln animiert wird. Die Symbolhaftigkeit seiner Filme fordert große Aufmerksamkeit, da sie erkannt, verstanden und ausgewertet werden sollte. Somit erscheint der Film als «Produkt der Phantasie des Zuschauers».[369] In seinem neuen Verständnis der Montage übernimmt Eisenstein einerseits die Lehrsätze von Kuleschow und Pudowkin, andererseits die Theorien der russischen *formalen*

---

[368] Der Begriff «intellektuelle Attraktion» taucht bei Eisenstein zum ersten Mal im Jahre 1928 auf.
[369] Bulgakova 1993. In: Beller 1993, S. 64.

Literaturschule[370]. Ähnlich wie Pudowkin spricht Eisenstein über die Einstellungen als Teile einer (literarischen) Sprache. Unter dem Einfluss seines Studiums der japanischen Sprache vergleicht Eisenstein die Aufnahme nicht mit einem Buchstaben wie Pudowkin, sondern mit einer Hieroglyphe:

> «Кадр никогда не станет буквой, а всегда останется многозначным иероглифом. И чтение свое получает лишь из сопоставления, как и иероглиф.»[371]

In seinen Aufsätzen schreibt Juri Tynjanow – ähnlich wie Eisenstein über die Bedeutung einer Einstellung – über die Funktion eines Wortes in der Literatursprache:

> «Слово не имеет одного определенного значения. Оно – хамелеон, в котором каждый раз возникают не только разные оттенки, но иногда и разные краски. Абстракция ‹слова› […] является как бы кружком, заполняемым каждый раз по-новому в зависимости от того лексического строя, в который оно попадает […].»[372]

Wenn man eine Einstellung als Einheit für die filmische Sprache – wie ein Wort für die Literatursprache – festlegt, erkennt man den wesentlichen Unterschied zwischen Eisenstein und Pudowkin. Letzterer versteht die zwei sich nebeneinander befindlichen Einstellungen als ähnliche Einheiten, die in logischer, sichtbarer Verbindung miteinander ‹verkettet› sind. Eisenstein behauptet dagegen, dass die Einstellungen sich im ständigen Konflikt (dramatisches Prinzip) miteinander befinden:

> «[...] монтаж есть не мысль, составленная из сцепленных друг с другом кусков, а мысль, возникающая в столкновении двух друг от друга независимых кусков [...]. Как в японской иероглифике, где два самостоятельных идеографических знака (‹кадра›), поставленных рядом, взрываются в новое понятие.
>
> Так:
> глаз + вода = плакать
> дверь + ухо = слушать
> ребенок + рот = кричать [...].»[373]

---

[370] Diese Literaturschule entstand um 1915 und schloss Wissenschaftler wie Boris Eichenbaum oder Juri Tynjanow ein.

[371] «Die Aufnahme wird nie zu einem Buchstaben, sondern bleibt eine mehrdeutige Hieroglyphe. Und gelesen wird sie wie eine Hieroglyphe, abhängig von ihrer Zusammensetzung.» In: Eisenstein 2000, S. 19.

[372] «Ein Wort an sich hat keine bestimmte Bedeutung. Es ist ein Chamäleon, indem jedes Mal verschiedene Töne und manchmal verschiedene Farben vorkommen. Abstraktion eines Wortes […] ähnelt einem Kreis, der jedes Mal neu, abhängig von dem angewendeten Wortschatz, gefüllt wird, indem das Wort die Verwendung findet […].» In: Eichenbaum 1927, S. 48.

[373] «[...] Montage ist nicht der Gedanke, der aus zusammengeketteten Teilen besteht, sondern sie setzt sich aus unabhängigen Teilen zusammen, die sich in einer Kontroverse zueinander befinden [...]. Wie in der japanischen Sprache, in der die zwei unabhängigen ideografischen Zeichen (Einstellungen) bei der Zusammensetzung einen neuen Begriff bilden.
So:
Auge + Wasser = weinen
Tür + Ohr = hören
Kind + Mund = schreien [...].» In: Eisenstein 2000, S. 520.

Wie in asiatischen Schriftsystemen steht ein Zeichen, das ein Auge bezeichnet[374], mit einem anderen, das «Wasser» heißt. Zusammen bilden sie das Wort «weinen». Bei einer Ergänzung des Zeichens «Auge» mit einem anderen, wie dem für «Nacht», würde das Augen-Zeichen, die Bedeutung «schlafen» haben:

$$\text{weinen} = \text{Wasser} + \boxed{\textbf{Auge}} + \text{Nacht} = \text{schlafen}$$

Der Konflikt innerhalb einer Einstellung kann verschiedene Ursprünge haben und unterschiedlich dargestellt werden mithilfe von beispielsweise grafisch ausgerichteten Linien, Kontrasten zwischen Hinter- und Vordergrund oder Gegenüberstellung von tonalen Flächen. Man sollte die Bedeutung dieser Gegensätze nicht missverstehen, die Einstellungen stehen dabei in einer *wechselseitigen Abhängigkeit* zueinander. Auch wenn die Bilder verschiedene Objekte oder Charaktere zeigen, sind sie inhaltlich verbunden und formal so aufgebaut, dass die Einheitlichkeit gleicher Formen, Bewegungen und Töne durch die Einstellungsreihen spürbar ist. Und erneut stellt man einen wesentlichen Unterschied zwischen *Parallelmontage* und *Montage von Eisenstein* fest.[375] Während die *Parallelmontage* in sich geschlossene Inhalte und verschieden aufgebaute Einstellungen präsentiert, lässt Eisenstein seine Themen offen und die Formen durch die Reihe der Einstellungen einheitlich. Die aneinandergereihten Einstellungen bilden keine organische Einheit wie bei Griffith, sondern sind kontrapunktisch miteinander verknüpft. Die Einheit wird durch Widersprüche und Gegensätze hervorgerufen. Bei der Verbindung von zwei gegensätzlichen Bilderfolgen wird der Zuschauer aufgefordert, einen sinnvollen Zusammenhang zwischen den Einstellungen herzustellen. Aus der Kollision der Einstellungen entsteht so eine neue Einheit, die einen neuen Sinn erzeugt.

Bei der Verknüpfung der Einstellungen und ihrer Aufnahmeart unterscheidet Eisenstein mehrere *Verfahren*. Er spricht über *metrische*, *rhythmische* und *tonale*[376] Montagen. Diese Klassifizierungen erfolgen nach visueller Dominanz, nach dem Tempoprinzip, nach der Form der Bewegung, nach der Einstellungslänge oder nach dem Bildaufbau. Die *metrische* Montage bezieht sich auf die tatsächliche Länge einer Einstellung und ihrer zyklischen Wiederholungen. Sie organisiert Zeit nach einem mechanischen Prinzip, das heißt, sie wird von der Länge der Einstellung und nicht von dem Inhalt des Dargestellten abhängig. In der *rhythmischen* Montage wird der Inhalt der Einstellung herangezogen. Dieses Verfahren bezieht sich auf den Inhalt des Dargestellten innerhalb einer Einstellung. Sie ist die Relation zwischen einer Abschnittslänge und dem Charakter der abgebildeten Bewegung (Massenbewegung, Soldatenschritt).[377] Diese neuen Überlegungen von Eisenstein finden erste Anwendungen in den Filmen ab Mitte bis Ende der 1920er-Jahre. BRONENOSEZ POTEMKIN (1925) ist ein besonders gelungenes Beispiel hierfür.

---

374 Ein ausgedachtes Beispiel, um die These über Montage von Eisenstein zu erläutern.

375 Vgl. Eisenstein 2000, S. 253.

376 Tonale Montage wird auch emotionale genannt. Dabei werden die Inhalte durch die stimmungsanregenden Motive wie «Wasserschwingung» oder «Rauch» vermittelt.

377 Ebd., S. 508ff.

Die Handlung des Filmes beruht auf tatsächlichen Ereignissen aus der Zeit der ersten russischen Revolution im Jahre 1905. Auf dem Schiff *Fürst Potemkin Tawritscheskji*, das sich in der Nähe der Hafenstadt Odessa befindet, herrscht Meutereistimmung wegen verdorbener Verpflegung. Da die Disziplin in der Marine auch mit härtesten Maßnahmen aufrechterhalten werden muss, entschließt sich der Kommandant, eine Gruppe der Matrosen zu erschießen. Während die Ausgesuchten auf den Tod warten, erhebt sich ein Matrose namens Wakulintschuk, um mit dem Aufruf «Die Waffen nieder!» seine Kameraden zu retten. Es kommt zum Aufstand. Wakulintschuk wird erschossen. Daraufhin werden auch alle Offiziere getötet. Die Leiche des ermordeten Matrosen wird in einem Zelt im Hafen aufgebahrt und sorgt für Mitleid bei der Bevölkerung. Die Tragödie des Aufstandes entfaltet sich in fünf Akten. Zu dem berühmtesten zählt der vierte – *die Hafentreppe von Odessa* – mit der Erschießung der Menschen auf der Treppe.

In dieser Szene beobachten wir den Mord an einem Jungen vor den Augen seiner Mutter. Diese Darstellung ist vorbildlich für die frühen Montageexperimente Eisensteins. Die Reaktion der Mutter auf den Mord ihres Sohnes wird nicht durch eine durchgehende (einheitliche) Episode in der *Totalen* oder *Halbtotalen* gezeigt, sondern durch mehrere *Großaufnahmen* ihres Gesichtes mit *rhythmischen,* 2-sekündigen Wiederholungen. Obwohl das Gesicht der Mutter statisch bleibt, wird ihre Reaktion durch die Einstellungsdekonstruktion zum intensiven Erlebnis. Das Gesamtbild des Körpers des Jungen sehen wir nur am Anfang der Szene. Im weiteren Verlauf werden nur einzelne Teile der liegenden Figur zur Schau gestellt. Die nachdrückliche Wirkung wird durch das Verfahren *pars pro toto* (ein Teil für das Ganze) vertieft: Mehrere Aufnahmen einzelner Körperteile des Jungen beziehen sich auf das gleiche *Totum* (seinen Körper) und werden durch Wiederholungen intensiviert.

Da der Ursprung der Montage Eisensteins nicht in semantischen Bildeffekten, sondern im Ursprung der Motorik liegt, spielt die Bewegung (zum Beispiel gleiche Gestik oder Bewegungsrichtung in einer Einstellungsreihe) für die Wirkung der Szenen eine entscheidende Rolle. Auf der Treppe herrscht Chaos. Einige Menschen versuchen, sich vor den drängenden Soldaten zu retten. Alle laufen in die gleiche Richtung, weg von den marschierenden Soldaten. Diese Bewegung bleibt über mehrere Einstellungen erhalten. Als die Mutter den Tod ihres Sohnes feststellt, verharrt sie nicht in ihrer Trauer. Sie hebt den regungslosen Körper hoch und wendet sich gegen die Bewegung der Massen und der Soldatenfront. Daraus resultieren mehrere Assoziationen: Es wird ein abstraktes Sinnbild des Widerstandes erzeugt, ein aktives Betrauern ihres Verlustes, dass die Mutter mit der Gegenbewegung, gegen die militärische Macht, erreicht und letztlich dadurch das notwendige revolutionäre Pathos erzeugt.

Bei der Filmmontage spielen das *Verfahren* und die *Konstruktion* der Filmkomposition eine besondere Rolle. Unter *Verfahren* (russisch приём) versteht Eisenstein, wie die einzelnen Einstellungen aufgenommen werden und in welcher Verbindung sie zueinander stehen. Dabei wird das *Verfahren* als primäres Konstruktionselement verstanden, während die *Konstruktion* (russisch построение) als die Gesamtheit der einzelnen *Verfahren* in ihrer allgemeinen Wirkung wahrgenommen wird. Obwohl die *intellektuelle* Montage, als auch *Montage der Attraktionen,* durch bestimmte *Verfahren* erzeugt wird, bedeutet sie jedoch nicht eine mechanische Kalkulation, sondern wird in ihrer Wirkung auf den Zuschauer eingeschätzt. Der Effekt entsteht durch einen intellektuellen beziehungsweise direkten Reizerreger, der in den Bildern versteckt vorhanden ist und im Bewusstsein des Zuschauers eine abstrakte Verallgemeinerung hervorruft. Zum klassischen Bespiel der *intellektuellen Montage* gehören die Aufnahmen von drei statischen Skulpturen – des schlafenden, aufwachenden und brüllenden Löwen – in BRONENOSEZ POTEMKIN. In kurzer Folge hintereinander erzeugen diese steinernen Figuren eine lebendige Bewegung und eine neue Bedeutung der ganzen Szene: Die Steinfigur Löwe wird vom Schuss des Panzerkreuzers aufgeweckt und signalisiert den aufbrechenden Aufstand:

> «Das Bewegungs-Phänomen des Filmes liegt darin, dass zwei unbewegliche Bilder eines bewegten Körpers in aufeinanderfolgender Position bei schnellem nacheinander Zeigen in Bewegung verschmelzen.»
>
> *(Bulgakowa 1996, S. 68)*

Eisenstein sprach oft darüber, dass man den Inhalt seiner Szenen (ob Menschen oder Objekte) nicht in seiner eigentlichen Substanz verstehen sollte, sondern in der symbolischen. Im Soldatenmarsch in der Treppensequenz sollte man nicht die marschierenden Personen sehen, sondern ein statisches Symbol und ein abstraktes Zeichen der führenden Macht. Somit gehören die Soldaten zur abstrakten *Darstellung* (russisch изображение), die in ihrer dynamischen Entwicklung zu einem Symbol, einer allgemeinen *Gestalt* (russisch образ) hervorgehoben wird.

Mit der Zeit wird die Montageästhetik von Eisenstein zunehmend komplexer als in den ersten Jahren seines Schaffens. Im Spätwerk setzt Eisenstein gerne die *tonale* Montage und *Obertonmontage* ein, dabei werden verschiedene Einstellungen nach ihrer ‹Lichthaftigkeit›, wie Formen ihrer Objekte (rund, kantig) und dem allgemeinen Farbton, geordnet. Es handelt sich um einen formalen Aufbau der Einstellung mithilfe der Beleuchtung, Optik, Konturen und Oberflächen und die dadurch erreichte *emotionale* Wirkung. Die *Obertonmontage* – eine logische Fortsetzung der *tonalen* Montage – setzt die konnotierenden Bedeutungen frei. Diese wird durch melodische Obertöne, die zu einem physischen Erlebnis führen, erreicht. Die Einstellungen werden so montiert, dass die Summe der Obertöne dramatisch gegenübersteht. Diese Montagen entstanden in Eisensteins Werk vor allem zu der Zeit des Tonfilmes. Mit der Einführung von Ton wurden neue Rezeptionsebenen eröffnet. Die Wirkung des Visuellen wird dadurch erhöht. Die neue Technik der Verbindung zwischen Bild und Ton wird *Vertikalmontage* genannt.

Ende der 1930er-Jahre bis Mitte der 1940er-Jahre drehte Eisenstein historische Filme wie ALEXANDR NEWSKI (1939) und IWAN GROSNJI (1945-1946)[378.] Im Vergleich zu seinem

---

[378] Die Verehrung der russischen Helden des Mittelalters, wie Newski oder Grosnji, ist auf die Politik von Stalin zurückzuführen, mit ihrem zunehmenden Patriotismus, Personenkult von Stalin selbst (als alleinigen Herrscher und Volksbeschützer) und nationalem Selbstbewusstsein des sowjetischen Bürgers kurz vor dem Zweiten Weltkrieg. In ALEXANDR NEWSKI findet man geschichtliche Parallelen zwischen der Ostkolonisation seitens der deutschen Ritterorden im 13. Jahrhundert und der jüngsten Bedrohung der Sowjetunion durch die faschistische Diktatur Hitlers.

Frühwerk steht keine Menschenmasse mehr im Mittelpunkt seiner Darstellung, sondern ein einzelner Protagonist. Dieser Wechsel der Thematik – von einem revolutionären heroischen Film und einem Massenheld, dem Schöpfer der Geschichte, zum einzelnen Charakter, der diese Geschichte steuert – wurde durch die Person von Josef Stalin und seiner totalitären Politik gefördert. Alle von Eisenstein bis dahin gedrehten Filme mit heroischer Darstellung der Massen wurden später kontrovers diskutiert und von ‹politisch-bewussten› Kollegen als «Formalismus» und «Anachronismus» eingeschätzt.[379] Eisenstein dachte über neue Auswege nach und entschied sich – im Auftrag der Partei – für Filme mit einem Charakter im Mittelpunkt. Seine Helden blieben jedoch weiterhin ‹biografielos›. Sie hatten keine Vorgeschichte, durchlebten keine persönliche Entwicklung und die Handlung wurde auf eine polyphone Komposition reduziert, die mit der die Darstellung begleitenden Musik in engem Zusammenhang steht. Der Schnitt erfolgt im harmonischen Anklang mit dem Musikstück. Inhaltlich leere Szenen werden visuell durch innere grafische Schemata gefüllt. Sie werden mit dem Ende einer musikalischen Szene unterbrochen und Emotionen werden durch Wechselwirkung zwischen Musik und Bild erzeugt. Zum Vorbild der Darstellung dient eine Orchesterpartitur.

Die *intellektuelle Montage* wird eng mit der menschlichen Wahrnehmung begründet, die mit *Assoziationen* arbeitet:

> «Интеллектуальный монтаж это есть монтаж не грубо физических обертонных звучаний, а звучаний обертонов интеллектуального порядка, то есть конфликтное сочетание интеллектуальных сопутствующих эффектов между собой.»[380]

Diese visuellen Darstellungen von Eisenstein liefern keine Erklärungen, sondern Rätsel, die *intellektuell-assoziativ* im Zuschauerkopf verarbeitet werden müssen. Während die *Attraktionsmontage* einen emotionalen Effekt auf den Rezipienten vorrangig ausübt, fordert die *intellektuelle Montage der Attraktionen* den Zuschauer gedanklich heraus. Bei beiden Montagearten steht die konnotative Bedeutungsebene der Bilder im Mittelpunkt. Eisenstein setzt auf harte, kontrastierende Elemente. Der Übergang von einer Einstellung zur nächsten versteckt nicht den Schnitt, sondern betont ihn mit dem Ziel, den Zuschauer immer wieder neu zu bewegen. Anders als in Hollywood, wo das Schnittverfahren zum Entfernen unbedeutender Inhalte dienen soll, wird die Montage von Eisenstein erst verwendet, um den Sinn der Darstellung zu erzeugen.

3. Cutting versus Montage

Die amerikanische und russische Kinotradition, wie auch das Werk von Eisenstein und Griffith, unterscheiden sich nicht nur in ihrer Ideologie, sondern auch in der Funktion und Verwendung der Montage. Die professionelle Terminologie spiegelt diese

---

[379] Eisenstein 2000, S. 11.

[380] «Die *intellektuelle* Montage ist keine Montage lauter, physischer Obertonklänge, sondern eine Montage der intellektuellen Obertönklänge, die durch Konflikte der begleitenden Effekte miteinander verbunden sind.» In: Ebd., S. 515.

Unterschiede wider. Während die Amerikaner die Bearbeitung des Bild- und Tonmaterials *cutting* (englisch Schnitt) oder *editing* (englisch editieren)[381] nennen, sprechen die Russen von *Montage* (französisch Zusammenbau).[382] Der Unterschied zwischen *Editieren / Schneiden* und *Montieren* ist grundlegend. Unter *Editieren* versteht man das Bearbeiten des filmischen Materials durch Schnitt. *Montage* bedeutet (Auf-)Bau und Zusammenfügen der Einstellungen. Durch Schnitt entfernte man im *klassischen* Kino unbedeutende, überflüssige Episoden einer Erzählung, die weder einen (wesentlichen) Einfluss auf die Handlung hatten noch diese prägnant darstellten. Der Schnitt wurde eingesetzt, um drei wichtige Funktionen im *klassischen* Hollywoodfilm zu erfüllen: Eine raum-zeitliche Orientierung beim Zuschauer zu erzeugen, einen dramatischen Spannungsbogen aufzubauen sowie die Identifikation mit dem Darsteller und dem Dargestellten zu erreichen. Im sowjetischen Kino wird Montage zu einem Verfremdungsmittel und erfüllt andere Zwecke. Die russischen Filmemacher arbeiten nicht mit Sequenzen, sondern mit Einstellungen, die sie beliebig und oft überraschend miteinander kombinieren.

Aus dem Theater kam in den Film der Begriff *Mise-en-scène* (französisch «in Szene setzen»). Er bedeutete für eine Theaterinszenierung einen mit anspielbaren Gegenständen gestalteten Raum, Nachahmung eines ‹realen› Lebensraumes der Protagonisten, aber auch die Anordnung und die Bewegung der Schauspieler im Raum. Im Film wurde *Mise-en-scène* zur Bezeichnung des Bildaufbaus verwendet, wobei die räumliche Anordnung der Figuren und Gegenstände meistens vor der Kamera und nicht im Schneideraum stattfand. Die präzise Aufteilung in Vorder-, Mittel- und Hintergrund wurde bereits beim Aufbau der Filmsets berücksichtigt. Um diese zwei Bedeutungen von *Mise-en-scène* für den Film und das Theater zu unterscheiden, verwendete man im Film zum Bezeichnen des Bildraums und die vor der Kamera eingefangenen Bildausschnitte den Begriff *Mise-en-cadre*[383] (französisch «in Rahmen bringen»).

In Hollywood nahm man – wie seine aufwändigen Filmproduktionen bestätigen – die Ausstattung (*Mise-en-scène* mit Betonung auf Raum und Hintergrund) ernst. Die Inszenierung einer Szene im Studio ähnelte dem physischen Spielraum einer theatralischen Bühne. Aus der Theatertradition wurden diese Szenen durch die Einheit von Ort und Zeit definiert. Im sowjetischen Kino der 1920er-Jahre legte man Wert auf *Mise-en-cadre*, auf ungewöhnliche Kamerapositionen und Einstellungsgrößen. Da der Film nicht an die raum-zeitliche Kontinuität gebunden ist, erzeugten die russischen Regisseure den Bildraum hauptsächlich am Schneidetisch. Unter *Mise-en-scène* verstand Eisenstein «die grafische Verallgemeinerung davon, was man als den Inhalt der Bewegung bezeichnet» (Eisenstein 2000, S. 52). Man dreht beispielsweise die Szene einer

---

[381] *Cutting* ist ein amerikanischer Begriff. *Editing* findet oft Verwendung in Europa. Von der Bedeutung steht *Editing* näher zur Montage als *Cutting*.

[382] Eisenstein 2000, S. 200.

[383] Der Begriff wurde von Eisenstein als analog zur theatralischen *Mise-en-scène* vorgeschlagen. *Mise-en-scène* heißt für das Kino die Verteilung der Akteure auf der Bühne und vor der Kamera. *Mise-en-cadre* bedeutet die Komposition von Linien, Punkten, Flecken und anderen grafischen Elementen im Filmbild. Die Gesamtheit mehrerer *Mise-en-cadres* gehört zur Montagekomposition. In: Ebd., S. 46f.

Massenversammlung mit einem Sprecher in der Mitte. In Hollywood würde man diese Darstellung so gestalten, dass der Sprecher auf ein Postament gestellt wird und die Menschen sich um ihn versammeln, ohne ihn vom Zuschauer zu verdecken. Die Einstellungsreihe finge mit *Totale* an, um den gesamten Eindruck der Szene zu vermitteln. Eisenstein würde den Sprecher jedoch nicht mitten in die Massen auf einem Postament platzieren, da er seine Szene auch nicht in ihrer Ganzheit, sondern ‹zerstückelt› dreht. Die Person wäre außerhalb der Zuhörergruppe dargestellt und mit grafischen Formen von der Masse abgesondert, beziehungsweise der Menschenmenge durch schematisch-grafische Darstellung gegenübergestellt. Den Redner hätten wir durch mehrere kurze Einstellungen in Großaufnahmen erlebt. Die Szene würde sich damit auf ein Symbol reduzieren. Eisenstein baute selten die Sets. Er drehte meistens vor Ort, und auch dann nur die einzelnen Szenen, die auf der Leinwand oft als unerkennbare Teilaufnahmen in Erscheinung treten.

Während die amerikanischen Filmemacher sich um eine gelungene Ausstattung der Szene (*scene*)[384] bemühen, nutzte Eisenstein die technischen Besonderheiten des Mediums für sich und reduzierte Räumlichkeiten auf das Wesentliche. Er betonte die besondere Bedeutung des Bildes (russisch *кадр* aus dem französischen *cadre*) und nicht der Szene. Die Einstellungen bei Eisenstein werden nicht, wie bei Griffith, zusammengefügt, sondern zum Zweck des Aufbaus von Assoziationen jenseits des erzählten *Raum-Zeit*-Kontinuums integriert. Zum zentralen Stilmittel gehören filmische Metaphern (Symbole), die zur Auswertung betonter Diskontinuitäten verwendet werden. Sie kommen aus einem diegetischen Raum und werden von den Regisseuren kodiert. Die Dekodierung der Bildrätsel erfolgt durch das Publikum. Der wichtigste Unterschied zwischen den Filmschaffenden in Hollywood und den russischen *Formalisten* besteht darin, wie (ob) sie die Geschichte erzählen. Das Kapitel über die Erzählstrukturen der Hollywoodfilme könnte Anhaltspunkt des folgenden Vergleichs sein. Die Strukturen der bereits besprochenen Hollywoodfilme mit dem *3-Akt-Modell* und der Entwicklung der filmischen Narration sind prägnante Beispiele für den Handlungsaufbau in Hollywood. Es stellt sich jedoch die Frage, ob es legitim ist, die Filme aus den 1940er- und 1960er-Jahren, wie CASABLANCA oder BREAKFAST AT TIFFANY'S, mit dem sowjetischen Kino der 1920er-Jahren zu vergleichen.

Obwohl BREAKFAST AT TIFFANY'S eine logische Fortsetzung des amerikanischen Kinos der Stummzeit ist, scheint es angemessener zu sein, die Aufmerksamkeit auf amerikanische Filme der 1920er- und 1930er-Jahre, beispielsweise auf die Stummfilme von Charlie Chaplin, zu richten. Man stellt dabei fest, dass auch die Filme von Chaplin, trotz ihren zahlreichen Varietétricks und Tanznummern (*attraktiven* Momenten), die auch die meiste filmische Zeit beanspruchen, sich von klar aufgebauter narrativer Struktur leiten lassen und dass ihre Protagonisten – wie zu jeder Zeit in Hollywood – auf die *Reise* gehen.

CITY LIGHTS (1931) wurde wie jede andere – auch zwanzig Jahre später gedrehte – romantische Komödie in Hollywood gestaltet. Die Handlung ist einfach: Der Protagonist,

---

[384] In den 1950er-Jahren verwendeten die Amerikaner statt «Szene» (*scene*) öfter den Begriff «Aufnahme» (*shot*).

ein armer Mann, verliebt sich in ein blindes Mädchen, das Blumen auf der Straße verkauft. Die Zuneigung des Mädchens erlangt er zunächst durch eine Lüge (wie in jeder Verkleidungs- oder Verwechslungskomödie). Er fährt die junge Frau mit einem schicken, geliehenen Auto nach Hause und überrascht sie mit Geschenken. Das Mädchen glaubt, das Herz eines reichen Mannes gebrochen zu haben. Was sie allerdings nicht weiß, ist, dass dieser Mann sein letztes Geld für sie ausgegeben hat und sogar wegen ihr ins Gefängnis gehen muss. Die Komödie hat – ähnlich wie bereits analysierte Hollywoodfilme – eine positive Auflösung.[385] Das vom armen Tramp geschenkte Geld reicht der Frau zum Ausgleich ihrer Schulden und auch für eine Augenoperation. Nun ist sie im Besitz ihrer Sehkraft und eröffnet einen schicken Blumenladen. An diesem Laden läuft eines Tages ihr verarmter und kürzlich aus dem Gefängnis entlassener Verehrer vorbei. Zufällig richtet er seine Aufmerksamkeit auf das hübsche Schaufenster und erkennt seine große Liebe. Die Frau – vor kurzem selbst noch arm – möchte dem Mann mit etwas Kleingeld helfen. Sie kommt aus dem Laden, streckt ihre Hand mit der Münze aus und erkennt den Mann durch die Berührung seiner Hand. Der rührende Moment der Anerkennung und Dankbarkeit schließt die Geschichte ab. Im Vergleich zu späteren Hollywoodfilmen findet man in CITY LIGHTS sicher keine psychologisch ausgearbeiteten Handlungsstränge, die den Zuschauer über die Herkunft der Protagonisten oder ihre psychologischen Probleme aus der Vergangenheit informieren. Dergleichen kommt erst später – für einen *intellektuellen* Zuschauer nach Pauline Kael. Doch einige Andeutungen gibt es auch hier. In CITY LIGHTS weiß man nicht, was den Protagonisten in die Armut trieb. Man erlebt jedoch die ärmlichen Umstände des Mädchens, das mit seiner Großmutter in einer kleinen Wohnung lebt und von der Liebe träumt. Man bekommt auch die Erklärung geliefert, warum der Millionär sich ständig betrinkt und sich umbringen will (die Frau hat ihn verlassen). Man sieht, was den Tramp zur dringenden Beschaffung von Geld für das Mädchen treibt (die letzte Mahnung über die Mietzahlung).

---

[385] Es gibt verschiedene Meinungen über die Schlussszene im Film. Viktor Schklowski betrachtet das Filmende als «das Wiedersehen und zugleich den Abschied» aufgrund sozialer Unterschiede zwischen dem Mädchen und dem Tramp. In: Schklowski 1986, S. 272. Thomas Köbner geht in seinen Interpretationen noch weiter und spricht über die Unmöglichkeit einer Hochzeit zwischen den beiden, was meiner Meinung nach äußerst subjektiv ist. Nicht jeder Film wird mit einem *Happyend* in Form einer Hochzeit abgeschlossen, wie auch die Hochzeit nicht zum Maßstab des menschlichen Glücks zählt. Manchmal genügt es, wenn ein «reiches» Mädchen seinem armen Verehrer hilft oder sich bei ihm für die Hilfe bedankt, um bereits von einer positiven Auflösung zu sprechen.

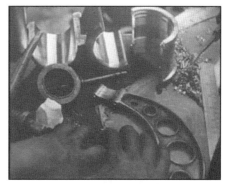

83-86 The Kid   **87-90** Statchka

In diesen Filmen beschäftigt man sich noch viel mit äußeren Effekten und unterhaltsamen Szenen, die den Zuschauer zum Lachen bringen. Man beobachtet in der 13. Minute (drei Minuten lang), wie der Tramp den betrunkenen Millionär vom Selbstmord abhält. Manche Szenen werden mindestens zwei Mal wiederholt, beispielsweise die Rettungsszene, in der der Tramp den Millionär aus dem Wasser herauszuziehen versucht. In der 21. Minute des Filmes beobachten wir für sechs Minuten, wie beide ins Restaurant gehen. Die kleinen Episoden dieser Sequenz, wie der Tanz mit einer fremden Dame und das schwere Erreichen des Tisches im betrunkenen Zustand, gehören zur Unterhaltung. Das Anzünden der Zigarre – mit ironischen Vorfällen und kleinen Pannen – nimmt fast drei Minuten in Anspruch, ohne dabei wesentlichen Einfluss auf die Handlung auszuüben. Die narrativen Momente der Geschichte werden in Zwischentiteln verdeutlicht. Diese beinhalten die einzelnen Phrasen des Dialogs oder präzisieren den Zeitablauf (Morgen, Tag, Nacht). Es lässt sich also zusammenfassen, dass die traditionellen Strukturen der Hollywoodfilme mit *reisenden* Helden und aufklärenden Episoden, die sowohl die Handlung vorantreiben als auch die Motivationen der Darsteller erklären, bereits beim amerikanischen Stummfilm vorhanden waren. Die technische Bearbeitung des Filmmaterials in den 1920er- und 1930er-Jahren ähnelt der zehn oder zwanzig Jahre später. Die durchschnittliche Einstellungsdauer betrug circa fünf bis sieben Sekunden (bei CITY LIGHTS dauern manche Einstellungen elf bis 23 Sekunden). Bei der Kameraführung wurde die Standposition bevorzugt. Die Einführung in die Handlung begann mit einem *establishing shot* (man weiß immer, wo man sich befindet). Aus dieser Einstellung wechselte man mit langsamen *Einzoomen* zur *Nahaufnahme*, die zur Unterstützung narrativer Inhalte des Filmes eingesetzt wird. Wenn man in der zwölften Minute von CITY LIGHTS eine *Großaufnahme* des Mädchen für drei Sekunden sieht, weiß der Zuschauer über die versteckte Botschaft des Inhaltes Bescheid: Das Mädchen ‹schaut› aus dem Fenster und hört, wie die Nachbarin mit ihrem Freund ausgeht. Ihr *nah* gezeigtes Gesicht verrät ihre Einsamkeit und tiefste Sehnsucht nach Liebe (Abb. 83-86).

Obwohl sich Eisenstein in seiner Montageästhetik intensiv mit formalen Methoden der Filmgestaltung beschäftigte, wie zum Beispiel der Wechselbeziehung von zwei Einstellungen und die Berechnungen, wie sie miteinander im ganzen Film korrelieren, kann man auch in seinem Werk Spuren einer Handlung nachweisen. In STATCHKA wurde das Leben der Fabrikarbeiter durch Überstunden, schlechte Arbeitsbedingungen und zahlreiche Erniedrigungen seitens der leitenden Mitarbeiter und Fabrikbesitzer erschwert. Ein Arbeiter namens Jacob Strongin wird beschuldigt, ein Gerät gestohlen zu haben. Es wird ihm gekündigt, und er muss als Dieb die Anlage verlassen. Jacob zieht den Tod der Schande vor. Die Kameraden finden seine Leiche mit einem erklärenden Brief in der Werkshalle. Unter den Menschen wächst die Wut gegen die Administration, bis sie schließlich entscheiden, ihre Arbeit niederzulegen und zu streiken.

91-96 Montage der *Kino-Attraktionen* in Statchka (1925): tote Menschenmenge (linke Spalte), geschlachtete Rinder (rechte Spalte)

Der ausführlich dargestellte Streik endet mit dem Mord an tausenden Arbeitern. Die letzten Einstellungen des Filmes zeigen die tote Menschenmenge (Abb. 91-93). Für die Überlebenden ist im Zwischentitel eine Mahnung enthalten: Sie sollen diesen Streik nicht vergessen und sich gegen die Macht der Kapitalisten wehren. Wenn man den Film nach den Vorlagen der *klassischen* Erzählstruktur analysiert, kann man in der Tat über *Wendepunkte* und Kulmination bei Eisenstein sprechen. In der 17. Minute wird Jacob Strongin als Dieb beschuldigt und zwei Minuten später finden die Kameraden seine Leiche. Um die 20. Minute hört man das Signal des Hornes (musikalische Begleitung im Stummfilm). Die Arbeiter halten ihre Maschinen an. Circa in der Mitte (49. Minute) des

82-minütigen Filmes wird der Anführer der Arbeiter festgenommen. Ab jetzt beginnt ein Bruch in der bis dahin ruhig verlaufenen Erzählung. In der 60. Minute zündet das Gesindel einen Weinladen an, dessen werden die Fabrikarbeiter beschuldigt. Ab diesem Moment findet in der Handlung eine dramatische *Wendung* statt, die bei Filmende in einem Blutbad mündet. Die metaphorischen ‹Bildrätsel› (wie Parallelen zwischen «geschlachteten Rindern» [Abb. 94-96] oder «ausgepresster Zitrone» [Abb. 97-100]), die erst durch den Vergleich mit dem danach folgenden Inhalt («ermordete Arbeiter» oder «Fabrikversammlung») einen Sinn ergeben, sind bei Eisenstein besonders beliebt. Ähnliche Symbolhaftigkeit findet man aber auch in den Hollywoodfilmen, wenn auch nicht so oft wie bei Eisenstein.

In der vierten Minute von THE KID verliert ein frisch verheiratetes Paar eine Rose. Beim Anblick der Braut wird die Bedeutung dieses Details klar. Die junge und attraktive Frau scheint gegen ihren Willen einen wohlhabenden, alten Herrn zu heiraten. Als sieben Sekunden später der Mann die Blume mit dem Fuß zertritt, imaginiert man mithilfe des Symbols das zukünftige Leben des Paares: Die Jugend und Schönheit der Frau wird wie die Rose vom alten Mann ‹zertreten› (Abb. 101-104). Obwohl diese Szene auch mit metaphorischen Symbolen – wie viele Filme Eisensteins – arbeitet, wäre es jedoch falsch zu denken, dass Eisenstein die narrativen Systeme der Amerikaner unterstützt. Eisensteins symbolhafte Einstellungen erfüllen die Funktion eines Konfliktauslösers auf dem technischen Niveau, indem eine Aufnahme mit einer anderen im rhythmisch-zeitlichen Kontrast steht. Inhaltlich stellen diese *Attraktionen* einen direkten, augenblicklichen Schock dar, der die Handlung nicht (wie in Hollywood) unterstützt, sondern sie eher unterbricht und den Zuschauer auf eine «emotional-intellektuelle» Weise fordert. Auch wenn diese Szenen narrative Elemente beinhalten, sind die Metaphern nicht handlungsbestimmend und in die Geschichte eingebunden, sondern sie werden als eine Vergleichserfahrung für semantische und syntaktische Prozesse genutzt, wie in der von Eisenstein geliebten japanischen Zeichensprache, in der ein Symbol für «Hund» erst eine Bedeutung im Zusammenhang mit einem anderen hat.

Wenn man die Zwischentitel von CITY LIGHTS und STATCHKA vergleicht, bemerkt man wesentliche Unterschiede auf inhaltlicher Ebene. In CITY LIGHTS findet man «sprechende» Sätze, die die Handlung verdeutlichen. Im russischen Film tragen die Zwischentitel (meistens einzelne Substantive wie «Dieb», «Direktor»; Verben im Infinitiv wie «stehen», «nicht aufgeben») nicht nur erklärende Funktion, sondern zeigen die Meinung des Regisseurs und verstärken somit die Wirkung einer Szene. «Affe» (russisch мартышка) nennt er einen Geheimdienstagenten der Fabrikleitung. Mit dem «Vorbereiten der Forderungen» (russisch выработка требований) kommentiert er die Versammlungen der Arbeiter, die einen Brief an die Administration der Fabrik schreiben. Zusammen mit «hungrig» (russisch голодно) zeigt er verhungernde Ehefrauen und Kinder der streikenden Arbeiter. Mit der Aussage «Die Geheimpolizei ekelt sich vor nichts» (russisch охранка не брезглива) verurteilt der Regisseur in einem Zwischentitel das zaristische Exekutivorgan, das mit unrechten Mitteln handelt und Unterstützung gegen die Arbeiter beim Straßengesindel sucht.

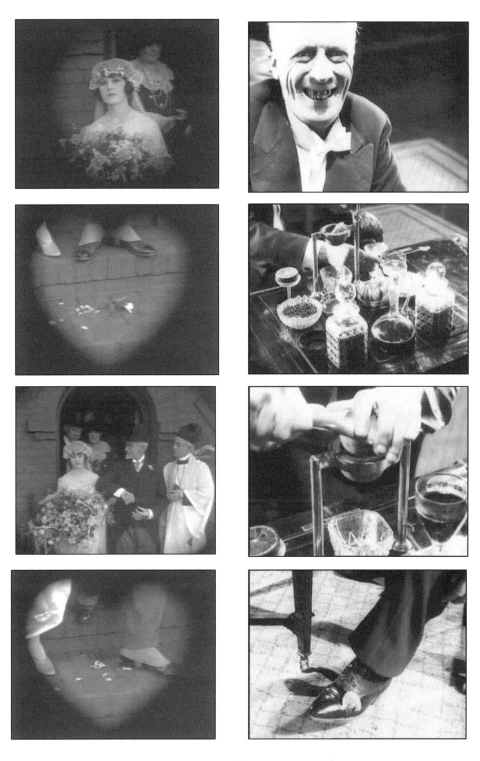

97-104 Symbole und Metapher: ausgepresste Zitrone (STATCHKA, linke Spalte) Rose und Jugend
(THE KID, rechte Spalte)

Als 1936 der Stummfilm durch den Tonfilm abgelöst wurde, sprach Eisenstein davon, den Ton nicht als Hilfsmittel zum Dialog oder zu einer dramaturgischen Steigerung zu nutzen, sondern als ein Montageelement, somit hat der Ton nicht die in Hollywood verbreitete erklärende Funktion (Dialog, Nachklang), sondern *assoziative* (Unterstützung des Sinnbildes, Überbrückung zwischen zwei Schnitten und ihre Vereinigung durch die Musik).

Die filmischen Darstellungen Eisensteins sind von einem plakativen Charakter geprägt, vor allem bei der Einführung in die Handlung. Es fehlen die Erklärungen über den Ort des Geschehens. Beim Drehen geht Eisenstein nicht nach der *klassischen* Methode *the rule of three* vor. Die ersten Szenen des Filmes fangen nicht zur besseren Orientierung der Zuschauer mit einem *establishing shot* an. Es wird nicht in die *Amerikanische* gewechselt, um die Details vorzustellen. Die Darstellung fließt nicht weiter in die *Großaufnahme*, die von den amerikanischen Filmemachern gewöhnlich zur Vorstellung des Protagonisten genutzt wird. Die Einführung in den Film Eisensteins hat zunächst keine nachvollziehbare Logik. Der Raum wird zergliedert und beliebig zusammengefügt. Die Kamera bewegt sich im chaotischen Tempo, ohne die klassische 180°-Achse zu berücksichtigen, und im ständigen Wechsel vom Sehenden zum Gesehenen, um die Gliederung des Raums durch Montage zu präsentieren. Die ersten Einstellungen einer Sequenz sind nach Eisenstein meistens *Nah-* und *Detailaufnahmen*, wie am Anfang des Filmes STATCHKA.

Die Einstellung in der zweiten Minute zeigt vier Sekunden lang die rauchenden Fabrikschlote, danach kommen das bösartig lächelnde Gesicht des Kapitalisten (vier Sekunden lang) und erst dann der Innenraum des Fabrikbüros aus der *Totale*. Die meisten *Totalaufnahmen* Eisensteins sind unverständlich gestaltet: Sie liefern keine genaueren Ortsangaben und keinen Überblick über das Geschehen, sondern bestehen aus rhythmischen Linien, schnellen Menschenbewegungen und dem Schimmern von Objekten, wie beispielsweise dem Fabrikbüro in der dritten Einstellung des Filmes. Man sieht hier nur die Bewegung sich ständig öffnender und schließender Türen sowie zahlreiche hin und her eilende Mitarbeiter. In der fünften Einstellung zeigt Eisenstein die Übersicht der Fabrik. Es wird jedoch kein Einblick in die Räume gewährt. Statt der Arbeitshalle und ihrer Einrichtung sind wieder Details – die Geräte und die Seile – zu sehen, die mit einer unruhigen Beleuchtung im Hintergrund (*backlights*) die Dramatik der Komposition steigern. Eisenstein zeigt seine Vorliebe für ungewöhnliche und unruhige Aufnahmen in Frosch- oder Vogelperspektiven. Im Vergleich zu ihm dreht Chaplin meistens im Stand und platziert die wichtigen Ereignisse auf der Augenhöhe eines Erwachsenen. Durch ruhige Kameraführung und die weichen Schnittübergänge hat man in einem Hollywoodfilm weniger als 60 Klebestellen pro Filmrolle, bei STATCHKA sind es mindestens 379, BRONENOSEZ POTEMKIN hat ungefähr 1.280. Auch wenn eine Szene bei

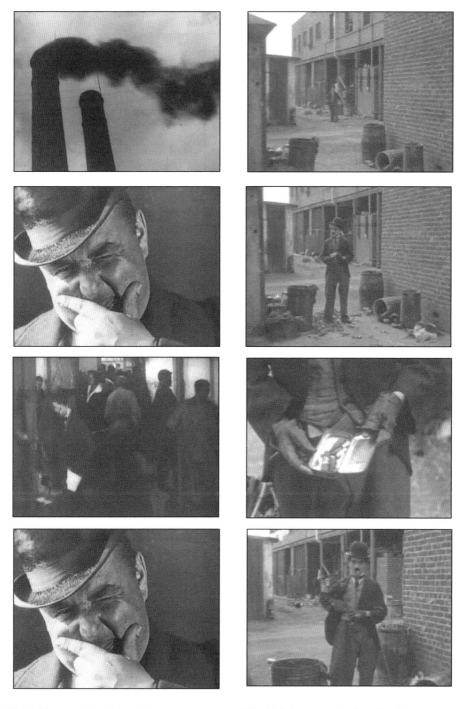

97-104 Die ersten Einstellungen in
STATCHKA (1925)

109-112 Präsentation der Hauptfigur in
THE KID (1921)

STATCHKA bloß fünf Minuten dauert, kann sie schon aus 100 Einstellungen bestehen.[386] Die wichtigen Episoden sind im ganzen Bildraum verteilt, dabei achtet er wenig auf die psychologischen Vorteile des mittleren Bildabschnittes. Die Blicke seiner Protagonisten treffen sich oft nicht, geachtet wird auf die Choreografie der Linien und Gegensätze (Horizontale – Vertikale, links – rechts, gerade – ungerade, Volumenunterschiede). Im Bild darf nicht die Harmonie, sondern die Spannung herrschen. Deshalb entstehen die Verständnisprobleme nur bei solchen Zuschauern, die eine narrative Struktur und *klassisch* erzählte Geschichte in diesen Filmen suchen.

Die Präsentation der Protagonisten unterscheiden sich wesentlich in den Filmen von Eisenstein und Chaplin: Langsames detailliertes Annähern nach *klassischen* Hollywoodregeln bei Chaplin (CITY LIGHTS) im Vergleich zur zerstückelten, schnellen und unpersönlichen Darstellung bei Eisenstein (STATCHKA). In der 16. Minute von STATCHKA wird Jacob Strongin vorgestellt. Seine Ermordung wird zum Auslöser des Streiks. Die erste Einstellung der Szene zeigt seine das Metronom suchenden Hände. Sie wechseln sich mit *Close-ups* seines oberen Gesichtsteils und der Aufsicht seines Arbeitsplatzes ab, bis in der siebten Einstellung sein Rücken in der *Halbtotale* gezeigt wird. Doch diese Kameraperspektive gibt dem Zuschauer immer noch keine Informationen über ihn. Mit unruhiger Beleuchtung, schnellem Wechsel der Einstellungen (alle zwei Sekunden) betont man die Nervosität und die Sorge des Arbeiters wegen des gestohlenen Geräts. Erst nach 49 Sekunden sieht man sein Gesicht im Profil. Eisensteins Protagonist ist wie ein Objekt, ein Mittel zum Zweck. Er taucht auf, erfüllt seine Aufgaben – beispielsweise Vorantreiben der Story – und geht.[387] Taktisch wird die Gestalt von Strongin gezeigt, weil man an seinem Beispiel die Ehrlichkeit der Arbeiter, ihr Gewissen und die Verantwortung im Vergleich zur unberechenbaren, gierigen Fabrikleitung andeuten will, aber auch, weil sein Tod zum Auslöser des Streiks wird.

Ständige Wiederholungen der Einstellungen bei Eisenstein und bei Chaplin haben verschiedene Bedeutungen. Bei Chaplin spielen sie eine unterhaltende Rolle, die lustigen Versuche seines Protagonisten, dem Millionär aus dem Wasser zu helfen, rufen bei erneuter Wiederholung das Lachen der Zuschauer hervor. Das ständige Umschalten von der *Großaufnahme* der Hände zum Arbeitsplatz und dem suchenden Blick von Jacob zeigt die Nervosität des Arbeiters, dient aber auch zum formalen Dramatisieren des Filmrhythmus'.

Die Vorstellung des Hauptcharakters in CITY LIGHTS findet bereits in der dritten Minute in einer Folge von *totalen* Einstellungen statt. Die erste Szene zeigt die Eröffnung eines Denkmals. Als die Schutzabdeckung vom Denkmal fällt, sieht man den Protagonisten – den armen, in Lumpen gehüllten Tramp – der auf einer der Statuen eingenickt ist. Nach einer Einstellungsreihe mit dem amüsanten Absteigen der Hauptfigur von dem öffentlichen Denkmal erscheint der Tramp nun selbst – in der fünften Minute *total* und *halbnah*, im Profil und frontal, für sechs Sekunden lang. Die

---

[386] Bulgakowa 1997, S. 67ff.

[387] In jedem Film Eisensteins ist eine solche Figur anwesend: der Arbeiter in STATCHKA, der Matrose in BRONENOSEZ POTEMKIN oder die alte Bäuerin in STAROE I NOVOE.

Hauptdarstellerin, das blinde Mädchen, sehen wir bereits in der achten Minute in einer *nahen* Einstellung frontal, danach fährt die Kamera zurück, so dass wir ihre ganze Figur betrachten können.

Noch deutlicher wird der Protagonist von THE KID (1921), einem anderen Film von und mit Charlie Chaplin, vorgestellt. In der ersten Einstellung zeigt die Standkamera für 22 Sekunden aus der *extremen Totale* seinen Spaziergang eine enge Gasse entlang, neben den Wohnhäusern und zwischen Mülltonnen. In der dritten Einstellung wird für 15 Sekunden auf die Detailaufnahme seiner Hände geschnitten. Man sieht sie in löcherigen Handschuhen, wie sie aus einer Box die Zigarettenreste holen. Bereits in der vierten Einstellung steht Chaplin frontal zum Zuschauer und blickt für 23 Sekunden in die Kamera, während er seine Handschuhe auszieht und einen Zigarettenstummel anzündet. Vier lange Einstellungen werden gebraucht, um die Hauptfigur zu charakterisieren. Nach dem dynamischen Einstellungswechsel bei der Präsentation von Jacob Strongin im Film von Eisenstein bekommen wir kaum Informationen über diese Person. Bei Chaplin haben wir nach knapp einer Minute einige wichtige Hinweise über seinen Charakter: Der Mann ist arm (zerrissene Handschuhe, raucht Kippen), dennoch ist er ein Gentleman (beherrscht Anstandsregeln, versucht sich elegant zu kleiden, nimmt seinen Hut zur Begrüßung ab). In der vierten Minute beobachtet man die Umgebung, in der er wohnt, seine Nachbarn und die ärmliche Einrichtung seiner Wohnung.

Beim anschließenden Vergleich des amerikanischen und russischen Kinos der 1920er-Jahre lässt sich Folgendes anmerken: Die Filmhandlung im Hollywoodkino ist offen in den Bildern ausgedrückt. Man rätselt selten, wohin ein Handlungsstrang führt und ob eine Antwort auf die gestellte Frage ausbleibt. Die russische Schule mit ihrem Vertreter Eisenstein verwendet Meta-Bilder, deren Sinn sich erst durch ihre Zusammenfügung ergibt. Diese sind oft symbolisch und zeichenhaft, also weit von den Bildern des *klassischen* Hollywoodkinos entfernt. Der Schnitt der Amerikaner ist als technischer Vorgang neutral und unsichtbar. Er entfernt den ‹Filmüberfluss›, der die Deutung des Inhalts erschwert. Um die narrative Erzählstruktur zu unterstützen, erfolgen die Schnitte zu einem ruhigen Zeitpunkt der Handlung. Die Montage der Russen ist bewusst formgebend. Sie zeigt ihre Schnittstellen offen, ist ‹manipulativ› und konstruiert die Handlung. Der filmische Fluss eines Hollywoodfilmes beinhaltet ein Einstellungskontinuum in seiner Nachahmung des ‹realen› Lebens: Die Bilder laufen zu einem Ganzen zusammen, die fragmentarischen Einstellungen werden geglättet und motivieren die Narration. Nicht das Einzelbild, sondern die Akzentuierung des Gesamtzusammenhangs spielt die entscheidende Rolle in der Filmhandlung. Diesen Prinzipien setzen die Russen Bruch, Aufsplitterung und Schock gegenüber. Die Bilder sind nicht in ihrem Kontinuum zu verstehen, sondern sie konfrontieren sich gegenseitig mittels Montage. Fragmentarische Einstellungen werden nicht geklärt. Im Gegenteil wird das Fragment akzentuiert, während der Gesamtzusammenhang sich nivelliert.

4. Eisenstein-Effekt

Die theoretischen Aufsätze von Eisenstein sind als unmittelbare Fortsetzung seiner filmischen Experimente zu verstehen, deshalb bleiben seine Systematisierungsversuche der Montagetechniken widersprüchlich. Anders als bei Pudowkin lassen sich die Inhalte seiner zahlreichen Manifeste, Essays und Thesen nicht immer zu einer einheitlichen Theorie verbinden, sondern sind als theoretische Begleitung, als seine Überlegungen zu Filmen zu verstehen, eine Zusammenfassung seines Denkens, die erst nach seinem Tod archiviert und eingeordnet wird. Einige Publikationen versuchen die Originalität seiner Sprache zu bewahren und drucken seine Skripte in der unbearbeiteten Version, mit Abkürzungen und Rechtschreibfehlern. Genau nach diesem Prinzip wurden seine Schriften während der ersten Forschungsperiode im Ausland in den 1970er-Jahren publiziert, beispielsweise in den Sammelbänden von Hans-Joachim Schlegel. In der zweiten Periode folgte eine systematische Veröffentlichung der Werke, die weitgehend von Ideen Eisensteins und seinem Kreis, beispielsweise von seinem Schüler, dem amerikanischen Übersetzer und Forscher Jay Leyda, inspiriert wurden.[388] In den 1960er-Jahren[389] begann in der UdSSR die systematische Forschungsarbeit. Umfangreiche Ausgaben wurden zusammengestellt und viele für das breite Publikum noch unbekannte Manuskripte – wie *Montage der Kino-Attraktionen* von 1924 – entdeckt und archiviert. Unter diesen Untersuchungen zur Ästhetik von Eisenstein sind vor allem die Arbeiten von Klejman, Barna, Ropars und Améngual zu nennen. Im deutschsprachigen Raum interessierte man sich bis in die 1980er-Jahre hauptsächlich für seine publizistischen Werke, weniger für seine Theorien.

Während der Reisen nach Europa (Schweiz, Deutschland, Frankreich) trat Eisenstein mit Vorträgen in Berlin, Zürich, Amsterdam, London und Paris auf und beteiligte sich aktiv an Fachveranstaltungen[390]. Sein Aufenthalt in den USA sollte zu einem Austausch zwischen westlichem und sowjetischem Kino beitragen. Der englische Filmemacher Ivor Montagu, der Eisenstein nach Amerika begleitete und seine Erlebnisse später in einem Buch namens *With Eisenstein in Hollywood* schilderte, war jedoch der Meinung, dass die Reise nach Amerika wenig produktiv für Eisenstein gewesen sei und vielmehr das Ziel verfolgte, die russische Kinoschule im Westen zu blamieren. Die sowjetische Kinematografie war damals dank Eisenstein, Pudowkin und Wertow in der Welt

---

[388] In den 1940er-Jahren brachte Leyda zwei Bücher in den USA heraus, die die Schriften Eisensteins zum ersten Mal als eine Theorie behandelten. Diese Idee kam als Resonanz auf Eisensteins Versuche, in den späteren 1930er- und 1940er-Jahren seine Manuskripte einzuordnen. Im Jahre 1936 bereitete Eisenstein eine Liste mit seinen Publikationen in den Zeitschriften und Zeitungen vor, die er gerne in den USA veröffentlicht gesehen hätte. Das erste Buch von Leyda – *The Film Sense* – kam 1942 und 1947 in New York und 1943 und 1946 in London heraus, das zweite – *Film Form* – wurde in New York im Jahre 1949 und in London im Jahre 1951 publiziert. Die weiteren Publikationen kamen zwischen 1964 und 1970 in UK und danach in den USA heraus. Vgl. Bulgakowa 1996.

[389] In Frankreich waren es die 1970er- und in England und Italien die 1980er-Jahre.

[390] So nimmt Eisenstein im Jahre 1929 zusammen mit Alexandrow und Tissé am Kongress unabhängiger Filmschaffender in La Sarraz (Schweiz) teil.

führend. Man musste ihren Erfolg stoppen. So lud *Paramount Studios* Eisenstein 1930 nach Hollywood ein, zahlte ihm wöchentlich 500 Dollar Gage, ließ ihn aber nicht arbeiten. Nach sechs Monaten in Hollywood realisierte Eisenstein kein einziges Projekt. Die von ihm verfassten Drehbücher zu den Werken von Blaise Cendrars *L'Or* (1925) zum Film SUTTERS GOLD oder von Theodore Dreisers *An American Tragedy* zum gleichnamigen Film blieben nur auf dem Papier. Erst im amerikanischen Schriftsteller Upton Sinclair glaubte Eisenstein einen Anhänger seiner Ideen und den Produzent seines neuen Projektes QUE VIVA MEXICO, mit Dreharbeiten im Nachbarland, gefunden zu haben. Die Produktion litt jedoch an Finanzierungsproblemen, die Dreharbeiten wurden 1932 unterbrochen und der *Final Cut* fand nicht wie geplant unter der Leitung von Eisenstein in der UdSSR statt, sondern auf Veranlassung von Sinclair in den USA. Die auf die Leinwand gebrachte Version des Filmes hat nur wenig mit den Vorstellungen und Methoden von Eisenstein zu tun.

Obwohl die öffentlichen Auftritte und Auslandsreisen von Eisenstein keinen direkten Einfluss auf das westliche Kino nahmen, wurde dem ausländischen Publikum so der erste Eindruck über seine Ideen und Werke vermittelt. Mehr Ruhm erwarb er jedoch durch öffentliche Vorführungen seiner Filme – besonders von BRONENOSEZ POTEMKIN. Deutschland gehörte zu den westlichen Ländern, in dem das Werk Eisensteins sehr geschätzt wurde. Am 29. April 1926 wurde BRONENOSEZ POTEMKIN im *Apollo Theater* in Berlin uraufgeführt. Der Erfolg des Filmes war so groß, dass er bereits Mitte Mai überall in der Stadt gespielt wurde und das Publikum und die Presse begeisterte. Ein französischer Journalist schrieb aus Berlin für das Pariser Kunstmagazin *Comoedia*:

> «Over the last three weeks, the Russian Film has revolutionized Berlin […]. Nothing else is discussed in the salons.»[391]

Zum Frühjahr 1928 wurde BRONENOSEZ POTEMKIN bereits in 38 Ländern aufgeführt. Ein Jahr früher zeigte man in Deutschland den ersten Film von Eisenstein, STATCHKA. Es gibt verschiedene Meinungen über die Aufnahme des Filmes beim Publikum. Aufgrund der wenigen Zeitungsrezensionen könnte man davon ausgehen, dass der erste Film von Eisenstein nicht den Erfolg des zweiten erreichte. Während Europa und vor allem Deutschland sich für die Filme von Eisenstein öffnete, waren ausländische Filme selten in den USA zu sehen. Die gut funktionierende Hollywoodmaschine sorgte dafür, dass hauptsächlich die einheimischen Produktionen ihren Verleih fanden. Es gab jedoch verschiedene Umwege, wie die Filme aus Europa ihr interessiertes Zielpublikum – Fachbesucher und Intellektuelle – fanden. Die gängige Praxis war folgende: Man mietete ein Kinotheater und veranstaltete dort die Premiere. Auf diese Art und Weise hoffte man, amerikanische Verleihfirmen anzulocken. *Variety* berichtete, dass für die Premiere von BRONENOSEZ POTEMKIN in *The Biltmore* in New York das *Amkino*, eine für den Export sowjetischer Filme zuständige Distributionsfirma, einen hohen Mietpreis bezahlte. Sie bekam noch mehr Geld zurück.[392] Offensichtlich hing diese Tatsache mit dem

---

[391] «Während der letzten drei Wochen hat der russische Film Berlin revolutioniert […]. Nichts anderes wird in den Salons diskutiert.» In: Thompson 1993, 53ff.

[392] Thompson 1993, S. 60.

wachsenden Interesse der amerikanischen Intellektuellen am Kunstfilm zusammen.[393] In Washington wurde BRONENOSEZ POTEMKIN in *The Little Theater* gezeigt. Der Film lief auch im ganzen Land im Jahre 1927 mit großem Erfolg. Nach *Variety*-Berichten rechnete man beim Kauf der Karten stets mit großen Schlangen, und im Kino war der Raum so gefüllt, dass man kaum noch Stehplätze finden konnte.[394] BRONENOSEZ POTEMKIN hatte in Europa unglaublichen Erfolg und erzielte einen großen Gewinn. Der US-Markt öffnete sich dem Export sowjetischer Filme.

Während in der ersten Hälfte des 20. Jahrhunderts die ungewöhnlichen Montagetechniken Eisensteins für Aufmerksamkeit beim Publikum sorgten, wurden seine Methoden in der zweiten Hälfte des Jahrhunderts bereits nachgemacht und man experimentierte gerne mit diesen Techniken. Bordwell spricht über die besondere Rolle Eisensteins für die Entwicklung des westlichen Kinos:

> «Mid 1960s Eisenstein had become central to reflection about cinema as art and social force. As if in reaction to both aesthetic and political denunciations of the ‹manipulativeness› of montage, some critics and theorist praised Eisenstein as a pioneer in an avant-garde tradition.»[395]

Die Vertreter der *Nouvelle Vague* riefen die *diskontinuierliche* Montage Eisensteins ins Leben. Alain Renais und Jean-Luc Godard bauten verschiedene Inhalte ihrer Filme in schneller Abfolge und parallel zueinander so auf, dass sie den einen Zusammenhang ergaben. HIROSHIMA MON AMOUR (1959) von Alain Renais wird von zwei Themen dominiert, Krieg und Frieden, die er abwechselnd zeigt. Auf ungewöhnliche Art und Weise stellt er die Hauptdarsteller vor, einen Mann und eine Frau, wobei in den ersten Aufnahmen wenig von den Protagonisten zu sehen ist. Dargestellt werden bloß die Ausschnitte zweier entkleideter Körper, die sich umarmen. Die gleichen Charakterpräsentationen trifft man auch in den Filmen von Eisenstein, beispielsweise in STATCHKA bei der Vorstellung von Jacob Strongin, indem wir zuerst seine ‹suchenden› Hände, den Kopf und erst dann sein Gesicht aus einer ungewöhnlichen Perspektive beobachten. In den ersten Einstellungen von HIROSHIMA MON AMOUR zeigt Renais parallel zu den Protagonisten die Bilder der Stadt Hiroshima in der Zeit des Friedens (Klinik, Museum) und nach der Atombombardierung (verwüstete Landschaften, Reste der Wohnhäuser, verstümmelte Opfer). Aus dem Dialog zwischen dem Mann und der Frau wird ersichtlich, dass die meisten dieser Darstellungen zur Erinnerung des weiblichen Charakters gehören. Die Bilder wechseln im schnellen Tempo und jede Einstellung dauert – ähnlich wie bei Eisenstein – etwa zwei Sekunden.

---

[393] Im Jahre 1925 wurde in den USA von Symon Gould der Verein für den Arthouse-Film (*Film Arts Guild*) gegründet. Seit Frühjahr 1926 fanden im *Cameo Theater* in New York reguläre Filmvorführungen statt, die ein kleines, enthusiastisches Publikum erreichten. In: Melnick / Fuchs, 2004, S. 69.

[394] Thompson 1993, S.60.

[395] «Mitte der 1960er-Jahre war Eisenstein wichtig für die Reflexion über das Kino als soziale und künstlerische Kraft. Als ob in der Reaktion zu beidem: Ästhetischen und politischen Angriffen über ‹Manipulierbarkeit› der Montage priesen einige Kritiker und Theoretiker Eisenstein wie einen Pionier avantgardistischer Tradition an.» In: Bordwell 1993, S. 260.

Wie Eisenstein mit seiner *Montage der Attraktionen* unterbricht Jean-Luc Godard gerne die Handlung seiner Filme mit unerwarteten Musikeinlagen oder Actionszenen. In UNE FEMME MARIÉE (1964) mischt er die Darstellung der Frau mit Nahaufnahmen aus Werbespots und Zeitungsausschnitten. In den Erschießungsszenen in LES CARABINEERS (1963) zeigt er besondere Vorliebe für den Vergleich: Die Kriegsszenen überschneiden sich mit Aufnahmen aus dem Alltag. Seinen schnellen Schnitt nennt er im Andenken an den russischen Regisseur: «proud, moving, Eisensteinian»[396]. Die Franzosen zeigen eine besondere Vorliebe für Außenaufnahmen. Auch Eisenstein drehte seine Filme vor Ort. Wie bei dem russischen Regisseur fehlen bei den Vertretern der *Nouvelle Vague* der lineare und chronologische Aufbau der Handlung. Der Handlungsfluss wird neu strukturiert, indem nicht die logischen visuellen Motive, sondern einzelne oft verfremdete Episoden (Frauengestalt und Ausschnitt aus einer Zeitung mit modischen Accessoires) zusammengesetzt werden.[397] Die Einstellungen sind doppelkodiert. Der Filmschluss bleibt offen und mehrschichtig. Diese Mehrdeutigkeit und Doppelkodierung der französischen Filme bieten dem Zuschauer differenzierte Handlungsinterpretationen, während das *offene* Ende in den Filmen Eisensteins andere Ziele, meist politisch-sozialer Herkunft, erfüllt, etwa die Hoffnung auf eine Befreiung (BRONENOSEZ POTEMKIN) oder einen Aufruf zum Kampf (STATCHKA). Letztendlich erreichen sowohl die Franzosen als auch Eisenstein einen ähnlichen Schlusseffekt: Sie halten den Zuschauer wach und fordern ihn zum aktiven Mitdenken heraus. Die Begeisterung über Eisensteins Methoden spiegelt sich bei den französischen Regisseuren überwiegend in ihren technischen Experimenten wider. Ihre Filme handeln – im Gegensatz zu denen Eisensteins – von einzelnen Charakteren und ihren Schicksalen.

Obwohl der Einfluss Eisensteins auf das japanische Kino, insbesondere auf das Werk von Akira Kurosawa, enorm war, möchte ich darüber nur kurz sprechen, weil es mir hauptsächlich um Eisenstein im Bezug auf seine europäischen und amerikanischen Kollegen geht. Kurosawa schätzte ohne Zweifel Eisensteins Methoden, auch wenn er in zahlreichen Interviews diese Einflüsse verneinte.[398] Wie Eisenstein neigt auch Kurosawa dazu, mithilfe von Metaphern und Vergleichen zu arbeiten, um ein maximales

---

[396] «stolz, beweglich, Eisensteinian.» In: Bordwell 1993, S.260.

[397] Der Begriff *jump cut* bezeichnet eine besondere Art der Montage, benutzt von den Vertretern der französischen *Nouvelle Vague*. Wie Eisensteins *Montage der Attraktionen* unterstützt *jump cut* nicht die narrativen Strukturen einer Handlung, sondern richtet die Aufmerksamkeit der Zuschauer auf die technische Innovation. Dabei wird entweder der räumliche Aufbau der Filmszene missachtet oder die Körperbewegung im Raum unerwartet variiert. Man zeigt entweder den gleichen Hintergrund mit sich schnell wechselndem Inhalt (wie den Innenhof eines Hauses mit sich wechselnden Episoden, die darin geschehen) oder man «verkürzt» die Bewegung eines Schauspielers, indem beispielsweise das Überqueren einer Straße nicht in der Ganzheit vor der Kamera vorgeführt wird, sondern nur als Anfang, Mitte und Ende. Somit werden die Bildübergänge – ähnlich wie bei Eisenstein – sprunghaft und dynamisch.

[398] Vgl. Kurosawa über Eisenstein: «I've never been influenced […] I like Potemkin, but by the time of IVAN THE TERRIBLE, I had stopped looking at Eisenstein» («Ich war noch nie beeinflusst […]. Mir gefällt Potemkin, aber zum Zeitpunkt von IWAN GROSNJI habe ich aufgehört, auf Eisenstein zu schauen»), antwortete er beispielsweise dem amerikanischen Filmkritiker Gerald Peary in einem Interview für *The Boston Herald*.
unter: http://geraldpeary.com/interviews/jkl/kurosawa.html (02.06.2011)

Schockerlebnis beim Zuschauer zu erzielen. Die Filmhandlungen sind bei ihm in kleine Gruppen ‹zerlegt› und stehen somit unter dem unmittelbaren Einfluss japanischer Kultur, vor allem des *Kabuki*-Theaters. Der Schauspieler aus der *Kabuki*-Theater-Tradition setzt seine Bewegungen gezielt ab, fragmentiert damit seine Darstellung (ein von Eisenstein geschätztes Prinzip) auf der Bühne und ändert ihren Rhythmus so, dass er seine emotionalen Ausdrücke im langsamen Tempo verfeinert und den Konflikt zwischen dem Geschehen und seiner zeitlichen Natur hervorruft. Es ist auch bekannt, dass Eisenstein den Ausgangspunkt der Theorie über die *intellektuelle Montage* in den Hieroglyphen suchte und dieses Zeichensystem mit der Filmpoetik verglich. Sowohl Eisenstein als auch Kurosawa gestalten *Mise-en-cadre,* so dass die darin enthaltenen Objekte aus ungewöhnlichen Winkeln gezeigt werden und die Einstellungen in harten Übergängen wechseln. Die Erwähnung von Kurosawa ist insofern wichtig, weil amerikanische Regisseure wie Francis Ford Coppola das Werk von Kurosawa sehr schätzten. Weitere Einflüsse Eisensteins zeigt Paolo Pasolini in IL VANGELO SECONDO MATTEO (1964). Während der Filmerzählung erinnern seine Massenszenen an die dynamischen Darstellungen von ALEXANDR NEVSKY. Der Italiener übernimmt auch die *Casting*-Methoden Eisensteins, indem er den unprofessionellen Schauspieler bevorzugt und nach dem Aussehen, nicht nach dem Können die Rollen vergibt. Die klaustrophobische Stilisierung von IWAN GROSNIJ finden seine Verehrer auch zwischen Luchino Visconti, Derek Jarman und Kenn Russell.[399]

Während die Regisseure der *Nouvelle Vague,* Kurosawa oder Pasolini mit dem visuellen Stil Eisensteins experimentierten, gab es andere Filmemacher, die die bekanntesten Werke des russischen Regisseurs in ihren Filmen zitierten. Die berühmte Odessa-Treppe aus BRONENOSEZ POTEMKIN wurde beispielsweise in BANANAS (1971) von Woody Allen, THE UNTOUCHABLE (1987) von Brian De Palma und BRAZIL von Terry Gilliam nachgeahmt.[400] In APOCALYPSE NOW (1979) stellt Francis Ford Coppola – ganz im Sinne der *Montage der Attraktionen* – die brutale Ermordung des Colonels Kurtz durch Kapitän Willard im Vergleich zur rituellen Schlachtung eines Wasserbüffels durch Eingeborene dar. Er ruft somit im Zuschauergedächtnis die Szene mit der Schlachtung der Rinder und der Ermordung der Volksmassen in STATCHKA hervor, wobei Eisenstein mehr Wert auf die gegensätzlichen Darstellungen legte, während Coppola zusätzlich die Simultaneität der Szene betont und beide Ereignisse zeitgenau durch *cross-cutting* verbindet.

> «I was about eighteen when I became a disciple of Eisenstein […] I was dying to make a film. So, following his example, I studied the theatre and worked very hard […] I wanted to know everything, from every aspect, to have the same breadth of knowledge as Eisenstein did […].»[401]

---

[399] Bordwell 1993, S. 266.

[400] Ebd., S. 266.

[401] «Ich war etwa 18 Jahre alt, als ich zum Anhänger von Eisenstein wurde […]. Um jeden Preis wollte ich einen Film drehen. So habe ich – seinem Beispiel folgend – Theater studiert und sehr viel gearbeitet […]. Ich wollte alles wissen, von jedem Aspekt, um die gleich fundierten Kenntnisse zu haben, wie sie Eisenstein hatte […].» In: Ebd., S. 266.

Coppola gehört zu einem der wenigen amerikanischen Filmemacher, der direkt über den Einfluss von Eisenstein auf sein Werk spricht. Bei anderen Regisseuren beobachtet man ähnlich dramatische Schnitte, formale Behandlung der Erzählungen und zahlreiche Einstellungsvergleiche, auch wenn sie hinter der Narration der Handlung versteckt bleiben. Ob Alfred Hitchcock seine Ermordungsszene in PSYCHO (1960) als Andenken an die *intellektuelle* Montage von Eisenstein gestaltete, lässt sich nur vermuten, vor allem wenn man diese Szene genau beobachtet. Die Vermittlung des Inhaltes geschieht hier durch die bevorzugte Methode *Nah-* und *Detailaufnahmen* von Eisenstein. Die weit aufgerissenen Augen der Frau, ihre von der Wand abrutschende Hand, eine dunkle Gestalt mit dem Messer, ein Blutfleck, dunkelgefärbte Fluten, die in den Ausguss fließen, – alle diese Aufnahmen lassen den Mord erkennen. Der Vorgang wird jedoch nicht ausgespielt, sondern über die Details vermittelt. Würden wir diese Episode separat zeigen oder – wie bei den Experimenten von Kuleschow – mit anderen Inhalten verbinden, würden dadurch neue Zusammenhänge entstehen.

Joel Coen – Cutter von Beruf – lernte die Montagetechniken Eisensteins wenn nicht während seines Studiums an der *University of New York*, dann spätestens bei Sam Raimi mit Sicherheit kennen. Es gibt dennoch keine direkten Hinweise auf den Einfluss der russischen *Formalisten*-Schule auf die Brüder Coen und das amerikanische Kino der 1980er- und 1990er-Jahre. Diese kommen erst zum Vorschein, wenn man die Strukturen der Filme, die Spezifik des Handlungsaufbaus und die visuelle Darstellung analysiert. Der Weg zu den russischen Formalisten könnte auch über andere Medienbereiche wie TV und Werbung gehen. Der Einfluss der Montagetechniken Eisensteins geht so weit, dass einige Filmkritiker und Wissenschaftler die modernen Fernsehproduktionen mit den Stummfilmen Eisensteins und seiner Kollegen vergleichen:

> «Montage sequence, television commercials, and music videos […] the rapid editing in such sequences would not have been possible without the Soviet montage cinema.»[402]

Während Eisenstein im Jahre 1937 zur Erkenntnis kam, dass die Filmkunst sich nicht nur um die Montage drehte, haben Nachfolgegenerationen der Filmemacher oft nur diesen einen Aspekt seiner Ästhetik hervorgehoben und seinen Verdienst ausschließlich auf das technische Verfahren, wie schnellen Bildwechsel, formale Einstellungskonflikte und sichtbare Schnitte, reduziert, die heute zum festen Bestandteil mancher Werbespots und Spielfilme geworden sind.

---

[402] «Montagefolgen, Fernsehwerbung und Musikvideos […] das schnelle Editieren in diesen Sequenzen wäre nicht ohne das sowjetische Kino der Montage möglich.» In: Bordwell 1993, S. 266.

X

Kino der *Unterhaltung*

Woher kommt im amerikanischen Kino der 1980er- und 1990er-Jahre diese Freude am Experimentieren mit Form zugunsten des Inhalts und die vergnügliche Lust an Zitat mit den filmischen Vorlagen? Heißt das etwa, dass Eisenstein mit seiner Montageästhetik den Drang nach Konsum und Unterhaltung, nach formalen Filmstrukturen, nach dem schnellen Tempo, nach der Manipulation der Zuschauer bereits vor etwa fünfzig Jahren vorausgesehen hat? Wie hat sich die einst im *klassischen* Hollywood entwickelte Erzählstruktur mit ihrem präzisen narrativen Schema geändert? Warum wurde *Story* zugunsten von *Plot* reduziert?

Die ästhetische Grundlage Eisensteins und seiner russischen Kollegen findet man im amerikanischen Kino der 1970er-Jahre,[403] die wiederum das Kino der 1980er- und 1990er-Jahre prägen. Die neue Generation der US-Regisseure erlebt das *klassische* Hollywoodkino als eigene, ruhmreiche Geschichte und die Umstellung des *Studiosystems* durch die Einflüsse des Fernsehens und unabhängiger Produktionen. Seit ihrer Kindheit waren diese Regisseure aktive Konsumenten der TV-Sendungen. Im Jugendalter haben viele von ihnen ein grundlegendes Filmstudium absolviert und die Traditionen des *klassischen* Hollywoodkinos so umgedacht[404], dass ihre Werke unter dem Begriff *New Hollywood*[405] zusammengefasst werden. Zur Mitte der 1980er-Jahre gewinnen im amerikanischen Kino die formalen Gestaltungsmittel wie beispielsweise Kameraführung oder visuelle Effekte mehr an Bedeutung als aufwändige Erzählung, obgleich die Spezialeffekte selbst zu legitimen Handlungssträngen neigen, die nicht nur die Geschichte im Film ersetzen, sondern diese auch ausmachen. Die Grundlage der filmischen Unterhaltung liegt nicht mehr in der Erzählung, sondern in der formal aufgebauten Grafik der Bilder, die in ihrer spektakulären Präsentation die Zuschauer ins Kino locken und auch die Kinoproduktionen von denen des Fernsehens vorteilhaft unterscheiden.

---

[403] In den meisten Quellen der Sekundärliteratur wird behauptet, dass die amerikanischen Filmemacher unter dem Einfluss der französischen Regisseure der *Nouvelle Vague* stehen würden. Teilweise stimmt diese Hypothese. Es ist jedoch in Vergessenheit geraten, dass die Franzosen ihre Inspirationen und ihre Experimentierfreudigkeit wiederum aus Experimenten der russischen Formalisten schöpften. Vgl. Kolker 1980, Ray 1985, Chown 1988.

[404] Hier ist die Generation der Regisseure gemeint, die hauptsächlich Ende der 1930er- und in den 1940er-Jahren geboren wurde, beispielsweise Francis Ford Coppola (geb. 1939), George Lucas (geb. 1944) oder Steven Spielberg (geb. 1946).

[405] Die Besonderheit von *New Hollywood* liegt hauptsächlich in der Auseinandersetzung mit Inhalten des *klassischen* Hollywoods und weniger in der Beschäftigung mit formalen Ausdrucksmitteln wie der Montage von Eisenstein.

1. Wiederbelebung Hollywoods

Die amerikanischen Filme Ende der 1960er- und 1970er-Jahre fasst man unter dem Begriff *New Hollywood* zusammen, wobei man sich darunter keinen Stil vorstellt, sondern eine Tendenz, die eine Reihe Einzelwerke umfasst, in denen Inhalte thematisch und visuell neu interpretiert werden. Da es in dieser Arbeit um das Werk der Brüder Coen geht, habe ich nicht die Absicht, das Phänomen *New Hollywood* detailliert zu analysieren. Eine solche Untersuchung würde den Rahmen dieser Arbeit sprengen, und man würde Gefahr laufen, die 100 Jahre der Filmgeschichte präsentieren zu wollen. Doch die Phase der Erneuerung Hollywoods am Ende der 1960er- bis Mitte der 1970er-Jahre übte einen entscheidenden Einfluss auf den weiteren Verlauf der amerikanischen Filmgeschichte aus. Deshalb bietet sich ein kurzer Exkurs[406] über die Entwicklung der damaligen Filmindustrie an, um allgemeine Tendenzen zu erläutern und diese an den für die Arbeit relevanten Beispielen zu überprüfen.

Die Definition *New Hollywood* tauchte Mitte der 1970er-Jahre in den Schriften von Lloyd (1971), Elsaesser (1975) oder Neale (1976) auf. Die Wissenschaftler wandten sie auf die neue Generation der Filmemacher an, die inmitten einer krisengeschüttelten Filmindustrie das Genrekino modernisierten. Blumenberg und Howarth präzisieren den Begriff, indem sie *New Hollywood* dem Zeitraum von 1967 bis Mitte der 1970er-Jahre zuschreiben: Sie fangen ihre Analysen mit BONNIE AND CLYDE (1967) von Arthur Penn an und beenden sie mit NASHVILLE (1975) von Robert Altman.[407] Madsen sowie Pye und Myles sprechen von *New Hollywood* im Zusammenhang mit dem Werk der jungen Filmemacher wie Scorsese, De Palma, Coppola oder Lucas.[408] Schatz (1993) und Hillier (1992), die ihre Schriften in den 1990er-Jahren veröffentlichten, verstehen unter *New Hollywood* amerikanische *Blockbuster*-Filme, die nach dem Zusammenbruch des alten Studiosystems gedreht wurden und bis heute noch erscheinen. Wie aus dieser Diskussion ersichtlich ist, gibt es zahlreiche Hypothesen und Bewertungen rund um das Phänomen *New Hollywood*. Einige Wissenschaftler wie Kolker sprechen von thematischen und ideologischen Neuigkeiten des Kinos am Ende der 1960er- bis Mitte der 1970er-Jahre (Kolker 1980). Andere erwähnen *New Hollywood* zusammen mit den *postklassischen* (Wyatt 1994, Distelmeyer 2002) beziehungsweise *postmodernen* (Jameson 1991, Felix 2002) Theorien. *New Hollywood* wird in diesen Debatten entweder zu einer vorübergehenden Abweichung von den *klassischen* Normen Hollywoods, die ökonomische Strukturen der *Traumfabrik* neu etabliert, oder zu einer neuen Periode, die das *Kino des Spektakels* bezeichnet, das bis heute die Leinwände dominiert. Was macht *New Hollywood* tatsächlich aus, und welche Folgen hat diese Periode für das aktuelle Kino?

---

[406] Dem Exkurs liegen Schriften von Blumenberg 1976, Pye / Myles 1979, Ray 1985, Hiller 1992, Hugo 1995, Hehr 2003, Dammann 2007 zugrunde.

[407] Blumenberg 1976, Horwarth 1995.

[408] Madsen 1975, Pye / Myles 1979.

In den 1960er-Jahren gelangte die *Traumfabrik* mit ihren bewährten Strategien in eine Krise.[409] Viele bekannte Regisseure wie Michael Curtiz, Leo McCarey und John Ford hatten ihr Werk abgeschlossen. Aufgrund der veralteten Produktionsbedingungen verlor Hollywood eine Reihe bedeutender Filmemacher. Einige von ihnen, wie Anthony Mann, Nicholas Ray und Budd Boetticher, emigrierten. Andere, wie Samuel Fuller, wagten den Rückzug zu nicht kommerziellen Projekten oder begnügten sich, wie Don Siegel, mit Gelegenheitsjobs beim Fernsehen.[410] Die Stars der *klassischen* Ära wie Humphrey Bogart, Gary Cooper oder John Wayne drehten oder lebten nicht mehr. Dennoch wurden die Studios von Mitarbeitern geleitet, die sich noch an alte Vorstellungen und Gestaltungsprinzipen klammerten, ohne gesellschaftliche Veränderungen zu berücksichtigen. Die ersten Reaktionen der Kinoindustrie auf den gestiegenen Einfluss des Fernsehens waren die teuren, monumentalen Produktionen, weil diese sich keine TV-Sendung leisten konnte. So kamen Mitte der 1960er-Jahre Filme wie A SOUND OF MUSIC (1965) oder DOCTOR ZHIVAGO (1966) auf die Leinwand. Den Studios drohte jedoch ein finanzielles Fiasko, weil der Filmmarkt von zahlreichen Produktionen bereits überfüllt war, und es gab kaum noch Zuschauer, die diese nach alten Mustern gestalteten *Musicals* und Dramen sehen wollten.

Nach dem Zweiten Weltkrieg zogen die meisten potenziellen Zuschauer in die Vorstädte und begnügten sich dort lieber mit dem Fernsehen, anstatt nach weit entfernten Kinotheatern Ausschau zu halten:

«Film were an occupation of more educated, more affluent people […] while, down the social ladder, people list playing poker, going to the zoo, fishing, watching television, growing vegetables […].»[411]

Die Jugendlichen aus diesen Häusern wuchsen vor dem Fernseher auf. Wenn sie aber der Aufsicht der Eltern zu entkommen versuchten, dann flohen sie in die *Autokinos*[412], die hauptsächlich von *Low-Budget*-Filmen überschwemmt waren und preiswerten, wenig

---

[409] Bis Anfang der 1960er-Jahre etablierten sich die USA als führende Macht nicht zuletzt wegen der Kriegsschäden in anderen Nationen. Mit der Ermordung von J.F. Kennedy (1963) und deren unvollständiger Aufklärung wurden viele Amerikaner skeptisch gegenüber der Regierung. Dieses Misstrauen wuchs durch den *Vietnam*-Krieg (1965-68), die Bürgerrechtsbewegung der Afroamerikaner und den *Watergate*-Skandal (1973). Ferner führte der *Vietnam*-Krieg zur ökonomischen Krise. Politische und ökonomische Ereignisse übten großen Einfluss auf die Filmindustrie und auf den Kinokonsum aus. Einerseits gab es Bedarf nach neuen, den modernen Zeiten angepassten Filmthemen, andererseits trug die politisch-ökonomische Situation dazu bei, dass viele Zuschauer die Wirklichkeit ablehnten und lieber konventionelle Unterhaltung genossen. In: Hugo 1995, S. 253ff.

[410] Blumenberg 1976, S. 23.

[411] «Film war eine Beschäftigung von besser ausgebildeten, wohlhabenden Menschen […] während die Menschen weiter unten auf der sozialen Leiter eher Tätigkeiten nachgingen, wie Poker spielen, in den Zoo gehen, angeln, Fernsehen schauen, Gemüse anbauen […].» In: Pye / Myles, S. 30.

[412] Die ersten *Autokinos* wurden in den USA Anfang der 1930er-Jahre eröffnet. Sie erreichten in den 1950er- und 1960er-Jahren ihren Kultstatus.

anspruchsvollen Mainstream boten.[413] In den (Groß-)Städten interessierten sich die Zuschauer auch nicht für *klassische* Hollywoodfilme. Sie gruppierten sich um die Universitäten und suchten nach intellektuellen Stoffen. Dafür gingen sie in die Kunstfilmtheater und schauten dort europäische Produktionen der französischen *Nouvelle Vague*-Vertreter oder von Antonioni und Bergman an. Somit reiften sie zur jungen und anspruchsvollen Subkultur. Daraus resultierte die kritische Haltung der modernen Regisseure, die traditionelle Gestaltungsformen und Genres des *klassischen* Hollywoods überdachten und diese durch neue Inhalte, Genres und Techniken weiterentwickelten. Von ihnen wurde das einst festgelegte Hollywoodsystem der *Archetypen* auf den Kopf gestellt: Die Räuber gehörten plötzlich zu den ‹guten› Protagonisten, während Polizei und die Behörden zu den ‹bösen› wurden, wie beispielsweise in BONNIE AND CLYDE (1967). Die unbesiegbaren und entschlossenen (Western-)Helden verschwanden. An ihre Stelle traten verirrte Schwächlinge wie Benjamin Braddock in THE GRADUATE (1967), die sich gehen ließen und kaum zu eigenständiger Entscheidung fähig waren. Schauspieler wurden nicht auf bestimmte Rollen (‹gut›, ‹böse›, ‹Unschuldiger›, ‹Verführer›) festgelegt, sondern spielten komplexere Charaktere. Traditionelle Genres wurden durch Subgenres wie *Horrorfilm*, *Science-Fiction* und *Jugendkomödie* ersetzt. Durch die Entwicklung der Technik veränderte sich die Gestaltung der Filme. Die leichten Handkameras *Arriflex* ermöglichten Mobilität und Beweglichkeit beim Drehen. Daraus resultierten ungewöhnliche Kameraführungen wie beispielsweise 360°-Schwenks. Die Einstellungen verloren an Ruhe und Ausgewogenheit. Sie wurden von unruhigen Kameraführungen und schnellem Wechsel der Schnitte dominiert. *Jump Cuts* sorgten für Fragmentierung des Erzählablaufs, während *Close-ups* die persönliche Perspektive des Geschehens ermöglichten. Das Drehen vor Ort wirkte auf die lebendige Darstellung der Szenen und veränderte ihre Beleuchtung.

Die neue Generation der Filmemacher lernte die Theorie des filmischen Handwerkes an den Filmhochschulen und nicht wie ihre Vorgänger durch praktische Erfahrung. Beeinflusst vom wachsenden Selbstbewusstsein der Filmemacher, die nun auch mit wenig Geld ihre Filme realisieren konnten und nicht ausschließlich von großen Studios abhängig waren, setzte sich die *Directors Guild of America* (DGA)[414] für kreative Rechte der Regisseure durch. Sie wurden als Künstler gefeiert und bekamen mehr Kontrolle über ihr Werk. Das Editieren (*Director's Cut*) der Filmendfassung wurde häufig dem Regisseur selbst überlassen. Falls das Studio oder der Produzent die Produktion doch

---

[413] 1956 wurde für diese Zwecke AIP (*American International Picture*) gegründet. Die Produktion bereitete im Drei-Wochen-Rhythmus jeweils zwei *Low-Budget*-Filme zu den damals unter den Jugendlichen populären Themen wie Sex, Autos und Jugendgangs für die Doppelprogramme der *Autokinos* vor. 1959 verschwanden die Doppelprogramme und AIP drehte in Farbe und Breitwand. In: Hehr 2003, S. 10.

[414] *Directors Guild of America* entstand – als gewerkschaftliche Vereinigung der amerikanischen Regisseure – im Jahre 1960 aus der *Screen Directors Guild* (seit 1936) und der *Radio and Television Directors Guild* (seit 1947).

noch kontrollieren wollten, konnte der Regisseur sich davon distanzieren.[415] 1973 kam es zwischen der *Directors Guild of America* und der *Association of Motion Picture and Television Producers (AMPTP)* zu einem Abkommen über das kreative Mitspracherecht. Daraus folgte, dass dem Regisseur grundsätzliche Mitbestimmung in allen inhaltlichen und gestalterischen Fragen eingeräumt wurde. Somit wurde er nicht zu einem Mitarbeiter der Produktion, einem Glied der langen Kette, sondern zum künstlerischen Leiter. Der Produzent wurde verpflichtet, im Voraus festzulegen, wer über das Endprodukt entscheidet.

In den 1970er-Jahren kam es zu einer doppeldeutigen Situation in der Filmproduktion. Einerseits bekamen die jungen Regisseure die Chance, ihre experimentellen Filme wie EASY RIDER (1969) zu drehen, die ihr Publikum rasch fanden sowie zu Kultfilmen und Kassenhits wurden. Andererseits wollte das Massenpublikum weiterhin die leichten Unterhaltungsfilme nach *klassischer* Art sehen. Somit wurden solche konventionellen Werke wie LOVE STORY (1970), AIRPORT (1970) oder THE FIDDLER ON THE ROOF (1971) erfolgreich. Hollywood stand wieder vor einem Umbruch: Um zu überleben, waren die Studios gezwungen, ein Programm zu erstellen, das sowohl einem Massenpublikum als auch dem intellektuell orientierten Zuschauer zusagte. Sie mussten sich gegen den wachsenden Einfluss des Fernsehens durchsetzen und neue Verkaufsstrategien entwickeln, die der Kinoindustrie Gewinne sicherten.

Hollywood überlebte wieder. Die Dramaturgie der Filme, die nur für kurze Zeit, etwa Ende der 1960er-Jahre bis Mitte der 1970er-Jahre, durch neue Themen als radikal erschien, blieb tatsächlich im Gesamtaufbau den alten Traditionen treu. Neu waren Strategien, die diesen Werken neues ‹Aussehen› verliehen. Zu diesen Strategien gehörte beispielsweise die Kooperation mit unabhängigen Produktionen und Filmemachern. Als bekannte Beispiele solcher Bündnisse gelten *Zoetrope* oder *The Director's Company*, die aus unabhängigen Filmemachern wie Francis Ford Coppola bestanden, jedoch überwiegend von Studios wie *Warner Bros.* und *Paramount* finanziert wurden. Diese Kooperationen zielten wenig auf eine Veränderung des Hollywoodsystems, sondern ermöglichten den Filmemachern künstlerische Freiheiten, welche diese aufgrund von oft geringen Budgets und der Hoffnung des Studios auf hohe Gewinne[416] teilweise bekamen. Auch wenn manche Filme von unabhängigen Produktionen abseits der Studios gedreht wurden, wurden sie oft vom Studio (mit)finanziert oder hinterher von ihm gekauft.[417] Weitere

---

[415] Falls die Endversion des Filmes nicht den Vorstellungen des Regisseurs entsprach oder er vom endgültigen Schnitt ausgeschlossen wurde, konnte er seinen Namen durch das Pseudonym «Alan Smithee» ersetzen. 1967 machten beispielsweise Don Siegel und Robert Totten davon Gebrauch. In: Hehr 2003, S. 28.

[416] So wurde THE GRADUATE (1967) von Mike Nichols mit drei Millionen Dollar produziert, brachte noch im selben Jahr in den USA über 40 Millionen Dollar und sechs Jahre später weltweit über 95 Millionen Dollar Gewinn ein. Noch beeindruckender sehen die Zahlen beim Film EASY RIDER (1969) von Dennis Hopper aus, der mit nur 400.000 Dollar produziert wurde und drei Jahre später über 60 Millionen Dollar Einnahmen brachte.

[417] Dass EASY RIDER zum *Kult* wurde, könnte weniger an seinen innovativen Qualitäten liegen als an der Tatsache, dass das *Columbia*-Studio den Vertrieb übernahm und für ausreichende Werbung sorgte. Wäre die Produktion an *Corman* oder *AIP* gegangen, hätte den Film vermutlich nicht der gleiche Erfolg begleitet. In: Blumenberg 1976, S. 36.

Einflüsse übten das europäische Kino und die nach Hollywood gekommenen ausländischen Regisseure wie Roman Polanski (aus Polen), Arthur Hiller (aus Kanada), John Boorman, Marty Feldman oder Jack Clayton (alle aus UK), Agnes Varda und Claude Lelouch (aus Frankreich) oder Wim Wenders (aus Deutschland), die ihr Können und ihre Ideen mitbrachten. Viele Studios hatten das Geschäft teilweise ins Ausland verlegt: Dort kauften sie Produktions- und Verleihfirmen, um lokale Märkte zu dominieren.[418] Die Verlockungen und endgültige Abschaffung des *Production Code* bewirkten ebenfalls eine Veränderung der Themen. Der seit 1934 zur Pflicht gewordene *Hays Code* fing 1952 an, durch ein Gerichtsurteil über das Recht der Filmemacher auf freie Meinungsäußerung an Bedeutung zu verlieren und wurde 1968 durch das *Rating System* (Altersfreigaben) ersetzt. So nahmen Darstellungen von Gewalt und Sex im Kino zu. Durch die Aufhebung der alten Normen und Zuwendung zu den eins verbotenen Inhalten gewannen die Filme für Zuschauer wieder an Reiz.

Anfang der 1970er-Jahre veränderten sich die Marketingstrategien der Studios, die ihre Werbung nicht nur in Printmedien oder beim Rundfunk, sondern auch beim Fernsehen durch Direktwerbung, Interviews und Talk-Shows platzierten. Anstatt gegen den Einfluss des Fernsehens zu kämpfen, lernten die Studios, davon zu profitieren. Sie erhöhten die Preise für die Lizenzvergaben von Kinofilmen, die Ende der 1970er-Jahre auf das Vierfache als vor der Krise stiegen. Zur Schlüsselfigur der neuen Ideen wurde Lew Wasserman, Produzent und Präsident des Medienkonzerns *Music Corporation of America (MCA)*, der viele neue Praktiken in Hollywood einführte. So ließ er beispielsweise im *Universal Studio* Filme und Shows für Fernsehen und Rundfunk produzieren. Er erwarb einen Großteil des *Paramount*-Filmarchives, das auf seinen Anlass hin durch den Verleih der Filme ans Fernsehen ausgewertet wurde. Selbst Schauspieleragent und Besitzer einer Agentur, setzte er neue Rollen für Agenten durch, die sich an sogenannten *Package-Deals* beteiligten, indem sie gleichzeitig mehrere Leistungen anboten. Sie erwarben Drehbücher, hatten Autoren, Schauspieler und Regisseure unter Vertrag und schlossen neue Verträge mit Produktionsfirmen, Werbeagenturen oder Merchandising-Unternehmen ab. In den späten 1960ern sollten bereits 70 % der gedrehten Filme im Rahmen dieser Geschäfte entstanden sein.[419] Diese Praktiken bewirkten nicht nur eine Erweiterung der Rolle der Agenten, die nicht selten dem Aufsichtsrat der Studios angehörten, sondern öffneten neue Perspektiven für das Hollywoodgeschäft. Bis Mitte der 1970er-Jahre erzielte man die meisten Gewinne mit *Low-Budget*-Filmen unabhängiger Produzenten (wie Roger Corman) und Produktionsfirmen (wie *AIP* von Samuel Arkoff), die überraschend viel Geld einbrachten, weil sie bestimmte Zielgruppen wie Jugendliche ansprachen. Ab 1974 kam es zu einer anderen Phase, die sich durch geplante Marketingstrategien und große *Blockbuster* auszeichnete. Die Studios nahmen weiterhin die Dienste unabhängiger Produzenten in Anspruch, begrenzten jedoch die Aktivitäten der Unabhängigen ausschließlich auf Produktionen, die sie durch finanzielle Rahmenbedingungen

---

[418] Anfang und Mitte der 1970er-Jahre wurden 45% der amerikanischen Filme im Ausland produziert. In: Dammann 2007, S. 35.

[419] Cook 2000, S. 20.

kontrollierten, während sie selbst sich hauptsächlich auf die Verleihtätigkeit konzentrierten.[420] Seit Mitte der 1970er-, aber vor allem in den 1980er-Jahren erzielten manche Filme durch diese Strategien mehr Gewinn aus Nebenprodukten wie T-Shirts, Büchern und Spielzeug als durch den Verkauf von Kinokarten.[421] Der ökonomische Aufstieg der amerikanischen Filmindustrie führte zum Abbau der kreativen Unabhängigkeit der Regisseure, die nun wieder unter strenger Kontrolle der Studios standen. Für Experimente und Kunst wurde kaum noch Geld zur Verfügung gestellt.[422]

Nachdem es den alten Studioleiter nicht mehr gab[423], kam eine neue Generation der Bosse aus kommerziellen Bereichen an ihre Stelle.[424] Die Studiostruktur veränderte sich wesentlich. Aus ehemaligen Filmproduktionsstätten wurden Unternehmens-Konglomerate aus verschiedenen Branchen. So betrieb *Paramount* beispielsweise seine Geschäfte nicht nur mit Film und Fernsehen, sondern auch mit Öl, Sport, und Musik.[425]

Die Krise zeigte den neuen Bossen, dass das altes Studiosystem, die Vorgehensweise beim Filmgeschäft und vor allem die nach alten, *klassischen* Mustern gedrehten Filme nicht mehr rentabel waren, da es auch keinen Zuschauer gab, der diese Filme sehen wollte. Neue Studioleitungen veränderten die Strategien der Filmwirtschaft. Einerseits setzten sie auf *Low-Budget*-Produktionen, die auch im Falle eines Misserfolgs kein finanzielles Risiko in sich trugen, in dieser Form hatten die Regisseure noch die Möglichkeit, ihre künstlerisch anspruchsvollen Filme zu drehen. Gleichzeitig entwickelten die Studios neue Marketingstrategien und brachten *Blockbuster* ins Kino. Diese wenigen *Blockbuster* (wie JAWS (1975) von Steven Spielberg) wurden zu fertigen, komplexen Produkten, die sich in verschiedenen medialen Erscheinungsformen – Buch, Video / DVD, Kino, TV, Spiele, Kleidung, Musik / Soundtrack – bewährten. Somit kam kein Zuschauer an diesen *Blockbuster*-Ereignissen vorbei. Mitte der 1970er-Jahre konnte

---

[420] Viele Studios beschränkten ihre Tätigkeit auf den Verleih. Unabhängige Produktionsfirmen stellten dann die Filme her. Dieses Geschäft kam vor allem den großen Studios zugute. Von den Bruttoeinnahmen an der Kinokasse wurden zuerst die Gebühren an den Verleih bezahlt, für seine Ausgaben für Kopien und Werbung, die etwa ein Drittel der Einnahmen betrug. Danach sicherten Kinos und Investoren ihre Gewinne. Als letztes floss das Geld in die Produktionsfirma. Dieses Geschäft war für diese Firma erst dann rentabel, wenn die Einnahmen entsprechend groß waren. Verleiher kamen jedoch auch bei weniger gewinnbringenden Filmen auf ihre Kosten. In: Dammann 2007, S. 183.

[421] Zu einem der Beispiele gehört STAR WARS (1977) von George Lucas. In: Hehr 2003, S. 28.

[422] Blumenberg 1976, S. 53.

[423] Louis Mayer trat 1951 zurück, William Fox starb 1952, Harry und Albert Warner verkauften 1956 ihre Anteile an die neue Studioleitung.

[424] Dammann 2007, S. 177.

[425] Die finanziellen Schwierigkeiten führten zu Studioverkäufen, die von großen Gesellschaften übernommen wurden. So ging *Universal* 1962 an *MCA*, *Paramount* 1966 an die Gesellschaft *Gulf & Western*, die sich sowohl mit Zuckerplantagen und Rinderzucht als auch mit Zink-Minen und Verlagen beschäftigte. *MGM* wurde 1969 an Kirk Kerkorian verkauft, der sein Geschäfte mit Casinos und Hotelressorts erweiterte. *United Artists* ging 1967 an *Transamerica Corporation*, die mit Versicherungen, Autovermittlungen und Fluggesellschaften handelte. Am längsten blieb *20th Century Fox* durch Geldeinnahmen von solchen Hits wie STAR WARS unabhängig. Das Studio wurde in den 1980ern an Marvin Davis mit *Denver Oil* und später an Rupert Murdoch verkauft.

sich die Filmindustrie so erholen, dass sie den alten Umsatzrekord aus dem Jahr 1946 übertreffen konnte. Am Ende der 1970er-Jahre erreichte sie ein Wachstum von rund 140 %.[426] So entwickelte sich das Kino zu einer komplexen Unterhaltungsform, der auch ein am Medium nicht interessierter Zuschauer nur schwer ausweichen konnte. Die Filme boten wieder – wie in den Zeiten des Zweiten Weltkrieges – eine emotionale Ablenkung vom Alltag und auch wie damals blieb die Auseinandersetzung mit der gesellschaftlichen Wirklichkeit aus.

2. *Attraktionskino* der 1980er- und 1990er-Jahre

Am Ende seines Aufsatzes über das *Kino der Attraktionen* gibt Tom Gunning einen Kommentar ab, indem er die Entwicklungswege des aktuellen Kinos deutet:

> «[…] in gewissem Sinne hat das moderne Spektakel-Kino – nennen wir es einmal Spielberg / Lucas' / Coppola-Kino der Effekte – eindeutig seine Wurzeln auf dem Rummelplatz und der Achterbahn.»
>
> *(Gunning 1996, S. 34)*

Wenn auch Gunning die Tendenzen des «Kinos der Effekte» nicht erklärt, wollen wir sie hier ansprechen. Auf das Missverständnis des Begriffes *Attraktion* von Eisenstein seitens Gunning wurde bereits im vorherigen Abschnitt hingewiesen. Eisenstein setzte seine *Attraktionsmontage* nicht in direkte Verbindung mit einem «Rummelplatz» oder einer «Achterbahn», sondern in der Wirkung der Montage auf den Zuschauer. Als Beispiele für die *Montage der Attraktion* in seinen Theateraufführungen und Filmen nannte er nicht nur Varieté- und Tanzszenen, sondern auch handlungsspezifische Kulminationen, wie beispielsweise die Farbgestaltung der Kleidung einer Sängerin oder einen bedeutenden Monolog des Protagonisten, die einen besonderen Einfluss auf den Zuschauer haben sollten. Der *Attraktionsbegriff* von Eisenstein wird oft weniger in seinen Filmen nachvollziehbar, sondern beinhaltet mehr seine ästhetischen Konzepte, seine Wünsche, die er auf sein Werk zu übertragen versucht. Seine Filme unterscheiden sich manchmal deutlich von dem, was in seinen Schriften steht, manchmal gehören seine Aufsätze zu begleitenden Kommentaren seiner Filme.

Anders Gunning. Der Filmwissenschaftler begründet sein *Attraktionskonzept* kaum auf den ästhetischen Konzepten und Filmen Eisensteins. Er scheint die Aussagen des russischen Regisseurs als Inspiration für seinen Aufsatz zu nutzen. Für Gunning, der in einer anderen Zeit, inmitten einer anderen sozialen Gesellschaftsstruktur lebt, gleicht das *Attraktionskonzept* dem *kommerziellen Effekt* eines Filmes, der in Hollywood mit dem Aspekt eines Kassenerfolges zusammenhängt und um jeden Preis, wenn notwendig auch durch die Gestaltung eines Rummelplatzes, erreicht werden sollte. Es geht ihm schließlich um die Filme, die auf die Philosophie eines Themenparks mit ihrem vollständigen Unterhaltungsprogramm zurückgreifen. Möglicherweise hat die Behauptung von Gunning ihren Ursprung in der Natur des Kinos, in seinen Anfängen, als die Produktion der ersten Stummfilme von der Kuriosität des Kinematografen durch

---

[426] Hehr 2003, S. 20.

technische Neuheit bestimmt war.[427] Der unterhaltsame Charakter des Mediums wurde dafür verantwortlich, dass das Kino in der Tat auf dem Rummelplatz begann, weil die ersten Filme von Schaubudenbetreibern gekauft und nicht durch ein Verleihsystem gefördert wurden:

> «Das Kino war anfangs auf dem Jahrmarkt zu Hause und übernahm die Stoffe der Schausteller und deren Darbietungsweise […].»
> *(Geese 1981, S. 50)*

Vielleicht greift Gunning auf eine direkte Reminiszenz der «Kultur des Vergnügens» zurück. Womöglich erinnert er sich an kinematografische Abbildungen eines Jahrmarktes im Film DAS KABINETT DES DR. CALIGARI (1920) von Robert Wiene, in dem seltsame Morde auf dem Jahrmarkt vorausgesagt wurden. Andere Beispiele dieser Darstellungen sind JOUR DE FÊTE (1947) von Jacques Tati über ein Volksfest im französischen Dorf und JURASSIC PARK (1993) von Steven Spielberg, der die Mechanismen eines Vergnügungsparks nicht nur zum Inhalt seiner *Story* macht, sondern auch für die spektakulären visuellen Tricks entdeckt. Der Anlass der erneuten Zuwendung zum Rummelplatz könnte die Einrichtung des Themenparks *Disneyland* im Jahre 1955 sein. Die neue Attraktion – ein komplett durchgeplanter Park – hat viel mit dem filmischen Wissen seiner Gründer Walt und Roy Disney zu tun. Beim Versuch, das Unterhaltungskino nach den Vorlagen eines Disneylands zu gestalten, kopierten die Filmemacher vorfilmische Realität dieses Veranstaltungsortes, in der die *Attraktionen* eines Jahrmarktes (Rummelplatz mit seiner Akrobatik, Zirkus und Zauberei) durch *technische Kino-Attraktionen* ersetzt wurden. Obwohl Gunning die russischen Filmemacher in seinem Aufsatz erwähnt, versteht er die Aussagen über die *Montage der Attraktionen* nicht – so wie Eisenstein – auf der politischen oder konzeptuellen, sondern auf der begrifflichen Ebene. Diese Variante der *Attraktion*, über die der Amerikaner spricht, lässt sich deutlich in den Filmen von Steven Spielberg nachvollziehen. In den Folgen von JURASSIC PARK, die den Themenpark abbilden, oder in INDIANA JONES ähneln die gestalterischen Elemente in der Tat einem *Achterbahnabenteuer*. Als Übergang zu diesem Stil – zwischen klassischer und episodenhafter Erzählstruktur, langen *totalen* Einstellungen und *intellektuellen* Montagen, zwischen Tradition und Erfindung – dienen die technisch-visuellen Experimente der amerikanischen Filmemacher der 1970er-Jahre, die am Beispiel der Filme von Francis Ford Coppola angesprochen werden.

3. Francis Ford Coppola und seine Träume

Francis Ford Coppola gehört zu den wenigen Regisseuren, die es geschafft haben, innerhalb des Hollywoodsystems zu arbeiten und Außenseiter zu bleiben. Mit Nebenjobs wie Drehbücherschreiben und größeren Produktionen (THE GODFATHER) kam Coppola an das Geld, das ihm seine persönlichen Filme (THE CONVERSATION und APOCALYPSE NOW) oder seine Projekte wie *Zoetrope Studio* ermöglichte. Oft stand er am Rande des

---

[427] Szabo 2009, S. 290.

finanziellen Ruins, was ihn jedoch nicht davon abhielt, seinem kreativen Drang zu folgen. Er besitzt zwei wichtige Charaktereigenschaften, die ihm stets auf seinem Weg zum erfolgreichen Regisseur geholfen haben. Einerseits ist es seine Risikobereitschaft, die sich oft im finanziellen Bereich widerspiegelte.[428] Seine schnelle Entscheidungsgabe zahlte sich meistens aus, im Gegensatz zu anderen Filmemachern, die oft nach mehreren Misserfolgen von der Bildfläche verschwanden. Andererseits hat Coppola ein unglaubliches kreatives Potenzial, das ihn in mehreren Bereichen erfolgreich tätig sein lässt. Er ist gleichzeitig ein hervorragender Drehbuchautor, Produzent und Regisseur, der durchaus in der Lage ist, nicht nur Skripte zu schreiben und zu drehen, sondern Entscheidungen über die ganze Gestaltung zu treffen. Die Anlage zur Kreativität und Vielfalt lässt sich bereits in seiner Jugend erkennen.

3.1. Erste Experimente

Francis Ford Coppola stammt aus einer Künstlerfamilie. Sein Vater Carmine – der Flötist des Detroiter Symphonieorchesters und, nach dem Umzug der Familie, des Orchesters der *Radio City Music Hall* in New York sowie Arrangeur diverser *Broadway*-Shows war – komponierte Musik für mehrere Filme seines Sohnes. Seine Mutter kam ebenfalls aus einer musikalischen Familie[429] und war vor der Ehe als Schauspielerin tätig. Coppolas Onkel seitens des Vaters – Anton Coppola – war Dirigent des Orchesters der *Radio City Music Hall*. Die künstlerische Atmosphäre prägte den kleinen Francis seit seiner Kindheit. Als er erst zehn war und gelähmt im Bett lag, experimentierte er einsam in seinem Zimmer mit Technik. Mit Kassettenrekorder und einem 16-mm-Projektor stimmte er Ton und Bild miteinander ab. Nach dem Wechsel mehrerer Schulen landete er bei der *New York Military Academy* in Cornwall-on-Houston, wo Coppola Tuba spielen lernte, brach jedoch nach achtzehn Monaten sein Studium ab und schrieb sich an der *Hofstra University* in Hempstead, Long Island, ein. Mit zwanzig machte er dort seinen Abschluss in Theaterwissenschaften. Eines Tages ging er ins *Museum of Modern Art* und schaute sich den Film von Sergej Eisenstein OKTJABR an. Das Werk hinterließ einen so großen Eindruck auf ihn, dass er sich sofort entschied, Filmregisseur zu werden. Somit ging er einen ähnlichen Weg, den auch Eisenstein vor ihm eingeschlagen hatte: Auch er kam zum Kino über das Theater. 1960 schrieb Coppola sich an der *UCLA Film School* in Los Angeles ein. Die erste Filmhochschule, das *Institut für Kinematografie,* wurde 1919 in Moskau gegründet. Damals eröffnete sie den russischen Filmemachern die Möglichkeit

---

[428] Obwohl Coppola von *Warner Bros.* um 600.000 Dollar für die Gründung von *Zoetrope* bekam und die Leitung des *Warner Bros.*-Studios von ihm erwartete, dass er nach neuen Stoffen suchte, um eine eigene Version von EASY RIDER zu drehen, investierte Coppola stattdessen das ganze Geld in die Ausrüstung der eigenen Firma. Zu einem anderen Beispiel gehört die Finanzierung von APOCALYPSE NOW. Als sein Projekt seitens des Studios nicht unterstützt wurde, steckte der Regisseur sein gesamtes Eigenkapital hinein, das er bei THE GODFATHER I und II erwirtschaftet hatte.

[429] Ihr Vater, Francesco Pennino, kam als Pianist von Enrico Caruso in die USA. Später komponierte er Musik und führte ein Kino in Brooklyn, das meist italienische Stummfilme in seinem Programm hatte.

auf ein systematisches Filmstudium. In den USA kam erst die Generation von Francis Ford Coppola – George Lucas, Martin Scorsese und Brian De Palma – in den Genuss, das Regiehandwerk im Rahmen eines Studiums zu erlernen. Es machte aus ihnen Experten der Technik und der Filmgeschichte. Sie experimentierten mit Schnitt und Kameraführung und konnten durch erworbene Kenntnisse über das *klassische* Hollywood die nötige Distanz dazu einnehmen. Im Vergleich zu den Filmemachern der *klassischen* Ära, die ihre Erfahrungen während des Drehens – nach dem Prinzip *learning by doing* – sammelten, arbeiteten Coppola und seine Kollegen mehr analytisch als intuitiv. Sie brauchten jedoch länger, bevor sie mit der praktischen Tätigkeit, dem Drehen der eigenen Filme, anfingen.

Coppola machte seine ersten Filme noch während der Zeit an der *UCLA Film School*. Die ersten Experimente waren Verbeugungen vor seinem geistigen Mentor Eisenstein. Ein Film entstand innerhalb von acht Tagen mithilfe von Coppolas Kollegen, Kameramann Stephen Burum, und sollte – im Andenken an das Werk des russischen Regisseurs IWAN GROSNJI[430] – AYAMONN THE TERRIBLE genannt werden. Darin zitiert Coppola auch die Eröffnungsszene von OKTJABR, in der der Kopf einer Zarenstatue entfernt wird.[431] Nach der Abschaffung der *Production Codes* entwickelte die junge Generation der Filmemacher offensichtlich eine Vorliebe für auffallende Geschichten und Genres wie *Horror* und *Soft-Porno*. Auch Coppola schloss sich Anfang der 1960er-Jahre mit seinem Film THE PEEPER dem allgemeinen Trend an. Obwohl die Produktion, die etwa 3.000 Dollar kostete und keine anspruchsvolle Arbeit war – wie auch die darauffolgende THE PLAYGIRLS AND THE BELLBOY (1962) mit bereits einigen Szenen in 3D – gelang es ihm, damit etwas Geld zu verdienen. Sein Interesse am kommerziellen Film wurde geweckt, und er machte einige Produzenten auf sich aufmerksam.

Einer davon war Roger Corman, der besondere Aufmerksamkeit verdient, weil er, wenn auch aus kommerziellen Zwecken, alternatives, ausländisches Kino in die USA brachte sowie den jungen Talenten ermöglichte, praktische Erfahrungen bei ihm zu sammeln. Corman entwickelte ein Produktionssystem, das außerhalb der großen Studios funktionierte und enormen Einfluss auf die Entwicklung des amerikanischen *Independent*-Kinos ausübte. Obwohl er kein ‹großes› Kino drehte, sondern sich auf billige *B-Movie*-Produktionen spezialisierte, galt seine Firma als Talentschmiede junger Regisseure. In der Zeit war Corman der einzige, der Studenten ohne «Gewerkschaftskarte» beschäftigte. Dies sicherte ihm Gewinne, erlaubte gleichzeitig den Regisseuren – darunter Coppola, Bogdanovich und Scorsese – ihre an den Filmhochschulen erworbenen theoretischen Kenntnisse zu erweitern. Die jungen Filmemacher wuchsen zu wahren Allroundern, die in verschiedenen Bereichen der Produktion eingesetzt wurden: Mal beschäftigte man sie mit Drehbuchschreiben, ein anderes Mal mit Schnitt, Filmen oder Produktion. In den 1960er-Jahren kaufte Corman einige sowjetische *Science-fiction*-Filme. Er ließ sie umschneiden, fügte zusätzliche Szenen mit amerikanischen Schauspielern ein und ersetzte russische Namen durch Pseudonyme.

---

[430] In englischer Übersetzung IVAN THE TERRIBLE.
[431] Bergan 1998, S. 21.

Zwei von ihnen – SADKO und NEBO ZOVET[432] – wurden von Coppola unter dem Pseudonym Thomas Colchart bearbeitet. So kam er mit der Schnitttechnik in Berührung. Diese Erfahrung geschah auch noch durch seltene ausländische Beispiele, die ihm Einblicke in andere Arten der Filme ermöglichte. Corman beschäftigte ihn auch multifunktional: als Regieassistent (THE PREMATURE BURIAL, 1962), Dialogregisseur (TOWER OF LONDON, 1962), Tonmeister (THE YOUNG RACERS, 1963) sowie Koproduzent und *Second-Unit*-Regisseur (THE TERROR, 1963).[433] Das Geheimnis des Erfolges von Corman lag in seinem Erkennen der neuen Zuschauerklasse – den Jugendlichen, in ihrer Vorliebe für auffallende Themen wie gewaltige *Horror*- und *Soft-Porno*-Filme – sowie in seiner Produktionsstrategie. Er versammelte Drehteams gleichzeitig für mehrere Filme, bezahlte sie aber pauschal und nutzte dabei oft die gleichen Sets. Außerdem ging er sparsam mit dem gedrehten Stoff um, kombinierte ihn beliebig, auch wenn das zusammengesetzte Filmmaterial zuerst für verschiedene Filme bestimmt war.[434]

Anfang 1962 wollte Corman den Titel *Dementia* für einen Film nutzen, dazu fehlte ihm jedoch ein geeigneter Stoff. Gleichzeitig dachte Coppola an einen Horrorfilm über mit einer Axt ermordete Menschen nach. Daraus wurde DEMENTIA 13[435]. Coppola drehte den Film mit einem Startbudget von 20.000 Dollar und einem improvisierten Drehbuch innerhalb von nur vierzehn Tagen vor Ort in Irland und weiteren zehn in den *Ardmore Studios* in Dublin. Corman war jedoch mit dem Ergebnis unzufrieden, da er vor allem mehr Sex und Gewalt sehen wollte. Es kam zu einer Auseinandersetzung, woraufhin Coppola die Produktion verließ, die dann mit dem Kameramann Jack Hill fortgesetzt wurde.[436]

Nach dem Ende der Dreharbeiten von DEMENTIA 13 wurde Coppola vom *Studio Seven Arts* als Drehbuchautor[437] engagiert. Er lieferte drei Drehbücher pro Jahr und erhoffte, so etwas Geld für einen eigenen Film sparen zu können.[438] Diese Tätigkeit war eine ausgezeichnete Übung, bei der sich der junge Regisseur zum vorzüglichen Geschichtenerzähler entwickelte. Als *Seven Arts* von *Warner Bros.* aufgekauft wurde, blieb dieser Kontakt für Coppola erhalten. Daraus entstanden Kooperationen für YOU'RE A BIG BOY NOW (1966) und THE RAIN PEOPLE (1969) sowie weitere Aufträge wie FINIAN'S

---

[432] Aus SADKO (russisch САДКО, 1953) wurde 1962 THE MAGIC VOYAGE OF SINBAD und aus NEBO ZOVET (russisch НЕБО ЗОВЁТ, 1959) BATTLE BEYOND THE SUN.

[433] Thir 2010, S. 10.

[434] Zum gängigen Beispiel dieser Mischung wurde beispielsweise Coppolas Film THE PEEPER, den er mit fremdem Filmmaterial mischte, um ein anderes Werk namens TONIGHT FOR SURE (1961) zu erstellen. Bei Corman kombinierte Coppola dann eigene Aufnahmen von Spezialeffekten mit sowjetischen Filmen.

[435] Mit diesem Titel wurde bereits 1955 ein anderer Film von John Parker gedreht, deshalb trug Coppolas Film den Namen DEMENTIA 13.

[436] Bergan 1998, S. 27ff.

[437] Seine ersten Skripte verfasste Coppola bereits am Anfang seines Filmstudiums. Als er zum Militärdienst einberufen wurde und ihm entging, schrieb er in einer Nacht ein Drehbuch mit dem Titel *Pilma, Pilma*. Das Drehbuch gewann den *Samuel-Goldwyn*-Preis. Coppola erhielt 2.000 Dollar und verkaufte das Skript für weitere 5.000 Dollar.

[438] Der Wochenlohn betrug ursprünglich 350 Dollar, danach wurde er auf 500 und anschließend 1.000 Dollar erhöht.

RAINBOW (1968). FINIAN'S RAINBOW gehörte zum ersten ‹großen› Studiofilm von Coppola, mit Fred Astaire in seiner letzten Rolle und einem Budget von 3,5 Millionen Dollar. Das *Musical* basiert auf dem gleichnamigen *Broadway*-Stück über den Iren Finian McLonergan, der vom Feenvolk einen Topf mit Gold gestohlen hat und nun versucht, der Verfolgung zu entkommen und seinen Schatz zu verstecken. Bei dieser Arbeit wundert man sich, wie selbstbewusst Coppola mit seiner ersten großen Studioproduktion umging, wie er seine eigene Vision entwickelte und diese durchzusetzen wusste.[439] Bereits darin experimentierte Coppola mit schnellem Schnitttempo, ungewöhnlichen Aufnahmen (manchen vom Hubschrauber aus) und Improvisation von Tanznummern, die mehr durch aktive Kamerabewegungen als durch Tanz vor der Kamera entstanden und Coppolas Vorliebe für technische Experimente bereits am Anfang seiner Karriere zeigten. Hier erfuhr Coppola zum ersten Mal, was es bedeutet, unter der Kontrolle eines großen Studios zu arbeiten. Erstaunlicherweise unterlag er nicht dem Einfluss von Geld und Kommerz – auch nicht während seiner Tätigkeit bei Corman – sondern ging seinen eigenen Weg. Nach dem Dreh von FINIAN'S RAINBOW wollte Coppola erst nichts von Produktionen dieser Art wissen und kehrte zu *Low-Budget*-Filmen zurück. Mit einem kleinen Team aus 17 Mitarbeitern sowie ausgerüstet mit der gemieteten Technik *Cinemobile* reiste er vier Monate lang durch 18 Bundesstaaten, u.a. West Virginia, Tennessee, Kentucky und Nebraska, um THE RAIN PEOPLE weit weg von Hollywood und den Studios zu drehen. Dieses Beispiel zeigt den Drang des jungen Filmemachers, alleine über seine Produktionen entscheiden zu wollen, der sich später in der Gründung des eigenen Studios widerspiegelte.

Besonders experimentierfreudig zeigt sich Coppola bei YOU'RE A BIG BOY NOW, seinem ersten selbstständigen Spielfilm, der als Abschlussarbeit an der *UCLA Film School* eingereicht werden sollte.[440] Im Alter von 27 Jahren kaufte Coppola die Rechte an dem Roman von David Benedictus über die Abenteuer eines jungen Angestellten im Londoner Schuhgeschäft, überarbeitete ihn gründlich (London wurde durch *Manhattan* und das Schuhgeschäft durch die *New York Public Library* ersetzt) und investierte zusammen mit dem Produzent Phil Feldman von *Seven Arts* 800.000 Dollar in die Produktion.

Solche Werke wurden vor allem Ende der 1960er- und Anfang der 1970er-Jahre unter dem Genre *Jugendfilme* populär. Einige Filmwissenschaftler, darunter Kolker oder Cook, betonen die besondere Funktion von Richard Lester und von seinem in Großbritannien gedrehten Film A HARD DAY'S NIGHT (1964) in der Verbreitung des Genres und Entstehung von THE GRADUATE, EASY RIDER oder YOU'RE A BIG BOY NOW in den USA.[441] A HARD DAY'S NIGHT ist eine schwarzweiße Produktion, die stark mit der Tradition von

---

[439] Während der Dreharbeiten feuerte Coppola den Tänzer Hermes Pan, der die Choreografie für viele Filme mit Fred Astaire übernomen hatte, obwohl Pan bereits über 38 Jahre mit Astaire arbeitete und Coppola seinen ersten Musik- und Tanzfilm drehte und dafür auch die Choreografie übernahm. In: Bergan, S. 39ff.

[440] Cook 2000, S. 134.

[441] Kolker 1980, S. 146f. und Cook 2000, S. 134.

Cinéma vérité[442] verbunden ist. Sie zeigt einen Tag im Leben der Gruppe *The Beatles*. Obwohl die Tradition der *Cinéma vérité* die Dokumentarfilme möglichst nah an den Alltag und die Realität heranführt, macht der Film von Lester die reine Fiktion zu seinem Inhalt. Man sollte dabei berücsichtigen, dass die Idee von A HARD DAY'S NIGHT sowie der Titel des Filmes nicht von Lester stammten, sondern von den Musikern der Gruppe *The Beatles*.[443] Als sie sich 1964 entschieden, Filme zu drehen, hatten sie Lester, den in England arbeitenden gebürtigen Amerikaner, aus einer Vorschlagsliste gewählt. Die Handlung des Filmes wird ständig durch Auftritte der Gruppe unterbrochen und im schnellen Ablauf der Bilder präsentiert. Diese Vorgehensweise sollte für Lester – einen Fernsehregisseur – nicht ungewöhnlich sein. Der direkte Einfluss seines Filmes auf Coppola lässt sich bezweifeln, nicht, weil Coppola selbst bestritt, den Film gesehen zu haben, sondern weil die US-Premiere am 11. August 1964 nur in New York stattfand und der Film erst zwanzig Jahre später im ganzen Land vorgeführt wurde.[444] Kolker vergleicht das Werk Coppolas auch mit MICKEY ONE von Arthur Penn. Beide Filme haben eine schnelle Schnittweise und ähnliche *Point of views*. Vor allem weist Kolker auf eine Episode hin, in der sowohl der Protagonist Penns als auch der Coppolas zur *Unterhaltungsarkade* laufen, um eine Peepshow an einem Automaten anzuschauen.[445] Die Ähnlichkeiten könnten daraus entstanden sein, dass Aram Avakian an beiden Filmen als Cutter gearbeitet hat. Dennoch erzählt MICKEY ONE eine surreale Geschichte im Stil eines *Film noirs*. Darin stehen manche Szenen (wie auch die Szene in den Arkaden) nicht unbedingt im deutlichen narrativen Bezug zueinander. Dagegen erläutert Coppolas Werk die Geschichte von Bernard deutlicher. Meines Erachtens steht sie mehr für den Geist der Jugendfilme, wie unter anderem THE GRADUATE. Auch wenn Vergleiche zwischen Coppolas Film und den Werken Richard Lesters' und John Cassavetes' näher liegen, könnten diese Strömungen im Anklang an den Zeitgeist verstanden werden.[446]

YOU'RE A BIG BOY NOW geriet zu Unrecht in Vergessenheit, denn er weist wesentliche Merkmale auf, die Coppola im Verlauf seiner Karriere weiterentwickelt. Auch wenn der Film im Bezug auf Experimente der Vertreter der *Nouvelle Vague* erwähnt wird,[447] und auch wenn diese nachvollziehbar sind, ist es interessant zu beobachten, wie der junge Coppola der Tradition des amerikanischen Kinematografen, nämlich dem *klassischen* Hollywood, treu bleibt. Vom ersten Augenblick an scheint dieser Film das *Continuity*-Prinzip nicht zu berücksichtigen. Die Szenen sind episodenhaft und kaum miteinander verbunden. Dialoge unterliegen nicht dem üblichen Schuss / Gegenschuss-Verfahren. Manche von ihnen enthalten Zwischenschnitte, wie in Form der Erinnerungsfotos im Dialog zwischen Bernard und seiner Vermieterin, während Bernard den Brief von Barbara Darling abzuholen versucht. Oft werden Dialogszenen originell gelöst, indem

---

[442] Eine historische Epoche des Dokumentarfilmes, der die ästhetischen Aufsätze von Dziga Wetrow und George Sadoul zugrunde liegen.

[443] Miles 1997, S. 164.

[444] Vgl. Startinformation unter http://www.imdb.com/title/tt0058182/releaseinfo (02.06.2011)

[445] Kolker 1980, S. 146ff.

[446] Thir 2010, S. 73ff.

[447] Vgl. Kolker 1980, S. 146f., Ray 1985, S. 270.

man die Sprechenden aus dem *Voice-over* hört, beispielsweise als Bernard und Amy auf der Straße laufen, während der Zuschauer die Straßenmusiker hört und gleichzeitig die beiden Protagonisten sieht. Das Prinzip *Continuity* wird jedoch nicht von Schnitt zu Schnitt nachvollziehbar, sondern assoziativ in der Form von «wiederkehrenden Indices» integriert, wobei die Indices einen ikonografischen Charakter tragen und das Fehlen der Kontinuität herstellen.[448] Wie seine französischen Kollegen filmt Coppola vor Ort und verwendet dabei tragbare *Arriflex*. Er spielt gerne mit dem realistischen Effekt, indem er die Geräusche der Straße in seinen Film eingliedert oder, wie bei *Cinema verité,* keine künstliche, sondern ausschließlich natürliche Beleuchtung (dank *Kodak Color 5251 Reversal Ektachrome*) auch bei Nachtaufnahmen verwendet.

Tatsächlich ist Coppola alles andere als spontan. Obwohl er für den Film kein aufwändiges Drehbuch schrieb, probte er mit seinen Darstellern eine Woche lang vor dem Dreh und ließ sie anschließend auf einer Probebühne vor Zuschauern den kompletten Film vorspielen.[449] Solche aufwändigen Vorbereitungen erinnern mehr an die Schule von Stanislawski als an das biomechanische Prinzip seiner Nachfolger, den *Formalisten*. Noch ein Beispiel dafür, dass Coppola der Tradition des amerikanischen Kinos verpflichtet ist und weniger europäische Produktionen wie A HARD DAY'S NIGHT nachahmt, könnte seine vorsichtige Annäherung an manche Themen sein. Obwohl die *Production Codes* nahezu abgeschafft wurden, beobachtet man bei Coppola keine lässige und für Europäer übliche Anarchie und Freiheit, vor allem im Bezug auf Sexualität. Wieder – wie schon zu den Zeiten des *klassischen* Hollywoods – werden die Neuigkeiten und Experimente wenig revolutioniert, sondern hauptsächlich für den eigenen Bedarf angepasst:

> «[…] Despite its obvious stylistic pyrotechnics, the American Cinema also remained formally conservative […] borrowed New Wave devices […] that completely conformed to traditional continuity rules.»[450]

Diese Entzweiung – von Kreativität und Konvention, von *Independent-* und Studio-Produktion – spiegelt sich auch in der Idee von *Zoetrope*.[451] Das Studio wurde im November 1969 in San Francisco gegründet. Nach Aussagen seiner Frau Eleonore wollte Coppola eine kreative Gemeinschaft aufbauen, in der sich Künstler, Poeten, Filmemacher und Schriftsteller «bei einem Espresso» treffen und ihre Arbeiten besprechen können. Ihre Geschichten würden im *City Magazine* publiziert und am *Little Fox Theater* aufgeführt

---

[448] Johnson 1977, S. 48.

[449] Thir 2010, S. 74

[450] «Außer offensichtlicher stilistischer Pyrotechnik bleibt also das amerikanische Kino formal konservativ […] mit von *Nouvelle Vague* geliehenen Elementen, komplett an die traditionellen Regeln angepasst.» In: Ray 1985, S. 294.

[451] Zur Vereinfachung wird hier das Studio von Coppola als *Zoetrope* bezeichnet, der Name des Studios wurde jedoch mehrfach geändert in *American Zoetrope* (1969), in *Omni-Zoetrope* (1979) und *Zoetrope Studios* (1980). In: Cook 2000, S. 135. Da Coppola oft pleite war, erlebte die Institution zahlreiche Höhen und Tiefen und wurde wiederholt geschlossen, verkauft und zurückerworben.

(beide ebenfalls von Coppola erworben), nachdem sie bei *Zoetrope* gedreht wurden.[452] Als Aufgaben seines Studios legte Coppola fest, erstens viele künstlerische Projekte zu unterstützen. Mit seiner Hilfe wurden beispielsweise THX-1138 (1971) und AMERICAN GRAFFITI (1973), THE CONVERSATION (1974) und APOCALYPSE NOW (1979) realisiert. Zweites wollte er junge und alte sowie ausländische Regisseure unterstützen. Coppola lud Wim Wenders in die USA ein und gab ihm die Möglichkeit, an einem eigenen Projekt zu arbeiten. Zweitens wollte Coppola sich der filmischen Tradition widmen und alte Filme rekonstruieren.[453] Er war an Experimenten mit Technik interessiert, die sich schließlich im neuartigen *electronic cinema* widerspiegelten.[454] Die innovativen Ideen Coppolas – wie Rekonstruktion der alten Stummfilme sowie Konvertierung der Filmformate mithilfe der Technik – wurden bereits zwanzig Jahre später mit großem Erfolg eingesetzt. So gründete Martin Scorsese 1992 ein Unternehmen für die Restaurierung und den Verleih von Filmklassikern, das bis heute zu der bekanntesten Institution dieser Art gehört. Auch die Idee des *electronic cinema* wird heute längst durch digitale Formate umgesetzt, so dass man in den letzten zwei Jahren die Kinotheater auf diese Formate umgerüstet hat und die Filmkopien bald nur noch in digitaler Form und nicht auf Zelluloid liefern wird. Als Visionär erkannte Coppola viele Tendenzen des zeitgenössischen Kinos. Er setzte diese offensichtlich zu früh ein, um mit ihnen erfolgreich zu sein. Als Coppola Ende der 1960er- und Mitte der 1970er-Jahre sein Studio gründete, erkannte er nicht nur das kreative Potenzial des Kinos. Er wollte unabhängig drehen. Er rekonstruierte vor allem die Traditionen der *goldenen* Studioära Hollywoods, indem er in seinem Studio selbst zu einem kleinen Studiomogul wurde. Wie seine legendären Vorgänger Zanuck oder Welles wollte er darüber entscheiden, was und wie gedreht wird.[455] Auch seine technischen Visionen – wie *electronic cinema* – könnte man doppeldeutig interpretieren, indem man diese als Innovation betrachtet, jedoch gleichzeitig als Zentralisierung der Macht des Regisseurs versteht, weil er alle Inhalte gleichzeitig besichtigt und kontrolliert, indem er sie nicht wirklichkeitsnah, sondern manipulativ erstellt. Diese Zwiespältigkeit wird eindeutig bei seinem Werk THE GODFATHER, das zum größten *Blockbuster* und zu den erfolgreichsten Studiofilmen aller

---

[452] Coppola 1995, S. 120.

[453] So konnte der französische Klassiker NAPOLEON (1927) von Abel Gance rekonstruiert werden.

[454] Der Begriff *electronic cinema* wurde von Coppola geprägt, um die Verwendung von Computertechnik bei der Filmherstellung zu beschreiben. Diese Technik wurde bereits bei der Drehbuchentwicklung eingesetzt. Dabei wurden elektronische *Storyboards* auf einer Videodisk gespeichert und auf ein Videoband überspielt. Bei jedem weiteren Schnitt ergab sich die Möglichkeit, einen groben Eindruck von dem entstehenden Film zu bekommen. Dialoge, Musik und Ton konnten dabei progressiv unterlegt werden. Die Filmkamera im Studio wurde gleichzeitig mit einer Videokamera verbunden, so konnte man die gedrehten Stellen mit verschiedenen Tonspuren unterlegen. Von dieser Methode konnte das ganze Team profitieren, der Regisseur genauso wie der Set-Designer oder Cutter. Alle konnten Zugriff auf die Stoffe haben und mit ihnen experimentieren. Diese Technik ermöglichte nicht nur eine allgemeine Vorstellung über das gesamte Projekt, sondern sollte zu Kostenersparnissen führen. Ironischerweise beschleunigte der erste mit dieser Methode erstellte Film, ONE FROM THE HEART, der zu einer der teuersten Produktionen des Studios gehörte, die finanzielle Krise von *Zoetrope*, woraufhin das Studio pleite ging.

[455] Lewis 1995, S.9.

Zeiten gehört, jedoch gleichzeitig von der Kreativität und dem persönlichen Stil des Regisseurs geprägt ist.

3.2. Familienwelt bei Coppola: Die Pate-Trilogie

Im Jahre 1970 steckte *Paramount* in einer tiefen Krise, aus der ihnen nur eine große, aufwändige Produktion, ein *Blockbuster* mit Starbesetzung, helfen konnte. Für 7.500 Dollar sicherte sich das Studio die Filmrechte an Mario Puzos Roman *The Godfather*, basierend auf seinen Kindheitserlebnissen in *Little Italy*, New York. Zuerst wollte der für die Produktion zuständige Vizepräsident bekannte Regisseure wie Peter Yates, Richard Brooks oder Constantin Costa-Gavras mit der Realisierung des Projektes beauftragen. Diese sagten jedoch ab. Im Oktober kam Evans zu Coppola. Er begründete seine Entscheidung damit, dass Coppola – italienischer Herkunft – besser wüsste, wie «diese Männer essen, wie sie sich umarmen und küssen, wie sie reden».[456] Tatsächlich wollte er Geld sparen. Coppola, der sich noch an seine erste Erfahrung mit einer Studioproduktion wie FINIAN'S RAINBOW erinnerte und unabhängig drehen wollte, zeigte an einem Projekt über die Mafia, in dem viel Gewalt vorkommt, kein Interesse. Allerdings war er erst 31 Jahre jung und wegen seines eigenen Studios *Zoetrope* hoch verschuldet, deshalb sagte er seine Teilnahme schließlich zu. Er stellte jedoch die Bedingungen, dass Marlon Brando und Al Pacino die Hauptrollen übernehmen und dass im Mittelpunkt der Erzählung eine Familie und nicht das Mafiageschäft stehen sollte. Danach setzte er sich mit Puzo zusammen und schrieb das Drehbuch, das sich bis auf wenige Abweichungen an der Literaturvorlage orientiert. Im Film geht es um eine große italienische Familie, um ihre Integration in die fremde Kultur, um das mächtige Familienoberhaupt und den Mafiaboss Don Vito Corleone, dem sich der große Teil der New Yorker verpflichtet fühlt. Die Welt von Corleone fußt auf einem System des gegenseitigen Gefallens. Er hilft seinen Freunden bei ungerechter Behandlung und bei einem angestrebten Karrieresprung, dafür zollen ihm die Bittsteller Respekt und nennen ihn «Pate». Sie sind stets bereit, mit einem Gefallen zurückzuzahlen. Seine Tätigkeit als «öffentlicher Helfer» begann Don noch vor dem Krieg. Die Zeiten haben sich jedoch geändert. Nun verdient man das Geld mit Drogenhandel, und der Einstieg in dieses Geschäft scheint für jede mächtige Familie in Amerika unvermeidbar. Don wehrt sich dagegen. Seine Absage hat dramatische Folgen für ihn und seine Familie.

Als der Film im März 1972 amerikanische Premiere feierte, wurde er zum Erfolg. In den ersten vier Monaten brachte er – mit nur sechs Millionen Dollar produziert – 22,8 Millionen Dollar Gewinn ein. Insgesamt spielte THE GODFATHER weltweit 245 Millionen ein und rettete *Paramount* vor dem Untergang.[457] Die amerikanische Kinoakademie (AMPAS) zeichnete die Produktion mit drei *Oscars* aus: Für den besten Film, den Hauptdarsteller (Marlon Brando) und das beste Drehbuch. Somit gehörte der Film zu einem der kommerziellsten Projekte Hollywoods, gedreht jedoch von einem Regisseur,

---

[456] Bergan 1998, S. 52.

[457] Der Wert der Aktien der Firma stiegen von neun Dollar im Jahre 1970 auf 33,25 Dollar in 1973. In: Thir 2010, S. 21.

der sich als unabhängiger Künstler bezeichnet. Was ist besonders an dieser Produktion, und wie kommt hier das Talent von Coppola zum Vorschein?

Bereits in der Eingangssequenz kommt es zu einer Mischung der visuellen Techniken des *klassischen* Kinos und der neuen Zeit. Im *klassischen* Kino wird in der ersten Sequenz der Ort der Handlung definiert sowie die Protagonisten und ihre Ziele vorgestellt. In der Tat erfahren wir in THE GODFATHER, dass es um die mächtige Familie Corleone geht. Man bekommt einen Hinweis, welche Geschäfte auf welche Weise ihre Mitglieder betreiben. Statt eines *establishing shot* wird dem Zuschauer am Anfang des Filmes ein schwarzes Bild präsentiert. Auf der Tonspur hört man die Aussage «I believe in America» («Ich glaube an Amerika»). Danach erscheint in *Close-up* der Kopf des sprechenden Darstellers, des Leichenbestatters Bonasera, der die Geschichte seiner misshandelten Tochter erzählt und nach «Gerechtigkeit» bei Corleone sucht. Anstatt gewöhnlich ins Bild zu fahren, wie es in zahlreichen oben erwähnten *klassischen* Beispielen geschieht, fährt die Kamera in der dritten Minute aus dem Bild zurück. Die Einstellung verrät jedoch weiterhin nichts, da wir immer noch nicht den Raum sehen. Was wir betrachten, ist lediglich eine Hand, die mit erhabener Geste dem schluchzenden Mann ein Getränk bestellt, und eine andere, die das Wasser reicht. Wenige Sekunden später erscheint eine dunkle Silhouette eines auf die Hand gestützten Kopfes. Als Bonasera ankündigt, dass er Gerechtigkeit bei Don Corleone suche, meldet sich dieser zu Wort. Danach erhebt sich der Leichenbestatter, um Corleone etwas ins Ohr zu flüstern, und jetzt wechselt die Kamera ihre Position und wir sehen in der fünften Minute den Protagonisten aus *nah*. Die nächste Einstellung ist eine *Totale*, die die Anwesenheit von zwei weiteren Personen im Raum bestätigt, der sich als Kabinett von Don Corleone offenbart. Somit wird die Einführung nicht im für das *klassische* Kino gewöhnlichen Aufbau der Einstellungen (*totale – halbnah – groß*) gestaltet, sondern umgekehrt.

In der achten Minute wechselt Coppola zur *anderen* Welt – zur Familie Corleone, die die Hochzeit der Tochter Connie feiert. So werden nach *klassischer* Tradition *zwei Welten* aufgebaut – eine hell-leuchtende und kontrastreiche Welt der Familie und eine dunkle, verwischte und bedrohliche Geschäftswelt, in der es um Rache, Gewalt und Mord geht:

> «[…] There's a plenty of violence. Yet the film style is simple, almost tableaux. Light and dark is a motiv throughout. We juxtapose incredibly dark images with very light images, which is a theme of the story – a warm, generous godfather who's also a murderer.»[458]

113-115 THE GODFATHER I: Erdrosselung von Luca (oben), Prügel von Carlo (Mitte) und Tod von Sonny (unten).

---

[458] «[…] Es gibt viel Gewalt. Der Stil des Filmes bleibt immer noch einfach, fast wie ein Gemälde. Das Motiv von hell und dunkel ist überall. Wir stellen sehr dunkle Bilder neben sehr hellen, was das eigentliche Thema ausmacht – ein herzlicher, großzügiger Pate, der gleichzeitig auch ein Mörder ist.» In: Von Gunden 1991, S. 33.

Als Coppola zur Hochzeitsszene umschwenkt und die tanzenden Gäste aus der *Vogelperspektive* zeigt, kann man auch bei dieser Einstellung kaum den Ort definieren. Coppola schneidet gleich auf die Gäste, gezeigt in *halbnah* und *nah*. Wenn man die Familie Corleone in der achten Minute für ein gemeinsames Foto versammelt sieht, kennt man noch kaum die Namen ihrer Mitglieder. Die Aktion wird jedoch unterbrochen, weil ein gewisser Michael noch fehlt. Man kommt sicher auf die Spur, dass Michael eines der Familienmitglieder, wohl der Lieblingssohn Vitos, sein muss, weil ohne ihn kein Foto aufgenommen werden kann. Coppola fokussiert den Blick weiterhin auf die einzelnen Gäste. In der zwölften Minute, zurück im Arbeitszimmer von Don Corleone, geht es weiter ums Geschäft. Inzwischen erscheint Michael mit seiner Freundin Kay.

Im Gespräch präsentiert er ihr seine Familie. Deshalb, als in der 26. Minute die Familie erneut für ein Foto zusammenkommt, kennen wir bereits jedes einzelne Mitglied. Die malerische Eingangssequenz, die die *zwei Welten* miteinander verbindet und diese durch Kolorit (Farbe, Beleuchtung) sowie Sets doch getrennt hält, verschafft den Eindruck, dass es dem Regisseur nicht unbedingt um genauere Ereignisse, sondern mehr um Stimmung geht. Und dieser Aufgabe widmet er sich liebevoll. Die Hochzeitsszene beansprucht zusammen mit den geschäftlichen Besprechungen von Don insgesamt 147 Einstellungen, die über 25 Minuten gezeigt werden, davon sind 75 Einstellungen der handlungsspezifischen Informationen wie der Vorstellung der Protagonisten oder Informationen über ihr Verhalten gewidmet. In knapp der Hälfte der Einstellungen, also mindestens in 72, ist die Hochzeitsshow zu sehen. Die wichtigen Episoden sind davon der Auftritt des Hollywoodstars Johny Fontaine, das Singen der Mutter und zwei Tänze von Vito Corleone: Mit seiner Frau und seiner Tochter. Die Schaffung der richtigen Atmosphäre, des emotionalen Hintergrunds für laufende Geschäfte und die Dramaturgie um die Story scheinen Coppola wichtiger zu sein, als die Darlegung des Erzählungskerns – die Geschichte einer Familie und das Mafiageschäft.[459]

Die gesamte Filmstruktur sieht wenig nach einer geplanten, charakterfokussierten *Reise* aus, sondern nach einer Aneinanderreihung von Gewaltaktionen und Schießereien, aufgebaut nach dem *linearen* Prinzip. Der Anhaltspunkt dieser Szenerien ist ein neues Geschäft – der Drogenhandel von Sollozzo. Andere Familien der New Yorker Unterwelt beteiligen sich bereits daran. Don lehnt es jedoch ab. Ab jetzt wird es in der Geschichte darum gehen, wer überlebt: Die Familie Corleone oder die anderen. Das Geschäft begleiten die unendlichen Episoden des Kampfes und der Gewalt. Das Auffinden des Pferdekopfs im Bett des Hollywoodproduzenten (33. Minute), die Mordszenen an Luca Brasi (42. Minute), Sollozzo und McCluskey (86. Minute) sowie Santino (113. Minute), die Prügel von Carlo Rizzi (103. Minute), die Explosion des Autos von Apolonia (121.

---

[459] Natürlich hängt die Frage davon ab, was Coppola unter dem Hauptstrang der Erzählung versteht und was die Nebenstränge sind. Doch wenn auch im Mittelpunkt der Geschichte, nach Aussagen von Coppola, die Geschichte einer Familie steht, bekommt man zuerst nicht viele Hintergrundinformationen darüber. Man erfährt, beispielsweise, nicht, wie es zu solchen Geschäften kam oder was die Entscheidungen von Corleone beeinflusst hat. Man könnte widersprechen, Coppola liefere diese Informationen im zweiten Film nach. Als er jedoch sein Drehbuch zum ersten Teil verfasste, wusste er noch nichts über die Fortsetzung der Geschichte.

Minute) und abschließend das Blutbad an den Feinden der Familie Corleone (151. Minute), um nur wenige davon zu nennen. Diese Szenen wurden nicht nur gezeigt oder – wie im *klassischen* Kino nach strikten Regeln des *Production Codes* – angedeutet, sondern bewusst akzentuiert, was bestimmt mit der Erfahrung Coppolas bei Corman sowie mit der Lockerung der Regeln zusammenhängt. 30 Sekunden lang wird Luca erstickt, eine ganze Minute wird Carlo mit Fußtritten und Fäusten verprügelt, in Santino schießt man mindestens 30 Sekunden lang.

Als der ältere Sohn von Corleone, Santino, zu seiner von ihrem Mann verprügelten Schwester eilt, gerät er unterwegs in eine Falle und wird erschossen. Die Szene seines Mordes wird ausgedehnt. Wenn eine ähnliche Szene in der Realität passieren würde, würde ein Mensch vielleicht versuchen, sich im Auto zu verstecken. Nicht der Protagonist von Coppola. Sonny, bereits halb tot, schafft es noch, aus dem Auto auszusteigen und sich frontal vor die Kamera – im Film vor den Schützen – zu stellen. So kann der Zuschauer an seiner blutigen Ermordung teilhaben. Der Aufbau des Mords an Santino zeichnet den bereits von Anfang an gewählten visuellen Stil Coppolas aus: Zuerst sehen wir Details, dann fährt die Kamera zurück und wir können die Situation mithilfe der *totalen* Einstellung genau einschätzen. Auch die Schießerei wird zuerst im Wechsel von *halbnahen* und *nahen* Einstellungen gezeigt, die anschließend mit einer zehnsekündigen *Totale* endet, in der die blutige Leiche des älteren Sohnes Corleones zu sehen ist. Diese Vorgehensweise ist eine Abweichung von der Tradition des *klassischen* Kinos. Der Wechsel der Einstellungen mag zunächst wegen seiner Schnelligkeit mit der Technik der russischen *Formalistenschule* verwechselt werden. So schnell würde Eisenstein seine Filme montieren. Nur kombinierte der russische Regisseur seine Inhalte assoziativ, beim Vergleichen von zwei Einstellungen (wie ausgepresste Zitrone und vom schweren Job ermüdeter Arbeiter). Coppola arbeitet in dieser Szene nicht mit Vergleichen, sondern mit Tempo, das die Dynamik der Szene erzeugt. Dennoch bleibt seine Strategie einheitlich. Ein prägnantes Beispiel hierzu ist die Taufszene in der vorletzten Sequenz des Filmes, deren Montage manche Wissenschaftler mit der Montage Eisensteins vergleichen.[460] Eigentlich nutzt Coppola zum Aufbau der visuellen Reihe die *klassischen* Techniken Hollywoods, wie beispielsweise *Parallelmontage*, nur die Tonspur greift von einer Szene in die andere.[461] In dieser Szene erscheint Michael Corleone nicht nur als der Pate des kleinen Sohnes von Connie, sondern als der neue Don der New Yorker Unterwelt. Während Michael in der Kirche seinen Eid schwört, bringen seine Leute die Feinde der Familie um. Die Assoziation erfolgt nicht wie bei Eisenstein anhand der visuellen Vergleiche («geschlachtete Rinder» und «ermordete Arbeiter»), sondern auf der verbalen Ebene, indem der Priester Fragen an Michael stellt und seine Antworten mit seinen Aktionen verglichen werden:

---

[460] Vgl. Chown 1988.

[461] Diese Tonmontage wendete Coppola bereits in seinem Frühwerk, beispielsweise beim Film YOU'RE A BIG BOY NOW, an.

Priest: «Do you renouce Satan?»
(Es wird der erste Mord im Namen von Corleone begangen)

Michael: «I do renouce him.»
(Mac Geen wird erledigt)

Priest: «And all his works?»
(Ein anderer Mord)

Michael: «I do renouce them.»[462]

Die Filmlänge erstreckt sich über mehr als drei Stunden und bei einer derartig gleichen Struktur würde den Zuschauer die Handlung schnell langweilen, wenn Coppola nicht – nach der Tradition Hollywoods – seine Charaktere meisterhaft zu starken Persönlichkeiten entwickelt hätte. Im Unterschied zu vielen seiner Kollegen, wie Lucas oder Spielberg, probt Coppola mit seinen Darstellern vor dem Dreh, führt Gespräche und lässt einzelne Details wie Mimik, Gestik, Stimme, Kleidung und Accessoires nicht außer Acht.[463] Darin liegt wohl eines der Geheimnisse seines Filmerfolges. Natürlich ist Coppola der Tradition verpflichtet, wenn er seine Charaktere ikonologisch in ‹gut› (mächtig, großzügig, familienorientiert, herzlich) und ‹böse› (einsam, herzlos, unpersönlich) aufteilt und *zwei Welten* konventionell gestaltet. Während wir im wahren Leben mit vielen Situationen konfrontiert werden, aus denen es keinen Ausweg gibt, bietet die konventionelle Welt von Corleone den nötigen Schutz und macht somit die gleichen Versprechungen, die in der *Traumfabrik* seit ihrem Ursprung kultiviert werden. Nichts ist unmöglich für den Mafiaboss. Seine Macht erstreckt sich über die Vereinigten Staaten und reicht bis ins Ausland. Bei ihm finden sowohl talentlose Schauspieler als auch ungerecht behandelte Bestatter und mächtige Casinobesitzer Zuflucht. Der Preis für den Schutz und Erfolg scheint auch bezahlbar zu sein, was die Entfernung von der Wirklichkeit noch vergrößert. Der warmherzige Vito nutzt Gewalt nur zum Schutz seiner Familie. Während seine Leute die anderen Menschen erledigen, bleibt das Gewissen von Vito unberührt, denn er selbst begeht kein Verbrechen.

Im Bezug auf THE GODFATHER spricht Ray von einer Abweichung vom traditionellen Genre, das er nun «corrected genre» (Ray 1985, S. 335) nennt. Es heißt, dass solche Filme wie THE GODFATHER ihre Figuren und Geschichten nach der besten Tradition des *klassischen* Hollywoods präsentieren, wobei diese Sichtweise gleichzeitig auf Widersprüchen beruht, die früher verdeckt gehalten wurden. In frühen Jahren könnte Vito Corleone vielleicht als ein unbesiegbarer Cowboy auftreten. Nun scheut sich Coppola nicht, den mächtigen Boss auch krank, alt und vergesslich darzustellen und ihn schließlich durch Michael zu ersetzen. Gleichzeitig wird Vito – ganz im Anklang an hollywoodsche Tradition – romantisiert. Er ist ein treuer Ehemann, liebevoller Vater, der seine Schutzmaßnahmen ergreift, damit seine Kinder ‹ehrlich› leben können. Natürlich

---

[462] Der Priester: «Sagst du dich los von Satan?»
Michael: «Ich sage mich los von ihm.»
Der Priester: «In allen seinen Werken?»
Michael: «Ich sage mich los.»

[463] Manche Darsteller, beispielswese Al Pacino, sind Anhänger der Stanislawski-Methode.

findet man im Gegensatz zu Vito bei den wahren Mafiabossen weder Beständigkeit noch Gerechtigkeit.[464]

Ray spricht über technische Lösungen von Coppola, die ihm erlauben, den Zuschauer für seine ‹gewalttätigen› Protagonisten zu gewinnen. Der Regisseur verwendet *point-of-views* und eine *subjektive* Kamera, die dem Zuschauer die Ereignisse aus der Sicht seiner ‹gesetzlosen› Hauptdarsteller zeigen. Er vermittelt, dass die *andere* Welt (Polizei, Mafiagruppierungen, Staat) im Vergleich zur Welt Corleones noch unberechenbarer sei. Wenn wir die Szene des Treffens zwischen Michael, Sollozzo und McCluskey betrachten, wechselt die Kamera die Perspektiven – mal geht sie in eine neutrale Position, mal zeigt sie die Szene aus der Sicht Michaels. Als wir sein Gesicht in *Großaufnahme* sehen, merken wir, wie nervös und aufgeregt er kurz vor dem Mord seiner Gesprächspartner ist. Sein Verbrechen scheint weniger ein solches zu sein, denn er will seinen Vater und die Familie schützen. Außerdem tötet er bloß ein paar Kriminelle – einen Drogenhändler und einen verbrecherischen Polizisten. Der Vergleich dieser Szene mit einer anderen – als Sollozzo Luca Brasi ermordet – zeigt klar die Sympathien des Regisseurs. Sollozzo tötet hinterhältig, mit einem Lächeln, nachdem er Brasi seine Hand reicht, um das Geschäft abzuschließen. Umgekehrt kann Michael nach dem begangenen Mord nicht einmal die Pistole in seiner Hand halten und lässt sie mit Ekel am Tatort fallen.

Während die Frage nach *attraktiven* Szenen in einem Abenteuerfilm wie INDIANA JONES einfach zu beantworten wäre, da es dort die für die Handlung genrespezifischen Elemente wie Verfolgungsjagden gibt, kann man diese Tendenz zur *Attraktion* beim Familiendrama und Gangsterfilm, wie THE GODFATHER es ist, leicht übersehen. Es lohnt sich jedoch, den Begriff *Attraktion* erneut anzusprechen. Michaela Krützen nennt fünf Genres – *Musical, Abenteuerfilm, Komödie, Horrorfilm* und *erotischer Film* – die optimale Möglichkeiten zur Präsentation der *nicht-narrativen* Züge in der *klassischen* Erzählstruktur bieten. Diese sogenannten *körperorientierten* Attraktionen sind für ein *Musical* die tanzenden und singenden Darsteller, für einen erotischen Film «entblößte und sich entblößende» Körper. In der Komödie geht es um sogenannte *Lachnummern*, die zwar als Teil der Erzählung funktionieren, dennoch von ihr inhaltlich isoliert sind. In einem Action- und Abenteuerfilm sorgen die männlichen Protagonisten mit ihren *Glanznummern* von Kampf und Action für *attraktive* Elemente. Im Horrorfilm wird ein wesentlicher Teil der Handlung den Auseinandersetzungen zwischen Tätern und Opfern und dem ausführlichen Prozedere der Menschenmisshandlung gewidmet.[465] Viele wissenschaftliche Diskussionen und Konferenzen[466], die diese Thematik ansprechen, orientieren sich überwiegend an den Aufsätzen von Gunning, obwohl Eisenstein als erster den Begriff prägte und einen Aufsatz den *Kino-Attraktionen* widmete. Auch wenn manche Referenten Eisenstein zitieren, kennen sie nur seinen Beitrag über das *Theater der*

---

[464] Anhand der Studien von Lindlau über die kriminelle Welt wird nachgewiesen, dass diese Gutmütigkeit und Loyalität nur in den Filmen über die Mafia existieren. Tatsächlich erledigen die Mafiosi ihre Geschäfte ohne dabei Frauen und Kinder zu schonen. In: Lindlau 1998, S. 75.

[465] Krützen 2004, S. 292ff.

[466] Beispielsweise die Konferenz: *Georges Méliès et le deuxième siècle du cinéma* in Cerisy-la-Salle, Frankreich, August 1996.

Attraktionen in der Übersetzung von Leyda. Daraus schließen sie, dass die *Kino-Attraktion* Diskontinuität und Moment des Spektakels im Gegensatz zur Kontinuität und zu einer logisch fließenden Erzählung bedeutet. Sie wird eingesetzt, «to make image seen» («ein Bild sichtbar werden lassen» Gunning, In: Strauven 2006, S. 15). Weiterhin bedeutet *Attraktion* eine besondere Vorliebe für visuelle Effekte, für eine – nach Gunning – Form der Unterhaltung (wie Touristenattraktion, Show, Zirkus) oder – nach Eisenstein – für den «Höchstpunkt» dieser Unterhaltung.[467] Somit wird *Attraktion* als «nicht-fließende» Einheit, die die Diskontinuität in die Handlung einfügt, definiert. In seinem Buch *Non-Continuity, Continuity, Discontinuity: A Theory of Genres in Early Films* spricht Gunning von drei Formen der filmischen Diskontinuität. Diese sind «single shot films» (ein «einstelliger» Film), «cinema of continuity» (*klassisches* Kino, in dem einzelne Einstellungen durch die Narration der Gesamthandlung verbunden sind) und «cinema of discontinuity» (Kino der Diskontinuität, in dem Inhalte parallel existieren und durch Raum oder Zeit miteinander verbunden sind).[468] Diese Bezeichnung der Diskontinuität kommt aus der Literatur, wo sie die «Unterbrechung» (*breaks*) der fließenden Erzählung bedeutet:

> «[...] attraction is quite similar to pure show [...] attraction affects the time construction of film by breaking into the process of storytelling.»[469]

Darin liegt meiner Ansicht nach ein Missverständnis der *Attraktionsästhetik* Eisensteins. Aus dieser Sicht werden wir auch im Film Coppolas keine *attraktiven* Elemente finden. Auch wenn wir den Begriff ausschließlich dem Aufsatz über das *Theater der Attraktionen* entnehmen, geht es Eisenstein auch darin nicht um «Unterbrechung» der Handlung, sondern um Betonung ihrer emotionalen Wirkung auf den Zuschauer, um «jedes emotionale Moment», das den Zuschauer eine Entwicklung «auf die Sinne oder Psyche aussetzt» (Eisenstein 1923, S. 60). Wenn wir uns erneut den Experimenten von Lew Kuleschow widmen, dann sehen wir, dass er durch Gegenüberstellung eines neutralen Schauspielergesichts mit einem Teller Suppe «die Handlung» nicht unterbrechen, sondern ihr eine neue *assoziative* Bedeutung, die im Zuschauerkopf geschieht, geben will. Auch in THE GODFATHER geht es Coppola mit seinen *attraktiven* Episoden wie die der singendenden und tanzenden Gäste oder die Mordszenen an Santino und Luca Brasi nicht um eine Unterbrechung der Handlung, sondern um ihre emotionale Dramatisierung als eine Form der Unterhaltung.

Das Medium Film hat besondere Eigenschaften, die solche Momente präziser und unterhaltsamer wiedergeben können als Theater oder jeder literarische Roman. Diese Vorteile sah auch Eisenstein, als er vom Theater zum Kino wechselte. Die kontrastreiche Gegenüberstellung der Inhalte, die durch Montage visueller Gewalt einzelner Bilder funktioniert, gehört zu diesen wichtigen Merkmalen, die im Kino für dramatische und unterhaltsame Höhepunkte sorgen. Es ist der Schnitt, der an der Grenze kontrastreicher

---

[467] Strauven 2006, S. 18.

[468] Gunning 1984, S. 101ff.

[469] «[...] *Attraktion* ist einer reinen Show ziemlich ähnlich [...] *Attraktion* beeinflusst den zeitlichen Aufbau des Filmes, indem sie in den Prozess des Erzählens eindringt.» In: Strauven, S. 282.

Szenen steht und diese betont. Der Schnitt trennt einen Produzenten, der den Kopf seines Lieblingspferdes in seinem Bett findet, von Vito Corleone, der in diesem Moment mit majestätischer Ruhe seinen Geschäften nachgeht (33. Minute). Auch der Schnitt trennt – sowie verbindet und betont durch diesen Kontrast gleichzeitig – die Darstellung von Vito Corleone, der um seinen Sohn Santino trauert, von der Szene mit dem frisch verheirateten Michael, der seiner Frau das Fahren beibringt (118. Minute).

THE GODFATHER I wurde noch sehr unter dem Einfluss von Evans gestaltet, der nicht immer allein dem Regisseur die Entscheidungen überließ. So wollte beispielsweise Coppola den Film mit einer Szene – nach der Literaturvorlage – beenden, in der Kay in die Kirche geht und eine Kerze für Michael anzündet. Evans setzte jedoch einen anderen Schluss durch: Kay beobachtet, wie ihr Ehemann in seinem Arbeitszimmer als «Don» geehrt wird und die Tür wird vor ihr geschlossen.[470] Dieses Finale lässt die Handlung des ersten Filmes auch leicht fortsetzen, obwohl Coppola grundsätzlich nicht von weiteren Folgen ausging:

> «I wanted to end it. It's not an episodic adventure along the lines of INDIANA JONES. I couldn't just start a new adventure. I'd have to do it with the human being, Michael Corleone.»[471]

Dieses Thema ist jedoch einfach fortzusetzen, indem beispielsweise die Mafiageschäfte vom Vater zum Sohn und weiter an die Enkelkinder übertragen werden können. In der Tat erweitert Coppola im zweiten und dritten Film die Gewaltaktionen und präsentiert gleichzeitig weitere Generationen der Familie. Im zweiten Teil behält Coppola die Geschichte über die Jugend von Vito Corleone aus der Literaturvorlage bei. Die Casinos in Las Vegas und Havanna wurden speziell für den Film entworfen. THE GODFATHER II besteht aus zwei miteinander *assoziativ* verbundenen Erzählungen. Eine spielt in der Vergangenheit. Darin geht es um die Geschichte Vito Corleones, der als neunjähriger Junge von Sizilien in die USA geflohen ist, nachdem seine Familie von der Mafia umgebracht wurde. Eine andere – parallel aufgebaute Geschichte – zeigt Michael fünfzig Jahre später in seiner Rolle als Pate.

Nachdem der erste Teil des Filmes große Gewinne an der Kinokasse brachte, gewann der Regisseur finanzielle Unabhängigkeit und einige Freiheiten bei der Gestaltung des zweiten Filmes. Wahrscheinlich aus diesem Grund wurde eine für den Film ungewöhnliche Struktur gewählt. Die Erzählung folgt nicht dem *linearen* Prinzip, sondern wird durch den ständigen Wechsel der Rückblenden – zwischen Vergangenheit und Gegenwart – wiedergegeben. Man sieht den kleinen Vito (Vergangenheit) und parallel dazu den gleichaltrigen Anthony (Gegenwart). Auf die Bilder von Michael mit seinem Sohn folgen Darstellungen von Vito mit Santino. Die Geschichte wird nicht gezielt vorangetrieben, sondern emotional-assoziativ dargestellt. Die wenigen Szenen, die ich als *attraktiv* bezeichnen würde, nehmen den wesentlichen Teil der Handlung ein.

---

[470] Browne 2000, S. 30

[471] «Ich wollte es beenden. Das ist kein episodenhaftes Abenteuer wie INDIANA JONES. Ich könnte nicht so einfach ein neues Abenteuer anfangen. Ich hätte es mit einem menschlichen Wesen, Michael Corleone, machen müssen.» In: Breskin 1997, S. 34.

Die Bilder stehen im Vergleich zueinander und regen unsere Fantasie so an, dass wir – wie es einst Eisenstein von seinem Zuschauer forderte – den Rest in unserem Kopf konstruieren können. Die harmonisierenden Darstellungen der kleinen Familie von Vito Corleone in der armen Umgebung von New York kontrastieren mit kalten Aufnahmen des schicken Besitzes von Michael Corleone am *Lake Tahoe* in Nevada, wo Michael von der Fehlgeburt seiner Frau erfährt. Dieser Vergleich sollte wohl zeigen, wie weit sich der Sohn Vitos von den Vorstellungen seines Vaters (Familie, Glück) entfernt hat und wie stark er für seinen Ehrgeiz und für seine Machtsucht mit Einsamkeit und Zerstörung büßen muss. Die Bestrafung wird jedoch nicht unmittelbar gezeigt. Wir müssen dies erraten, denn äußerlich bleibt Michael weiterhin erfolgreich, mächtig und reich. Coppola nutzt nicht nur kontrastreiche Darstellungen, sondern auch die traditionellen Mittel der *hollywoodschen* Gestaltung – *Mise-en-scène*, Farbe und Beleuchtung – um sein Konzept zu vermitteln. Die warme, lebendige, vitale Welt von Vito kontrastiert mit der nüchternen, kalten Atmosphäre um Michael sowohl in Nevada als auch in Miami.

Jean Renoir sagte einmal, dass jeder Regisseur im Laufe seiner Karriere nur einen einzigen Film drehe und diesen ständig wiederhole. Deshalb spricht man von einem einheitlichen Stil des Filmemachers.[472] Coppolas THE GODFATHER II (1974), aber vor allem THE GODFATHER III (1990) sind in der Tat ähnlich wie der erste Teil aufgebaut, nur die Protagonisten sind ausgetauscht. Auch der zweite Teil fängt mit dem Fest der Familie Corleone an, die auf dem Landgut in Nevada die Kommunion von Anthony, dem Sohn Michaels, feiert. Im dritten Teil wird Michael Corleone als Träger des Ehrenordens des Vatikans gefeiert. Wie auch zu Zeiten Vito Corleones kommen die Gäste mit Verbeugungen zu dem mächtigen Boss. Wie sein Vater vor vielen Jahren tanzt Michael mit seiner Tochter. Die Hausherrin der Familie (nach dem Verlassen der Ehefrau die Schwester Connie) singt ein sizilianisches Lied, wie es damals die Mutter der beiden tat. Auch der Auftritt von Johnny Fontaine fehlt nicht in dieser Sequenz. Der ehemalige Hollywoodplayboy zeigt sich mit edlem Grau an den Schläfen. Sein Alter hat wenig Auswirkung auf seine Popularität. Die Macht der Familie Corleone wird auch hier durch die Ermordung ihrer Gegner zum Schluss wiederhergestellt. Im dritten Teil wird jedoch eine Wiederholung der bereits gesehenen Abläufe offensichtlicher als im zweiten Teil, weil Coppola dadurch versucht – wie dies auch die Brüder Coen in BARTON FINK gemacht haben – die Handlung des dritten und letzten Teils auf der formal-visuellen Ebene abzuschließen. Durch seine Erfahrung mit dem ersten Teil hat der Zuschauer bereits bestimmte Erwartungen an das Geschehen. In weiteren Folgen wird er weder enttäuscht noch überrascht. Diese Parallelität des dritten Teils mit dem ersten musste in der Tat als formaler Abschluss der Trilogie gesehen werden und diese Tatsache bestätigte Coppola mit seinen Aussagen.[473]

Zum Schluss lässt sich bemerken, dass es Coppola in seinem Film THE GODFATHER gelingt, die Tradition des *klassischen* Kinos mit innovativen visuellen Tendenzen seiner Zeit zu verbinden. Darin liegt der besondere Erfolg des Filmes, der jedem Zuschauer

---

[472] Vgl. Chown 1988, S. 151.

[473] Kommentare sind auf der DVD APOCALYPSE NOW REDUX von *Universum* Film (2002) zu finden.

Vergnügen bereitet: Diejenigen, die eine ausgezeichnet erzählte Geschichte oder Entwicklung der Charaktere suchen, finden beides im Film. Die anderen, die vielleicht Kino als Kunst sehen wollen, sind ebenfalls mit den malerischen Szenerien, leuchtenden kontrastreichen Farben und meisterhafter musikalischer Begleitung zufrieden. Hier geschieht ein geschickter Mix aus Tradition und Erfindung. Zwei weitere Werke begründen die Experimentierfreudigkeit des Regisseurs.

3.3. Vielfalt des reifen Werkes: THE CONVERSATION und APOCALYPSE NOW

THE CONVERSATION (1974) und APOCALYPSE NOW (1979) unterscheiden sich deshalb von THE GODFATHER, weil sie unabhängig von Studios und ganz nach Vorstellungen des Regisseurs gestaltet wurden. Hier bestätigt Coppola seine Ernennung zum *Auteur*, weil er auch Gestalter seiner Werke ist. Für beide Filme hat er die Drehbücher verfasst, Regie geführt, sie produziert sowie Design und Schnitt beeinflusst. Die konsequente Verfolgung seiner künstlerischen Ziele ging zu Lasten der kommerziellen Unterhaltung und zurück zu Experimenten seiner Jugend, wenn auch meisterhafter gestaltet als damals. Beide Filme hatten mehr Erfolg bei den Kritikern als beim breiten Publikum.[474]

In THE CONVERSATION wird eine Geschichte aus dem Leben des professionellen Abhörspezialisten Harry Caul erzählt. Es geht tatsächlich nur um einen Abschnitt daraus, denn weder wird der Protagonist Caul dem Zuschauer vorgestellt, noch werden seine Motivationen und Ziele erklärt.[475] Etwas Persönliches von Harry erfahren wir nur in wenigen Episoden – als er beispielsweise seine Freundin in der 23. Minute besucht und einmal in der 77. Minute träumt. Diese Informationen bringen uns nicht weiter. Die Einführung, obwohl sie mit dem aufwändigen *establishing shot* beginnt, trägt auch wenig dazu bei. Aus der *Vogelperspektive* wird in der ersten Einstellung der *Union Square* in San Francisco gezeigt. Mit einem langsamen Zoom nähert sich der Platz dem Zuschauer, und bald können wir die einzelnen Personen identifizieren, beispielsweise den Pantomimen, der einen Mann nachahmt. Dem Mann scheint die überraschende Aufmerksamkeit unangenehm zu sein, denn sowohl mit seiner vorsichtigen Gestik als auch in der wenig auffallenden Kleidung will er möglichst unbemerkt bleiben. Eigentlich wissen wir auch nicht, dass es hier um den Protagonisten geht. Coppola lässt ihn zuerst gehen und schneidet auf einen Abhörspezialisten, der sein Gerät auf ein Pärchen richtet. Das Pärchen wird durch die Kameralinse vorgestellt. Danach nutzt der Regisseur ein ihm bereits bekanntes Verfahren – er trennt den Ton von der Darstellung, das heißt, der Dialog des Pärchens wird auch dann fortgesetzt, wenn Mann und Frau nicht im Kamerafokus sind, und umgekehrt, wenn wir sie sehen, hören wir die

---

[474] THE CONVERSATION gewann 1974 den *Grand-Prix* beim Film Festival in Cannes und wurde für drei *Oscars* nominiert, ging jedoch leer aus. Gleiches gilt für APOCALYPSE NOW. Der Film wurde ebenfalls 1979 in Cannes während des Filmfestivals gezeigt und bekam die *Goldene Palme* sowie einige *Oscars* und *Golden Globe*-Nominierungen.

[475] Vielleicht wollte Coppola eine kurze Studie seiner Erfahrungen mit dem europäischen Kino darstellen, denn der Film zeigt Einflüsse sowohl von Antonionis BLOW UP, vor allem wenn es um eine mediale Täuschung geht, als auch von Hitchcocks PSYCHO, offensichtlich besonders beim Mord im Hotel zum Filmschluss.

Straßengeräusche.[476] Die Aufnahmen wurden vor Ort durchgeführt, ohne dass die anwesenden Menschen davon wussten. Coppola nutzt den Schnitt nicht, um die visuelle Reihe zu korrigieren und überflüssige Darstellungen zu reduzieren, sondern behält diese im Film, um eine Art Spontaneität zu erzeugen.

Jede Darstellung scheint ein Spiel mit dem Zuschauer zu sein. Anstatt die Umgebung zu deuten, verdecken die Einstellungen diese und verwirren damit den Zuschauer. Als wir Harry in seine Wohnung folgen, nimmt die Kamera plötzlich eine Standposition ein. Harry bewegt sich in der Wohnung. Wir dürfen ihm aber nicht folgen, sondern müssen geduldig warten, bis er im Fokus der Kamera erscheint. Auch in diesem Film wie in THE GODFATHER arbeitet Coppola mit hell-dunklen Kontrasten und Beleuchtung. Nur setzt er diese wenig zu narrativen Zwecken ein. Wenn wir Harry zu seiner Freundin Amy begleiten, treten wir in eine halbdunkle Wohnung ein. Die Objekte, die dabei beleuchtet werden – die Bettlehne statt der im Bett liegenden Darstellerin oder ein Teil der Wand und nicht den die Wohnung verlassenden Harry – sind keine Bedeutungsträger, sondern scheinen zufällig gewählt. Die Handlung des Filmes sieht danach aus, als ob Coppola uns ins Innere seines Protagonisten einführen, uns seine Persönlichkeit zeigen möchte. Doch wird sein Verhalten auch danach kaum nachvollziehbar. Am Anfang des Filmes sehen wir Harry – einen nüchternen Profi, dem es nur darum geht, seine Aufnahme beim Auftraggeber abzugeben. Was letzterer damit macht, auch wenn ein Mord geschehen sollte, interessiert ihn wenig. Als Harry jedoch von seinem Kollegen erfährt, dass wegen seiner Arbeit einige Morde begangen wurden, versucht er – wie es scheint – das zuletzt abgehörte Pärchen zu retten. Zum Schluss muss Harry sich getäuscht haben, denn nun ist sein Auftraggeber tot, während das Pärchen überlebt hat. Viele im Film gestellte Fragen, die nicht nur die Handlung, sondern auch die Charaktere betreffen, werden nicht beantwortet. Nach eigenen Aussagen versuchte der Regisseur absichtlich, seine Charaktere auf ‹unkonventionelle Weise› zu enthüllen. Nicht, um ihre Persönlichkeiten genau zu zeigen, sondern einen Eindruck von ihnen:

«Es ist mein Versuch, dem Publikum auf andere Weise die Charaktere zu vermitteln, nicht nach der klassischen Dramatiker-Methode, in der ein bisschen Hintergrund vermittelt wird und die Spuren enthüllt und Widersprüche gezeigt werden. Ich zeige immer wieder denselben Augenblick. Ich setze Wiederholung an die Stelle von Erklärungen.»
(Thir 2010, S. 51f.)

Mit anderen Worten versucht Coppola durch methodische Wiederholung den Inhalt zu vermitteln. Und erneut benutzt er eine Montageart – die gleiche wie in der Taufszene von THE GODFATHER – die einen Wissenschaftler in Versuchung bringt, einen direkten Einfluss Eisensteins zu sehen.[477] Beispielsweise hört Harry ständig seine Aufnahme von dem Pärchen an – daraus entstehen deutliche Vergleiche. Als er sich für eine Liebesnacht vorbereitet, hört er, wie das Mädchen auf dem Tonband über einen Obdachlosen, einen verlassenen und einsamen Mann, spricht. Aus der Darstellung und Aussage entstehen unmittelbare Vergleiche zwischen dem obdachlosen Mann und Harry, der – obwohl er

---

[476] Ton gehört zum wichtigen Ausdrucksmittel zusammen mit Bild, dennoch wird er in dieser Arbeit nicht analysiert.

[477] Vgl. Chown 1988, S. 96.

Arbeit und ein Dach über den Kopf hat – nicht weniger verlassen ist. Auch hier scheint dieser Vergleich nur auf der verbalen und nicht visuellen Ebene zu existieren, während Eisenstein über die Kraft der Bilder, die durch eine Montage vereint werden, sprach.

Obwohl THE CONVERSATION durch die Aufnahmen vor Ort, spontane Kamerafahrten und willkürliche Tonaufnahmen der Realität näher zu kommen scheint, ist der Film konventioneller und künstlicher als der Mythos des Paten. Seine Konventionalität wird noch mehr durch das ‹offene› Finale betont: Harry spielt in seiner Wohnung Saxophon. Er wird angerufen, und es wird ihm mitgeteilt, dass er wegen des letzten Auftrages nun auch abgehört werde. Nach gründlicher Durchsuchung seiner Wohnung bis hin zu ihrer völligen Zerstörung setzt er sein Spiel weiter fort. Der Zuschauer sieht den Abspann, ohne auf gestellte Fragen Antworten zu erhalten. Die subjektive Erzählweise bewirkt, dass der Film als Kunstwerk an sich existiert. Anstatt eine Geschichte zu erzählen, vermittelt er uns den Eindruck, auf der Ebene des Unterbewussten zu funktionieren, während auch diese kaum zu existieren scheint.

Auch in APOCALYPSE NOW bereitete das Finale dem Regisseur Schwierigkeiten. Interessanterweise löst er dieses Problem mit der *assoziativen* Montage in der Tradition Eisensteins, die sowohl die Kulmination der Erzählung als auch ihren emotionalen Schluss ausmacht. Die Einführung in die filmische Handlung ähnelt dem Stil des Finales. Man kann behaupten, dass die Eingangssequenzen und auch manches Finale zu Coppolas interessantesten Darstellungen gehören. Dabei neigt die Eingangssequenz zur präzisen Beschreibung, während das Finale durch Schnitt und Zeit beschleunigt wirkt (THE GODFATHER, APOCALYPSE NOW). Die erste Einstellung des Filmes zeigt einen erstarrten Dschungelrand, der hinter dem gelb-roten Staub zu verschwinden beginnt. Die Silhouetten der Hubschrauber durchkreuzen das Bild. Gleichzeitig lauschen wir dem Lied «The End» der Gruppe *The Doors*. Nach wenigen Augenblicken steht der Dschungel in Flammen und man sieht in Überblenden die Umrisse eines männlichen Gesichts, das mit offenen Augen träumt. Ein Funke seiner Zigarette entzündet die Darstellung des brennenden Dschungels. Die Rotoren der Hubschrauber kreuzen mit Darstellungen des Ventilators in einem Hotelzimmer. Die erste Vorstellung des Protagonisten erfolgt in mehreren *Close-ups*, in denen wir aus verschiedenen Winkeln sein Gesicht betrachten. Einige Details – ein Foto einer Frau, ein Brief oder die Schnapsflaschen – verraten, dass der Mann mit einem Alptraum konfrontiert wird, den er gleich durch seine Gedanken in *Voice-over* vermittelt: Saigon, Vietnam, Krieg. Nach der Einführung folgt eine chronologische Wiedergabe der Ereignisse. Der Protagonist, der Captain Willard heißt, bekommt einen Auftrag: Er soll einen amerikanischen Colonel namens Kurtz töten, der unabhängig von dem US-Kommando sein eigenes Reich in Kambodscha aufgebaut hat. Willard macht sich auf den Weg. Seine *äußere* Reise verläuft in Vietnam durch die von Amerikanern und Vietnamesen besetzten Gebiete, die *innere* wird darauf aufgebaut, dass er während seiner Fahrt die Biografie von Kurtz liest, sich in seine Gedanken und Handlungen hineindenkt und ihm nach und nach ähnlicher wird. Die Sequenzen, die darauf folgen, wie beispielsweise «die Strandparty» (achte Sequenz), «der letzte US-Stützpunkt und *Playboy-Show*» (zehnte Sequenz), «Massaker von Willard» (elfte Sequenz) oder «Do Long Brücke» (zwölfte Sequenz) scheinen ohne tieferen Sinn verbunden zu sein. Die Erzählung besteht aus einzelnen Episoden, die nur der Auftrag – die Reise nach

Kambodscha – verbindet. Der Protagonist bleibt die meiste Zeit untätig (bis auf den Mord an einer Vietnamesin), und sein Schweigen wird ab und zu durch seine inneren Gedanken unterbrochen. Margit Thir äußert die Idee, dass hinter dem oberflächlichen Abenteuerplot eine narrative Tiefenstruktur eines Märchens nach der Theorie von Propp nachvollziehbar sei. In *Morphologie des Märchens* (1928) untersucht Propp die gattungstypischen Einheiten und stellt dabei fest, dass auf der Handlungsebene des Märchens eine Tiefenstruktur erkennbar ist, deren Elemente in jedem Märchen in einer bestimmten Reihenfolge immer wieder auftauchen. Und so entwirft er eine «Grammatik des Zaubermärchens», indem er ein Motiv – Drache raubt die Königintöchter – in kleine Einheiten zerlegt und bestätigt, dass diese Einheiten in jedem Märchen in der ein oder anderen Form vorkommen. Der Leser, der diese Struktur intuitiv errät, hat die gleiche Erwartung an den Handlungsverlauf. Diese Theorie untersucht auch Thir anhand des Filmes Coppolas, indem sie Willard zum «Helden» und Kurtz zum «Drachen» ernennt. Auf die Frage, warum Kurtz sich zum Schluss freiwillig in die Hände von Willard begibt und sich töten lässt, wird die Antwort durch die Theorie Propps begründet: Weil der Held «die Natur seines Gegners oder die Natur des Drachen» besitzt, um ihn besiegen zu können. Aus diesem Grund wird Willard nach und nach seinem Gegner ähnlich. Während er die Biografie des Colonels liest, beginnt er, wie Kurtz zu denken und zu handeln. Auch wenn diese Theorie interessant scheint, kann sie nicht immer die bereits in mehreren Filmen festgelegte Filmstruktur erklären. Auch in THE GODFATHER folgt die Handlung dem *linearen* Prinzip und die Aktionen reihen sich wie bei APOCALYPSE NOW aneinander. Wenn die Hypothese von Propp die filmische Struktur erklärt, stellt sich hier die Frage, warum Coppola den Film nach dem vorgegebenen Schluss eines Märchens enden lässt. Warum sucht er verzweifelt nach einem gelungenen Ende? In einem Märchen würde Willard zum Nachfolger von Kurtz. Und Coppola überlegte, das Finale in dieser Weise zu beenden. Auch wollte der Regisseur seinen Protagonisten zeigen, als er die Unterkunft von Kurtz verlässt und den Luftangriff einleitet. In der Endfassung lässt er Willard jedoch die Tempelanlage verlassen und mit dem Boot davon fahren.

Wichtiger in diesem Film ist der emotionale Schluss der Geschichte, der zum besten Beispiel einer *Attraktion* gehört. Die Szene – begleitet vom gleichen Lied der Gruppe *The Doors* wie der Anfang des Filmes – wird fast wie ein Videoclip mit Licht- und Farbeffekten sowie einer musikalischen Begleitung gestaltet. Willard badet fast rituell in Schlamm und macht sich auf den Weg zum Tempel. Er hält eine Machete in der Hand, ähnlich wie bei der parallelen Darstellung der Schlachtung eines Wasserbüffels, und wird vom Blitz des Gewitters beleuchtet. Der Mord an Kurtz findet in der *Parallelmontage* mit der rituellen Schlachtung des Büffels statt und wird ohne Zweifel von der Montage Eisensteins aus seinem Film STATCHKA inspiriert. Nur trägt die Darstellung der geschlachteten Rinder und die der ermordeten Arbeiter eine belehrende Funktion bei Eisenstein. Was geschieht bei Coppola zum Schluss? Willard hat seinen Auftrag erfüllt, doch wurde er nicht durch seine ungewöhnliche Begegnung mit dem Colonel verändert. Er erntet weder wie Kurtz Erfolg in Kambodscha noch sehen wir ihn durch seine Auftraggeber geehrt. Die Handlung endet mit der Aussage Kurtz' «The Horror / Das Grauen» und auf der visuellen Ebene mit dem Bild des steinernen Gesichtes aus der Tempelanlage *Bayon*, die *Story* bleibt jedoch offen. Coppola setzt lediglich einen Punkt in der Geschichte auf ‹essayistische› Art und Weise, indem er subjektiv aus dem Zwang des Erzählmusters ausbricht und sein Ende auf der narrativen Ebene offen lässt. Dennoch – wie auch die Brüder Coen in BARTON FINK – operiert er mit visuellen (und tonalen) Wiederholungen und schließt durch diese die Geschichte ab.

4. Steven Spielberg und die flüchtige Schönheit seiner Erzählung

4.1. Zwei Generationen – eine Biografie

Obwohl Steven Spielberg und die Brüder Coen zu verschiedenen Generationen der Filmemacher gehören,[478] weisen die Kindheits- und Jugendjahre von Steven Spielberg und den Coens erstaunliche Ähnlichkeiten auf. Sowohl Spielberg als auch die Coen-Brüder stammen aus Mittelstandsfamilien[479] jüdischer Herkunft aus der amerikanischen Provinz. Das Interesse am Film begann bei Spielberg im Alter von zwölf Jahren, als sein Vater ihm eine 8mm-Kamera schenkte.[480] Wie Spielberg haben die Brüder Coen bereits im Schulalter ihre ersten Experimente mit 8mm-Kameras gemacht. Zu den Darstellern gehörten meistens Freunde und Geschwister. Im Unterschied zu den Brüdern Coen hat sich Spielberg bereits in seiner Jugendzeit auf Spezialeffekte fixiert. 1961 bekam er den ersten Preis in einem Amateurfilmwettbewerb in Arizona. Der Jury fielen seine erstaunlich ausgereiften Spezialeffekte besonders auf. Die Brüder Coen haben sich im Gegenteil zu Spielberg nie besonders für die technischen Tricks interessiert. Diese nutzten sie erst bei der Produktion von THE HUDSUCKER PROXY, fast zwanzig Jahre später nach Spielberg und erst in ihrem fünften Film.

Wegen des Berufs des Vaters zog Spielbergs Familie oft von Ort zu Ort. Der Junge hatte dadurch kaum Freunde und verbrachte viel Zeit vor dem Fernseher. Er konsumierte gierig die täglichen Shows und Filmprogramme, wie dies Joel und Ethan später machten:

> «Er sah sich alles an, von HOWDY DOODY über YOUR SHOW OF SHOWS mit Sid Caesar bis zu THE HONEYMOONERS mit Jackie Gleason und nach Sendeschluss manchmal noch das Testbild.»
>
> *(Perry 1998, S. 15)*

Als die Familie Spielberg nach Kalifornien zog, bewarb sich Steven an namhaften Filmhochschulen der Westküste, erhielt aber Absagen und schrieb sich anschließend am *California State College* in *Long Beach* an der Fakultät *Englische Literatur* ein. Das *College*

---

[478] Steven Spielberg wurde 1946 in Cincinnati, Ohio geboren. Die ersten Karriereerfolge hatte Spielberg in den 1970er- (JAWS, 1975; CLOSE ENCOUNTERS OF THE THIRD KIND, 1977) und 1980er-Jahren (Drei INDIANA-JONES-Filme; E.T., 1982) während die Brüder Coen ihren ersten Film BLOOD SIMPLE 1984 drehten und die ersten Preise in den 1990er-Jahren bekamen (1991 – *Goldene Palme* für BARTON FINK und 1997 – *Oscar* für FARGO).

[479] Der Vater von Spielberg war Ingenieur und die Mutter Pianistin. Spielberg hatte drei Geschwister.

[480] Biografische Daten von Spielberg wurden überwiegend den Büchern von Brode (1995) und Perry (1998) entnommen.

besaß keine Filmschule, dafür aber eine Abteilung für Radio und Fernsehen. Parallel zum Studium verbrachte Spielberg viel Zeit auf dem Gelände der *Universal Studios* und drehte eigene Filme wie AMBLIN (1969), nach dem er später seine Produktionsfirma *Amblin Entertainment* nannte. Wie Joel Coen fing Spielberg an, seine ersten professionellen Erfahrungen im Bereich *Schnitt* zu sammeln, zufällig in dem Bereich, der in Anlehnung an die Ästhetiklehre Eisensteins der wichtige Bestandteil der Filme war. Mit dieser praktischen Tätigkeit fing Spielberg bereits an der *Saratoga High School* in der Nähe von San José an, bevor er nach Los Angeles ging, um unentgeltlich bei *Universal* als Schnittassistent zu arbeiten.

Seine Beschäftigung in der Filmindustrie fing erst richtig an, als Spielberg den Chef der Fernsehabteilung von *Universal*, Sid Sheinberg, traf und von ihm den ersten Vertrag bekam,[481] der den jungen Spielberg auf sieben Jahre Arbeit für *Universal* verpflichtete. Darin liegt ein wesentlicher Unterschied zwischen Spielberg, der früh für die Investitionen in seine Filme mit seiner Freiheit bezahlte, und den Brüdern Coen, die ihren ersten Film selbst finanzierten. Auch später, als sie gelegentlich von Studios Zuschüsse bekamen, genossen sie immer den Status unabhängiger Filmemacher. Im Jahre 1971 drehte Spielberg seinen ersten TV-Film namens DUEL, 1974 den ersten Kinofilm SUGARLAND EXPRESS. Wie im Fall der Coen-Brüder bildete sich um Spielberg ein festes Arbeitsteam. Er produzierte oft seine Filme mit Kathleen Kennedy und George Lucas, arbeitete mit Kameramann Janusz Kaminski, Schnittspezialist Michael Kahn und natürlich mit dem Komponisten John Williams, mit dem Spielberg bis heute eng befreundet ist. Williams schrieb die Musik für alle Filme Spielbergs, die auch nicht zuletzt dank seines musikalischen Talents berühmt geworden sind. Allerdings konnte Spielberg wegen der zentralen Finanzierung des Werkes wenig Einfluss auf seine Teammitglieder nehmen. Im Gegensatz zu Joel und Ethan wechselte er seinen Kameramann oder Produktionsdesigner. Mit der Zeit und zunehmender Popularität gewann Spielberg Unabhängigkeit: Er gründete seine eigene Produktionsfirma und fing an, Drehbücher selbst zu verfassen. Der Regisseur war jedoch gewohnt, vor allem durch seine langjährige Tätigkeit für das TV, auf das Team Rücksicht zu nehmen. Im Gegensatz zu ihm waren die Brüder Coen weniger kompromissbereit und schrieben die Drehbücher ausschließlich selbst. Wie lässt sich das unglaubliche Phänomen Spielberg als Regisseur, das sich auch im ehrenvollen Titel «erfolgreichster Regisseur aller Zeiten» widerspiegelt, erklären? Der Erfolg seiner Filme muss vor allem darin liegen, dass sie einen hohen Unterhaltungswert haben, allgemeine menschliche Werte stets ansprechen, die Interessen der Zuschauer und die jeweiligen Trends der Zeit berücksichtigen. Auch wenn Kinogänger zu einem anspruchsvollen Publikum gehören, haben die meisten von ihnen in ihren jüngeren Jahren geweint, wenn die berühmten Protagonisten der Disney-Produktionen THE FOX AND THE HOUND (1981) sich verabschiedeten oder wenn die Mutter von Bambi (BAMBI, 1942) starb. Dieses Phänomen hat Steven Spielberg rechtzeitig erkannt und in seinen Geschichten berücksichtigt.

---

[481] Seine ersten Fernsehproduktionen waren THE NIGHT GALLERY und COLUMBO.

«We're interested in well-crafted, intelligent movies that can appeal to millions of people. We're not interested in making small critical successes nobody goes to see.»[482]

Nicht zuletzt nannte er unter seinen zwei Lieblingsregisseuren den Briten Alfred Hitchcock und den Amerikaner Walt Disney. Von Hitchcock übernahm Spielberg seine Vorliebe für psychologische Thriller mit *Suspense*-Effekt, von Disney seine Vorlieben für minderjährige Zuschauer, märchenhafte Plots und das obligatorische *Happyend*. Während die Brüder Coen gerne «in ihrem eigenen Sandkasten spielen»[483] und kein Bedürfnis nach Massenpublikum äußern, sondern ihre Filme auch für kleinere Kreise der Kinogänger drehen, zeigte Spielberg früh genug seine kommerzielle Orientierung und bemühte sich, mehr Zuschauer für seine Filme zu gewinnen. Vielleicht auch aus diesem Grund verfolgt er die über ihn und seine Filme verfassten Rezensionen und reagiert empfindlich auf Kritik. Mit Hitchcock verbindet Spielberg außerdem auch die Neigung zur Selbstpräsentation für Werbezwecke, die die Brüder Coen in der Gestalt von Jack Lipnick mit seiner Vorliebe zu «Showmanship» abbildeten. Wie sein Vorbild Hitchcock, der sich nicht genierte, sich bei der Promotion von THE BIRDS (1963) zur Schau zu stellen, posierte Spielberg für die Poster von JAWS (1975) mit einem Hai im Hintergrund.

Bei Drehvorbereitung lassen sich sowohl Spielberg als auch seine Kollegen, die Brüder Coen, von Disziplin und aufwändiger Vorbereitung leiten. Noch bevor die eigentliche Arbeit am Dreh anfängt, haben sie bereits ihre *Storyboards* fertig. Ein interessanter Hinweis im Bezug auf diese Methode liegt darin, dass *Storyboards* meist für *Action* verwendet werden, in den übrigen Fällen bevorzugen Filmemacher immer noch, im geschriebenen Drehbuch zu blättern. Spielberg, der seine *Storyboards* auf *IBM cards* speicherte und sie ständig mit sich trug, fertigte Skizzen für alle seine Filme.

«Each shot was designed in advance, elimination the costly situation of arriving on a set, then having cast and crew stand around while the director decides how a scene ought to be shot.»[484]

Daher scheinen viele seiner Filme mehr Stummfilmen zu ähneln,[485] da sie oft nur wenige Dialoge beinhalten und mehr Wert auf visuelle Darstellung der Geschichte legen. Spielberg geht einen Schritt weiter, indem er die Miniatursets (über 40 cm hoch) aus Karton nachbauen lässt. Vor dem Dreh testet er mit der Kamera Beleuchtung und Kamerawinkel aus. Manchmal setzt er kleine (ca. einen cm hohe) Figuren in diese Bauten und fertigt Fotografien an. Wie die Brüder Coen, zeigt auch Steven Spielberg eine

---

[482] «Wir sind an gut gemachten, intelligenten Filmen interessiert, die Millionen von Menschen ansprechen. Wir sind nicht interessiert am Drehen kleiner Produktionen mit Erfolg bei den Kritikern, die keiner sehen will.» In: Brode 1995, S.20.

[483] Selbstpräsentation bei der *Oscar*-Vergabe im Jahre 2008.

[484] «Jede Einstellung war im Voraus überdacht, um die kostspielige Situation zu vermeiden, am Set anzukommen und die Schauspieler sowie die Filmcrew warten zu lassen, während der Regisseur entscheidet, wie die Szene gedreht werden sollte.» In: Brode 1995, S. 135.

[485] Vgl. Aussage über den früheren Film von Spielberg namens DUEL (1971): «Duel might almost have been a silent film, because it expresses so much through action and so little through the words» (Duell könnte beinahe ein Stummfilm sein, weil es so viel durch Action und so wenig durch die Wörter wiedergibt.). In: Brode, S.33.

Vorliebe für bestimmte Geschichten und Genres, wenn sie auch gelegentlich von ihren Themen abweichen. Bei den Coen-Brüdern sind es Thriller oder ‹schwarze› Komödien, während Spielberg gerne Thriller, Abenteuer und *Science-Fiction* dreht. Sowohl Steven Spielberg als auch Joel und Ethan Coen bleiben mit ihrem Werk, trotz des zeitlichen Unterschieds und der weiteren Entwicklung des Kinos, die zwei Generationen trennt, thematischen und dramaturgischen Konventionen Hollywoods verbunden.

4.2. Narratives Schema und Archetypenproblematik

«I love the idea of not being independent filmmaker. I've liked working within system. And I've admired a lot of the older directors who were sort of ‹directors for hire›.»[486]

Diese Aussage machte Steven Spielberg während eines Interviews mit dem bekannten Filmkritiker und Fernsehmoderator Eugene Siskel. Der Regisseur gestand seine Sympathie für große Studios und ihr Vertragssystem. In der Tat erinnert seine Arbeitsweise an die Produktionen der *Studioära*.

Im Februar 1992 veröffentlichte das amerikanische Branchenblatt *Variety* eine Tabelle mit den erfolgreichsten Filmen aller Zeiten. In den 1970ern rangierte Spielberg hinter George Lucas und dessen STAR WARS. Seine zwei Produktionen JAWS (1975) und CLOSE ENCOUNTERS OF THE THIRD KIND (1977) haben es jedoch geschafft, unter den acht erfolgreichsten der Dekade zu landen. Die 1980er-Jahre gehören dann ganz Spielberg: Sein E.T. THE EXTRA-TERRESTRIAL (weiterhin E.T.) lag an der Spitze der Tabelle der erfolgreichsten Produktionen, und die INDIANA-JONES-Trilogie folgte E.T. auf den Plätzen sechs bis acht. Ab und zu erlebte Spielberg Misserfolge, vor allem bei den Kritikern,[487] in kommerzieller Hinsicht ist er jedoch einer der wichtigsten Filmemacher im amerikanischen Filmgeschäft.

Bei der Betrachtung seines Werks – JAWS (1975) und CLOSE ENCOUNTERS OF THE THIRD KIND (1977); E.T. und die Filme über INDIANA JONES (1981, 1984, 1989 und 2008), JURASSIC PARK (1993) und THE TERMINAL (2004) – fällt auf, dass der Regisseur eine ausgeprägte Erfindungsgabe und eine Neigung hat, seine Fantasien in betont konventionellen Geschichten festzuhalten. Der Aufbau weist auf die narrative Struktur eines Märchens hin: Die Geschichten sind wirklichkeitsfern und eindimensional. Die Informationen und die Charaktere sind auf das Notwendigste reduziert und leben aus einer bildhaften Andeutung der Dinge und Personen, ohne diese zu analysieren. Für jede Geschichte erschafft der Regisseur eine kleine, in sich geschlossene Welt, frei von politischen und sozialen Einflüssen. Dieser Mikrokosmos erinnert an *Bedford Falls* von Frank Capra aus IT'S A WONDERFUL LIFE. Die Begeisterung von Spielberg, seine Geschichten in die Kleinstadtszenerie der amerikanischen Provinz mitten ins *Niemandsland* zu versetzen, spiegelt sich fast in jedem seiner Filme wider. In JAWS sehen

---

[486] «Mir gefällt die Idee, kein unabhängiger Filmemacher zu sein. Mir hat es gefallen, innerhalb eines Systems zu arbeiten. Und ich bewundere viele ältere Regisseure, die den Status von ‹Regisseuren auf Abruf› hatten.» In: Ebert / Siskel 1991, S. 40.

[487] Ende der 1970er wurde sein Film 1941 kritisiert und Ende der 1980er-Jahre gehörte EMPIRE OF THE SUN zu einem der wenig erfolgreichen Werke des Regisseurs.

wir den fiktiven Badeort *Amity*, dem die Angriffe eines Hais drohen. Die Protagonisten in E.T. leben ebenfalls in einem Örtchen in Kalifornien. Diese Illusion wird in THE TERMINAL beinahe *ad absurdum* geführt. Obwohl die Handlung des Filmes in unsere Zeit verlegt wird, kommt Viktor Navorski am New Yorker Flughafen aus einem fiktiven Land *Krakosien* an, in dem eine Mischung aus allen osteuropäischen Sprachen gesprochen wird und die Bürger einen russischen Pass mit undefinierbarem Wappen besitzen. Auch wenn Viktor es schafft, am Flughafen einer Großstadt wie New York zu landen, bleibt er weiterhin im Mikrokosmus eines Terminals eingesperrt, der sich an jedem Flughafen befinden könnte.

An jenem Ort werden rasch zwei *narrative* Welten aufgebaut. Die Aufteilung in ‹gut› und ‹böse› bleibt unverändert bis zum Schluss. In *Science-Fiction*-Filmen wie E.T., CLOSE ENCOUNTERS OF THE THIRD KIND und JURASSIC PARK, aber auch in JAWS werden die Seiten deutlich definiert. Auf der einen Seite befinden sich Einwohner jenes Ortes, deren Alltag von den Fremden, Außerirdischen, wilden Naturwesen, wie Dinosauriern und Haien, auf der anderen Seite, gestört und ins Chaos versetzt wird. Bei den Abenteuerfilmen wie bei INDIANA JONES wählt Spielberg gezielt eine möglichst exotische Umgebung, ob tiefer peruanischer Dschungel oder die Wüste Afrikas. Die Helden sind auch in ihrer Geschicklichkeit und Bildung den harmlosen Indianern des *klassischen* Kinos der 1920er- und 1930er-Jahre weit überlegen. Die Geschichten Spielbergs scheinen stets vertraut zu sein, so dass man bei ihrer Betrachtung oft mit einem *Déjà-vue*-Effekt konfrontiert wird. Vielleicht aus diesem Grund stand Spielberg mehrmals unter dem Verdacht des Plagiats, weil seine Filme an Literaturvorlagen oder Werke seiner Kollegen erinnern.[488] Die Geschichten weisen gleiche narrative Strukturen und Inhalte auf, wie ihnen zugrunde liegend das *3-Akt-Modell*. Wie ähnlich sie aufgebaut sind, lässt sich bei den INDIANA-JONES-Filmen beobachten. Allen diesen Filmen liegt ein ähnliches Ereignis zugrunde: Es geht um einen Schatz (Bundeslade, *Shankara*-Stein, Kreuz von Coronado oder Kristallschädel), der von ‹bösen› Kräften (Nationalsozialisten, russischem Militär, chinesischen Gangstern oder indischen Schamanen) im gierigen Verlangen nach Macht und Geld gestohlen wird. Der amerikanische Archäologe Indiana Jones kämpft, um den Schatz zu finden und dem rechtmäßigen Besitzer zurückzugeben.

Die Einführung in die Handlung fängt bei Spielberg nicht wie im *klassischen* Kino mit ausführlicher Präsentation der Protagonisten und des Ortes an. Der Zuschauer wird gleich in eine spannende Aktion verwickelt, in eine dynamische Vorschau der zukünftigen Ereignisse. Und da das Publikum noch nichts von der Geschichte weiß, hilft ihm diese Einführung in der Regel auch nicht weiter. Denn es wird ein Schlüsselereignis aus der Handlung gezeigt, das erst im Laufe des Filmes verständlich wird. In «E.T.» sehen wir in der ersten Sequenz das auf der Erde gelandete Raumschiff mit Außerirdischen. Die kleinen undefinierbaren Wesen erkunden die Erde, und wir rätseln darüber, was genau in der dunklen Nacht passiert. Sieben Minuten lang beobachten wir

---

[488] Die Handlung von JAWS, die von Spielberg im Vergleich zur Literaturvorlage wesentlich verändert wurde, erinnert an den Roman *Moby Dick* von Herman Melville. Auch die Geschichte von E.T. – über einen Außerirdischen, der in einer feindseligen Umgebung landet, dort einen Freund findet und mit seiner Hilfe versucht, nach Hause zu kehren – scheint nicht besonders originell zu sein.

diese Szene mit der Verfolgung eines Außerirdischen, die mit dem Wegfliegen seines Schiffes endet. Gleich danach zeigt uns Spielberg eine *andere* Welt: Ein gewöhnliches Haus in der amerikanischen Provinz, in dem die Mutter Abendessen für die Kinder vorbereitet. Hier sehen wir den zweiten Protagonisten, Elliott, der die Freunde seines Bruders um eine Spielpartie bittet. Er darf jedoch am Spiel erst dann teilnehmen, wenn er eine Pizza abholt. Zwei Welten – gleiche Geschichte: Ein Außerirdischer wird von seinen Kameraden in der *fremden* Welt allein gelassen. Der kleine Junge Elliott befindet sich in seiner *vertrauten* Umgebung und fühlt sich ebenfalls einsam. Den filmischen Konventionen zufolge soll hier ein Treffen zweier Protagonisten stattfinden. In der Tat sehen wir in zwei Minuten, wie Elliott ebenfalls in die dunkle Nacht tritt, um die Pizza entgegenzunehmen. Plötzlich bleibt er stehen und lauscht seltsamen Geräuschen aus dem Schuppen, in dem E.T. sich versteckt hat. Ab diesem Moment ist ihre Begegnung nur eine Frage der Zeit.

JURASSIC PARK fängt mit einer Szene an, die uns einen Transport zeigt, in dem sich ein Ungeheuer befindet. Obwohl wir in den drei Minuten der Darstellung nicht die Gestalt des Monsters sehen, ahnen wir anhand des großen Käfigs und dem beängstigenden Brüllen, dass es sich um etwas Unheimliches und Menschenfremdes handelt. Die Spannung wird Einstellung für Einstellung aufgebaut. Zuerst wird uns der Behälter gezeigt, und wir hören die bedrohlichen Geräusche daraus. Danach wird ein Lieferant angegriffen und das Ungeheuer anschließend erschossen. Ohne weitere Erklärungen schaltet Spielberg auf eine andere Szene um: Zwei Wissenschaftler, Grant und Sattler, graben das Skelett eines Dinosauriers aus und untersuchen ihren Befund. Es dauert fünf Minuten, bevor sie den Milliardär John Hammond in ihrem Wohnmobil finden und die zwei Welten – in Gestalt der Wissenschaftler und John Hammonds – begegnen sich.

Die ersten Einstellungen in THE TERMINAL sind der Anreise der Passagiere am Flughafen in New York gewidmet. In eineinhalb Minuten fokussiert die Kamera Viktor Navorski, der ebenfalls am Flughafen angekommen ist und von dem Zollbeamten befragt wird. Im schnellen Ablauf der Einstellungen wird erklärt, dass Viktor kein gültiges Visum besitzt, kein Englisch spricht und nicht zurück in die Heimat geschickt werden kann, weil dort ein Bürgerkrieg ausgebrochen ist. In circa acht Minuten wird Viktor in die Transitzone des Flughafens gelassen, in der auch die zukünftige Handlung stattfindet. Nach diesen beschleunigten Einführungen verlangsamt sich das Tempo des Filmes und Spielberg lässt die ersten Szenen auf den Zuschauer wirken.

Wie seine Kollegen aus Hollywood bemüht sich auch Spielberg in der Einführung, seine Protagonisten vorzustellen und die ersten nötigen Informationen über sie zu geben. Die *Backstorywound* wird in der Regel wie ein Puzzle aufgebaut und erst aus der ganzen Handlung verständlich. Zum wichtigen Grund des neunmonatigen Aufenthaltes von Navorski am Flughafen kommt Spielberg erst 25 Minuten vor dem Schluss. In dem Moment erzählt Viktor der attraktiven Flugbegleiterin Amelia, was er in der geheimnisvollen Erdnussdose versteckt hat. Die Dose selbst trug er seit dem ersten Tag in New York mit sich. Bereits in der ersten Einstellung sieht man Viktor, als er seinen Pass am Schalter vorzeigt und die Dose an der Theke abstellt. Danach trägt er sie gelegentlich mit sich, einmal küsst er sie sogar vor dem Einschlafen. Ihre Bedeutung kann man fast den ganzen Film lang nicht enträtseln. Erst als der Sicherheitsdienstbeamte Frank Dixon die Frage nach der Dose zum Filmschluss stellt, konfrontiert uns Spielberg mit dem geheimnisvollen Objekt. Zu unserem Erstaunen erfahren wir, dass Viktor darin eine Sammlung der Fotografien und Unterschriften der bekannten amerikanischen Jazzmusiker aufbewahrt. Nun erwähnt er seinen Vater, dem er kurz vor seinem Tod das Versprechen gab, diese Sammlung mit noch einer Unterschrift zu komplettieren.

Zur *Backstorywound* des zehnjährigen Elliott aus E.T. kommt Spielberg wesentlich früher, als er sie am Anfang des Filmes präsentiert. Obwohl der Junge zwei Geschwister hat, fühlt er sich einsam. Die Schwester ist noch zu klein, um ihm Gesellschaft zu leisten. Der pubertierende Bruder beschäftigt sich mit seinen Freunden, die Elliott ignorieren. In der 18. Minute wird der eigentliche Grund seiner Einsamkeit erklärt. Die Familie sitzt beim Abendessen. Elliott berichtet über den kleinen Außerirdischen, den er gesehen hat. Ihm glaubt jedoch keiner. Voller Frust spricht er aus, was ihn die ganze Zeit beschäftigt. Er sagt, sein Vater würde ihn verstehen. Der Vater hat jedoch seine Familie verlassen und ist mit seiner Freundin nach Mexiko gezogen. Diese traumatische Verletzung macht Elliott empfänglich für das Neue und Unbekannte. Deshalb reagiert Elliott sensibel auf den kleinen, ebenfalls verlassenen Außerirdischen, und deshalb ist er auch in der Lage, seine Angst zu überwinden und sich von der Neugier eines kleinen Jungen leiten zu lassen, was ihm einen treuen Freund aus einer anderen Galaxie verschafft. Auch wenn mancher Zuschauer zuerst eine gewisse Abneigung gegen das hässliche Wesen von einem anderen Planet entwickelt, lernt er ihn durch die Kraft der kindlichen Gefühle im Laufe der Handlung zu mögen.

Was macht den bescheidenden Elektriker Roy Neary (CLOSE ENCOUNTERS OF THE THIRD KIND) mehr für die Wunder empfänglich als jeden anderen Einwohner seines Ortes? Obwohl er ein erwachsener Mann ist, konnte er die unschuldige Seele eines Kindes behalten. In seiner Gestalt steckt ein Elliott, der gerne Trickfilme von Walt Disney anschaut und mit anderen Kindern zusammen bastelt. Seine Frau hat nicht diese Eigenschaften. Deshalb wird sie auch nicht zur Botschafterin der Außerirdischen gewählt. Über die Vergangenheit vom Polizeichef Martin Brody (JAWS) wissen wir, dass er aus New York in die Provinz umgezogen ist. Nach den Gefahren einer Großstadt sehnt er sich nun nach einem sorgenfreien Leben für sich und seine Familie an einem kleinen Ort. Er wünscht sich, seine Kinder sorglos am Strand spielen zu sehen. Mit Erscheinen des Riesenhais wird die ersehnte Ruhe jedoch gestört. Brody ist nun gezwungen, die *Reise* anzutreten und am Badeort Ordnung zu schaffen. Seit den ersten Einstellungen von JURASSIC PARK weiß man, dass der Paläontologe Alan Grand Kinder nicht leiden kann. Als er einen kleinen Jungen am Ort seiner Ausgrabungen entdeckt, erschreckt er ihn zu Tode. Nachdem im Park die Sicherheitssysteme abgeschaltet werden und er im Auto stecken bleibt, wurden ihm jedoch zwei Kinder überlassen, die er vor gefährlichen Reptilien retten muss.

Im zweiten Akt der Handlung müssen die Protagonisten *die Proben* bestehen. E.T. lernt im gleichnamigen Film die Menschensprache und ihren Alltag kennen, Elliott lernt, seinen Freund zu verstehen. Das Wissenschaftlerteam in JURASSIC PARK wird mit der Wildnis der Natur und den untersuchten Reptilien konfrontiert und es entscheidet, dass diese besser nicht mehr zum Leben erweckt werden sollen. Viktor Navorski in THE TERMINAL entwickelt eine besondere Fähigkeit, am Flughafen ohne Geld zu überleben. Zu einem *Prüfungsergebnis* gehört die Veränderung der Protagonisten. Die *Prüfungen* sollen sie stärken und zur Lösung ihrer Probleme motivieren. Viele der Protagonisten Spielbergs zeigen sich in der Tat etwas verändert zum Schluss. Elliott hat keine Angst mehr, allein zu bleiben. Nach dem Abschied von E.T. trägt er nun schöne Erinnerungen an seinen Freund, die ihn stärken. Seine Familie rückt durch den ungewöhnlichen Besuch näher zusammen: Die Mutter lernt, ihren Kindern zu vertrauen, die Geschwister vertragen sich durch die gemeinsamen Rettungsaktionen besser. Dr. Grant in JURASSIC PARK kehrt von *Isla Nublar* zurück. An seiner Schulter schlafen die von ihm geretteten Kinder, die er nun zu mögen gelernt hat. Viktor Navorski hat sich endlich getraut, den Flughafen zu verlassen und in die Stadt zu gehen. Der *Energieschub* kam bei ihm mithilfe des Putzmannes Gupta, der versuchte, die strengen Regeln des Flughafens zu brechen und sich vor das gelandete Flugzeug warf. Diese Veränderungen der Protagonisten fallen jedoch als etwas unbedeutend aus. Indiana Jones hat zwei Schwächen: Furcht vor Schlangen und vor ernsthaften Beziehungen zu Frauen. Seine Angst vor Schlangen überwindet er nie. Mit Frauen ergeht es ihm besser, da er im vierten Teil seiner Abenteuer endlich heiratet. Einige Details (wie die am Ende der Hochzeitszeremonie zu ihm geflogene *Fedora*, die er nicht seinem Sohn übergibt, sondern selbst aufsetzt) weisen jedoch darauf hin, dass er auch mit seiner neuen Bindung noch nicht bereit ist, seine Leidenschaft – Schatzsuche und Abenteuer – aufzugeben.

Sicher zollt Spielberg mit dem Aufbau seiner *narrativen* Welten Hollywood Tribut. Dabei schafft er jedoch seine eigenen Konventionen, die zum Markenzeichen seiner Filme gehören. Beinahe in jedem seiner Filme gehören Kinder zu den wichtigsten Protagonisten – ob direkt in der Gestalt von Elliott (*E.T.*) oder als nie ausgereifte Erwachsene, die die Unschuld eines Kindes, wie Roy Neary (CLOSE ENCOUNTERS OF THE THIRD KIND) oder Viktor Navorski (THE TERMINAL), bewahrt haben. Während die meisten Gesetzlosen des *klassischen* Hollywoodkinos sich allein den Gefahren des Abenteuers stellten, geht Indiana Jones in Begleitung eines Kindes, Short Round (INDIANA JONES AND THE TEMPLE OF DOOM), auf seine *Reise*. Short Round erweist sich als fähig, seinem Chef «Indy» zu helfen, ihn zu retten und sogar hilfreiche Tipps zu geben. Um die Filme von Spielberg zu verstehen, muss man an sie glauben, wie ein unschuldiges Kind es bei einem Märchen tut:

> «You must cease resisting with your rational mind and believe, like a child, in the fantastic.»[489]

Der Filmschluss gehört bei Spielberg zum konventionellsten Teil. Trotz aller Hindernisse fällt das Finale immer positiv aus. Manchem Erwachsenen scheint es unmöglich, dass Elliott und seine Freunde in «E.T.» auf den Fahrrädern vor der Polizei und dem Geheimnisdienst fliehen können, in dem sie in den Himmel aufsteigen. Hier muss man den Glauben eines Kindes einschalten. Dadurch verschafft Spielberg dem

---

[489] «Sie müssen aufhören, mit ihrem rationalen Verstand zu widerstehen und wie Kinder an das Fantastische glauben.» In: Buckland 2006, S.143.

letzten Skeptiker wenn nicht bedingungslosen Glauben an die Aktion, aber zumindest ein kinematografisches Vergnügen. Das *Happyend* um jeden Preis kann man beispielsweise in JAWS beobachten. Im letzten Akt wird das kleine Boot *Orca* mit dem Polizisten Brody, dem Hai-Jäger Quint und dem Meeresbiologen Hooper ins tiefe Wasser geschickt, um den weißen Hai zu fangen. Nach mehreren erfolglosen Versuchen, dem Fisch vom Schiff aus nachzuspüren, entscheidet die kleine Crew, Hooper in einem Käfig ins Wasser zu lassen, damit er den Hai aus der Nähe töten kann. Leider scheitert auch diese Aktion. Der Käfig wird durch den Hai zerbrochen, Hooper verliert seine Harpune mit der tödlichen Spritze und verschwindet selbst im Wasser. Inzwischen unternimmt der Hai einen weiteren Angriff auf das Boot und verschlingt Quint. Brody bleibt auf der sinkenden Barke allein und muss schnell erfinderisch werden. Er schafft es gerade noch, eine Druckluftflasche zwischen die Zähne des Ungeheuers zu schieben und bringt sie durch einen Gewehrschuss zur Explosion. Das *Happyend*, das übrigens von Spielberg im Vergleich zur literarischen Vorlage geändert wurde,[490] scheint fast unmöglich zu sein. Hooper, den der Zuschauer längst im tiefen Wasser für tot hält, taucht plötzlich auf. In der letzten Einstellung sehen wir, wie er und Brody auf einer Luftmatratze zurück zur Insel schwimmen. Auch wenn der naivste Zuschauer diese Szene für unmöglich hält, erfüllt sie ihren Zweck. Sie hinterlässt das positive Gefühl der Unbesiegbarkeit der Menschen.

Bei der Gestaltung des Filmfinales erinnert Spielberg an seinen von ihm geschätzten Vorgänger Walt Disney und auch an die geprüften Strategien des *klassischen* Kinos, die zu den Zeiten von Walt Disney mit gleichem Erfolg funktioniert haben. Spielberg, ein Bewunderer der Künste Disneys, steht unter seinem Einfluss. Die Trickfilme Disneys wurden für das sogenannte ‹bitter-süße› Finale berühmt. Diese mischen in der Regel Freude über das Ankommen der Protagonisten am Ende ihrer *Reisen* mit der Trauer eines Abschiedes. Obwohl Peter Pan, seine Freunde Wendy und ihre Brüder in PETER PAN (1953) glücklich von den Abenteuern nach Hause zurückkehren und von den Eltern fröhlich empfangen werden, müssen sich die Geschwister von ihrem mutigen Begleiter für immer verabschieden. Auch das weiße Reh in BAMBI (1942) muss am Ende des Filmes Abschied von seinem Vater nehmen. Zum Trost wird jedoch gezeigt, wie es selbst zum stolzen Vater von Zwillingen wird. Eine glückliche *Auflösung* in E.T. – die Rettung des kleinen außerirdischen Gastes vor Tod und Experimenten durch die Spezialeinheiten – wird mit bitter-süßen Tränen begleitet. E.T. fliegt nach Hause. Elliott, seine kleine Schwester Gertie und sein Bruder Michael stehen vor dem Raumschiff und vergießen fünf Minuten lang ihre Tränen. Der Zuschauer bleibt mit bitterem Gefühl des Verlustes, jedoch gleichzeitig mit Freude über die fröhliche Rettung des kleinen Außerirdischen zurück. Glück und Schwermut mischen sich zu einer logischen Notwendigkeit. Man seufzt erleichtert über das Ende der gefährlichen *Prüfungen* und nimmt im Ausgleich den kleinen Verlust im Kauf. Obwohl der Trickfilm von *Disney* mehr mit den Konventionen eines Märchens verbunden war, versuchte man auch darin den Unterschied zwischen Fantasie und Realität zu überbrücken und die Darstellung etwas mehr als bei einem Märchen an das Leben anzupassen. Die Spielfilme Spielbergs sind noch mehr dieser

---

[490] Im Buch wird Hooper vom Hai getötet.

Anpassung an die Kindererzählungen von Disney verpflichtet, besonders bei der Gestaltung der Charaktere.

Wie seine Vorgänger arbeitet auch Spielberg mit Archetypen, die bereits im *klassischen* Kino der 1920er- und 1940er-Jahre entstanden sind. Die Gestalt von Indiana Jones ähnelt in seinem mutigen Umgang mit Pistolen und Pferd einem Cowboy. Sein Einfluss auf seine Freunde und Anhänger ist so evident, dass sie bereit sind, für ihn zu sterben (wie der als Kellner verkleidete Mann in INDIANA JONES AND THE TEMPLE OF DOOM). Dr. Jones weiß alles im Voraus und löst die Probleme auf eigene Art. Dabei ist er nicht machtsüchtig oder gierig, sondern bleibt herzlich und hilfsbereit. Natürlich zeigt er sich in den 1980ern gebildeter und geschickter als seine Vorgänger aus den 1920er-Jahren. Die Zeiten haben sich geändert, sowohl im realen Leben als auch im Kino, so dass man auch gelegentlich starke weibliche und nicht nur männliche Protagonisten auf der Leinwand sieht. In dieser Hinsicht bleibt das Werk von Spielberg noch den alten Konventionen verbunden. Seine Filme sind größtenteils ‹maskulin›. Die Hauptdarsteller sind selbstbewusste Männer, die sich um Geschäfte jeder Art kümmern, den Frauen nicht besonders viel Aufmerksamkeit schenken und – wie in der besten Tradition der Protagonisten von Humphrey Bogart oder John Wayne – sich das ‹schwache› Geschlecht nur als Begleitung nehmen, ohne ihm besonderen Respekt zu erweisen.

Auch Indiana Jones zeigt im Umgang mit Frauen die gleiche Verachtung wie Rick aus CASABLANCA. Dennoch haben sich seine Umgangsformen entsprechend der Zeit verändert. Während Rick trotz seines inneren Widerstandes gegen weibliche Reize der Frau gegenüber einen ‹altmodischen› Respekt erweist, reicht es Indiana, seine Herzensdame mit der Peitsche für einen Kuss an sich zu ziehen (Finale in INDIANA JONES AND THE TEMPLE OF DOOM). Oft entspricht die Rolle der Frau dem üblichen Hollywoodklischee von einer hübschen Blondine, die dumm, gierig nach Diamanten ist und ihr Kleid aus Paris überall mitschleppt, auch in den Dschungel und in die Wüste. In INDIANA JONES AND THE TEMPLE OF DOOM kümmert sich Willie nur um ihre äußere Schönheit. Sie sprüht den Elefanten, den sie reitet, mit teurem Parfum ein. Sie stellt ständig dumme Fragen und kommentiert die Handlung (beispielsweise im ersten Dialog zwischen Jones und den Gangstern). Sie ist laut und zeigt übertrieben ihre Angst. In der 31. Minute läuft Willie durch den Dschungel und schreit beim Anblick der wilden Tiere. Die Absurdität ihrer Handlungen wird durch das Benehmen von Indiana Jones und Short Round betont. Während die Dame ihre Show aufführt, spielen sie Karten und reagieren nicht auf ihr Geschrei. Es gibt bei Spielberg auch andere weibliche Charaktere, die sich in die Richtung der selbstbewussten Wesen entwickeln. Marion Ravenwood in RAIDERS OF THE LOST ARK zeigt sich vom ersten Augenblick an knabenhaft mutig und für jedes Abenteuer bereit. Bevor Indiana sie in Nepal in ihrer eigenen Bar auffindet, gewinnt sie einen ‹Trinkwettbewerb› unter den Männern. Auch kämpft sie genauso geschickt wie ein Mann, dennoch bevorzugt sie, im entscheidenden Moment ihre Vorteile als Frau zu nutzen. Den französischen Wissenschaftler Dr. Belloq verführt sie in einem hübschen, femininen Outfit, einem seidenen Kleid, das sich plötzlich in ihrer bislang sehr sparsamen Garderobe befindet. Ähnlich Dr. Ellie Sattler in JURASSIC PARK. Obwohl sie ihrem Kollegen Dr. Alan Grant intellektuell gleichgestellt ist, schreit sie beim Ausbruch der Dinosaurier genauso wie die blonde Willie in INDIANA JONES AND THE

TEMPLE OF DOOM beim Anblick von Schlangen im Palast von Macharada. Auch wenn diese Frauen es schaffen, aus ihren üblichen Rollen etwas herauszutreten, bleiben sie trotzdem in ihren Klischees verhaftet. Schließlich träumt jede von ihnen davon, einen Mann für sich zu gewinnen und mit ihm eine Familie zu gründen, auch Jahrzehnte später, während in den USA in den 1970er- und 1980er-Jahren bereits die erneuten Frauenbewegungen stattfanden. Nach allen ihren wissenschaftlichen Erfolgen wünscht sich Dr. Sattler nichts anderes als ein Kind. Die Funktion aller weiblichen Protagonistinnen in INDIANA-JONES-Filmen reduziert sich darauf, einen Mann zu begleiten. Eine moderne Version der gehorsamen Frau zeigt Amelia Warren in THE TERMINAL. Nachdem die attraktive Flugbegleiterin es schafft, Viktor die wahre Geschichte ihrer Liebe zu einem verheirateten Mann zu gestehen, befreit sie sich von dem Funkgerät, das sie in der Hoffnung auf eine Nachricht von ihm bei sich getragen hat. Sie kehrt jedoch zum Schluss zu diesem Mann zurück. Symbolisch werden Archetypen durch äußere Symbole bezeichnet, wie beispielsweise durch ihre Bekleidung. Als Zeichen höchster Verführung trägt Willie im zweiten INDIANA-JONES-Film ein rotes glitzerndes Kleid. Aber noch mehr Konventionen beinhaltet die Gestalt von Indiana. Seine Gestalt ist ein bildlicher *Pastiche* von allem, was über Jahrzehnte in Hollywood männliche Helden symbolisierte. Er trennt sich nie von seinem Filzhut, dem berühmten *Fedora*, der in Hollywood der 1940er-Jahre für ‹harte Kerle› wie Sam Spade (THE MALTESE FALCON, 1941), Rick Blaine (CASABLANCA, 1942) oder Fred C. Dobbs (THE TREASURE OF THE SIERRA MADRE, 1948) – gespielt von Humphrey Bogart – stand. Auch seine Peitsche gehörte seit den 1930er-Jahren zum Kultobjekt vieler Protagonisten wie Alan Ladd in CHINA (1943) oder Charlton Heston in SECRET OF THE INCAS (1954). Die Jacke von Indiana erinnert an den tapferen Stil des amerikanischen Luftmilitärs während des Zweiten Weltkrieges und die Farbe *Safari* seiner Bekleidung vor allem an Steward Granger in KING SOLOMON'S MINES (1950). Neben Indiana zeigt Spielberg einen anderen männlichen Typus, einen ‹einfachen› Mann[491], der mit seinen Taten heroische Proportionen annimmt. Roy Neary, ein Elektriker, aus CLOSE ENCOUNTERS OF THE THIRD KIND bricht eines Tages aus seinem düsteren Alltag aus. Er verlässt dabei seine Frau und Kinder, riskiert seine Gesundheit, weil er unbewusst das hohe Ziel anstrebt, ein Botschafter zwischen Außerirdischen und Menschen zu sein. Die *Reise* des ‹einfachen› Mannes in eine *unbekannte* Welt begleiten fantasievolle Lebewesen – große Haie, Außerirdische und Dinosaurier. Ihrer unnatürlichen Kraft setzt der Held bloß seinen Glauben an die Richtigkeit seiner Taten entgegen. Das Pathos des ‹kleinen› Mannes kennt man bereits aus den Filmen von Charlie Chaplin. Viktor Navorski aus THE TERMINAL wächst zur modernisierten Version dieses Tramps. Wie Chaplins Charakter ist auch Navorski naiv und gutmütig. Er bleibt geduldig in der für ihn festgelegten gesellschaftlichen Rolle und versucht zu überleben. Die äußeren Umstände – Revolution in seinem Heimatland und bürokratische Gesetze Amerikas – lassen ihn monatelang am Flughafen hausen. Obwohl er zuerst wie ein Fremdelement in dieser Welt erscheint, gewinnt er mit seiner herzlich naiven Art schnell die Herzen unbekannter Menschen. Wie der Tramp Chaplins ist Navorski gezwungen, auf den Bänken des Flughafens zu schlafen und nach seinem

---

[491] Brode 1995, S.33.

Essen in Mülltonnen zu wühlen. Als es sich Navorski zum ersten Mal zum Schlafen bequem macht, fällt er von der Bank herunter und erhebt sich wieder. Die Bewegung wiederholt sich mehrmals, wie in den Stummfilmen Chaplins. Wie auch sein Vorgänger verliebt sich Viktor in eine schöne Frau, die er mit seiner bedingungslosen Art für sich gewinnt, jedoch – wie oft bei Chaplin – nur für den einen Moment, um sich von ihr zu verabschieden.

Sicher hat Spielberg viele Eigenschaften des *klassischen* Kinos in sein Werk übertragen. Dadurch schafft er seine eigene Welt voller Konventionen und Archetypen. Über diese Konventionen und seine Charaktere wurden zahlreiche Werke geschrieben.[492] Es wird oft angesprochen, dass Spielberg Kindercharaktere aus Zeichentrick- und Kinderfilmen in die Filme von Erwachsenen überträgt. Dabei geht es um ein weises Kind, das in seiner reifen Art den weiblichen und männlichen Charakteren überlegen ist. Die kinematografischen Konventionen Spielbergs haben außerdem starken ideologischen Ursprung, geprägt vor allem durch die Zeit des ‹Kalten Krieges› in den USA.[493] Deshalb rückt der *weiße* Amerikaner (beispielsweise Indy) oft in den Vordergrund seiner Erzählungen. Seine INDIANA-JONES-Filme fokussieren sich auf nationale Attribute wie das amerikanische Wappen oder appellieren an den amerikanischen Nationalismus, in dem er über die US-Staatsgrenze spricht (THE TERMINAL). Der überzogene Kampf zwischen dem mutigen Indy und den comic-haften Nationalsozialisten oder dem russischen Militär erinnert an ideologische Gegenüberstellungen der Arbeiter (Helden) und ihrer Unterdrücker (Kapitalisten) in den Filmen Sergej Eisensteins. Eine weitere Eigenschaft dieser Charaktere ruft ebenfalls den Vergleich mit dem russischen Filmemacher hervor. Obwohl die Gestalt von Indiana Jones heute einen Kultstatus erreicht hat, ist dieser Charakter mit anderen bekannten Figuren aus der Literatur- und Filmgeschichte austauschbar, beispielsweise mit James Bond.[494] Der Ablauf mancher seiner Abenteuer scheint den Filmen über den berühmten Agent 007 nachgeahmt zu sein.[495]

---

[492] Diese Themen wurden beispielsweise in folgenden Werken analysiert: Brode 1995, Buckland 2006, Morris 2007, Gordon 2008.

[493] In den 1970er-Jahren beobachtete man im Fernsehen, Kino oder auch in den Medien die Zunahme verschiedener fiktiver Visionen über UFOs, Außerirdische oder beispielsweise über das Bermudadreieck, die auf tiefere Ursachen verweisen, auf die Nachwirkungen des *Vietnamkriegs*, auf politische Affären, wie etwa *Watergate*, die Wirtschaftskrise und die wachsende Arbeitslosigkeit. Die gesellschaftlichen Sorgen versuchte man im Kino mit einem *Happyend* auszugleichen, so dass diese Ventilfunktion mit einem zunehmenden Bedürfnis der Menschen korrespondierte, ihre täglichen Ängste abzubauen und nach Ablenkung im Kino zu suchen. Dieses Phänomen wurde bereits im Kapitel über die Geschichte des *klassischen* Hollywoods in den Zeiten des Zweiten Weltkrieges angesprochen.

[494] Bevor Spielberg die Abenteuer von Indiana Jones drehte, wollte er an einem Film über James Bond arbeiten. Er bewarb sich auch bei den entsprechenden Produktionen, wurde aber nicht engagiert.

[495] In OCTOPUSSY (1983) wird der Agent 007 in einem Zug zusammen mit russischen Zirkusartisten und Geheimdienstagenten gezeigt. Als Bond dort entdeckt wird, versucht er zu fliehen. Die gleiche Aktion (im Zug mit Zirkusartisten) wiederholt Spielberg sechs Jahre später in INDIANA JONES AND THE LAST CRUSADE (1989).

Diese Austauschbarkeit der Charaktere prägt wesentlich auch das Werk Eisensteins, obwohl der sowjetische Regisseur seine Filme den heroischen Massen widmet und Spielberg einzelnen Charakteren, die sich aus mehreren Helden des klassischen Hollywoods zusammensetzen und daher oft unpersönlich erscheinen. Je mehr Spielberg versucht, die Eigenart seiner Helden (durch Attribute wie *Fedora*, Peitsche oder eine Biografie) zu betonen, desto schneller erreicht er den konträren Effekt (Vergleichbarkeit mit anderen Charakteren und ihren Aktionen). Vielleicht aus dem Grund scheinen seine Helden seinen klassischen Vorgängern nachgemacht zu sein und seine Geschichten lassen sich weiter fortsetzen (INDIANA-JONES-Filme). Manche können sich auch verkuppeln, wie *E.T.* und CLOSE ENCOUNTERS OF THE THIRD KIND, die auch als ein einziger Film existieren könnten. Roy Neary würde dann mit Außerirdischen wegfliegen, während E.T. an seiner statt auf der Erde bliebe.

Spielberg dreht in den 1980er-Jahren, deshalb bemüht er sich im Vergleich zu seinen Vorgängern mehr um Glaubwürdigkeit seiner Charaktere. Sie dürfen nicht zu unrealistisch wirken. Deshalb bekommen sie ‹menschliche› Eigenschaften, die sie der Realität näher bringen. Im Gegensatz zu den angstlosen Cowboys aus den 1930er-Jahren dürfen die Protagonisten Spielbergs einige Schwächen zeigen. Der Polizist Brody in JAWS kann nicht schwimmen, obwohl er seinen Dienst an einem Badeort ableistet, und versteckt seine Angst vor dem Hai nicht. Indiana Jones, der auf Schlangen ebenfalls mit großer Furcht reagiert, zeigt sich nicht immer so festlich und ordentlich gekleidet wie Rick in CASABLANCA. Während seiner Wanderungen zögert er nicht, seine Bekleidung und Hände zu beschmutzen. Die Protagonisten Spielbergs sind nicht die Helden rund um die Uhr, sondern nur dann, wenn das Abenteuer ruft. Wenn Indiana nicht auf Schatzsuche geht, unterrichtet er an einem *College*. Elliott verbringt seine Zeit hauptsächlich zu Hause oder in der Schule, mit dem Fahrrad fliegt er nur bei den Rettungsaktionen von E.T. Diese Dualität unterscheidet die Helden Spielbergs von den Superhelden. Mit dem Aktionstempo und der spektakulären, visuellen Darstellung seiner Filme – mit zahlreichen Spezialeffekten – kann kein Film des *klassischen* Hollywoods mithalten.

4.3. Sensation durch Technik

Die intensive Verwendung der Technik (3D, Dolby, Wide-Screen, Sensurround, extreme Einstellungsgrößen und Kamerabewegung) sowie der visuellen Effekte unterscheidet die meisten Filme von Spielberg. Einerseits wird diese Vorliebe durch Konkurrenz zum Fernsehen begründet, weil die technischen Tricks ihre Wirkung erst auf der großen Leinwand vollständig entfalten können. Andererseits wird das Anliegen des Filmes, eines gesellschaftlich-politischen Mediums, dadurch auf spannende Unterhaltung reduziert. Das Kino versucht den Zuschauer nicht mehr herauszufordern, sondern zu überblenden. Im bereits erwähnten Interview von Gene Siskel kommentiert Spielberg technische Effekte und gesteht, dass diese für ihn nebensächlich sind:

> «[...] when we might have to start thinking about a different kind of formatting of the motion picture experience: larger theatres, bigger screens, first and foremost better stories. I

mean technology is nothing, and the craft of making movies is nothing unless you've got a good story to tell [...].»[496]

Nun stellen sich die Fragen, wie Spielberg seine Geschichten erzählt und wie dabei sein technisches Können zum Ausdruck kommt. Man muss gleich anmerken, dass Steven Spielberg zu den experimentfreudigen und technisch begabten Regisseuren gehört. Obwohl sein Werk oft in der Kritik steht, ist Spielberg stets auf dem neuesten Stand der technischen Entwicklungen. Er zögert nicht, diese Innovationen mit traditionellen Methoden (beispielsweise *VFX* mit *Matte Paintings*) zu vereinen. Bereits bei seinem Frühwerk wie SUGARLAND EXPRESS (1974) benutzte er die mobile Kamera *The Panaflex*, die ihm viel Freiheit beim Drehen im fahrenden Auto oder durch Glasscheiben verschaffte. Mitte der 1970er-Jahre verwendete er zusammen mit George Lucas die *Motion-Control*-Kamera. Für den Film CLOSE ENCOUNTERS OF THE THIRD KIND (1977) konnte er komplexe Bewegungsabläufe, ungewöhnliche Perspektiven und schnellen Bildwechsel mit *Motion control* erreichen. Schärfe, Blende und Bewegung sind dabei computergesteuert. Einige Reptilien in JURASSIC PARK wurden mithilfe von CGI bereits Anfang der 1990er-Jahre erstellt. Oft zeigt sich Spielberg so fasziniert von den Möglichkeiten der Technologien, dass er versucht, seine Filme – längst nachdem sie bereits fertig sind und im Kino gestartet – durch eine neue Variante zu ergänzen. In der zweiten Version von CLOSE ENCOUNTERS OF THE THIRD KIND fügt Spielberg zusätzliche Szenen mit Roy Neary an Bord des Raumschiffes hinzu, wobei für die Spezialeffekte des ersten Filmes bereits 3,2 Millionen Dollar ausgegeben wurden.

Wenn wir die Aufmerksamkeit auf die Handlungsstruktur seiner Filme richten, werden wir feststellen, dass Spielberg dem klassischen *3-Akt-Modell* und narrativem Schema der *Reise* treu bleibt, wobei die Aktion die meisten seiner Filme beherrscht. Die Einführung in die Handlung heißt für Spielberg meistens Verwicklung der Zuschauer in eine Aktion. Der zweite Akt wird ebenfalls vom rhythmischen Wechsel der Jagden und Kämpfe beherrscht. Und das Finale wird durch ihre Frequenz so dramatisiert, dass sich der Zuschauer bereits nach einer *Auflösung* und anschließender Ruhe sehnt. In JAWS lässt sich die Handlung durch die Angriffe des Riesenhais leiten. Diese geschehen in der vierten Minute gegen Chrissy, in der 15. Minute gegen Alex, in der 32. Minute gegen zwei Angler. Zur Filmmitte hin werden sie öfter registriert: Zwischen der 63. bis 65. und 65. bis 68. Minute. Die *zentrale Wende* findet jedoch nach den Vorschriften von Field in circa der 60. Minute des Filmes statt. Um diese Zeit geschehen zwei Angriffe, die endgültig die Ruhe in dem kleinen Badeort aufheben. Aber vor allem bewegen sie den Polizisten Brody dazu, seinen Glauben an eine mögliche Ruhe aufzugeben und zu handeln. Ab diesem Moment will er die Kampagne gegen den Hai leiten. Im dritten Akt machen sich das Boot *Orca* und ein kleines Team aus Hooper, Quint und Brody auf den Weg. Zum Schluss werden die Ruhepausen immer kürzer und Angriffe nehmen an Häufigkeit und Intensivität zu. Zwischen der 96. und der 100. Minute werden wir zu

---

[496] «[...] als wir anfingen, über verschiedene Arten der Formatierung in der Praxis des Spielfilms nachzudenken: Größere Kinotheater und Leinwände sowie vor allem bessere Geschichten. Ich meine, Technologie und das Handwerk des Filmdrehens sind nichts, sofern sie keine gute Geschichte zu erzählen haben [...].» In: Ebert / Siskel 1991, S. 60.

Zeugen des sechsten und siebten Angriffes, und weitere zwei folgen in der 107. und 108. Minute. Da der Hai unerwartete Kräfte zeigt und trotz mehrfacher Attacken immer noch am Leben ist, entscheiden die drei Jäger, Hooper in einem Käfig zu Wasser zu transportieren und den Fisch mit einer vergifteten Harpune aus der Nähe zu töten. Leider wird der Käfig mit Hooper zwischen der 114. und 117. Minute angegriffen. Der Wissenschaftler lässt sein tödliches Werkzeug fallen. Der Hai kommt unverletzt davon, um zwei Minuten später Quint anzugreifen und ihn zu verschlucken. In der 124. Minute – der letzten Minute – des Filmes wird der letzte Angriff registriert, der mit dem endgültigen Sieg von Brody endet. Somit zeichnet sich folgende Struktur ab: Im ersten Akt beobachten wir drei Angriffe, im zweiten zwei (der zweite gehört zum Scheinangriff) und im dritten Akt sind es sechs. Der Gesamtaufbau lässt sich als symmetrisch um die beiden mittleren Angriffe geordnet mit einer zunehmenden Tendenz auf Intensivierung beschreiben. Die Handlung wird weniger nach dem *Pyramidenprinzip*, sondern mehr als eine *lineare Spirale* aufgebaut: *Linear*, weil die Erzählweise des Filmes chronologisch, ohne Zeitsprünge und komplexe Rückblenden erfolgt, *Spirale*, weil Ruhe und Aktion sich im rhythmischen Wechsel zeigen, wobei die Kurven der Spirale zum Schluss kleiner und steiler werden. Die Eingangssequenz mit dem ersten Angriff wird zum Vorbild der weiteren Haiattacken, die mit kleinen Variationen ähnlich aufgebaut sind. Zuerst wirft sich das nächste Opfer furchtlos ins Wasser. Die sorglose Stimmung wird betont: Chrissy schwimmt genüsslich im Wasser, Alex ist dazu gezwungen, seine Mutter um Erlaubnis zu bitten, erneut ins Wasser zu gehen. Angler freuen sich auf aktives Anbeißen, das jedoch mit dem Angriff endet. Das Opfer wird von oben, unten oder von der Seite gezeigt. Die Farben verdunkeln sich. Die Musik wird bedrohlich. Die Kamera wechselt ins *Subjektive* und zeigt die Szene aus der Haiperspektive. Bis dahin wird die bedrohliche Stimmung aufgebaut. Dadurch bekommt der Betrachter ein Erkennungsmuster der Angriffe und Spielberg baut auf *Suspense* auf.[497]

Die Handlungsstruktur in CLOSE ENCOUNTERS OF THE THIRD KIND sieht folgendermaßen aus. Der erste Akt dauert circa eine Stunde. Der normalerweise ausgedehnte zweite Akt beträgt im Film etwa 20 Minuten der Gesamthandlung und das Finale 35 Minuten. In den ersten 15 Sequenzen zeigt Spielberg immer wieder neue Orte und Protagonisten, so dass der Zuschauer sich in der Handlung mehr verliert, als dass er sie versteht. Jede diese Sequenzen bleibt in sich geschlossen und wird von den anderen mit oft hartem Schnitt getrennt. Das Finale sollte nach den klassischen Regeln des Drehbuchschreibens eine *Auflösung* der Geschichte beinhalten. Die Fragen, warum ein Schiff mit Außerirdischen in der Wüste Gobi auftaucht, warum der Elektriker Roy unerklärlich zum Sperrgebiet drängt und schließlich von Außerirdischen erwählt wird und warum sie Roy mitnehmen, scheinen jedoch für Spielberg nebensächlich zu sein. Zum Schluss finden wir eine technisch perfekt aufgebaute Szene, die der

---

[497] Dieser Film mit seiner bedrohlichen Stimmung und zeitlichen Struktur ähnelt THE BIRDS, dem Werk von Hitchcock, Spielbergs Lieblingsregisseur. In diesem Film baut der Brite die Angriffe der Vögel so auf, dass sie zuerst alle 20 Minuten und in der zweiten Hälfte des Filmes im 10-Minuten-Takt stattfinden. Beide gestalten Einstellungsreihen nach dem gleichen Prinzip, so dass sie zum erwarteten und befürchteten Ereignis werden.

Kommunikation zwischen Menschen und Außerirdischen gewidmet ist und die *Auflösung* durch ein visuelles Spektakel ersetzt.

Die gleiche Struktur ist in JURASSIC PARK (1993) zu beobachten. Innerhalb der ersten fünf Sequenzen stellt Spielberg Orte und Personen vor. Die ersten drei Minuten (bis 3:23) verbringen wir auf der Insel *Isla Nublar*, beim Beobachten eines unbekannten Transports. Zwischen der vierten und fünften Minute (3:24 bis 5:10) landen wir auf der Mine *Mano de Dios* in der Dominikanischen Republik, in der ein Modell des prähistorischen Moskitos gefunden wird. In Montana finden von der sechsten bis zur 13. Minute (5:12 bis 12:45) die Ausgrabungen der Reptilien statt. Zum ersten Mal wird hier ein Projekt erwähnt, das von zwei Protagonisten geprüft und wissenschaftlich begutachtet werden soll. Und gerade als wir uns auf Erklärungen eingestellt haben, sehen wir wieder einen neuen Ort – San José in Costa Rica – an dem innerhalb von zwei Minuten (12:46 bis 14:45) ein unbekanntes Geschäft um geheimnisvolle Embryonen läuft und ein Mann mit Namen Dogson vorgestellt wird, dem wir nie wieder begegnen. Obwohl in der 16. Minute der Millionär John Hammond «There it is!» ruft, sehen wir erst in etwa zwei Minuten das Schild «Jurassic Park», der zum Ort des eigentlichen Geschehens wird, und in der 20. Minute den ersten lebendigen Dinosaurier. In der fünften Sequenz fangen die ersten Szenen an, sich langsam zu vereinen und die Handlung nimmt *linearen* Charakter an. Man stellt fest, dass Spielberg seine Geschichten nicht ausführlich erklärt, sondern durch *attraktive* Höhepunkte vermittelt. Die riesengroßen Dinosaurier gehören ohne Zweifel zum visuellen Höhepunkt des Filmes. Bevor wir aber die Monsterreptilien sehen dürfen, zeigt uns Spielberg zuerst die Reaktion der Wissenschaftler. Für 30 Sekunden fokussiert der Regisseur die vor Staunen erstarrten Gesichter von Grant und Sattler, bevor er zum Tier schneidet. In der 23. Minute (des auf DVD 116-minütigen Filmes) liefert Spielberg die ersten Erklärungen über den Park und seine Bewohner. Robert Allen vergleicht den Aufbau der narrativen Struktur von Spielbergs Filmen mit TV-Serien. Diese lassen sich in der Regel in eine große Zahl kleinerer Sequenzen einteilen, die ohne große Zeitsprünge und Brüche miteinander verbunden sind. Am Anfang dieser Produktionen werden gleich mehrere Charaktere und Orte vorgestellt, um im Verlauf der ausgedehnten Handlung immer wieder zu ihnen zurückzukehren.[498]

Wenn man eines der erfolgreichsten Werke von Steven Spielberg über den Archäologen Indiana Jones[499] analysiert, sieht man, wie seine Geschichten visuell aufgebaut sind, wie die *attraktiven* Elemente zum Vorschein kommen und letztlich das klassische narrative Grundmuster, die Geschichten von Verlangen und Täuschung, in denen eine Entwicklung des Protagonisten vorgesehen ist, ersetzen. INDIANA JONES ist nur ein Beispiel aus der Fülle ähnlicher Filme der 1980er- und 1990er-Jahre. Darunter

---

[498] Allen / Gomery 1985, S. 69ff.

[499] Bis jetzt gab es vier Filme über Indiana Jones, dessen Geschichten von Drehbuchautor und Produzent George Lucas ursprünglich als Trilogie geplant wurden: RAIDERS OF THE LOST ARK (1981), INDIANA JONES AND THE TEMPLE OF DOOM (1984), INDIANA JONES AND THE LAST CRUSADE (1989) und die kürzlich gedrehte Folge – INDIANA JONES AND THE KINGDOM OF THE CRYSTAL SKULL (2008).

sind die Filme ROCKY[500] und TERMINATOR[501] zu nennen, sowie DIE HARD (1988) von John McTiernan, CRIMSON TIDE (1995) und ENEMY OF THE STATE (1998) von Tony Scott, CON AIR (1997) von Simon West und ARMAGEDDON (1998) von Michael Bay. Sie nutzen das Grundmuster der Erzählung zum formalen Zweck, übersteigerte visuelle Sensationen auf der Leinwand zu zeigen, Emotionen zu erregen und schließlich den eigentlichen Inhalt des Filmes darauf zu reduzieren. In jedem INDIANA-JONES-Film geht es um einen Schatz, der gestohlen und dem rechtmäßigen Besitzer zurückgebracht wird. Das Ziel wird am Anfang des Filmes formuliert. In der Mitte steigt die Dramatisierung durch eine Folge von Aktionen, die zum Schluss mit einer längeren Aktionssequenz erfolgreich abgeschlossen werden. Was sich zwischen diesen Handlungssträngen befindet, ist die technisch spektakulär gestaltete Show mit Tanzszenen, zeremoniellen Ausführungen der Rituale, Jagdszenen und Schlägereien. Während die Filmlänge zwischen 111 und 123 Minuten variiert, wird fast die Hälfte der filmischen Zeit diesen Szenen gewidmet. Alle Gestaltungsmittel – Schnitt, Kamerabewegungen und Einstellungsperspektiven, Beleuchtung und *Mise-en-scène* – steuern die Aufmerksamkeit auf diese Inhalte. Sie scheinen sich am meisten zu lohnen, nicht nur, weil sie noch lange in Erinnerung bleiben, nachdem die eigentliche Handlung schnell vergessen wird, sondern auch, weil die Kassenerfolge dieser Filme dank dieser *attraktiven* Szenen nicht zu übersehen sind: Von 185 Millionen Dollar der Produktionskosten bis 782 Millionen Dollar Gewinn für INDIANA JONES IV.

Die Handlung von INDIANA JONES AND THE TEMPLE OF DOOM fängt bereits mit einer Musikshow im Vorspann an. Wilhelmina «Willie» Scott, Sängerin und später treue Partnerin von Indiana, hat einen Auftritt in einem Nachtklub in Shanghai. Außer der Farbverblendung, die von ihrer Bekleidung ausgeht, hört man während der Dauer der Vorstellung die sich ständig wiederholenden Worte «anything goes»[502]. In der fünften Minute des Filmes hört man sie wieder, als Indiana Jones den chinesischen Gangster bedroht und ihn auffordert, einen Diamanten zurückzugeben: «I suggest, you give me, what you owe me, or anything goes».[503] Später, als die Dame an der Seite von Jones im Laufe des Filmes unglaubliche Abenteuer erlebt, kommt man dem Sinn ihres Liedes auf die Spur. Doch außer diesem verbalen Hinweis dient die erste Szene der Unterhaltung. Dabei geht Spielberg großzügig mit der Einführung in die Handlung um: Innerhalb der drei Minuten des Vorspanns erlebt der Zuschauer – außer der Prophezeiung «anything goes» – nichts von der eigentlichen Geschichte des Filmes. Der Anfang wird schlicht einem schönen Varieté geopfert. Danach wird der Zuschauer sofort in die Aktion eingeführt.

---

[500] Gemeint sind die Filme ROCKY (1976), ROCKY II (1979), ROCKY III (1982), ROCKY IV (1985), ROCKY V (1990), wobei ROCKY I und V von John G. Avildsen und die anderen Filme von Silvester Stallone gedreht wurden.

[501] THE TERMINATOR (1984) und THE TERMINATOR 2: JUDGMENT DAY (1991) von James Cameron wurden fortgesetzt. Die neuen Filme starteten 2003 und 2009 sowie im Fernsehen 2008.

[502] «Alles ist erlaubt.»

[503] «Ich schlage vor, Sie geben mir, was Sie mir schulden, oder alles ist erlaubt.»

Mit der Präsentation des Protagonisten (rechts) baut Spielberg – wenn auch sehr formal – die Spannung des Filmes schnell auf. Sie wird nicht wie im *klassischen* Kino durch die Abfolge der Einstellungen *totale – (halb-)totale – (halb-)nah* gezeigt, sondern fragmentarisch wie in den Filmen Eisensteins. In der vierten Minute sieht man zuerst die glänzenden schwarzen Schuhe und die schwarze Hose eines Mannes, danach den unteren Teil seines weißen Sakkos. Er geht die Treppe hinunter und versteckt dabei seine Hand in seiner Sakkotasche. Somit können die Gangster, zusammen mit dem Zuschauer, den Eindruck gewinnen, er verstecke dort eine Waffe. Zehn Sekunden später sieht man den Rücken Indiana Jones' und ihn selbst frontal in einer *halbnahen* Einstellung – elegant gekleidet in schwarzweiß mit einer

116-119 Die Einführung des Helden in INDIANA JONES AND THE TEMPLE OF DOOM (1984)

roten Rose im Knopfloch, frontal zu seinen Ansprechpartnern, den Chinesen (und dem Zuschauer).

Die filmische Narration wird oft nicht durch dramaturgischen Aufbau der Erzählung, sondern durch eingesetzte Technik nachvollziehbar. Während Eisenstein gerne mit Einstellungen und ihren grafischen Strukturen arbeitet, bevorzugt Spielberg die Kamera. Seine Kameraführung, wie ein lebendes Organ, erinnert an einen *Off-screen*-Protagonisten, der die Inhalte kommentiert. Beobachten wir, wie Spielberg die Protagonisten in JAWS vorstellt. Der Polizist Brody bevorzugt, die Kamera zu meiden. Wir sehen ihn, beziehungsweise die schattige Silhouette seines Kopfes zum ersten Mal in der sechsten Minute. Die *halbnahe* Einstellung (er weiterhin mit dem Rücken zum Zuschauer) wechselt in *amerikanische Totale*, während Brody seitlich zu sehen ist. Anders Quint. Der arrogante Haijäger bleibt unbeweglich sitzen, während die Kamera auf ihn zu fährt. Hooper braucht der Kamera nicht nachzulaufen oder abzuwarten: Er kommt auf sie selbst zu. Man könnte meinen, dass sich hinter dieser Präsentation keine subtilen Strategien verbergen. Wenn man jedoch die Charaktere genau beobachtet, lässt sich in der Tat nachvollziehen, dass ihre Präsentation - mithilfe der Kamera - auf ihre allgemeinen Merkmale deutet. Hooper ist energisch und begeistert, deshalb stellt er sich offen der Kamera gegenüber. Quint ist frech und bestechlich, so dass die Kamera ihn erst aufspüren muss. Brody ist unsicher und unentschlossen. Er geht gerne Konflikten aus dem Weg. Gleiche Darstellungen kann man in INDIANA JONES finden. Den Archäologen Dr. Jones in RAIDERS OF THE LOST ARK (1982) sehen wir zum ersten Mal etwa wie Jacob Strongin in STATCHKA von Eisenstein. Einstellung für Einstellung werden uns innerhalb der drei Minuten die Fragmente seines Körpers gezeigt: Beine, Hände, Hinterkopf, Hüften. Erst in der vierten Minute – um einen Angriff seines Begleiters abzuwehren – greift Indy zu seiner Peitsche, dreht sich zum Zuschauer um und geht entschieden und frontal auf die Kamera zu. Danach schneidet Spielberg wieder zu seinen Händen und sein Gesicht verschwindet teilweise im Schatten. Mit seiner offenen entschlossenen Bewegung wird er bereits zum Helden, wobei sein im Schatten verstecktes Gesicht und die oft ungewöhnlichen Kameraperspektiven ihn als geheimnisvolle Person darstellen und somit die Spannung aufbauen. Im zweiten Film der Reihe über INDIANA JONES wird Willie Scott wiederum von Anfang an als zentrale Figur eines Varietés gezeigt – in *amerikanischer Totale*, mitten im Bild, bis Spielberg auf *Nahaufnahme* und wieder auf *halbnah* umschaltet. Dies bestätigt ihre Charakterisierung als Person, die gerne im Mittelpunkt steht, sich gerne von der besten Seite präsentiert und sich in dieser Inszenierung in ihrer ganzen Pracht und Schönheit zeigt. Das lebendige Gesicht von Short Round kommt mehrfach ins Bild, bevor wir seine Gestalt in schnellen fragmentarischen Einstellungen beobachten. Dieses Tempo und die Fragmentierung charakterisieren dieses Kind als bewegliches, energisches Wesen, das es auch ist.

In der achten Minute beginnen die handlungsspezifischen Aktionen, die zum eigentlichen Inhalt des Filmes werden. Die erste Szene – Schießerei im Club und anschließende Verfolgung von Willie und Indiana – dauert fünf Minuten. Darin geht es um den Diamanten, das Gegengift für Dr. Jones und um die Flucht vor den Chinesen. Im Verlauf der Szene, während Jones das Gegengift und Willie den weggeworfenen Diamanten im Chaos suchen, werden sie durch Varieténummern der tanzenden Damen begleitet. Würden die Damen aus der Sequenz ausgeschnitten, würde die Handlung vielleicht etwas von ihrer Komik verlieren, bliebe dadurch aber nicht beeinträchtigt. Nachdem in der Handlung nur für zwei Minuten Ruhe herrscht und Indiana und seine Begleiter es schaffen, in das Flugzeug einzusteigen und dort einzuschlafen, fängt bereits die neue Aktion an. Sie dauert fünf Minuten und beinhaltet das spektakuläre Fliegen mit dem Schlauchboot über die Berge ins Wasser. Etwas von dem eigentlichen Abenteuer erfährt man in der 24. Minute, als der indische Dorfweise das Ziel der *Reise* von Indiana formuliert: Indiana soll zum *Pankotpalast* gehen und einen *Shankara*-Stein zurückbringen. Indiana zögert zuerst, als er aber von der Entführung der unschuldigen Kinder erfährt, macht er sich drei Minuten später auf den Weg in ein neues Abenteuer.

Beim Dinner im *Pankotpalast* beobachtet man unterhaltsame Szenen. Die Dominanz dieser visuellen Darstellungen bildet den Mittelpunkt gegenüber den handlungsspezifischen Dialogen. Im Gespräch zwischen Dr. Jones und dem indischen Würdenträger in der 40. Minute geht es darum, ob die alten Legenden über den *Shankara*-Stein immer noch gepflegt werden. Im Hintergrund dieser Kommunikation beobachten wir ständig unterhaltsame Episoden. Beim Essen wird zuerst eine Schlange aufgeschnitten. Heraus kommt ihr lebendiger Nachwuchs. Ein Gast verschluckt zwei kleine Schlangen. Andere Gäste brechen die Schalen von Käfern auf, um ihre Innereien zu essen. Überfordert von der Show fragt Willie nach einer Suppe und bekommt diese auch, allerdings mit darin schwimmenden, blutigen Augen. Als Nachspeise werden Affenköpfe auf den Tisch gestellt. Die Gäste öffnen sie und essen das Gehirn auf. Die Szene erstreckt sich über 62 Einstellungen und viereinhalb Minuten, davon beinhalten die Gespräche zwischen dem britischen Abgeordneten, Indiana Jones, dem indischen Premierminister sowie dem Maharadscha 31 Einstellungen und über zwei Minuten 36 Sekunden, genau die Hälfte der Szene. Die restlichen Episoden sind der Exotik der lokalen Küche und den Reaktionen von Willie gewidmet, die zum Schluss in Ohnmacht fällt.

In der 58. Minute (ungefähr in der Mitte des Filmes) beobachten wir für fünf Minuten den religiösen Kult der *Thuggee* im unterirdischen Tempel. Er ist vor allem wegen seiner visuellen Gestaltung bedeutend. Diese beruht auf der Steigerung aller bis jetzt erlebten Schockelemente. Man sieht, wie ein Mensch der Gottheit Kali geopfert wird. Der Schamane Mola Ram reißt dem Ausgewählten das Herz aus der Brust, worauf dessen Körper in die Lavagrube geworfen wird. Die Szene wird im Wechsel von *(extrem-) totalen* (oft im Wechsel zwischen *Vogel-* und *Froschperspektive*), *(halb-)nahen* Einstellungen und *Großaufnahmen* gezeigt. Ihre intensive Farbgestaltung, die teure Ausstattung und der spektakuläre Inhalt überwältigen den Zuschauer und bleiben lange im Gedächtnis. Dass die Szene auch die handlungsspezifische Narration ausmacht, erfährt man in der 75. Minute, als Willie auf gleiche Art und Weise geopfert werden soll. Dem Zuschauer ist das Ritual bereits bekannt. Durch die *Wiederholung*, die zum formalen technischen Verfahren des *klassischen* Hollywoodkinos gehört, lassen sich die Emotionen des Publikums steigern. Auch im Werk Spielbergs bemerkt man den gleichen Gag. Als der Käfig mit der Gefangenen Willie sich der Lavagrube nähert, wird er unterwegs mehrfach aufgehalten. Diese sich ständig wiederholende Episode dient zur emotionalen Dramatisierung der Szene und macht ihre visuelle *Attraktion* aus.

Die zweitlängste Jagdszene fängt in der 90. Minute mit der Flucht von Indiana Jones, Short Round und Willie aus dem Palast an. Sie ähnelt in ihrer Gestaltung der Szene der Ankunft der Protagonisten in Indien. Nur die Transportarten und die begleitenden Umstände sind verschieden: Bei der Ankunft – Schlauchboot und Schnee; bei der Flucht – Geländewagen und Wasser. Da es wenige Dialoge und ruhige Momente in der Handlung gibt, sondern vor allem Aktion, findet sie durch die energische Musik emotionale Unterstützung. Ihre motivierenden und optimistischen Töne erinnern an die Musik im Werk Eisensteins, die darin die revolutionäre Romantik der Darstellung betont. Das Ende des Filmes entspricht den Konventionen des *klassischen* Hollywoods. Es erlöst von Frustrationen und bestätigt Fantasien. Das Abenteuer wird mit dem *Happyend* abgeschlossen. Der Auftrag wird erfüllt, der Stein zurückgebracht und Kinder gerettet.

Indiana und Willie genießen ihr privates Glück. Die Konvention in ihrer Gestaltung überschreitet viele bekannte Finale in Hollywood. Zusammen mit dem üblichen *Kiss off* (zweimal), wird die übertriebene Ekstase der befreiten Kinder und den ihnen entgegen kommenden Müttern gezeigt. Es ist unbedeutend, ob die Reihenfolge der Handlungen stimmt, denn auch sie wird geopfert, um das Universum Spielbergs *attraktiv* zu gestalten. In der Flucht befreit Indiana die Kinder von der Sklaverei religiöser Fanatiker und schickt sie nach Hause. Indiana musste noch langwierige Erlebnisse auf dem Weg zum indischen Dorf erleben: Er fährt Geländewagen, wird vom Wasser eingeholt und überlebt die Schlachtszene an der Brücke. Erst danach geht er zum Dorf.

Wenn man dabei überlegt, dass während dieser Aktionen mit Teilnahme von Indy die Kinder längst ihre Häuser erreichen konnten, dann wird man den Genuss der Schlussszene verderben, da sie dann nicht *attraktiv* und emotional genug wäre. Dr. Jones kommt wenige Sekunden vor den zurückgekehrten Kindern ins Dorf. So genießt man besonders seinen Erfolg und erlebt die Freude des Wiedersehens der Mütter mit ihren Kindern sowie die Dankbarkeit der Dorfbewohner. Diese Methode gehört jedoch nicht zum originalen Stil von Spielberg. Auch Eisenstein verwendete gerne Konventionen in seinem Werk. Aus der Geschichte weiß man, dass das Massaker auf der Treppe der Stadt Odessa nie stattfand, dennoch gehört sie in BRONENOSEZ POTJEMKIN, dem Film mit historischem Hintergrund, zur Filmkulmination. Mit dieser dramatischen Übertreibung erreicht man besser emotionale Reaktionen beim Zuschauer als mit Logik oder Realitätsnachahmung.

Bei Spielberg stellt man jedoch andere Fragen, die nicht seine Konventionen betreffen, sondern Ziel und Zweck ihrer Präsenz. So schnell das *Happyend* die Handlung in INDIANA JONES II abschließt, umso nachdenklicher stellt man fest, dass man die beinahe zweistündige Erzählung um mindestens ein Drittel reduzieren könnte, da sie durch zahlreiche Unterhaltungsszenen ausgedehnt wurde. Man vergisst dennoch schnell die Fragen nach der Struktur, Handlungsentwicklung und erinnert sich an die Farbenfreude, die schnellen Schnitte, die teure Ausstattung und das erfinderische Kostümdesign, kurzum an alles, was mit der Sensation der Bilder, mit dem visuellen Stil «eines Spektakelkinos» zusammenhängt.

Am 18. Mai 2008 fand die Premiere des vierten Filmes aus der Reihe über Indiana Jones auf dem Filmfestival in Cannes statt. Während der Pressekonferenz am gleichen Tag wurde das Filmemacher-Team «Spielberg – Lucas» mit Fragen über Ziel und Sinn des vierten Teils achtzehn Jahre nach dem ersten konfrontiert. Spielberg erklärte sein Anliegen damit, dass er die neue Generation mit dieser Geschichte vertraut machen und außerdem wieder mit seinem alten Team – das für ihn zur Familie geworden sei – drehen wollte.

> «I was not trying to improve the Indiana Jones Character, but authentically reanimate.»[504]

Und schließlich bemerkte Spielberg, dass er diesen Film schuf, weil die Leute die Fortsetzung sehen wollten und ihn danach schon oft fragten. Der Regisseur blieb Inhalt und Inszenierung treu. Die Geschichte blickt wieder auf die 1930er-Jahre zurück. Die «bösen» Kräfte stammen immer noch aus den Zeiten des *Kalten Krieges* (und der Konfrontation zwischen den USA und der Sowjetunion). Wenn auch der Film fast zwei Jahrzehnte später entsteht, bleibt Spielberg seinem einst festgelegten visuellen Muster treu.

---

504 «Ich wollte nicht mehr den Charakter von Indiana Jones entwickeln, aber authentisch wiederbeleben.» Steven Spielberg während der Pressekonferenz auf dem Filmfestival in Cannes am 18. Mai 2008.

120-125 Indiana Jones II: Opfer für die Gottheit Kali   **126-131** Indiana Jones II: *Happyend*

Die Präsentation von Indiana Jones wird nach dem gleichen Ablauf wie im ersten Film gestaltet. In der vierten Minute wird aus einem militärischen Wagen der Hut von Indiana herausgeworfen, der gleich von mehreren Soldaten mit Gewehren umkreist wird. Danach zeigt man aus der Vogelperspektive, wie aus dem Wagenkasten der Körper eines Mannes (Indiana) geschleppt wird. Schneller Schnitt auf den Hut in *Close-up*. Die Hand von Indiana holt den Hut. Man sieht auf dem Auto die schattige Silhouette von Dr. Jones und wie er seinen *Fedora* aufsetzt. Erst dann dreht er sich um und man betrachtet sein Gesicht aus *nah*, wie in RAIDERS OF THE LOST ARK. Danach wird der Betrachter in den üblichen Ablauf von Aktionen – Verfolgungs- und Kampfszenen – verwickelt. Diese sind in jedem Film in circa zehn bis 20 Minuten zu sehen, also im Durchschnitt alle 15 Minuten. Davon sind üblicherweise zwei, am Anfang und am Ende, wichtig: Als Indiana zum ersten Mal von seiner Verfolgung aufbricht (im vierten Film in der 14. Minute und im zweiten Film in der achten Minute). Eine andere Aktion gehört zu den längsten in den Filmen. Sie findet meistens zum Schluss oder kurz davor statt und bedeutet endgültige Befreiung von Dr. Jones. Im zweiten Film fängt sie in der 90. Minute an und im vierten Film in der 71. Minute (wobei wir in der 103. Minute noch sehen, wie sich Indiana vor den Kräften der Natur retten muss). Es ist interessant dabei festzustellen, dass die beiden Aktionen jeweils 15 Minuten dauern. Spielberg – der seinen Methoden treu bleibt – muss wohl genau diese Zeit ausgerechnet haben, in deren Länge er glaubt, noch die Aufmerksamkeit der Zuschauer gewinnen zu können. Nach dem gleichen Prinzip erscheint der gesuchte Schatz etwa gegen Mitte des Filmes und wird auf seine Wirkung geprüft. Im zweiten Film sieht man in der 58. Minute, wie die *Shankara*-Steine während der Todeszeremonie beleuchtet werden. Im vierten Film wird die Wirkung des Kristallschädels in der 60. Minute auf Indiana getestet. Zu beliebten inhaltlichen Wiederholungen gehören auch Angriffe der Reptilien und Insekten, Fahrten über Wasserfälle (im zweiten Film mit einem Schlauchboot, im vierten Film mit dem Wagen) sowie die den Protagonisten verfolgende Wasserströmung. Auf der visuellen Ebene verwendet Spielberg weiterhin *harten* Schnitt (beispielsweise im Übergang zwischen der Einstellung mit dem fliegenden Kühlschrank und dem Waschen von Indiana auf dem Stützpunkt) und die *subjektive* Kamera (als Indiana den gefundenen Kristallschädel holt, sieht man plötzlich ihn und seinen Begleiter verschwommen durch eine Kristallscheibe).

Wenn man einen Versuch unternimmt, den Stil von Spielberg zu definieren, dann finden man darin solche Merkmale, die ihn sowohl mit russischen Formalisten als auch mit *klassischem* Hollywood verbinden. Vom *klassischen* Kino übernimmt er die formalen Strukturen, den Handlungsaufbau und das narrative Schema. Seine Geschichten entwickeln sich perfekt im Rahmen des *3-Akt-Modells*, dennoch lassen sie ihre dramaturgischen Besonderheiten, den komplexen Aufbau der Handlungsstränge mit ihren Konflikten und Charakteren außer Acht. In dieser äußeren Musterübernahme tendiert er selbst zum Formalismus. Mit letztem verbindet ihn seine Faszination für Technik, schnelles Schnitttempo (im Durchschnitt oft nur sechs Sekunden wie in JAWS), Vorliebe fürs Drehen vor Ort (ob in Südamerika für JURASSIC PARK oder in Polen für SCHINDLER'S LIST), während viele seiner Kollegen gerne im Studio arbeiten. In seiner Auswahl der Einstellungen folgt er dem gleichen Prinzip. Vom klassischen Film übernimmt er *Totalen*, die er mit schnellen fragmentarischen und intensiven *Close-ups* mischt. Bei seinen Schnitten beobachtet man manchmal eine Tendenz, die der *Obertonmontage* von Eisenstein ähnlich ist. Von den Nahtstellen mancher abrupter Schnitte lenkt eine musikalische Passage ab. Bei *tonaler Montage* werden die Übergänge durch grafische Illusion (der Berg des *Paramount*-Logos geht in einen Hügel in den INDIANA-JONES-Filmen über) erreicht.

In diesem Zusammenhang ist interessant zu beobachten, wie Eisenstein die Dynamik seiner Filme im Schneideraum durch expressives Spiel der gegenübergestellten Einstellungen kreiert, dagegen Spielberg – entsprechend den technischen Fortschritten der Zeit – dies mit der Kamera tut. Diese Tendenz beobachtet man noch mehr in den 1990er-Jahren, beispielsweise in BARTON FINK der Brüder Coen. Wenn seine Kamera nicht fährt oder schwenkt, dann benutzt Spielberg die Schärfeverlagerung innerhalb eines stehenden Bildes und variiert seine Schärfe je nach Inhalt.[505] Die formalistische Schule und Eisenstein arbeiten mit Zuschauerwahrnehmung und bauen darauf ihre visuellen Präsentationen auf. Das Verfahren *pars pro toto* (indem entscheidende Teile eines Objektes zu seiner Identifikation genügen) ist auch im Werk von Spielberg zu finden: Hut steht für Indiana Jones wie Luftfässer für den Hai in JAWS, obwohl der Fisch selbst nirgendwo zu sehen ist.

Sowohl Eisenstein als auch Spielberg zeigen oft ihre Vorliebe für symmetrisch aufgebaute Handlung: Anfang und Schluss gruppieren sich um eine Kulmination (wie der Todeskult in INDIANA JONES II oder der Angriff auf die streikenden Arbeiter in STATCHKA), wobei diese durch nachdrückliche Aktionen aufgebaut werden. Beide reduzieren gerne die narrativen Züge ihrer Erzählungen und tun es, um die Zuschauer mit technischen Möglichkeiten des Mediums Film (natürlich jeder zu seiner Zeit mit seinen Mitteln, ob mit Montage oder Computergrafik und visuellen Effekten) zu verführen. Das Ziel dieser Verlockung ist jedoch unterschiedlicher Art. Im postrevolutionären Russland ging es um politische Bildung der Bevölkerung und im zeitgenössischen Amerika um kommerzielle Gewinne. Und diese wurden auch trotz mehrfacher Kritik des Inhaltes und seiner Präsentation von Spielbergs letztem INDIANA-JONES-Werk bemerkenswert[506] erreicht. Das eigentliche Anliegen der Filme scheint außerhalb der gesellschaftlichen Entwicklungen zu liegen. Spielberg interessiert sich mehr für eine spannende Unterhaltung und alles richtet sich darauf: Auswahl des Genres (*Science-fiction, Action, Abenteuer*), gesamtes Setting oder Ort der Handlung. Charaktere bleiben meistens unentwickelt, die Story auf das Notwendigste reduziert und es gibt nur so viele zusätzliche Informationen, wie sie Spielberg für nötig hält, um die Identifikation des Betrachters sicherzustellen. Die Aufmerksamkeit wird dann vermehrt auf Action und Unterhaltung gerichtet. Die Filme haben den Anspruch, Probleme zu lösen.[507] Sie setzen sich mit diesen jedoch nicht auseinander, sondern laden zur Teilnahme an einem

---

[505] Oft variiert Spielberg die Bildschärfe der Dialogszenen. Statt des Verfahrens *Schuss-Gegenschuss* zeigt Spielberg alle Gesprächspartner in einem Bild und betont diese Figuren im Wechsel durch die Bildschärfe, um verschiedene Personen hervorzuheben.

[506] Der Film wurde mit 185 Millionen Dollar produziert. Drei Monate nach dem Start spielte er bereits weltweit über 740 Millionen Dollar ein.

[507] Kolker 2001, S. 378.

Actionspektakel ein, das für den Zuschauer verdaut und gesteuert wird, ohne seinen Geist anzuregen.

Beim Vergleich der Werke von Steven Spielberg und Francis Ford Coppola wird der Unterschied zwischen zwei Konzepten der *Attraktion* sichtbar. Die Darstellungen von Spielberg beruhen auf Schock, Überraschung, Verblendung, welche Eisenstein in seinem Frühwerk zu erreichen versuchte. Man wird von der schnellen Schnittfolge der Aktion und von der Farb- und Lichtgestaltung der Szenen geblendet. Die Unterhaltung des Zuschauers erfolgt auf direkte Art und Weise, ohne dass der Betrachter die Zusammenhänge anhand der *assoziativen* Vergleiche erraten muss. Die Welt von Indiana Jones hat nichts mit dem realen Leben zu tun. Dies ist eine digital erstellte Computeranimation[508] der Affengehirn essenden Inder oder des mit dem Schlauchboot fliegenden Menschen. Ihre Charaktere ähneln technisch erstellten Maschinen, die kaum menschliche Schwäche zeigen, sondern stets mit dem erwarteten Erfolg ihre Missionen erfüllen. Fehler passieren selten und die Protagonisten zeigen kaum ihre wahren Gefühle. Indiana Jones scheint nie an einer Verletzung zu leiden. Willie schreit zwar ständig vor Angst, überlebt diese aber mit der Unversehrtheit einer Puppe, um am Ende des Filmes mit Jubel den nächsten Erfolg zu feiern.

Anders bei Coppola, seine Geschichten – auch wenn diese ebenfalls konventionell sind – würdigen die Realität. Sie können durchaus in New York oder sonst irgendwo auf der Welt passieren, wo die Mafia in die Gesellschaftsstrukturen eingedrungen ist. Seine Charaktere zeigen sich durchaus menschlich. Im Vergleich zum ewig lebenden und unverletzten Indiana, leiden die Figuren Coppolas an Wunden und sind sterblich. Als Don Vito Corleone fünf Mal angeschossen wird und überlebt, verliert er trotzdem seine unbegrenzte Macht und lässt sich durch den jüngeren Sohn Michael ersetzen. In der gleichen Folge wird später der Sohn des älteren Bruders seinem Onkel Michael zu Hilfe eilen. Seine *Attraktion* hängt mit emotionalen Dramatisierungen, mit assoziativen, sinnlichen Vergleichen zusammen.

5. Erzählung und Erfindung in BARTON FINK

5.1. Visuelle Kulminationen

Wenn man mit dem Protagonisten der Brüder Coen, dem Schriftsteller Barton Fink, die Räume des Hotels *Earle* betritt und sich über ihre bizarre Einrichtung, das ungewöhnliche Personal und die unsichtbaren Hotelgäste wundert, stellt man sich noch keine Fragen. Man hofft, Antworten im Laufe des Filmes zu finden. Auch beim langsamen Zerfall von Finks Zimmer, mit den sich von den Wänden lösenden Tapeten und den seltsamen Reaktionen des Protagonisten darauf, die sich in *subjektiven* Kamerafahrten äußern, hofft man auf eine mögliche Erklärung.

In der 65. Minute beobachtet man eine Liebesszene zwischen Audrey und Barton. Die Kamera fährt von den Beinen des im Bett liegenden Paares über das Zimmer zum Bad. In

---

[508] Im Übrigen wird sie auch als Computerspiel gestaltet, während es absurd wäre, sich ein digitales Spiel zu THE GODFATHER vorzustellen.

einer *totalen* Einstellung sieht man das grell beleuchtete Waschbecken des Badezimmers. Die Regisseure belassen es nicht dabei und zeigen für einen Liebesakt ungewöhnliche Bilder: Die Kamera nähert sich dem Waschbecken, schwenkt zum Abfluss und taucht in das Innere des Wasserrohrs ein.[509] Die nächste Szene zeigt das Geschehen am nächsten Morgen, als der Schriftsteller aufwacht. Zuerst bemerkt er eine Mücke, die in seinem Zimmer nach Nahrung sucht. Daraufhin sieht man das Insekt auf dem Rücken der schlafenden Sekretärin (01:06:33) jedoch mindestens um das 50-fache vergrößert. Fink schafft es, die Mücke mit einem Schlag zu töten. Audrey zeigt keine Reaktion, ihr Blut breitet sich jedoch schnell im Bett aus und lässt Panik bei Fink anwachsen. Er dreht ihren Körper um. Die sich nun offenbarende Szene gehört wohl zu den schockierendsten im Film: Die unbeweglichen Augen Audreys starren vor sich hin, während der Körper in Blut badet. Die Leiche der Frau wird in *Großaufnahme* für acht Einstellungen und 29 Sekunden und in weiteren drei Einstellungen im Hintergrund gezeigt. Der Zuschauer stellt sich sicher die Frage, wer die Frau umgebracht hat.

In der 80. Minute glaubt man, die erste Andeutung auf eine Erklärung gefunden zu haben: Charlie bringt Fink eine verschlossene Box mit der Aussage «privates Eigentum» zum Aufbewahren und fährt danach geschäftlich nach New York. Vier Minuten später trifft Fink zwei Detektive, die ihm erzählen, dass Charlie, auch bekannt als Mundt, seinen Opfern gerne die Köpfe abschneidet. Und spätestens in der 99. Minute, als Charlie dem Schriftsteller offenbart, er hätte mit der Box nichts zu tun, könnte der durch Thriller geschulte Zuschauer glauben, eine Verbindung zwischen dem Mord an Audrey und dem Inhalt der Box herzustellen. Also könnte sich in der Box einer der von Charlie abgeschnittenen Köpfe, vermutlich der von Audrey, befinden. Bis zum Filmende bleibt man von diesem Rätsel gefangen.

Man wartet jedoch vergeblich auf eine Antwort. Darin zeigt sich ein wesentlicher Unterschied des Werkes der Coen-Brüder und dem *klassischen* Kino. Folgt man der Handlung von Working Girl von Mike Nichols, stellt man sich auch viele Fragen. Wird Tess ihren Freund verlassen? Wird Katherine für ihre Lüge bestraft? Wird Tess einen beruflichen Aufstieg erlangen? Zum Schluss gibt es keinen Handlungsstrang, der in diesem Film nicht *aufgelöst* bleibt. In The Silence of the Lambs bemüht sich der Regisseur Jonathan Demme um Antwort sogar auf die Frage, die nicht direkt mit der *Reise* der Protagonistin Clarice zu tun hat. So wird das Thema der Flucht von Dr. Lecter mit seinem Anruf am Ende des Filmes erneut angesprochen. Daraus schließt man sowohl, dass er der Polizei entkommen ist und sich an einem sicheren Ort befindet, als auch, dass seine Rachelust an dem karrieresüchtigen Gefängnisdirektor Chilton bald gestillt wird. Im Gegensatz zu Demme oder Nichols beachten die Coen-Brüder die Erzähltradition des *klassischen* Kinos nicht. Ihre rätselhaften Szenen bleiben ohne Lösung.

---

[509] Anschließendes Stöhnen und tiefe Atemzüge helfen, die Szenen weiter zu deuten.

132-141 Visuelle Kulminationen in Barton Fink (1991):
Charlies Aufstand (linke Spalte), Bartons Liebe (rechte Spalte)

Zu den weiteren visuellen Kulminationen gehört die Rückkehr Charlies. Finks Nachbar hatte sich auf eine Reise nach New York gemacht. In der Zwischenzeit erfährt der Schriftsteller die Wahrheit über seinen Nachbarn: Charlie ist ein Mörder. Diese Tatsache interessiert den Schriftsteller weniger als die Beendigung seines Drehbuches. Er feiert den Abschluss seiner Arbeit in der USO-Halle und wird von Matrosen verprügelt. Als Fink erschöpft in der 93. Minute in sein Zimmer zurückkehrt, wird er festgenommen. Die Polizisten Deutsch und Mastrionotti erzählen ihm, dass eine weitere Person – sein Freund Mayhew – ohne Kopf aufgefunden wurde. Im Hotel wird es mittlerweile heiß. Die Wände fangen an, zu ‹schwitzen›. Als Mastrionotti aus dem Zimmer tritt, erscheint Charlie am Ende des Ganges. Auf den Befehl des Polizisten, seinen Koffer abzulegen, reagiert er überraschend, er holt schnell sein Gewehr hervor und erschießt Mastrionotti. Danach läuft er Deutsch hinterher und bringt ihn ebenfalls um. Die Flammen des vorher entfachten Brandes verfolgen den laufenden Charlie und ruinieren die Hoteleinrichtung. Der ‹einfache› Mann rebelliert gegen das ‹schöpferische Leben› und Regeln aller Art. Obwohl diese Szene sehr spektakulär gestaltet ist und in ihrer Intensität dem Mord an Audrey gleicht, hat sie mit der Schreibblockade Finks wenig zu tun. Zu diesem Zeitpunkt hat Fink seine Schreibunfähigkeit bereits überwunden und sein Drehbuch fertig gestellt. Auch die Rückkehr Charlies hat keinen wesentlichen Einfluss auf den weiteren Verlauf der *Reise* Finks, der anschließend zu *Capitol Pictures* und dem letztem Treffen mit Lipnick gehen muss.

Wie sich Barton Fink im blutigen Bett neben der Leiche von Audrey wiederfindet, erwacht Jack Woltz in THE GODFATHER im Blut seines Lieblingspferdes. Die Stimmung der Sequenzen aus BARTON FINK und THE GODFATHER sowie das durchdringende Geschrei beider Protagonisten lassen vermuten, dass die Brüder Coen ihre Inspirationsquelle für ihre Darstellung im Gangsterfilm von Coppola gefunden haben. Es gibt jedoch zwei grundsätzliche Unterschiede zwischen den Szenen Coppolas und denen der Brüder Coen. Der erste Unterschied bezieht sich auf die technische Gestaltung der Szene, der zweite auf ihren inhaltlichen Bezug zur Handlung. Die Szene in Coppolas Film besteht aus nur vier Einstellungen von über einer Minute und zehn Sekunden. Bereits in der ersten Einstellung, die eine Minute und fünf Sekunden dauert, wird das ganze Geschehen in einem kontinuierlichen Ablauf präsentiert. Der Produzent erwacht bei Morgendämmerung und spürt das Blut auf seinen Händen. Er rollt schnell seine Decke auf und findet den abgeschnittenen Kopf des Lieblingspferdes zu seinen Füßen. Die weiteren drei Einstellungen dienen bloß zur visuellen Verstärkung und dem emotionalen Nachklang der bereits gezeigten Tragödie. Die Coen-Brüder haben ein anderes Verfahren. Sie schneiden die ersten Einstellungen der fünf Minuten 37 Sekunden langen Szene des Mordes in kleine Stücke und setzen diese Einstellungen – ähnlich wie Eisenstein – nebeneinander. Die visuelle Reihe, von den Augen Finks bis zum Blut saugenden Moskito – besteht aus *Close-ups*.

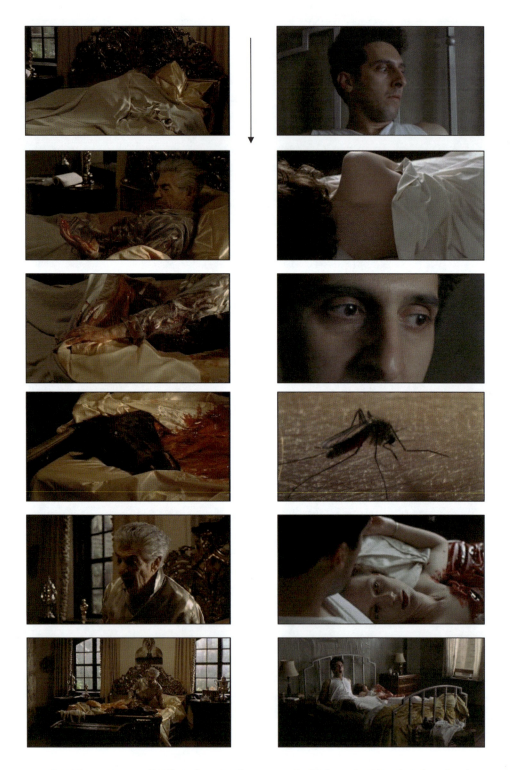

142-147 THE GODFATHER I (1972): Corleones Rache   **148-153** BARTON FINK (1991): Audreys Mord

Die Einstellung mit der Leiche von Audrey konfrontiert mit der Darstellung des schreienden Fink. Erst nach raschem Bildwechsel darf der Zuschauer die ganze Szene in einer *totalen* Einstellung beobachten.

Die Unterschiede der Szenenpräsentationen bei Coppola und den Coen-Brüdern beschränken sich nicht nur auf Szenengestaltungen, sondern betreffen auch das Einbeziehen dieser Sequenzen in die Handlung. Bei Coppola ist die Darstellung der Rache an Woltz mit dem Ablauf der Handlung gerechtfertigt. Es gibt eine Gangsterfamilie, deren Macht durch Gewalt verbreitet wird. Also sieht man die Folgen dieser Macht in einer Reihe von Gewaltaktionen. In BARTON FINK wird die Szene des Mordes an Audrey zu einer Überraschung. Denn im Film geht es eigentlich um einen Schriftsteller, der mit einer Schreibblockade konfrontiert wird. In seinem Drehbuch geht es auch nicht um einen Thriller, sondern einen Catcher. Beim Erklärungsversuch lässt sich die Szene nicht mit dem Inhalt des Drehbuches, aber vielleicht mit der besonderen Freiheit eines Schriftstellerdramas erklären. Vielleicht spiegelt die Szene des Mordes an Audrey die krankhafte Vorstellung eigener Schreibunfähigkeit wider, die sich besonders stark vor dem entscheidenden Treffen mit dem Studioboss Lipnick manifestiert. Vielleicht auch nicht.

5.2. Misslungene Aktion

2003, auf dem Filmfestival in Berlin, präsentiert Spike Jonze seinen Film ADAPTATION. Darin geht es um einen Drehbuchautor namens Charlie Kaufman, der ein Buch der New Yorker Journalistin Susan Orlean adaptieren will. Orlean berichtet von einem Orchideenjäger und begeistert sich dabei für sonderbare Pflanzen. Nach dem Lesen des Buches entscheidet Charlie gegen alle Regeln des klassischen Drehbuchschreibens, ein Skript ohne eine *Heldenreise* und ohne Spannung zu verfassen, nur über die Blumen. Angesichts dieser ungewöhnlichen Aufgabe lässt seine Inspiration nach. Kaufman leidet an einer Schreibblockade. Wie Barton Fink sperrt er sich in seinem Schafzimmer ein, meidet seine Bekannten und wird von seiner großen Liebe, der Geigerin Amelia, verlassen. Für Fortschritte in seiner Arbeit benötigt er ein Treffen mit der Autorin des Buches. Er zeigt sich jedoch unfähig zur Kommunikation und meidet jeden Kontakt mit ihr. Mit der Zeit wird er depressiv und bekommt bizarre Fantasien. In seiner Vorstellung schläft er mit jeder Frau, der er begegnet, mit der Angestellten von *Columbia Pictures*, die ihm den Auftrag für das Drehbuch erteilt hat, mit der Autorin des von ihm adaptierten Buches oder sogar mit einer Kellnerin aus der Bar, die einmal freundlich mit ihm sprach.

Während sich Fink seinen Zimmernachbarn Charlie ausdenkt, erträumt Charlie seinen Zwillingsbruder Donald. Donald ist arbeitslos und will, wie Charlie, Drehbücher schreiben. Dennoch sind ihm die Verzweiflung und Unsicherheit seines Bruders fremd, er ist die ‹bessere› Version von Charlie, indem er alle Probleme seines Bruders mit Leichtigkeit löst. Anstatt einsam zu Hause zu sitzen, schreibt Donald sich für den Drehbuchkurs von Robert McKee ein, folgt dessen Regeln und verfasst in kurzer Zeit einen Thriller. Zum Erstaunen Charlies verkauft sich die Arbeit seines Bruders ausgezeichnet. Donald erhält einen Vorschuss über einer Million Dollar. Auch im Privatleben fällt es Donald leicht, mit Frauen zu kommunizieren, während Charlie es nicht einmal gelingt, der attraktiven Geigerin seine Liebe zu gestehen.

Im Film gibt es mehrere Handlungsstränge, die in der Form abgeschlossener und selbstständiger Geschichten existieren. Hauptsächlich geht es hier jedoch um die *Reise* von Charlie: Der *äußeren* – seine Schreibblockade und *inneren* – seine menschlichen Schwäche, die er überwinden muss. Neben Charlie geht sein Zwillingsbruder, aber auch Susan *auf die Reise*. Für ihren Artikel für den *New Yorker* fährt Susan nach Miami, trifft dort Laroche und hat mit ihm eine Affäre. Seine ungewöhnliche Leidenschaft für Orchideen verändert ihre Vorstellungen und gleichzeitig ihre Bedürfnisse. Sie möchte nicht mehr zu ihrem Alltag, ihrem Heim und Ehemann zurück. Am Rande der Geschichte über Susan erfährt man auch einiges über das Leben von Laroche. Zum Schluss soll in ADAPTATION in erster Linie die *Reise* von Kaufman aufgelöst werden, wobei auch die Geschichten von Laroche und Donald ein Ende finden. Beide Nebendarsteller kommen ums Leben. Man erfährt dennoch nichts mehr über Susan Orlean, dieser Handlungsstrang bleibt offen.

Durch den Vergleich von ADAPTATION und BARTON FINK lässt sich nachvollziehen, wie in beiden US-Produktionen die Illusionen eines Schriftstellers dargestellt werden. Die Ursache der Schreibblockade in ADAPTATION – ähnlich wie in BARTON FINK – ist ein unbekannter Auftrag, von dem der Schriftsteller wenig versteht. Kaufman, ein Genie für *Action* und *Thriller*, will über Blumen schreiben und findet darin keine Motivation. Weil er selbst nicht an einem Thriller arbeitet, erträumt er Donald, der dies an seiner Stelle tut. Donald wird bereits in der zehnten Minute des Filmes vorgestellt, gleich nachdem Charlie den Auftrag für die Buchadaption bekommt. Ein mit dem *klassischen* Hollywoodkino vertrauter Zuschauer kann sich verschiedene Entwicklungen dieser *Reise* vorstellen: Kaufman beendet sein Drehbuch mit großem Erfolg und genießt seine Anerkennung. Oder er hat einen Misserfolg. Er gibt seinen Auftrag auf und wechselt den Beruf, in dem er erfolgreich wird. Auch wenn man den Ablauf dieser Geschichte nicht voraussagen kann, steht fest, dass die Handlungen aufgelöst werden. Dies bestätigt der Drehbuchautor McKee in ADAPTATION, der seinen ausgezeichneten Ruf den Seminaren für kreatives Schreiben verdankt. Als Charlie das Drehbuchseminar von McKee nach zahlreichen Empfehlungen von Donald besucht, berichtet er dem Seminarleiter über seine Probleme beim Schreiben. McKee rät Kaufman, die Geschichte unter einem anderen Aspekt zu betrachten und Spannung in die Geschichte einzufügen:

> «The last act makes the film.
> You can have an uninvolving,
> Tedious movie, but wow then at the end,
> And you've got a hit. Find an ending.»[510]

---

[510] «Der letzte Akt macht den Film aus.
Du kannst einen langweiligen Film haben,
Aber mach seinen Schluss toll,
Und Du hast einen Volltreffer.

Was McKee seinem Schüler erklärt, gilt auch für den Film von Jonze. Zuerst lässt der Regisseur seinen Protagonisten eine Stunde (von der zehnten bis zur 70. Minute) an seiner Schreibblockade leiden und ihn die Erfolge seines Zwillingsbruders neiden, bis er eine Lösung findet. Er wandelt seine langweilige Geschichte in eine *Action* um. Kaufman braucht eine Entwicklung für seine Geschichte über Blumen und Jonze braucht sie für die Geschichte von Kaufman. Mit Donalds Hilfe liest Charlie zwischen den Zeilen des Buches. Weil Donald, ein fleißiger Schüler von McKee, an keine Geschichten über Pflanzen glaubt, sondern daran, dass jeder Mensch seine Abgründe hat und schließlich zu einem Mord fähig ist, werden beide bald fündig:

> «First of all, if you write a screenplay
> Without conflict or crisis,
> You'll bore your audience to tears.
> Secondly: nothing happens in the world?
> Are you out of your fucking mind?
> People are murdered every day!»[511]

Beide Brüder folgen Susan nach Miami und stellen fest, dass die Journalistin nicht nur Recherchereien betreibt, sondern der Drogensucht und sexuellen Exzessen verfallen ist. Als Charlie in Miami am Fenster von Laroche lauscht, wird er erwischt. Susan will ihn umbringen, weil er ihr schaden kann. Statt Charlie fällt ihr jedoch Donald zum Opfer.

Die Auflösung von Charlies Schreibblockade dauert etwa dreißig Minuten und wird in zwei sich wiederholenden Szenen seiner Telefonate eingeschlossen. In der 70. Minute spricht Charlie mit Donald am Telefon. In seiner Verzweiflung fühlt er sich vom Erfolg seines Bruders überwältigt und bittet ihn, nach New York zu kommen und ihm beim Drehbuchschreiben zu helfen. In der 102. Minute, nachdem der Actionteil seiner Geschichte beendet ist und Donald nicht mehr lebt, telefoniert Charlie mit seiner Mutter und weint. Wieder zu Hause, beendet Charlie sein Drehbuch und gesteht Amelia seine Liebe. Somit findet die Geschichte Charlies eine logische und glückliche *Auflösung.* Auch der Charakter Charlies erlebt eine traditionelle Umwandlung: Der Schriftsteller entwickelt sich von einem unsicheren und unfähigen Mann zu einem glücklichen und mutigen.

Es gibt zwei bemerkenswerte Episoden in ADAPTATION, die den kontinuierlichen Ablauf der Handlung unterbrechen. In der vierten Minute wird die digitalisierte Version der Entstehung des Lebens für 54 Sekunden gezeigt. Am Ende des Filmes, in der 105. Minute, sieht man den Wechsel von Tag und Nacht durch aufgehende und sich schließende Blumen für 37 Sekunden. Diese Bildfolgen, die insgesamt anderthalb Minuten dauern, erklären die Handlung *assoziativ.* In einer Einstellung zeigt Jonze die Geburt eines Säuglings in *Großaufnahme* und schneidet gleichzeitig zum schwitzenden

---

511   Finde den Schluss.»
    «Erstens, wenn Du ein Drehbuch
    ohne einen Konflikt oder eine Krise schreibst,
    Wirst Du Dein Publikum zum Tode langweilen.
    Zweitens: Nichts passiert in der Welt?
    Bist Du verrückt geworden?
    Jeden Tag werden Menschen umgebracht!»

Charlie in *Nahaufnahme*, der sein erstes Gespräch mit der Studiomitarbeiterin über das Buch führt. Würde man diese Einstellungen durch einen Dialog ersetzen, der den Zustand Charlies verdeutlichen würde, bräuchte man Zeit und verstärkte Aufmerksamkeit der Zuschauer. Mit dem visuellen Vergleich erreicht der Regisseur einen sofortigen Effekt: Bei diesem Treffen fühlt sich Charlie also wie ein Neugeborener.

Ähnlich wie Kaufman leidet Fink an seiner Schreibblockade. Er starrt sinnlos auf seine Schreibmaschine, gelähmt durch einen unbekannten Auftrag. Er sperrt sich auch in seinem Zimmer ein und geht dort langsam unter. Fink erträumt Charlie Meadows und führt mit ihm Gespräche. So wie Donald in ADAPTATION, zeigt sich der fiktive Charlie in BARTON FINK lebensfähiger und aufgeweckter als sein Gesprächspartner. Donald und Meadows können besser als Fink und Charlie Kaufman in der ‹realen› Welt überleben. Doch im Vergleich zu Donald hat Meadows keine *Backstory*, und er wirkt nicht wesentlich auf die Veränderung der Situation Finks. Und sogar dabei wird eine gewisse Hilfe seitens Charlies registriert, Fink beendet auch sein Drehbuch. Die positive Resonanz auf sein Werk bleibt aus. Nach den Erzählkonventionen Hollywoods erfüllt Charlie somit nicht seine Funktion. Er zeigt sich vielmehr dort nützlich, wo er den statischen Ablauf der *Story* durch die Einführung von Aktion aufweckt.

In der 66. Minute wandeln die Coen-Brüder das statische Schriftstellerdrama in einen Thriller um. Wie in ADAPTATION musste hier die dramatische Steigerung der Handlung in der Fantasie des Schriftstellers stattfinden. Die Psyche von Fink reagiert empfindlich auf die Schreibblockade und erträumt die Mordszene. Man erinnert sich beim Betrachten dieser Szene zuerst an den Tipp von McKee und glaubt, dass die Brüder Coen nach einem spannenden Abschluss suchen. Dennoch bleibt die Notwendigkeit des Mordes an Audrey in BARTON FINK bis zum Ende des Filmes unklar, während in ADAPTATION die Umkehr zu einem Thriller die Handlung passend auflöst. Man kann nur vermuten, dass Audrey für ihr «geistiges Leben» («life of the mind») bestraft wurde. Solche Vermutungen bleiben der Zuschauerfantasie überlassen und werden im Film nicht angedeutet. Auch die blutige Rückkehr von Charlie wird nicht begründet. Die Aktion wird abgebrochen und der Film endet mit *Freeze-Frame*.

Parallelmontagen werden in ADAPTATION zum gängigen Verfahren. Die Szenen und Inhalte wiederholen sich ständig. Als Charlie Kaufman seine Freundin Amelia nach Hause fährt, sehen wir drei Minuten später, wie Laroche Susan vom Hotel abholt. Laroche und Orlean besuchen eine Orchideen-Show, zehn Minuten später betrachtet Charlie die Pflanzen während der Show in Santa Barbara. Raymond Bellour spricht über das System der Symmetrien im *klassischen* Hollywoodkino, die die filmischen Erzählstrukturen präzisieren:

> «The classical film from beginning to end is constantly repeating itself because it is resolving itself. This is why its beginning often reflects its end in a final emphasis.»[512]

Zu diesen technischen Verfahren greifen auch die Coen-Brüder. Das Bild der Badenixe an der Wand des Hotelzimmers wird oft im Laufe der Handlung gezeigt. Oder

---

[512] «Von Anfang bis zum Schluss wiederholt sich der *klassische* Film, weil er sich selbst auflöst. Aus dem Grund reflektiert sein Anfang oft seine Auflösung in der finalen Phase.» In: Rosen 1986, S. 259.

man sieht ein Schild vom Aufzug im Gang des Hotels in der elften Minute, das als Symbol für die Ankunft Finks stehen sollte, 85 Minuten später betrachtet man das gleiche Schild bei der Ankunft Charlies im Hotel. Die Einstellungen mit dem Hotelgang wiederholen sich im Laufe des ganzen Filmes, beispielsweise in der 18., 20., 69., 81., 89. oder 93. Minute. Auch die Szenen werden in rhythmischer Abwechslung nacherzählt. Dem Hotelzimmer mit dem leidenden Fink folgt das beratende Gespräch im Studio. In ADAPTATION lassen sich solche Wiederholungen logisch erklären. Was geschieht in BARTON FINK? Warum und wovor Charlie seinen Nachbarn rettet, lässt sich nicht nachvollziehen. Schnelle Fahrten einer *subjektiven* Kamera im *Coenschen* Werk (beispielsweise ständiges *Einzoomen* auf die Schreibmaschine von Fink) sowie die Dramatik der Einstellungen, bei der die Augen Finks auf ein fremdes Objekt wie einen Moskito starren, wachsen zu Formalien. Die unerwartete Verwandlung in eine *Action* lässt sich in BARTON FINK im Vergleich zu ADAPTATION auch inhaltlich nicht nachvollziehen. Die Steigerung der Schauwerte einer Aktion im Film von Jonze löst sich mit dem glücklichen Ausgang der *Reise* von Kaufman und den positiven Veränderungen in seinem Charakter. Die Actionszenen in BARTON FINK verschaffen eine Kulmination und dramatische Steigerung nur auf formal-visueller Ebene.

5.3. Fehlende Entwicklung

Obwohl die Brüder Coen nie behaupteten, das Werk von Stanley Kubrick als Inspirationsquelle für BARTON FINK genutzt zu haben, erinnern einige Darstellungen wie die der Schreibmaschine von Barton Fink und die Ansichten der unendlichen Hotelkorridore an THE SHINING (1980).[513] Es soll hier überprüft werden, ob die visuellen Kulminationen in BARTON FINK etwas mit der *inneren Reise* Finks, mit seinem psychischen Zerfall zu tun haben.

Für die Instandhaltung des mysteriösen *Overlook*-Hotels in den Bergen von Colorado, gebaut auf einem ehemaligen Indianerfriedhof, wird ein Hausmeister für den Winter gesucht. Der Schriftsteller Jack Torrance sieht in dieser Beschäftigung die einmalige Möglichkeit, etwas Geld neben der Schriftstellerei zu verdienen. Weder die Warnung des Direktors vor der Einsamkeit der Wintermonate noch die Mitteilung über einen tragischen Vorfall in der Vergangenheit halten Jack auf. In den Hotelräumen hatte nämlich der ehemalige Hausmeister seine Frau, die Zwillingstöchter und sich selbst umgebracht. Jack strahlt Selbstbewusstsein aus und besteht darauf, der Aufgabe gerecht zu werden. In Kürze zieht er mit seiner Frau Wendy und seinem Sohn Danny ins Hotel ein. THE SHINING wurde als Horrorfilm gedreht. Im Vergleich zu den typischen Gruselfilmen aus den 1930er- und 1950er-Jahren über Frankenstein und Dracula sieht das Werk von Kubrick salonfähig und leicht verdaulich aus und lässt sich zumindest in der europäischen Fassung keinem bestimmten Genre unterordnen. Es gibt darin etwas von einem Psychothriller (weil der untergehende Schriftsteller mit seiner Psyche kämpft)

---

[513] Insbesondere sind hier die Filme von Roman Polanski REPULSION (1965) und LE LOCATAIRE (1976) gemeint, die auch die Isolierung der introvertierten Protagonisten und ihren einsamen psychischen Zerfall darstellen.

oder von einem Drama (ein von Sucht geplagter Mann, der mit seiner Verantwortung für die Familie nicht zurechtkommt). In der Geschichte werden einige Symbole und Muster des Horror-Genres[514] verwendet. Die Protagonisten sehen Monster und andere destruktive Wesen (den verfallenen Körper einer toten Frau, Menschen mit Schweinegesichtern), die ihr Leben bedrohen. Sie sind übersinnlichen Mächten ausgeliefert, die von ihnen Besitz ergreifen (telepathische Einfälle von Danny). Das wahnsinnige Innenleben – Zusammenbruch von Jack Torrance und seine Wahnvorstellungen – werden präzise visualisiert. Gerade diese Bilder überschneiden sich mit einem Psychothriller und sind von besonderem Interesse für diese Arbeit.

Die Einführung in die Handlung des Filmes dauert knapp sieben Minuten.[515] In der zehnten Minute sieht man bereits die erste Schockszene: Eine Einstellung mit dem Hotelaufzug, der von blutigen Wellen überflutet wird. Diese Szenen vom Mord an der ehemaligen Familie des Hausmeisters spielen sich in der Fantasie Dannys ab, der eine seltene Fähigkeit, genannt «Shining», besitzt. Er kann Geschehnisse aus der Vergangenheit und der Zukunft sehen. Die Fantasien hängen mit der Gestalt des Schriftstellers zusammen, der sich vorgenommen hat, an diesem einsamen Ort einen Roman zu schreiben. Die Gründe seiner Schreibblockade liegen nicht wie bei Fink in einem unbekannten Auftrag, den er nicht versteht. Es scheint, dass seine empfindliche Psyche und seine Alkoholsucht ihre zerstörerische Arbeit leisten. Jack muss bereits am Anfang der Geschichte verrückt sein, er zeigt zumindest Anzeichen eines psychischen Leidens. In der 24. Minute sieht man Jack am späten Vormittag beim Schlafen, als seine Frau ihm das Frühstück ans Bett bringt. Er ist etwas müde und verwirrt, obwohl die Uhr bereits halb zwölf zeigt. Er will sich zum Schreiben zwingen, hat jedoch keine Ideen, die er gut findet («Lots of ideas. No good ones»[516]). Die Frau merkt an, dass die Ideen durch die tägliche Übung kommen:

> «Well, something'll come.
> It's just a matter of settling back
> Into the habit of writing every day.»[517]

Diese Anweisungen macht sich Jack zu eigen, als er später in seinem Wahn die Blätter mit nur einem Satz beschmutzt «All work and no play makes Jack a dull boy»[518]. Seine Fantasien spielen jedoch verrückt, nicht wenn er mit dem Schreiben anfängt, sondern jedes Mal, wenn er die Hotelbar *The Golden Room* betritt. Dort wartet auf ihn ein imaginärer Gesprächspartner, der Barmann Lloyd. Der erste Besuch der Bar findet in der

---

[514] Die Basisinformationen zur Analyse eines Horrorfilmes wurden dem Buch von Georg Seeßlen (1980) entnommen.

[515] Die Zeitangaben richten sich nach der europäischen Version des Filmes, die 119 Minuten dauert und durch den Regisseur selbst gekürzt wurde. Die US-Version dauert 146 Minuten.

[516] «Viele Ideen. Keine ist gut.»

[517]   «Also, etwas wird kommen.
        Es ist nur die Frage, sich in
        Die Gewohnheit des täglichen
        Schreibens zu versetzen.»

[518] In wörtlicher Übersetzung heißt es: «Nur Arbeit und kein Spiel machen aus Jack einen dummen Jungen» oder etwa «Arbeit allein macht nicht glücklich».

47. Minute statt. Nach etwa einer Minute erscheint ihm der Barmann und serviert einen Cocktail. Während der viereinhalb Minuten dreht sich das Gespräch zwischen Jack und Lloyd um die jüngsten Ereignisse, die im Hotel stattgefunden haben. Während Jack seine Dialoge führt, wird Danny seltsamerweise verprügelt. Nach dem Streit mit seiner Frau um Danny stattet Jack in der 64. Minute der Bar einen erneuten Besuch ab. Diese Szene wird etwa um das Zweifache verlängert (statt 4:24 auf 8:40 Minuten). Diesmal findet hier ein Ball statt, der zeitlich mehrere Jahrzehnte zurückliegt. Zuerst führt Jack das übliche Gespräch mit Lloyd. Danach tanzt er. Dabei verschüttet ein Kellner versehentlich einen Drink auf Jacks Jacke. Beide begeben sich ins Herrenzimmer, wo Jack im Kellner den ehemaligen Hausmeister Delbert Grady erkennt. Grady, der seine Hausmeisterexistenz leugnet und sich als eine Bedienung ausgibt, übernimmt in dem Moment die Rolle von Jacks Mentor. Er gibt dem Schriftsteller die ersten Anregungen für den zukünftigen Mord an seiner Familie. Diese zwei Szenen in der Bar visualisieren den Zusammenbruch von Jack.

Der Unterschied zwischen Barton Fink und Jack Torrance besteht darin, dass die Nervenzerrüttung von Kubricks Protagonisten von dessen Sucht abhängt, während die Fantasien des New Yorker Intellektuellen unmittelbar durch seine Schreibblockade verursacht sind. Der Ablauf der Fantasien weist bestimmte Ähnlichkeiten auf. Beide denken sich imaginäre Ansprechpartner aus, denen sie ihre tiefsten Träume und Sorgen mitteilen. Bei beiden wird der Wahn durch bestimmte Situationen ausgelöst: Bei Jack durch die Auseinandersetzung mit seiner Frau, bei Fink durch seine Konzentration auf ein unbekanntes Drehbuch. Sobald er sich allein in seinem Zimmer aufhält und vor der Schreibmaschine sitzt, erscheinen ihm seine Fantasien. Beide Protagonisten zeigen sich in ihren Träumen schwach und abhängig von den Gesprächspartnern. Jack lauscht Anweisungen von Grady. Fink ordnet sich dem kräftigen und energischen Charlie unter. Dennoch bauen die Regisseure ihre Geschichten auf verschiedenen Hintergrundinformationen auf. Bei den Brüdern Coen geht es um die *Traumfabrik* und deren Mechanismen, die auf den Schriftsteller Einfluss nehmen. Kubrick interessiert sich für innere Zustände seiner Protagonisten, für die mysteriöse Begabung «Shining» und seltsame Geschehnisse im Hotel *Overlook*, die den psychischen Zustand von Jack beeinflussen.

In THE SHINING haben die Szenen im *Goldenen* Zimmer (in der Bar) einen direkten Einfluss auf die Handlung. Sie zeigen den Grad des psychischen Zerfalls von Jack und visualisieren seine verrückten Träume. Je mehr er von der Einsamkeit und vom Alkohol aufnimmt, desto länger werden seine Barbesuche und desto entschlossener will er seine blutige Rache angehen. Ohne Gespräche im *Goldenen* Zimmer wäre seine Gewalt unbegründet. Diese Gespräche verursachen die eigentliche Aktion. Die dramatische Steigerung des Konflikts und die Verschlechterung seines Zustands könnte man von der Gestaltung der Szenen ablesen. Von Szene zu Szene intensivieren sich die Farben. Als Jack Grady im Herrenzimmer kennenlernt, sehen wir blutig-rote Wände. Nach dem Gespräch schaltet Jack zu einer Aktion um. Er zerstört das Funkgerät (die einzige Verbindung zwischen Hotel und dem Rest der Welt) und isoliert somit seine Frau von der Außenwelt. Danach versucht er, sie zu verprügeln. Mit diesen Szenen fängt die Darstellung der Gewalt an. Der Mord an Audrey in BARTON FINK hat lediglich zur Folge, dass Fink unvorbereitet zum Gespräch mit Lipnick kommt, hat jedoch keinen direkten Einfluss auf die Auflösung der Schreibblockade. Hier erschöpft sich die logische Erklärung der Mordszenen. Die Rückkehr von Charlie erfolgt nach der *Auflösung* der Schreibunfähigkeit von Fink. Die brennenden Hotelräume haben außer ihrer visuellen Schönheit nichts mit der Schreibblockade zu tun.

Die Kamerafahrten in THE SHINING haben eine besondere Bedeutung in der Gestaltung von gruseligen Szenen. Wenn wir in der 28. Minute des Filmes Danny bei der üblichen Durchfahrt der *Overlook*-Räume beobachten, fährt ihm die Kamera für 35 Sekunden hinterher. Als er beim mysteriösen Zimmer 237 anhält und seinen Kopf zur Tür dreht, wird die Kamera die *subjektive* Sicht des Kindes einnehmen. Auch in der Szene des Mordes an dem Koch in der 101. Minute wird zuerst das Geschehen in *totaler* Einstellung mit einer neutralen Kamera gezeigt. Danach wandelt sie sich in eine *subjektive* um, die gelegentlich die Stelle von Jack oder Danny annimmt (Mord am Hotelkoch). Dieses Verfahren ist in der Konvention des Horrorfilmes begründet.[519] Anders wird die Darstellung der brennenden Hotelräume in BARTON FINK gestaltet. Zuerst zeigen die Brüder die Szene scheinbar aus der Sicht der Polizisten und Charlie, wobei sie hauptsächlich aus der Sicht des träumenden Fink gezeigt werden könnte. Auch die Kamerafahrten anderer Szenen – wie zum Arbeitstisch Finks oder zu seiner Schreibmaschine, Schwenk auf das Bild der Badenixe – steigern die emotionale Stimmung, werden dennoch zu keiner *Auflösung* des erträumten Psychothrillers oder der Aktion wie in THE SHINING. Wenngleich die psychische Verstimmung von Fink gezeigt wird, hat sie keine besondere Bedeutung in der Entwicklung seines Charakters. Sicher wirkt Fink im Laufe der Handlung immer ungepflegter (nicht rasiert, mit wirrem Haarschnitt und unordentlicher Kleidung) und sein Blick wird immer verwirrter. Obwohl die Szenen mit Mord und Hotelverwüstung erst in der zweiten Hälfte des Filmes gezeigt werden und man anhand dieser Darstellung über den Zustand von Fink spekulieren könnte, beabsichtigen die Brüder Coen kaum, den psychischen Zerfall des Schriftstellers zu zeigen. Auch nach seinen schlimmsten Fantasien schafft es Fink, adäquate Reaktionen zu zeigen (wie bei Gesprächen mit Lipnick oder Charlie). Anders in THE SHINING, wo bereits in der 30. Minute die langsame Entwicklung des psychischen Zerfalls zu sehen ist, die sich zum Schluss verschlimmert.

Als Kubrick die beunruhigenden Szenen der Fahrt Dannys zeigt, bei der sich der Junge mehr und mehr in den Hotelgängen verirrt, bereitet uns der Regisseur auf die nächste Gruseldarstellung vor. In der Tat sehen wir bald die ermordeten Zwillinge. Wenn Fink auf die Wände seines Zimmers starrt oder im Mittelpunkt der um ihn kreisenden Kamera gezeigt wird, schalten die Brüder abrupt zur nächsten Szene um. Das Ziel der Dramatisierung mithilfe der Kamera wird inhaltlich nicht begründet. Dem filmischen Detail wendet sich Kubrick sparsam und überlegt zu. Als man in der 25. Minute Wendy und Danny im Labyrinth spazieren sieht, während Jack in der Zeit das Modell des Labyrinths in der Hotellobby betrachtet, glaubt man, dieses Detail werde in der Geschichte nochmal vorkommen. In der Tat betrachten wir in der 103. Minute, wie in diesem Labyrinth eine gefährliche Verfolgungsjagd stattfindet. Jack verfolgt seinen Sohn

---

[519] Kolker 2001, S. 284.

mit der Axt. In der 111. Minute findet man Jack erfroren in diesem Labyrinth. In BARTON FINK wird mit solchen Botschaften frei umgegangen. Einige Details, wie der Name des Buches von Mayhew oder die Darstellung der Frau am Strand, finden sich im Laufe der filmischen Handlung wieder. Es gibt viele andere Darstellungen, wie die der vergrößerten Zettel mit dem Termin bei Lipnick oder Nachrichten von Chet, die ohne Bedeutung bleiben und keinen Sinn ergeben. Man kann Kubrick gelegentlich vorwerfen, dass er die letzte Einstellung – eine Fotografie des Balls vom 4. Juli 1921 – unbegründet zeigt und somit das Ende des Filmes offen lässt. Doch dies gehört zum Wortschatz eines Horrorfilmes und kann bedeuten, dass die Schreckereignisse jederzeit wieder passieren können und nicht mit dem vorläufigen Sieg über das Monster enden. Die Fantasien Finks haben keine Anzeichen des physischen Zerfalls eines Jack Torrance. Dafür sehen wir seine Gestalt viel zu wenig in der Entwicklung. Außerdem dominieren die krankhaften Fantasien des Schriftstellers nicht die Handlung, wie bei Kubrick, und Fink verliert auch nicht seinen Verstand in den Krisensituationen. Das Finale von THE SHINING zeigt, wie die Mutter mit dem Sohn gerettet wird, während Jack ums Leben kommt. Übersetzt in die Sprache der Konventionen, heißt das, dass die ‹guten› Kräfte die ‹bösen› besiegen. Was passiert zum Schluss von BARTON FINK? Die *Auflösung* ist genauso unverständlich wie der Anfang der *Heldenreise*.

5.4. Unterhaltsame Erfindung

Das visuelle Spektakel in BARTON FINK kann weder den Konventionen eines (psychologischen) Thrillers noch eines *Horrors* zugeordnet wurden. Die Frage nach dem Sinn und Zweck der visuellen Kulminationen bleibt noch offen. Diese Szenen müssen wohl zur Auslösung der Emotionen dienen. Sie bauen die Filmstruktur formal auf und sorgen mit ihren spektakulären Darstellungen für die Unterhaltung der Sinne. Der Zuschauer kann sich nicht mit dem Protagonisten identifizieren, dafür braucht er mehr Informationen über Fink. Man bemitleidet Vito Corleone in THE GODFATHER, weil seine Aktionen motiviert sind. Man leidet zusammen mit Michael Corleone, der gezwungen wird, sich an den kriminellen Geschäften seiner Familie zu beteiligen, weil man weiß, wovon er davor geträumt hat. Mit den Protagonisten der Coen-Brüder kann man weder zusammen träumen noch diese bemitleiden. Beim Anblick der Leiche der Sekretärin erlebt man einzig Schrecken. Die Emotionen in BARTON FINK können also einen vorläufigen Schock oder Neugier hervorrufen, weil sie weder vorbereitet noch auf eine Fortsetzung abgestimmt sind.

Man erinnert sich an Sergej Eisensteins Arbeiter, Bauern und Soldaten, die in die Handlung eingeführt waren, um ermordet zu werden oder die revolutionäre Stimmung des Volkes zu entfachen. Sie erfüllten ihren Zweck und verschwanden spurlos. Alle diese Personen kannte man nicht mal bei ihren Namen und wusste nichts Persönliches von ihnen. Sie gehören zu einer Menschenmenge. Eisenstein legte in seinem Frühwerk absichtlich keinen Wert auf die Entwicklung der Charaktere, ähnlich wie er sich nicht für die filmische Narration interessierte. Die Spannung seiner Inhalte baute er nicht mit einem psychologischen Konflikt auf, sondern mithilfe der Technik, der Montagezellen, die er in dramatischer Gegenüberstellung zueinander gestaltete. Die Brüder Coen haben die filmische Handlung nie verneint. Mehr noch: Sie halten an dem *3-Akt-Modell* und der *Heldenreise* fest, jedoch füllen sie ihre Bilder mit kaum nachvollziehbarem Inhalt. Sie machen sich auch die technischen Tricks Hollywoods zunutze, spielen jedoch nur mit Kamerafahrten und Darstellungstechniken, weil sie diese nicht zum Zweck der Erzählung einsetzen. Ihre Wiederholungen und Detailakzentuierung sorgen für formale Gestaltung, Dramatisierung und Kulmination, ohne die Handlung zu erklären.

Die plakativen Filme Eisensteins, ihre revolutionären Inhalte haben einen bestimmten Wert. Inhaltlich mit dem Schock und formal mit dem Rhythmus der Handlung verbunden, wollte der russische Regisseur Arbeiter und Bauern zu revolutionärer Handlung motivieren. Die Coen-Brüder sind weit von der Romantik der Revolution oder von jeglicher ernsthaften Politisierung des Filmes entfernt. Allerdings gleichen sie in der Formalität ihrer Filmgestaltung dem russischen Filmemacher. Sie demonstrieren dem Publikum die ‹bewegten Bilder› in Form einer Gegebenheit, die sich keiner Diskussion stellt. Was im revolutionären Russland zur Aktion anregen sollte, regt bei den Brüdern Coen zu einem Konsumieren der ‹Bilder› an. Das *Kino der Attraktion* wandelt sich in das *Kino der Unterhaltung* um. Und die Brüder Coen sind die treuen Hüter dieser Unterhaltungsform, die sich auf das Betrachten der Bilder beschränkt. In ihrer Formalität treiben sie ihre Werke so weit, dass es weniger um ein sinnvolles Zusammenhalten der Geschichte geht, als vielmehr darum, dass die Filmszenen in ihrer Selbstständigkeit präsentiert und zu einem Rätsel stilisiert werden, wo es keines gibt.

Es ist interessant, die Reaktionen der Zuschauer auf die Filme der Brüder Coen zu beobachten. Wenn man die Filme zusammen mit einem Fachpublikum (Filmschaffenden, Kritikern, Journalisten und Wissenschaftlern) während eines Filmfestivals anschaut, hört man im Saal oft ein lautes Lachen. Bei den öffentlichen Filmpremieren beobachtet man wiederum andere Reaktionen: Der Zuschauer zeigt Staunen, Neugier, Angst und Frustration. Er sucht nach Bedeutung und Ursachen der Ereignisse und nimmt letztlich die Werke der Brüder ernster als dies die beiden Filmemacher selbst tun. Diese Art der Reaktion auf einen Film des *klassischen* Kinos wäre unvorstellbar. Diese Filme verwirren das Publikum nicht. Sie stellen keine Fragen, die offen bleiben, sondern erzählen ihre Geschichte so, dass sie den Zuschauer verführen und bei ihm den Wunsch nach Identifikation hervorrufen. Die Identifikation wird in Eisensteins filmischem Werk durch Agitation ersetzt. Die populären Zeitgenossen des US-Kinos (Spielberg und Coppola) bemühen sich auch um eine erklärende Darstellung der Inhalte. Sie streben lediglich die Transparenz der Handlung und spektakuläre Darstellungen an, die oft mithilfe von Spezialeffekten oder emotionalen Steigerungen (beispielsweise durch Musik) gestaltet werden. Die Unterhaltung der Coen-Brüder hat wenig mit Erklären, sondern mehr mit Verwirren zu tun, was mithilfe des Vergleichs, des Schocks (Eisensteins) und mit klar aufgebauter Handlungsstruktur (*klassisches* Hollywoodkino) erreicht wird und dabei eine unbegreifliche – weder aus der Realität des Lebens entstandene noch der Konvention des Kinos entsprechende – Geschichte beinhaltet. Sie erfinden neue Filmkonzepte, die in der Konkurrenz um Zuschauerunterhaltung mit den leicht verdaulichen Stoffen eines Spielbergs und dramatisiertem Spektakel eines Coppolas konkurrieren. Doch gewinnen sie ihren Zuschauer schließlich dadurch, dass sie die Traditionen der *narrativen* und *nicht-narrativen* Kinoschulen in BARTON FINK raffiniert verwenden. Wenngleich sie hohe Ansprüche an das Medium Film stellen, gilt auch bei ihnen, dass jeder ihrer Filme das angestrebte Ziel erfüllt, das des unterhaltsamen Zeitvertreibs.

XI

Zusammenfassung

Die Kinotradition hängt eng mit der Gründung von Hollywood zusammen. Wenn man sich mit den zahlreichen Diskussionen über die Entwicklung des Kinos zu verschiedenen Zeiten und in unterschiedlichen Ländern auseinandersetzt, kommt man um die Frage nach dem Ursprung der aktuellen Filme und auch um die Frage nach dem Einfluss der *Traumfabrik* nicht herum. Hollywood hat sehr früh die Kraft der ‹bewegten Bilder› und ihre Wirkung auf die Menschen erkannt. Seine Filmschaffenden nutzen diese Erkenntnisse, um ihre eigene Position sowie die finanzielle und gesellschaftspolitische Macht der Unterhaltungsindustrie zu stärken.

Durch die Gründung der ersten Produktionsstudios in Hollywood wurden die bis dahin spontanen Experimente mit den ‹bewegten Bildern› in Richtung eines reglementierten Geschäftes gesteuert: Man stellte Film als Produkt her. Die Unterhaltungsindustrie entwickelte ihre eigenen funktionierenden Mechanismen, die sich nicht nur auf das positive Image durch die Erschaffung der Filmstars, die Verleihung von Preisen und die Kontrolle über die Medien, sondern auch auf den Inhalt des Produktes und seine technische Umsetzung richtete. Die Filme erzählten Geschichten, die zum Träumen verleiteten. Die Filmstars mit ihren *archetypischen* Charakteren weckten tiefe Sehnsucht nach Identifikation.

Die Popularität des Hollywoodkinos und sein ästhetischer Wert liegen in der Begeisterung für Geschichten, in der Erschaffung der *narrativen* Erzählwelten und in der Zielstrebigkeit der Protagonisten begründet. Die Filme verzaubern Zuschauer durch Helden und deren *Reisen*, die sich über mehrere Stationen erstrecken und immer zu einer positiven *Auflösung*, einem *Happyend*, kommen. Das *Continuity*-Verfahren mit seinem Aufbau der Handlung und mit der rationalen Nutzung der filmischen Zeit richtet sich auf die gelungene Darstellung der Geschichte und bleibt bis heute wegweisend für Filmemacher. Die vitale Kraft der *Traumfabrik* zeigt sich deutlich in dem ständigen Balancieren zwischen der Tradition ihrer bereits geregelten Systeme und der Erfindung neuer Konzepte als Antwort auf die gesellschaftlichen Veränderungen, wobei jeder Wandel der strengen Kontrolle Hollywoods unterliegt.

Die Coen-Brüder bilden in diesem Zusammenhang keine Ausnahme. Auch sie stehen durch ihre Herkunft, ihre Erziehung und die kinematografischen Vorlieben unter dem Einfluss von Hollywood. Sie haben sich in seine Strukturen mehr eingelebt, als es auf den ersten Blick scheint. Die Themen ihrer Filme, die sich um das Amerika der Vergangenheit und Gegenwart drehen, und die Arbeitsweise, in der sie ihre eigenen Filmstars erschaffen und für sie diese Drehbücher verfassen, verraten den Ursprung ihrer Traditionen und den Ausgangspunkt ihrer filmischen Erfindung.

Obwohl BARTON FINK erst der vierte Film der Brüder ist, legt seine Produktion die wesentlichen Merkmale des Stils der beiden Regisseure bereits fest. Was BARTON FINK von anderen Filmen der Coen-Brüder jedoch unterscheidet, gleich ob es um die früheren wie BLOOD SIMPLE und FARGO oder um die aktuellen Filme NO COUNTRY FOR OLD MEN und TRUE GRIT geht, sind die auffällige Auseinandersetzung mit Erzählmustern des *klassischen* Hollywoodkinos sowie die ungewöhnliche Darstellung der Konflikte, die entgegen der traditionellen Logik *unaufgelöst* bleiben. Die Coen-Brüder arbeiten nach den Prinzipien der *Traumfabrik*, indem sie in BARTON FINK die Erzählmuster der *Heldenreise* in das *klassische 3-Akt-Model* einfügen und die Wendungen und Kulminationen der Erzählung nach den Anweisungen der *klassischen* Drehbuchregeln kreieren. Bei dem Szenenaufbau des Filmes benutzen sie bei ihren visuellen Darstellungen meistens die für das Hollywoodkino typischen Kameraperspektiven und -fahrten, Einstellungsgrößen und -wiederholungen sowie berücksichtigen die traditionellen Normen des Sets- und Kostümdesigns. Die Ereignisse in BARTON FINK drehen sich um das filmische Mekka ‹Hollywood›, dessen Grundprinzipien der filmischen Gestaltung dem kritischen Blick der Coen-Brüder unterzogen werden. Dennoch scheint etwas in BARTON FINK zu fehlen, was in einem Hollywoodfilm zur Regel gehört. Wie jeder andere Held geht Barton Fink *auf die Reise*. Doch im Gegensatz zu Beispielen aus dem *klassischen* Kino kommt seine *Reise* weder zu einer positiven Konklusion noch sieht man im Laufe der Handlung die gewünschten und erwarteten Veränderungen der Hauptfigur. Die technische Erfahrung der *Traumfabrik* – Parallelmontage und Schnitt, Beleuchtung und Kamerafahrten – scheint für die Coen-Brüder wie auch ihre Erzählstrukturen nur formal zu existieren. Obwohl die Brüder Coen das Ende ihres Filmes auf inhaltlicher Ebene *offen* lassen, schließen sie ihre Geschichte auf visueller Ebene, durch Symmetrien und Wiederholungen der letzten Sequenz, ab.

Diese ungewöhnlichen Merkmale des *Coenschen* Filmes versuchte man mit der Theorie der *Postmoderne* zu erklären. Vor etwa dreißig Jahren begann eine Reihe von Kritikern zu behaupten, dass das *klassische* Hollywoodkino von einem *postklassischen* abgelöst worden sei, das sich durch permanente Zitate aus der Filmgeschichte und durch einen innovativen Blick auf die Erzählung auszeichne. In diesem Zusammenhang wurden alle mehr oder weniger originellen Filme der letzten dreißig Jahre als *postmoderne* Werke bezeichnet, inklusive BARTON FINK der Coen-Brüder. Was die Anhänger der Theorie der *Postmoderne* nicht bedacht haben, ist, dass sich dieser Begriff nicht einfach aus anderen kulturellen Bereichen wie der Architektur oder dem Tanz auf das Medium Film übertragen lässt. Sowohl die Wissenschaft als auch die Kritik lassen sich in ihrer Diskussion über die *Postmoderne* von wenigen prägnanten Beispielen leiten, die nicht die gesamte Entwicklung des Mediums widerspiegeln. Diese Kritiker haben eine Denkweise «von oben nach unten» (Bordwell, In: Rost 1998, S. 31f.) und gehen komplexen Fragen aus dem Weg, um die Inhalte schnell einzuordnen. Stilistisch lässt sich die *Postmoderne* nicht auf das Medium Film übertragen, weil man dafür die vollständige Systematisierung der filmischen Vielfalt zu einem einheitlichen System des Kunststils benötigt, worum sich aber diese Theoretiker (noch) nicht bemüht haben. Die Frage nach der *ästhetischen* Verwendung dieses Begriffes als «kulturelle Dominante» (Jameson, In: Huyssen / Scherpe 1986, S. 48) lässt sich auch nicht beantworten, weil es sich nicht lohnt, über eine *Dominante* aufgrund nur weniger prägnanter Beispiele zu sprechen. In Bezug auf BARTON FINK der Brüder Coen lassen sich die ästhetischen Merkmale einer *postindustriellen* Gesellschaft im Sinne von Jameson nicht nachvollziehen. Schließlich scheint es äußerst problematisch über *Postmoderne* im Kino zu sprechen, weil sich die

Diskussion nur um den Begriff bereits in der Fülle zahlreicher Begriffsinterpretationen verirrt.

Bei der Suche nach einer möglichen Erklärung der besonderen visuellen Konzepte von BARTON FINK stößt man auf die frühe Geschichte des Kinos, auf die Zeiten vor Hollywood, in denen das Kino als Faszination eines technischen Spektakels angesehen wurde. Der amerikanische Wissenschaftler Tom Gunning analysiert Filmproduktionen um 1906. In diesem Zusammenhang prägt er Mitte der 1980er-Jahre den Begriff *Kino der Attraktionen*. Er spricht über ein anderes, sich vom *klassischen* Kino unterscheidendes Muster der Filmgestaltung, das sich an das visuelle Spektakel, an die Sensation der Darstellung anlehnt. Inhaltlich wurden die ersten Filme so aufgebaut, dass der *Plot* diesen visuellen *Attraktionen* untergeordnet war. Die Filme beinhalteten statt einer *diegetischen* Erzählung eine *exhibitionistische* Präsentation. Seinen Begriff der *Attraktion* leitet Gunning von der Filmästhetik der russischen Formalisten, insbesondere von Sergej Eisenstein, ab. Dennoch übersetzt Gunning den Begriff *Attraktion* aus dem Englischen als «eine Unterbrechung» («breaks») der flüssigen Erzählung, als Darstellung von Schockelementen und Tricks, während Eisenstein seine Aussage über die *Attraktion* mit einem lateinischen Prädikat begründet und darunter ein Geschehen meint, das auf die Zuschauer eine «an-sich-ziehende»-Wirkung ausübt. Das Missverständnis Eisensteins seitens Gunnings ist einfach zu erklären. Gunnings Thesen beruhen auf einem Text Eisensteins über die *Montage der Attraktionen* im Theater aus dem Jahr 1923. Dabei lässt Gunning die gesamte Montageästhetik von Eisenstein, seine am Ende der 1920er-Jahre neu entstandene und verfeinerte Klassifizierung der Technik sowie seine Erkenntnisse über *Montage der Kino-Attraktione*n aus dem späteren gleichnamigen Artikel Eisensteins außer Acht. Das Verdienst von Gunning liegt jedoch darin, dass er das Phänomen der *Attraktion* aus der Position unserer Zeit betrachtet und es für die abendländische Kultur adaptiert, so dass das *Attraktionskonzept* Eisensteins in seiner entpolitisierten Version dem *Kaufeffekt* der westlichen Gesellschaft gleicht und sich in der Ideologie des aktuellen Kinos, etwa von Spielberg oder Coppola, wiederfindet.

Mit diesem Konzept der *Attraktion* lassen sich visuelle Konzepte in BARTON FINK besser verstehen und mit dem *Effekt-Kino* der modernen Filmemacher wie Steven Spielberg oder Francis Coppola vergleichen, die am Ursprung der Veränderungen der *klassischen* Filmstrukturen stehen und für diese im Wesentlichen verantwortlich sind. Coppola bezieht bewusst die Montageästhetik von Eisenstein in sein Werk mit ein. Er spricht offen über seine Verbeugung vor dem russischen Filmemacher. Dabei kreiert Coppola seine visuellen Reihen *assoziativ*, entsprechend den späten Konzepten Eisensteins über die *intellektuelle* Montage. Anders Spielberg. Sein Werk zeigt mehr Einfluss der ersten Experimente des russischen Regisseurs über *Montage der Attraktion*, weil Spielberg gerne auf Schock, Überraschung und direkte visuelle Verblendung setzt, auf Erlebnisse und Emotionen, die zusätzlich durch sein technisches Können, seine Vorliebe für visuelle Effekte unterstützt wird.

Doch was bei Spielberg beispielsweise in den INDIANA JONES-Folgen als *Spektakel der Aktionen* angekündigt wird oder was bei Coppola in THE GODFATHER als Folge von *assoziativen* Darstellungen und emotionsgeladenen Szenen funktioniert, lässt sich in BARTON FINK nicht nachvollziehen. Sogar wenn die Brüder Coen sich an den

Erzählmustern von Hollywood orientieren, führen sie in ihrem Film weder die Gags einer Action noch die Gewaltketten eines Thrillers zu einer logischen *Auflösung*.

Es lässt sich also in BARTON FINK ein interessantes Phänomen beobachten. Die Brüder Coen übernehmen, der Tradition der *Traumfabrik* folgend, die filmischen Strukturen und das Verfahrens des *klassischen* Kinos. Dennoch erfinden sie ihre eigenen visuellen Darstellungen, mit welchen sie – oft nicht der Logik der Erzählung verpflichtend – die vorgegebenen Strukturen formal füllen. Formal, weil die in BARTON FINK eingefügten visuellen Kulminationen (vgl. «Ankunft von Charlie» und «Mord an Audrey») keine Auflösung in der Handlung finden. Ein wesentlicher Zweck wird dadurch jedoch erfüllt: Mit diesen Episoden vermeiden sie die extreme Passivität der Erzählsituation eines Schriftstellerdramas und wecken das Interesse des Publikums. Dennoch befriedigen sie nicht die Neugier der Zuschauer, denn letztendlich liefern sie keine Erklärung und treiben diese oft bis ins Paradoxe. Die Handlung wird dabei auf formal-visueller Ebene abgeschlossen. Somit existieren ihre Filme als visueller Genuss, die erwarteten Veränderungen treten jedoch nicht im Laufe der Erzählung ein. Auf diese Art und Weise ähnelt die Einstellung der Coen-Brüder der Position der russischen *Formalisten*. Ähnlich wie Eisenstein seine Montage in der Wirkung auf den Zuschauer wissenschaftlich kalkulieren wollte, haben die Brüder Coen die Inhalte ihres Filmes und sein Budget in aufwändigen *Storyboards* ‹berechnet›. In BARTON FINK zeigen sie eine Handlung ohne Entwicklung und reihen die Szenen oft rein formal aneinander. Ihre visuellen Filmkonzepte, die sich weder der Identifikation seitens der Zuschauer verpflichten noch die revolutionäre Romantik Eisensteins oder eine andere politische Idee würdigen, werden lediglich als eine sich selbst genügende Unterhaltung angeboten.

Literaturverzeichnis

1 Literatur von / über die Coen-Brüder

Allen, William Rodney (2006) (Hg.) *The Coen Brothers: Interviews*, Jackson: UP of Mississippi

Bergan, Ronald (2000) *The Coen Brothers*: *The Life and Movies of Joel and Ethan Coen*, London: Orion

Coen, Ethan (1998) *The Gates of Eden*, New York: Random
Coen, Joel / Coen, Ethan (2001) *THE MAN WHO WASN'T THERE*, London, New York: Faber & Faber
Coen, Joel / Coen, Ethan (2002) *Collected Screenplays: BLOOD SIMPLE / RAISING ARIZONA / MILLER'S CROSSING / BARTON FINK*, London, New York: Faber & Faber
Conard, Mark T. (2008) *The Philosophy of the Coen Brothers*, Lexington: University Press of Kentucky

Doom, Ryan P. (2009) *The Brothers Coen. Unique characters of violence*, Santa Barbara: Praeger

Kilzer, Annette / Rogall, Stefan (1998) *Das filmische Universum von Joel und Ethan Coen*, Marburg: Schüren
Körte, Peter (1991) *BARTON FINK*. In: *epd Film*, Nr. 10, S. 31
Körte, Peter / Seeßlen, Georg (2000) (Hg.) *Joel & Ethan Coen*, Berlin: Bertz

Leitch, Thomas (2002) *FARGO and the crime comedy*. In: *Crime films*, New York: Cambridge University Press
Levine, Josh (2000) *The Coen Brothers: The Story of Two American Filmmakers*, Toronto: ECW

Middel, Reinhard (2002) *Vom Unvermögen des Autors, postmodern. Zu Barton Fink von Joel und Ethan Coen*. In: Felix, Jürgen (2002) (Hg.) *Die Postmoderne im Kino*, Marburg: Schüren, S. 222ff.

Palmer, Barton R. (2004) *Joel and Ethan Coen*, Urbana & Chicago: University of Illinois Press

Robertson, William Preston (1997) *THE BIG LEBOWSKI: The making of a Coen brothers film*, New York: Norton
Russell, Carolyn R. (2001) *The films of Joel and Ethan Coen*, Jefferson, NC u. a.: McFarland

Woods, Paul A. (2000) *Joel & Ethan Coen. Blood Siblings*. London: Plexus

2 Literatur zu Theorie, Geschichte und Ästhetik des Filmes

Albersmeier, Franz-Josef (2001) (Hg.) *Texte zur Theorie des Films*, Stuttgart: Reclam

Allen, Robert C. / Gomery, Douglas (1985)(Hg.) *Film history: Theory and practice*, New York: Knopf

Anger, Kenneth (1985) *Hollywood Babylon*, München: Rogner & Bernhard

Anrijo, Daniel (2000) *Grammatik der Filmsprache. Das Handbuch*, Frankfurt am Main: Zweitausendeins Verlag

Aristoteles (1982) *Poetik*, Stuttgart: Reclam

Barker, Martin / Augustin, Thomas (2000) *From* ANTS *to* TITANIC. *Reinventing Film Analysis*, London: Pluto Press

Barthes, Roland (1974) *Die Lust am Text*, Frankfurt am Main: Suhrkamp

Beller, Hans (1993) (Hg.) *Handbuch der Filmmontage*, München: TR-Verlagsunion

Blanchet, Robert (2003) *Blockbuster: Ästhetik, Ökonomie und Geschichte des postklassischen Hollywoodkinos*, Marburg: Schüren

Blumenberg, Hans-Christoph (1976) *Das Neue Hollywood*. In: ders. (Hg.) *New Hollywood*, München: Hanser, S. 23ff.

Bordwell, David (1985) *Narration in the Fiction Film*, Madison: University of Wisconsin Press

Bordwell, David (1989) *Making Meaning: Inference and Rhetoric in the Interpretation of Cinema*, Cambridge: Harvard University Press

Bordwell, David (1995) DIE HARD *und die Rückkehr des klassischen Hollywood-Kinos*, In: Rost, Andreas (1995) (Hg.) *Der schöne Schein der Künstlichkeit*, Frankfurt am Main: Verlag der Autoren, S. 151ff.

Bordwell, David (1997) *On the History of Film Style*, Cambridge, London: University press

Bordwell, David / Carroll, Noel (1996) (Hg.) *Post-Theory: Reconstruction Film-Studies*, Madison: University of Wisconsin Press

Bordwell, David / Staiger, Janet / Thompson, Kristin (1985) *The Classical Hollywood Cinema: Film Style & Mode of Production to 1960*, New York: Columbia University Press

Branigan, Edward (1984) *Point of view in the cinema. A Theory of Narration and subjectivity in classical film*, Berlin u. a.: Mouton

Branigan, Edward (1992) *Narrative comprehension and film*, London / New York u. a.: Routledge

Branigan, Edward (2006) *Projecting a camera. Language-game in film theory*, New York / London u. a.: Routledge

Bronfen, Elisabeth (1999) *Heimweh: Illusionsspiele in Hollywood*, Berlin: Volk und Welt

Bruno, Giuliana (1987) *Ramble City: Postmodernism and Blade Runner*. In: *October*, Nr. 41, S. 61ff.

Cambell, Joseph (1978) *Der Heros in tausend Gestalten*, Frankfurt am Main: Suhrkamp

Camonte, Tony S. (1987) *100 Jahre Hollywood*, München: Heyne

Carroll, Noel (1988) *Mystifying Movies: Fads and Fallacies in Contemporary Film Theory*, New York: Columbia University Press

Carroll, Noel (1996) *Theorizing the Moving Image,* Cambridge: Cambridge University Press

Carroll, Noel (2003) *Engaging the Moving Image*, New Haven: Yale University Press

Chadwell, Sean (2004) *Inventing That «Old-Timey» Style: Southern Authenticity in O BROTHER, WHERE ART THOU?* In: *Journal of Popular Film & Television*, Nr. 32, 2ff.

Christen, Thomas (2002) *Das Ende im Spielfilm: Vom klassischen Hollywood zu Antonionis offenen Formen*, Marburg: Schüren

Clarens, Carlos (1980) *Crime movies. From Griffith to THE GODFATHER and beyond*, New York u.a.: Norton

Cook, David A. (1981) *A history of narrative film*, New York / London: Norton

Cook, David A. (2000) *Lost Illusions: American Cinema in the Shadow of Watergate and Vietnam, 1970 – 1979*, New York: Charles Scribner's Sons.

Dammann, Lars (2007) *Kino im Aufbruch: New Hollywood 1967–1976*, Marburg: Schüren.

Davis, Ronald D. (1993) *The Glamour Factory. Inside Hollywood's big studio system*, Dallas: Southern Methodist Press

Debord, Guy (1978) *Die Gesellschaft des Spektakels,* Hamburg: Edition Nautilus

Desser, David / Friedman, Lester D. (2004) *American Jewish Filmmakers*, Urbana: University of Illinois Press

Distelmeyer, Jan (1999) *Wir müssen an die Oberfläche! Renny Harlins postklassisches Kino.* In: *epd Film*, Nr. 11, 20ff.

Distelmeyer, Jan (2002) *Die Tiefe der Oberfläche. Bewegungen auf dem Spielfeld des postklassischen Hollywood-Kinos.* In: Eder, Jens (Hg.) *Oberflächenrausch: Postmoderne und Postklassik im Kino der 90er Jahre*, Münster: Lit Verlag, S. 63ff.

Durgnat, Raymond (1969) *Spies and ideologies.* In: *Cinema* (Cambridge), Nr. 2, S. 5ff.

Durgnat, Raymond (1996) *Paint it Black: The Family Tree of the Film Noir.* In: Silver, Alan / Ursini, James (Hg.) *Film Noir Reader*, New York: Limelight, S. 37, 52

Durgnat, Raymond (1974) *The strange case of Alfred Hitchcock or The plain man's Hitchcock*, Cambridge: The MIT Press

Eckert, Roland / Wetztein, Thomas A. (1991) *Grauen und Lust. Die Inszenierung der Affekte. Eine Studie zum abweichenden Videokonsum*, Pfaffenweiler: Centaurus

Eco, Umberto (1987) *Nachschrift zum «Namen der Rose»*, München: Dt. Taschenbuch

Elsaesser, Thomas (1975) *The Pathos of Failure. American Films in the 70s.* In: *Monogram 1*, S. 4ff.

Elsaesser, Thomas (2009) *Hollywood heute. Geschichte, Gender und Nation im postklassischen Kino*, Berlin: Bertz + Fischer

Elsaesser, Thomas / Barker, Adam (1990) (Hg.) *Early Cinema: Space, Frame, Narrative*, London: British Film Institute

Faulstich, Werner (1985) *Der Spielfilm als Traum: George A. Romeros «Zombie»,* In: *Medien und Erziehung*, Heft 4, S. 195ff.

Felix, Jürgen (2002) (Hg.) *Die Postmoderne im Kino. Ein Reader*, Marburg: Schüren

Field, Syd (1994) *Four Screenplays: Studies in the American Screenplay*, New York: Dell

Field, Syd (1998) *Screenwriter's problem solver. Der sichere Weg zum perfekten Drehbuch*, Hamburg: Europa

Friedman, Lester D. (1982) *Hollywood's Image of the Jew*, New York: Ungar

Friedrich, Otto (1988) *Markt der schönen Lügen. Die Geschichte Hollywoods in seiner großen Zeit*, München: Heyne

Foster, Hal (1983) (Hg.) *The Anti-Aesthetic, Essays on Postmodern Culture*, Port Townsend: Bay Press

Freytag, Gustav (1969) *Die Technik des Dramas*, Darmstadt: Freytag

Geese, Uwe (1981) *Eintritt frei. Kinder die Hälfte. Kulturgeschichtliches vom Jahrmarkt*, Marburg: Jonas

Göttler, Fritz / Reimer, Claus M. (1982) (Hg.) *Film Noir: Zu einer Retrospektive im Münchner Filmmuseum*. In: *Kino-Kontexte 2*, November 1981 – Juni 1982, München

Gomery, Douglas (1986), *The Hollywood Studio System*, London: MacMillan

Gunning, Tom (1996) *Das Kino der Attraktionen, Der frühe Film, seine Zuschauer und die Avantgarde*. In: *Meteor*, Nr. 4, S. 25ff.

Hehr, Renate (2003) *New Hollywood. Der amerikanische Film nach 1968*, Stuttgart / London: Edition Axel Menges

Hertzberg, Arthur (1996) *Shalom Amerika! Die Geschichte der Juden in der Neuen Welt*, Frankfurt am Main: Suhrkamp

Hickethier, Knut (2002) *Genretheorie und Genreanalyse*. In: Felix, Jürgen (Hg.) *Moderne Film Theorie*, Mainz: Bender Verlag, S. 62ff.

Hillier, Jim (1992) *The New Hollywood*, New York: Continuum

Hillier, Jim (2001) (Hg.) *American Independent Cinema. A Sight and Sound Reader*, London: British Film Institute

Hirsch, Foster (1981) *The Dark Side of the Screen: Film Noir*, London: Tantivy Press

Horwarth, Alexander (1995) *A Walking Contradiction (Partly Truth and Partly Fiction). Das unreine Kino: New Hollywood 1967 – 1976*. In: ebds. (Hg.) *The Last Great American Picture Show. New Hollywood 1967-1976*, Wien: Wespennest, S. 9ff.

Howe, Irving (1959) *Mass Society and Postmodern Fiction*. In: *Partisan Review*, Nr. 26, S. 420ff.

Hugo, Chris (1995) *Ökonomie und Filmstil*. In: Horwath, Alexander (Hg.) *The Last Great American Picture Show. New Hollywood 1967 – 1976*, Wien: Wespennest, 1995, S. 249ff.

Huyssen, Andreas / Scherpe Klaus R. (1986) (Hg.) *Postmoderne. Zeichen eines kulturellen Wandels*, Reinbek: Rowohlt.

Jaffe, Ira (2008) *Hollywood Hibrids. Mixing Genres in Contemporary Films,* Lanham: Rowman & Littlefield

Jameson, Fredric (1983) *Postmodernism and Consumer Society*. In: Foster, Hal (Hg.) *The Anti-Aesthetic, Essays on Postmodern Culture*, Port Townsend: Bay Press, S. 111ff.

Jameson, Fredric (1986) *Postmoderne. Zur Logik der Kultur im Spätkapitalismus*. In: Huyssen, Andreas / Scherpe, Klaus R. (Hg.) *Postmoderne. Zeichen eines kulturellen Wandels*, Reinbek: Rowohlt, S. 45ff.

Jameson, Fredric (1991) *Postmodernism or the Cultural Logic of Late Capitalism*, Durham / North Carolina: Duke UP

Jansen, Peter W. (1984) *Neue Gefühle. Ansichten zum internationalen Kino*. In: Pflaum, H. G. (Hg.) *Jahrbuch Film 84 / 85*, München, Wien: Hanser

Kael, Pauline (1987) *Kiss Kiss Bang Bang*, London: Arrow Books

Kael, Pauline (1991) *5001 Nights at the Movies. Expanded for the 90' with 800 New*

Reviews, New York: Holt

Kael, Pauline (1994) *I Lost It at the Movies: Film Writings, 1954–65*, London: Boyers

Kael, Pauline / Brantley, Will (1996) *Conversations with Pauline Kael*, Jackson: University Press of Mississippi

Kaminsky, Stuart M. (1984) *American Film Genres*, Chicago: Nelson Hall.

Keane, Christopher (1998) *Schritt für Schritt zum erfolgreichen Drehbuch*, Berlin: Autorenhaus

Kemper, Peter (1988) (Hg.) *«Postmoderne» oder Der Kampf um die Zukunft. Die Kontroverse in Wissenschaft, Kunst und Gesellschaft,* Frankfurt am Main: Fischer

Klotz, Heinrich (1994) *Kunst im 20. Jahrhundert (Moderne – Postmoderne – Zweite Moderne),* München: Beck

Krützen, Michaela (2004) *Dramaturgie des Films. Wie Hollywood erzählt*, Frankfurt am Main: Fischer

Krutnik, Frank (1991) *In a Lonely Street: Film Noir, Genre, Masculinity*, London: Routledge

Lash, Scott (1990) *Sociology of Postmodernism*, London, New York: Routledge

Lawrence, David Herbert (2003) *Classic American Literature*, Cambridge: Cambridge University Press

Lindlau, Dagobert (1998) *Der Mord–Recherchen zum organisierten Verbrechen*, München: Heyne

Lloyd, Peter (1971) *The American Cinema*: An Outlook. In: *Monogram 1*, S. 11ff.

Lyotard, Jean-François (1998) *Postmoderne Moralitäten*, Wien: Passagen

Madsen, Axel (1975) *The New Hollywood: American Movies in the 1970s*, New York: Crowell

Maltby, Richard (1995) *Hollywood cinema: An introduction*, Oxford u. a.: Blackwell

Maltby, Richard (1998) *Nobody Knows Everything: Post-Classical Historiographies and Consolidated Entertainment*. In: Neale, Stephen (Hg.), *Genre and Hollywood*, London & New York: Routledge, 21ff.

Melnick, Ross / Fuchs, Andreas (2004) *Cinema treasures. A new look at classic movie theaters*, St. Paul: MBI

Mendes, Valerie / Haye, Amy (1999) *Twentieth-Century Fashion*, London: Thames & Hudson

Miles, Barry (1997) *Paul McCartney: Many Years From Now*, New York: Henry Holt & Co., S. 164

Neale, Stephen (1976) *New Hollywood Cinema*. In: *Screen 2*, S. 117ff.

Neale, Stephen (2000) *Genre and Hollywood*, London / New York: Routledge

Netzow, Kirsten (2005) *Schriftstellerfilme*, Berlin: Autorenhaus

Nowell-Smith, Geoffrey (1998) (Hg.) *Geschichte des internationalen Films,* Stuttgart: Metzler

Palmer, Barton R. (1994) *Hollywood's dark Cinema: The American Film Noir*, New York / Toronto: Twayne

Peach, Joachim (1988) *Literatur und Film*, Stuttgart: Metzler

Prinzler, Hans Helmut (2004) (Hg.) *New Hollywood, 1967–1976. Trouble in Wonderland*, Berlin: Bertz

Propp, Wladimir (1928). In: Владимир Пропп, *Морфология сказки*, Ленинград: Academia

Ray, Robert B. (1985) *A Certain Tendency of the Hollywood Cinema, 1930–1980*, Princeton / New Jersey: Princeton University Press
Reisz, Karel (1988) *Geschichte und Technik der Filmmontage*, München: Filmland
Rosen, Philip (1986) (Hg.) *Narrative, Apparatus, Ideology: A Film Theory Reader*, New York: Columbia University Press
Rost, Andreas (1995) (Hg.) *Der schöne Schein der Künstlichkeit*, Frankfurt am Main: Verlag der Autoren
Rost, Andeas / Sandbothe, Mike (1998) (Hg.) *Die Filmgespenster der Postmoderne*, Frankfurt am Main: Verlag der Autoren.

Schatz, Thomas (1993) *The New Hollywood*. In: Collins, Jim / Radner, Hilary / Collings, Ava (Hg.) *Film Theory Goes to the Movies*, New York u. a.: Routledge, S. 8ff.
Schrader, Paul (1972) *Transcendental style in film*, Berkeley: University of California
Schütte, Oliver (1999) *Die Kunst des Drehbuchlesens*, Bergisch Gladbach: Bastei
Schweinitz, Jörg (2004) *Stilllegung und Entwicklung von Zeit. Effekte der Stereotypisierung in THE HUDSUCKER PROXY*. In: Rüffert, Christine / Schenk, Irmbert / Schmid, Karl-Heinz (Hg.) *Zeitsprünge. Wie Filme Geschichte(n) erzählen*, Berlin: Bertz, S. 87ff.
Seeßlen, Georg (1980) *Kino der Gefühle, Geschichte und Mythologie des Film-Melodrams*, Reinbek: Rowohlt
Seeßlen, Georg (1995) *Thriller Kino der Angst*, Marburg: Schüren
Sennett, Robert (2000) *Traumfabrik Hollywood. Wie Stars gemacht und Mythen geboren wurden*, Hamburg, Wien: Europa
Sklovskij, Viktor (1966) *Schriften zum Film*, Frankfurt am Main: Suhrkamp
Smith, G. (1990) *John Turturro finks twice*. In: (Andy Warhol's) *Interview*, Nr. 9, S. 44
Strauven, Wanda (2006) *The cinema of attractions reloaded*, Amsterdam: University Press
Szabo, Sasha (2009) (Hg.) *Kultur des Vergnügens. Kirmes und Freizeitparks – Schausteller und Fahrgeschäfte. Facetten nicht-alltäglicher Orte*, Bielefeld: Transcript

Thir, Margit (2010) *Herrscherersetzung. Ritualität und Textualität*, Wien: Praesens Verlag
Todorov, Tzvetan (1977) *Poetik der Prosa*, Frankfurt am Main: Suhrkamp
Toynbee, Arnold (1947) *A Study of History*, New York: Oxford University Press
Tynjanow, Jurji (1977) In: Тынянов, Юрий (1977) *Поэтика. История литературы.* Москва 1977

Vogler, Christopher (1992) *The Writer's Journey. Mythic Structures for Storyteller and Screenwriter*, Los Angeles: Sillman-James Press
Voigts-Virchow, Eckart (2006) *«I'll show you the life of the mind!» Implizite Autoren, Metanarrativität, unzuverlässiges Erzählen und unzuverlässige Wahr-Nehmung in Joel Coens BARTON FINK und SPIKE JONZES ADAPTATION*. In: Helbig, Jörg (Hg.) *Camera doesn't lie: Spielarten erzählerischer Unzuverlässigkeit im Film*, Trier: WVT, 97ff.

Wellmer, Albrecht (2000) *Zur Dialektik von Moderne und Postmoderne. Vernunftkritik nach Adorno,* Frankfurt am Main: Suhrkamp

Welsch, Wolfgang (1987) *Unsere postmoderne Moderne,* Weinheim: VCH Acta humaniora

Welsch, Wolfgang (1990) *Ästhetisches Denken,* Stuttgart: Reclam

Wilde, Meta Carpenter / Borsten, Orin (1976) *A Loving Gentleman. The Love Story of William Faulkner and Meta Carpenter,* New York: Simon & Schuster

Wyatt, Justin (1994) *High Concept: Movies and Marketing in Hollywood,* Austin: University of Texas Press

3 Literatur von / über Sergej Eisenstein und russische Formalisten

Bordwell, David (1993) *The Cinema of Eisenstein,* Cambridge: Harvard University Press

Bulgakowa, Olga (1993) *Montagebilder bei Sergej Eisenstein.* In: Beller, Hans (1993) (Hg.) *Handbuch der Filmmontage,* München: TR-Verlagsunion

Bulgakowa, Olga (1996) *Sergej Eisenstein–drei Utopien. Architekturentwürfe zur Filmtheorie,* Berlin: Potemkin Press

Bulgakowa, Olga (1997) *Sergej Eisenstein. Eine Biografie,* Berlin: Potemkin Press

Christie, Ian / Taylor, Richard (1993) (Hg.) *Eisenstein Rediscovered,* London u.a.: Routledge

Eichenbaum, Boris (1927) In: Эйхенбаум, Борис (ред.) *Поэтика кино,* Москва / Ленинград: Кинопечать

Eisenstein, Sergej (1923) *Montage der Attraktionen.* In: Albersmeier, Franz-Josef (Hg.) *Texte zur Theorie des Films,* Stuttgart: Philipp Reclam jun., S. 58f.

Eisenstein, Sergej (1961) *Dickens, Griffith und wir.* In: Gesammelte Aufsätze I, Zürich: Arche, S. 60ff.

Eisenstein, Sergej (1973). In: Schlegel, Hans Joachim (Hg.) *Schriften, Band 2: Panzerkreuzer Potemkin,* München: Hanser

Eisenstein, Sergej (1974). In: Schlegel, Hans Joachim (Hg.) *Schriften, Band 1: Streik,* München: Hanser

Eisenstein, Sergej (1975). In: Schlegel, Hans Joachim (Hg.) *Schriften, Band 3: Oktober,* München: Hanser

Eisenstein, Sergej (1985). In: ВНИИ киноискусства (1985). Из творческого наследия С. М. Эйзенштейна, Москва

Eisenstein, Sergej (1984). In: Schlegel, Hans Joachim (Hg.) *Schriften, Band 4: Das Alte und das Neue (Die Generallinie),* München: Hanser

Eisenstein, Sergej (2000). In: Сергей Михайлович Эйзенштейн, *Монтаж,* предисловие Наума Клеймана, Москва: Музей Кино

Jassenjawsky, Igor (1990) (Hg.) *Die Malerei der Filmregisseure in der UdSSR,* München: Prestel

Kinematograph (1992) *Sergej Eisenstein im Kontext der russischen Avantgarde 1920–1925,* Nr. 8, Frankfurt am Main: Filmmuseum

Lenz, Felix (2008) *Sergej Eisenstein: Montagezeit. Rhythmus, Formdramaturgie, Pathos.* München: Fink

Leyda, Jay (1982) (Hg.) *Film essays and Lecture by Sergei Eisenstein*, New Jersey: Princeton University Press

Montagu, Ivor (1974) *With Eisenstein in Hollywood*, Berlin: Seven Seas Publishers

Pudowkin (1928) *Filmregie und Filmmanuskript. Einführung zur ersten deutschen Ausgabe*, In: Albersmeier, Franz-Josef (Hg.) *Texte zur Theorie des Films*, Stuttgart: Philipp Reclam jun., S. 70f.

Pudowkin, Wsewolod (1961) *Über die Filmtechnik*, Zürich: Arche.

Pudowkin, Wsewolod (1983) *Die Zeit in Großaufnahme*, Berlin: Henschel

Sklovskij, Viktor (1986) *Eisenstein. Romanbiographie*, Berlin: Volk und Welt

Thompson, Kristin (1993) *Eisenstein's Early Films Abroad*. In: Christie, Ian / Taylor, Richard (Hg.) *Eisenstein Rediscovered*, London u. a.: Routledge, S. 53ff.

Zabrodin, Wladimir (2005). In: Забродин, Владимир, *Эйзенштейн: Попытка театра*, Москва: Эйзенштейн-центр

4 Literatur zum amerikanischen Kino der 1970er- und 1990er-Jahre

Bergan, Ronald (1988) *Francis Ford Coppola*, Reinbek: Rowohlt

Biskind, Peter (1990) *Blockbuster: The Last Crusade*. In: Miller Mark C. *Seeing Through Movies*, New York: Pantheon, S. 112ff.

Breskin, David (1997) *Inner views. Filmmakers in conversation*, New York: Da Capo Press

Brode, Douglas (1995) *The Films of Steven Spielberg*, New York: A Citadel Press

Browne, Nick (2000) (Hg.) *Francis Ford Coppola's Godfather Trilogy*, New York / Cambridge u. a.: Cambridge University Press

Buckland, Warren (2006) *Directed by Steven Spielberg: Poetic of the Contemporary Hollywood Blockbuster*, New York: Continuum

Chown, Jeffrey (1988) *Hollywood auteur. Francis Coppola*, New York / London u. a.: Praeger

Coppola, Eleanor (1995) *Notes: On the Making of APOCALYPSE NOW*, London u. a.: Faber & Faber

Ebert, Roger / Siskel, Gene (1991) *The Future of the Movies: Interviews with Martin Scorsese, Steven Spielberg, and George Lucas*, Kansas City: Buena Vista Media

Elsaesser, Thomas / Buckland, Warren (2002) *Studying Contemporary American Film: A Guide to Movie Analysis*, London: Arnold

Fründt, Bodo (1985) *Francis Ford Coppola*, München: Hanser

Gordon, Andrew (2008) *Empire of Dreams. The Science Fiction and Fantasy Films of Steven Spielberg*, Plymouth: Rowman & Littlefield Publishers
Gunden von, Kenneth (1991) *Postmodern auteurs. Coppola, Lucas, De Palma, Spielberg and Scorsese*, Jefferson, North Carolina / London: McFarland

Johnson, Robert Kenneth (1977) *Francis Ford Coppola*, Boston: Twayne

Kolker, Robert Phillip (1980) *A cinema of loneliness. Penn, Kubrick, Coppola, Scorsese, Altman, New York*, Oxford: Oxford University Press
Kolker, Robert Phillip (2001) *Allein im Licht. Arthur Penn, Oliver Stone, Stanley Kubrick, Martin Scorsese, Steven Spielberg, Robert Altman*, München / Zürich: Diana Verlag.
Korte, Helmut / Faulstich, Werner (1987) *Aktion und Erzählkunst. Die Filme von Steven Spielberg*, Frankfurt: Fischer

Lewis, Jon (1995) *Whom God wishes to destroy. Francis Coppola and the New Hollywood*, Durham / London: Duke University Press.

Morris, Niggel (2007) *The Cinema of Steven Spielberg*, London / New York: Wallflower Press
Mott, Donald R. / Saunders Cheryl M. (1986) *Steven Spielberg*, Boston: Twayne Publishers

Ondaatje, Michael (2002) *Die Kunst des Filmschnitts. Gespräche mit Walter Murch*, München: DTV

Perry, George (1998) *Steven Spielberg*, Reinbek: Rowohlt
Pye, Michael / Myles, Linda (1979) *The Movie Brats. How the Film Generation Took Over Hollywood*, London / Boston: Faber & Faber

Schatz, Thomas (1998) *Genres: Theory and History*. In: Browne, Nick (Hg.) *Refiguring American Film Genres: Theory and History*, Berkeley: University of California Press
Seeßlen, Georg (2001) *Steven Spielberg und seine Filme*, Marburg: Schüren

Weiss, Ulli (1986) *Das Neue Hollywood. Francis Ford Coppola, Steven Spielberg, Martin Scorsese*, München: Wilhelm Heyne

Ziesmer, Jerry (2000) *Ready when you are. Mr. Coppola, Mr. Spielberg, Mr. Crowe*, Lanham u. a.: The Scarecrow Press.

5 Internet

http: / / www.carterburwell.com
http: / / www.imdb.com
http: / / geraldpeary.com / interviews / jkl / kurosawa.html
http: / / www.oscar.org
http: / / www.rogerdeakins.com

http: / / rogerebert.suntimes.com
https: / / secure.imdb.com

6 Pressehefte

BARTON FINK von *Working Title Films*, 16 Seiten
BURN AFTER READING von *Focus Features*, 37 Seiten
INTOLERABLE CRUELTY von *Universal Pictures & Image Entertainment*, 18 Seiten
THE LADYKILLERS von *Buena Vista*, 43 Seiten
THE MAN WHO WASN'T THERE von *Constantin Film* und *USA Films*, 57 Seiten
NO COUNTRY FOR OLD MEN von *Miramax, Paramount Vantage*, 41 Seiten
PARIS JE T'AIME von *Senator*, 14 Seiten
A SERIOUS MAN von *Focus Features* und *Tobis Film*, 22 Seiten
TRUE GRIT von *Paramount Pictures Germany*, 34 Seiten

7 Lexika und Enzyklopädien

Bawden, Liz-Anne (1977) (Hg.) *Buchers Enzyklopädie des Filmes,*
Frankfurt am Main: Bucher

Koebner, Thomas (1999) *Filmregisseure. Biografien, Werkbeschreibungen,*
Filmographien, Stuttgart: Reclam
Koebner, Thomas (2002) *Reclams Sachlexikon des Films*, Stuttgart: Reclam
Konigsberg, Ira (1995) (Hg.) *The Complete Film Dictionary*, London: Bloomsbury

8 Ausgewählte DVDs und VHS'*

ADAPTATION © 2003 *Sony Pictures*, ca.114 Min.
ALEXANDER NEVSKY (VHS) © 1995 *RCA*, 112 Min.
APOCALYPSE NOW REDUX © 2002 *Universum*, ca. 195 Min.

BATTLESHIP POTEMKIN © 1998 *Image Entertainment*, ca. 74 Min.
BARTON FINK © 2003 20th *Century Fox Home Entertainment*, ca. 116 Min.
BREAKFAST AT TIFFANY'S © 2000 *Paramount Home Entertainment*, ca. 110 Min.

CITY LIGHTS © 2000 *Image Entertainment*, ca. 87 Min.
CASABLANCA © 2010 *Warner Home Video*, 102 Min.

DEMENTIA 13 © 1998 *Madacy*, 75 Min.

---

*   DVD-Stills: Tatiana Rosenstein, entnommen aus: BARTON FINK © *Universal*, 1991
    beziehungsweise aus den unten aufgelisteten Filmen

DER PATE © 2007 *Paramount Pictures*, ca. 170 Min.
DER PATE, Teil II © 2007 *Paramount Pictures*, ca. 163 Min.
DER PATE, Teil III © 2007 *Paramount Pictures*, ca. 194 Min.

EIN (UN)MÖGLICHER HÄRTEFALL © *Universal Studios*, ca. 96 Min.
E.T. – THE EXTRA-TERRESTRIAL © *Universal Studios*, ca. 117 Min.

FARGO © 2003 *MGM Home Entertainment LLC*, 98 Min.

INDIANA JONES. RAIDERS OF THE LOST ARK © 2008 *Paramount Home Video*, ca. 115 Min.
INDIANA JONES AND THE TEMPLE OF DOOM © 2008 *Paramount Home Video*, ca. 118 Min.
INDIANA JONES AND THE LAST CRUSADE © *Paramount Home Video*, ca. 120 Min.
INDIANA JONES AND THE KINGDOM OF THE CRYSTAL SKULL © 2008 *Paramount Home Video*, 122 Min.
INTOLERANCE © 1999 *Image Entertainment*, ca. 178 Min.
IT'S A WONDERFUL LIFE © 2006 *Paramount*, ca. 130 Min.
IVAN THE TERRIBLE (VHS) © 1995 *Kultur Video*, Part I (95 Min.) und Part II (88 Min.)

JAWS © 2008 *Universal Studios*, 124 Min.
JURASSIC PARK © 2010 *Universal Studios*, 127 Min.

MILLER'S CROSSING © 2003 *20th Century Fox Home Entertainment*, 110 Min.
MY FAIR LADY © 1999 *Warner Home Entertainment*, 166 Min.

OCTOBER (VHS) © 1995 *Kultur Video*, 95 Min.

PRETTY WOMAN © 2001 *Touchstone Home Video*, 115 Min.

SABRINA © 2001 *Paramount Home Video*, ca. 112 Min.
SHINING © 2001 *Warner Home Video*, ca. 115 Min.
STREIK (VHS) © 2000 *Kino Video*, ca. 82 Min.
SUNSET BOULEVARD © 2002 *Paramount*, ca. 110 Min.

TERMINAL © 2004 *Dreamworks Video*, 128 Min.
THE BIG LEBOWSKI © 1999 *PolyGram Video International*, 112 Min.
THE CONVERSATION © 2000 *Paramount Home Video*, ca. 113 Min.
THE KID © 2000 *Image Entertainment*, ca. 103 Min.
THE MAN WHO WASN'T THERE © 2002 *Universum*, ca. 112 Min.

WORKING GIRL © 2001 *20th Century Fox*, ca. 115 Min.

YOU'RE A BIG BOY NOW © 2010 *Warner Home Video*, 96 Min.

Filmregister*

42ND STREET (1933) (aka 42. STRAßE, DIE) *58*

ADAPTATION (2002) (aka ADAPTION) *86, 143, 291ff.*
ADDAMS FAMILY, THE (1991) (aka ADDAMS FAMILY, DIE) *49*
ADVISE AND CONSENT (1962) (aka STURM ÜBER WASHINGTON) *23*
AFRICAN QUEEN, THE (1951) (aka AFRICAN QUEEN) *29, 71*
AIRPORT (1970) *237*
ALEXANDR NEWSKI (1939) (russisch АЛЕКСАНДР НЕВСКИЙ) *212, 230*
AMBLIN (1969) *263*
AMERICAN GRAFFITI (1973) *172, 248*
AMERICAN IN PARIS, AN (1951) (aka AMERIKANER IN PARIS, EIN) *75*
APARTMENT, THE (1960) (aka APPARTEMENT, DAS) *93, 100*
APOCALYPSE NOW (1979) *230, 241f., 248, 257f., 260f.*
APRIL LOVE (1957) (aka JUNGES GLÜCK IM APRIL) *75*
ARMAGEDDON (1998) (aka ARMAGEDDON - DAS JÜNGSTE GERICHT) *278*
AVVENTURA, L' (1960) (aka DIE MIT DER LIEBE SPIELEN) *186*

BABY BOOM (1987) (aka BABY BOOM - EINE SCHÖNE BESCHERUNG) *27*
BAD SANTA (2003) *24*
BAMBI (1942) *263, 270*
BANANAS (1971) *230*
BARRY LYNDON (1975) *176*
BELOVED INFIDEL (1959) (aka KRONE DES LEBENS, DIE) *86*
BEN HUR (1924) *191f.*
BEST YEARS OF OUR LIVES, THE (1946) (aka BESTEN JAHRE UNSERES LEBENS, DIE) *58*
BIG LEBOWSKI, THE (1998) *15, 24f., 29ff., 46, 48*
BIG SLEEP, THE (1946) (aka TOTE SCHLAFEN FEST) *83*
THE BIRDS (1963) (aka DIE VÖGEL) *264*
BLADE RUNNER (1982) (aka BLADE RUNNER, DER) *165, 177ff., 182, 185*
BLOOD SIMPLE (1984) (aka BLOOD SIMPLE - EINE MÖRDERISCHE NACHT) *11f., 15, 23ff., 33, 35, 46ff., 50, 52, 301*
BLOW UP (1966) *258*
BLUE VELVET (1986) (aka BLUE VELVET - VERBOTENE BLICKE) *168*
BOEING BOEING (1965) (aka BOEING-BOEING) *22*
BODY HEAT (1981) (aka BODY HEAT - EINE HEIßKALTE FRAU) *172f., 184*
BONNIE AND CLYDE (1967) *234, 236*
BRAM STOKER'S DRACULA (1992) (aka BRAM STOKERS DRACULA) *175f.*
BRAZIL (1985) *169, 230*
BREAKFAST AT TIFFANY'S (1964) (aka FRÜHSTÜCK BEI TIFFANY) *99ff., 103ff., 108, 110ff., 119, 122, 123, 126, 132ff., 138, 140, 149, 154, 156, 160f., 189, 190, 215*
BRINGING UP BABY (1938) (aka LEOPARDEN KÜSST MAN NICHT) *67*
BRONENOSEZ POTEMKIN (russisch БРОНЕНОСЕЦ ПОТЁМКИН) (1925)
(aka PANZERKREUZER POTEMKIN) *194, 208, 210, 211f., 222, 224, 227ff., 282*
BURN AFTER READING (aka BURN AFTER READING – WER VERBRENNT SICH HIER DIE FINGER?) *21, 25, 33ff., 46, 52*

CALLING PHILO VANCE (1932) *61*

---

* Spielfilme werden unter ihrem Originaltitel und (falls abweichend) mit dem deutschen Titel (aka) geführt. Hinweise auf Barton Fink sind nicht aufgeführt.

ibidem
Verlag

Ralf A. Linder

Von "Citizen Kane" bis "The Social Network"

Die Darstellung der Wirtschaft im US-amerikanischen Spielfilm

ISBN 978-3-8382-0286-0

236 Seiten, 17 cm x 24 cm. Paperback.
€ 29,90

Nicht erst seit der weltweiten Wirtschafts- und Finanzkrise ab 2007 zeichnet Hollywood vordergründig ein sehr kritisches Bild der Wirtschaft. In populären Werken wie dem Börsen-Thriller Wall Street, dem Atomkraft-Drama Das China-Syndrom oder dem Justizfilm Erin Brockovich wurde die Geldgier führender Wirtschaftsakteure ebenso leidenschaftlich angeprangert wie willfährige Umweltverschmutzung und regelrechte Verschwörungen zulasten der normalen Bürger.

Doch auf den zweiten Blick wird offenbar, dass die US-amerikanischen Filmschaffenden keineswegs so eindeutig wirtschaftskritische Werke inszenieren, wie es zunächst den Anschein haben mag. Neben wenigen klar wirtschaftsfreundlichen und einigen regelrecht unternehmensfeindlichen Produktionen wird das Genre vielmehr vor allem durch eine ambivalente Darstellung der Wirtschaft mit ihren Stärken und Schwächen geprägt.

Ralf A. Linder bietet einen tiefgehenden Überblick über die selbst im englischsprachigen Raum noch kaum wissenschaftlich erschlossene Kategorie der US-amerikanischen Wirtschaftsfilme. Dabei erläutert er unter anderem anhand detaillierter Szenen-Analysen aus allen wichtigen Werken des Genres seit Beginn des Tonfilms, wie die Filmemacher in Hollywood die reale Wirtschaft und das Publikum in ihrem Sinne beeinflussen wollen. Um dies zu erreichen, stellen sie bevorzugt ausnehmend vorbildhafte Unternehmer und Manager besonders abschreckenden Beispielen gegenüber. Wenn sich beispielsweise in Frank Capras populärem Weihnachtsmärchen Ist das Leben nicht schön? der humanistische Bausparkassendirektor George Bailey, dargestellt von James Stewart, beständig gegen den bösartigen und bezeichnenderweise vornamenlosen Geschäftsmann Mr. Potter behaupten muss, dann ist es für den Zuschauer keine Frage, wessen Vorgehensweise er unterstützen und idealerweise nachahmen soll.

Auch durch die Läuterung von Hauptfiguren beeinflussen die Filmemacher gerne ihr Publikum. Erkennt etwa ein ehrgeiziger und geldgieriger Börsen-Yuppie wie Bud Fox (Charlie Sheen) in Wall Street im Laufe der Handlung, dass Geld eben doch nicht alles im Leben ist, dann gewinnt er am Ende die Sympathien der Zuschauer.

Der von Michael Douglas verkörperte skrupellose und boshafte Finanzhai Gordon Gekko hingegen, der alles getan hat, ihn vom Pfad der Tugend abzubringen, wird für seine Wirtschaftsverbrechen gerechterweise mit einer langjährigen Haftstrafe belegt. Auf diese Weise, aber gelegentlich auch durch das Erzählen von inspirierenden Erfolgsgeschichten wie in Das Streben nach Glück mit Will Smith, propagiert das traditionell überwiegend der linken Seite des politischen Spektrums zugeneigte Hollywood durchaus erfolgreich seine Vorstellungen eines idealen oder zumindest eines besseren Kapitalismus.

„Von Citizen Kane bis The Social Network: Die Darstellung der Wirtschaft im US-amerikanischen Spielfilm – Eine Analyse" nimmt Leser aus dem wissenschaftlichen Bereich ebenso wie alle an der Thematik interessierten Filmfans mit auf eine faszinierende und umfassende Reise durch die Wirtschaft, wie Hollywood sie sieht – oder gerne sehen möchte.

Bestellen Sie per Fax: 0511 26 222 01 | telefonisch: 0511 26 222 00 | online: www.ibidem-verlag.de
in Ihrer Buchhandlung

ibidem-Verlag

Melchiorstr. 15

D-70439 Stuttgart

info@ibidem-verlag.de

www.ibidem-verlag.de
www.ibidem.eu
www.edition-noema.de
www.autorenbetreuung.de